北京大學圖書館特藏文獻叢刊

老北大燕大畢業年刊

北京大學圖書館藏

五

北大卷

陳建龍・主編
張麗静・執行主編

北京大學出版社
PEKING UNIVERSITY PRESS

第五册　目録

北大一九三四畢業同學録（一九三四）

本册封面無署名，僅印有北京大學校徽。書内有校長蔣夢麟題寫的書名「北大一九三四畢業同學録」，另有「北大二十二年度畢業同學録」朱文印章式題名。依照此前畢業同學録的命名慣例，此册可定名爲「國立北京大學廿二年畢業同學録」。

本册由北平協和印書局承印，印製精美，且開本較上兩年相比加大，恢復1931年的16開，包括人物照片在内的圖片大而清楚，爲歷年北京大學畢業同學録中的精品。

本年畢業同學録在裝幀設計上頗爲考究，古樸典雅，其頁眉和頁脚的花邊圖案，據「編輯後記」，均取自劉半農珍藏的漢磚畫軸。另據「編輯後記」，當時著名的圖案畫家王文仲「不惜把許多幅很寶貴的作品借給我們製版作隔頁」。

本册在蔣校長的題名頁鈐有「江澤涵圖書印」，亦爲江澤涵子女贈送北京大學的江澤涵舊藏。

本册主要内容包括畢業題詞，校長、院長、各組主任、各系主任與教員，畢業生，學生軍，課外生活，校舍，校史等。較之前幾年，缺少未交照片名録、教職員名録、統計表等附録。

本年紀念册請校長蔣夢麟、課業長樊際昌、哲學系教授馬叙倫與黄節、國文系名譽教授沈兼士、軍事訓練組主任白雄遠題詞。蔣夢麟校長的題詞是：「負責任努力任事，爲成功之要道。」樊際昌題詞爲「任重道遠」。馬叙倫則抄録了去年七夕所作《賀新涼》詞一首相贈。黄節題詞爲「博學有恥」。沈兼士題詞則引蘇軾詩句「安能終老塵土下，俯仰隨人如桔槔」。白雄遠的寄語則是：「非有吃苦耐勞的精神，不能達到平日胸中的懷抱！非有忍辱負重的魄力，不能湔我國族以往的奇恥！」

畢業題詞後有「大富貴亦壽考」朱文篆書章，爲本届畢業同學贈給蔣夢麟校長者，蔣夢麟生於清光緒十一年（1885）十二月十六日，如果按舊曆算，本年爲蔣氏五十虛歲壽辰。因此本年畢業紀念册有祝壽的篆文。本年蔣夢麟的照片有更新，其後各院院長和秘書長等排列順序較上年有變化，首先是課業長註册組主任兼心理系主任樊際昌，然後是新任秘書長鄭天挺，校長室秘書章廷謙，之後才是文理法三院院長。本年暑期劉半農到平津綫調查方言，不幸染病，於7月14日在北平去世。爲表示紀念哀悼，本册在三院院長之後刊登了劉氏遺照，並注明「故研究院導師國文系教授劉復先生」。本册在「編輯後記」中又提到此事：「最使同人等難過的，就是劉復先生不能看到這本同學録便故去了。劉先生生前對于編排裝幀曾十分熱心的指示過，并將自己珍藏的漢磚畫軸借給我們用。」

本册各系主任和教員照片所缺較多。本年僅刊登有包括外文系下設組在內的十位主任照片，物理系主任改爲饒毓泰，政治系主任改爲張忠紱。本年「各系教授及講師」部分，共收録個人照片58幅，比相對較少的上年畢業紀念册，又減少30人。本年各系教員及畢業生排序與往年不同，往年都是理學院、文學院、法學院的順序，本年改爲文、理、法的順序。本年新增的教員照片有：國文系講師唐蘭，史學系教授蒙文通，教育系教授尚仲衣、唐淵，外國語文學系英文組教授朱光潛、助教袁家驊，外國語文學系日文組教授徐祖正，物理系教授朱物華，地質系講師斯行健，經濟系講師陳豹隱（啓修）等，多數應爲新聘。

「畢業生」部分，收録學生照片人數，國文系20人，史學系20人，哲學系4人，教育系19人，外國語系英文組9人，法文組5人，德文組2人，數學系8人，物理系9人，化學系4人，地質系6人，生物系2人，心理學系3人，法律系4人，政治系14人，經濟系15人，總計144人。因本册未附有未交照片畢業生名録，故本年畢業生總人數不詳。本册各學院各系名稱，仍請北京大學教員題寫，但是不全，教育系由蔣夢麟校長題寫，文學院、政治系由文學院院長胡適題寫，外語學院法文組由主任梁宗岱題寫，理學院由院長劉樹杞題寫，經濟系由系主任趙迺摶題寫。

「學生軍」部分，刊登學生軍訓照片24張，包括劈刀練習、演習宿營、實彈打靶、構築工事、野外演習等實景照片，均爲新刊登。

「課外生活」部分，刊載郊游考察、經濟系赴日參觀、教育系南下參觀、課外運動，以及各系師生合影等照片。雖然仍不如《燕大年刊》的「學生生活」豐富，但較之前的北大畢業紀念册有不少改進。

「校舍」部分，收録照片37張，包括各院和學生宿舍建築、在建中的圖書館、各實驗室及實驗場景等，基本爲新拍攝者。

此後是連續多年刊登的軍事訓練組主任白雄遠撰寫的《北大學生軍之過去及現在》，在往年文字的基礎上做了補充。

最後是「國立北京大學校史略」，共十頁有餘，雖稱「祇及要綱」，但較之前的「本校概略」增加了不少内容和細節，可作爲北京大學校史的參考資料。如民國時期北京大學校慶日12月17日，一般認爲是1902年京師大學堂復學後開學的日期，本「校史略」提供了一種新的説法：「京師大學堂戊戌年創辦時，「以其年十二月十七日開學，是爲本校成立紀念日。原是陰曆，後更正朔，遂用陽曆此日，以求捷便。切實推之，當是次年一月二十八日也」。再如，1905年5月籌辦分科大學，「本校概略」僅列各科名目，本「校史略」則補充了各科監督姓名。

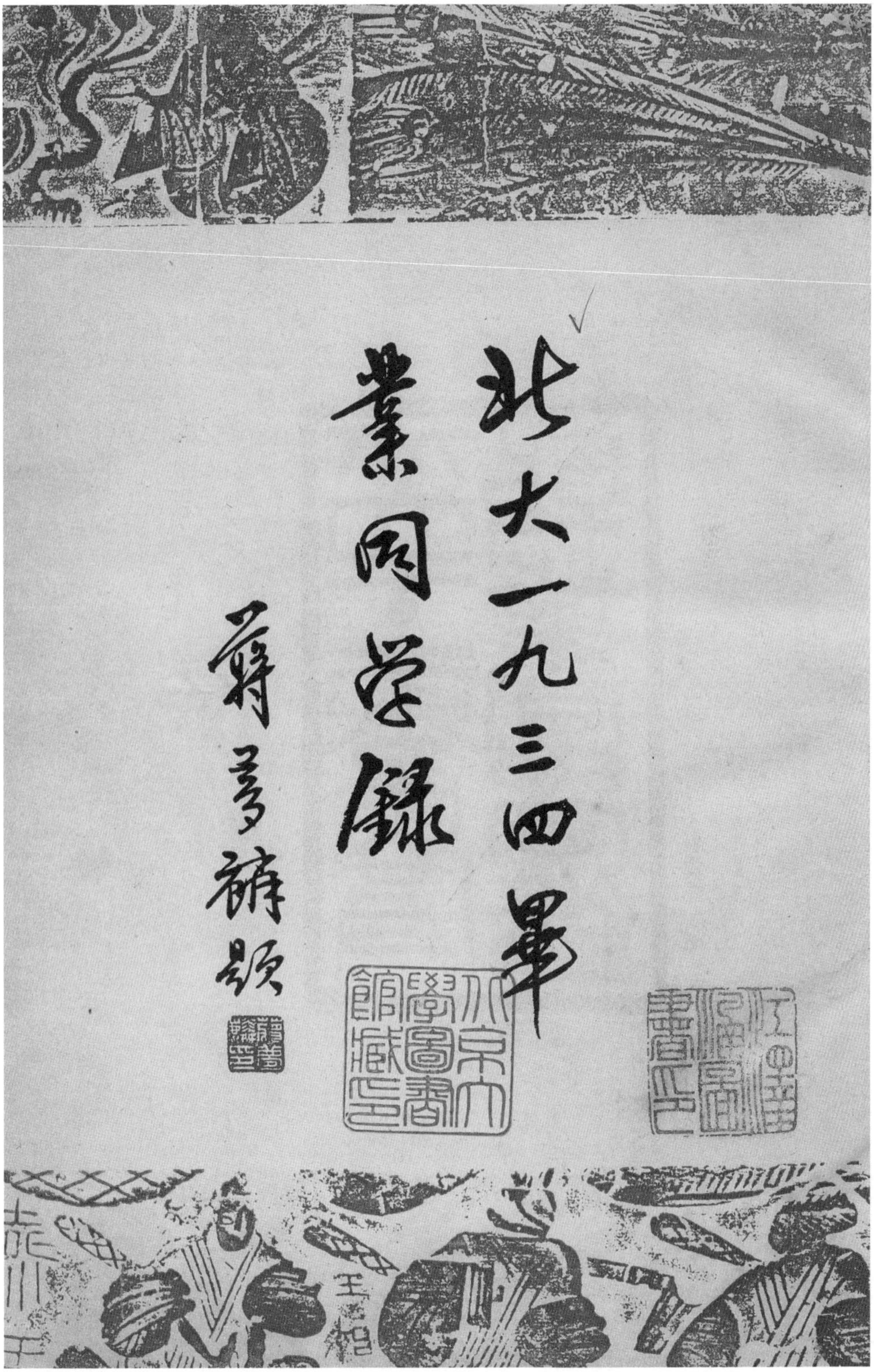
北大一九三四畢業同學錄
蔣夢麟題

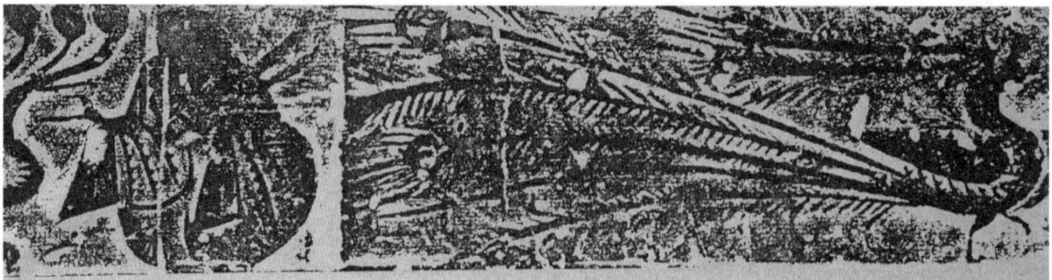

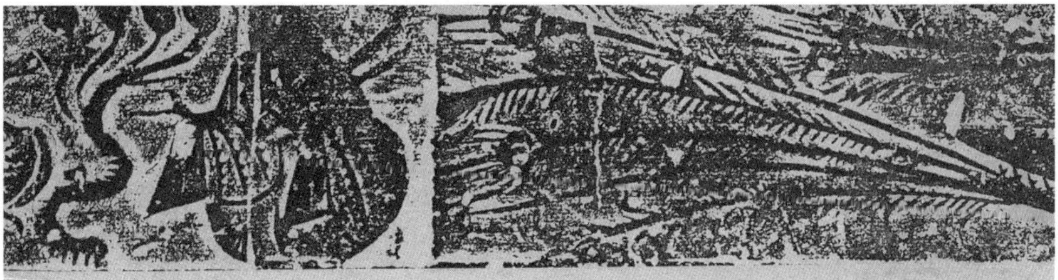

負責任努力任事為成功之要道

蔣夢麟

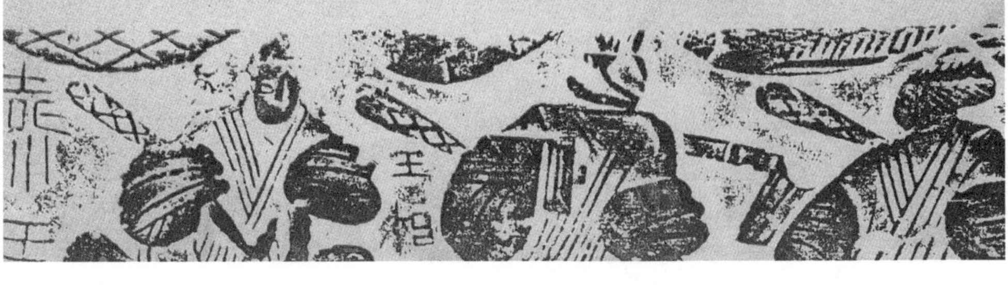

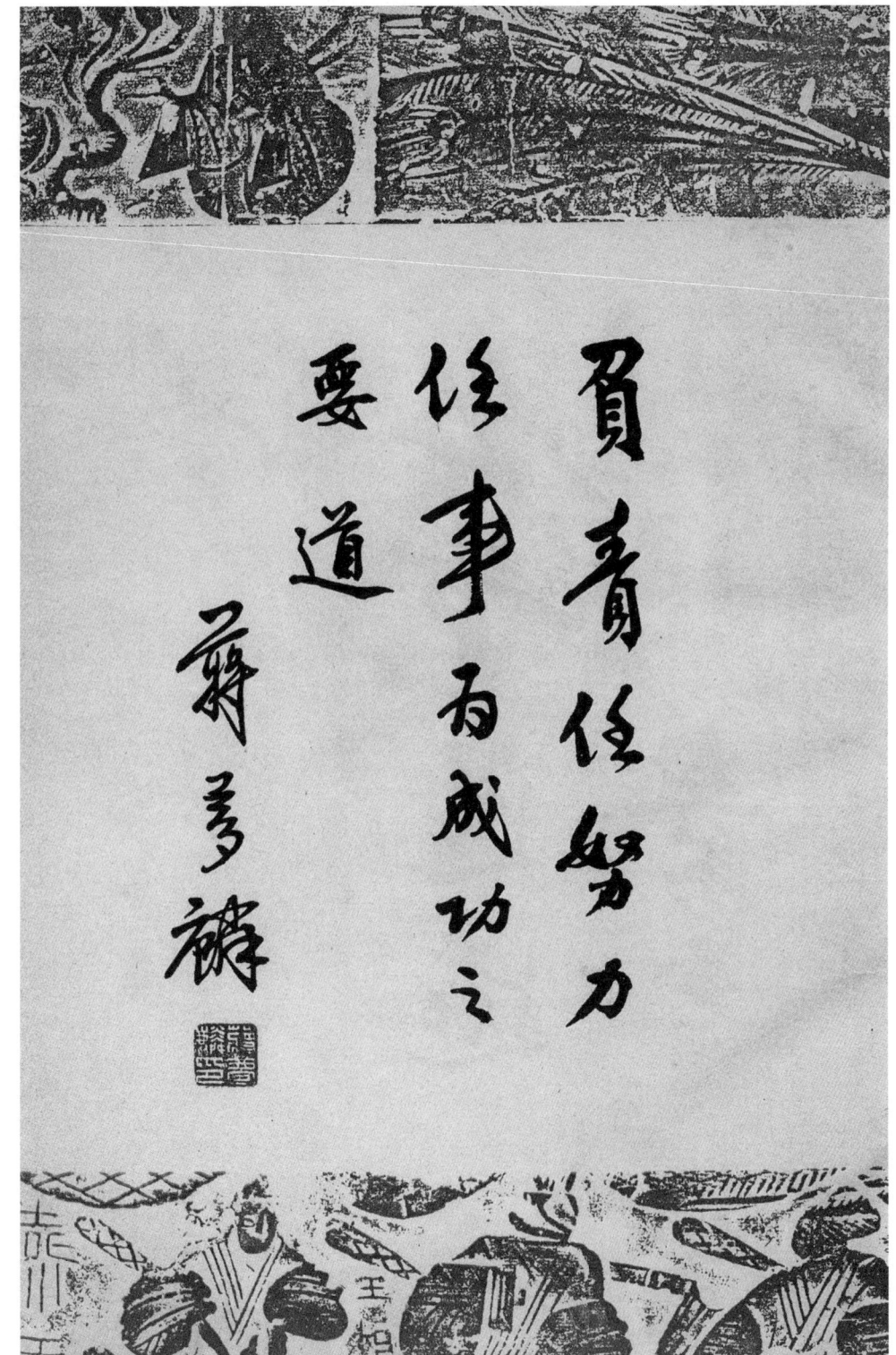

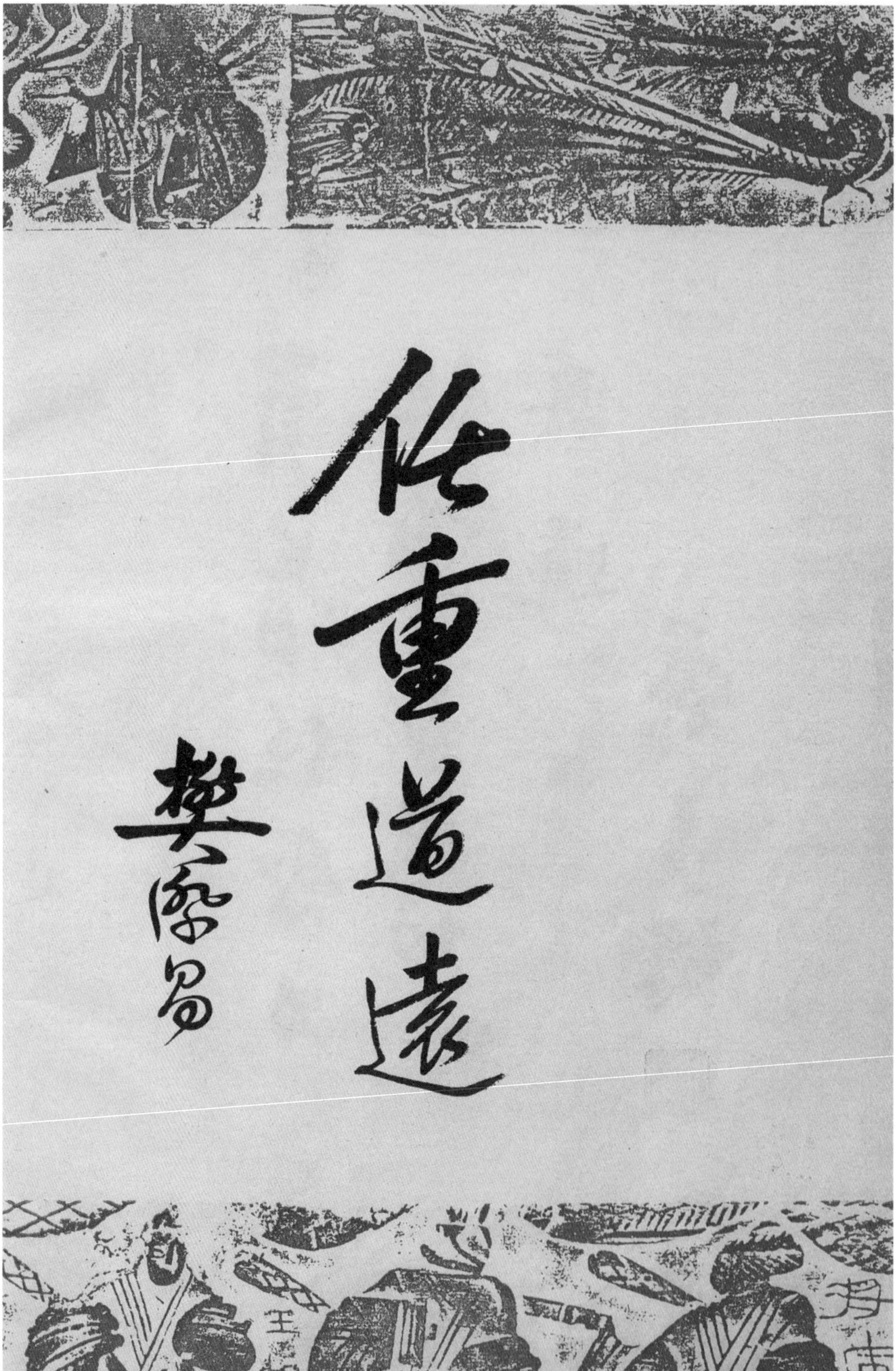
任重道遠
樊際昌

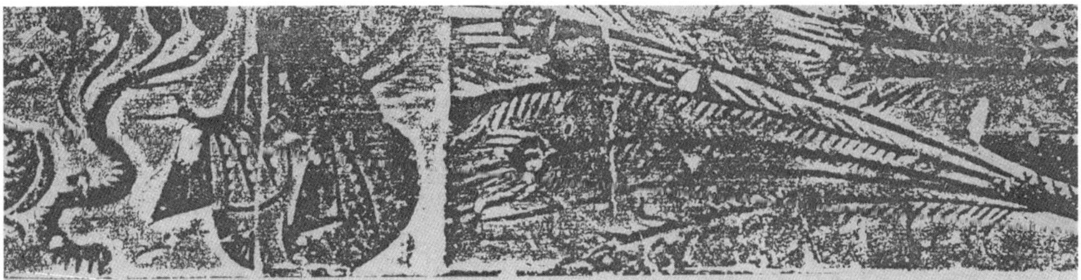

暗地流年換作秋蟲驚人促織逗人悽怨迫遍
玉關人消息過盡千帆書斷綫萬里荊橫棘亂
難道長天無雁路料弋人甚處闌歸雁空教
我傳鐵綫銀河縱阻人相逺只寃禽百回不折也
須填滿算阻盈＝衣帶水不阻相思無限儘待得
海枯石爛自有靈犀修暗約教千山萬水終相見
先試驀憐宵短 賀新涼

廿三年畢業同學録成來索識辭余適就
東往時血淚今欲洒向婦人尚何淺言乃以去
年七夕所爲綺語書以代之辭雖不倫有忠
厚之恉焉 六月卅日石翁馬叙倫

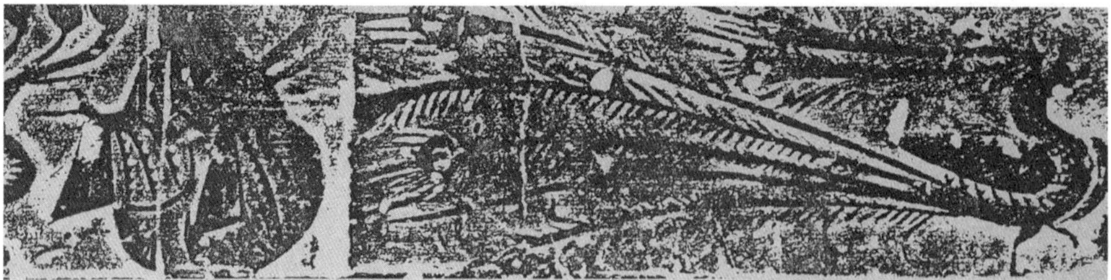

博學有恥

此頌亭林論學語

黃節題

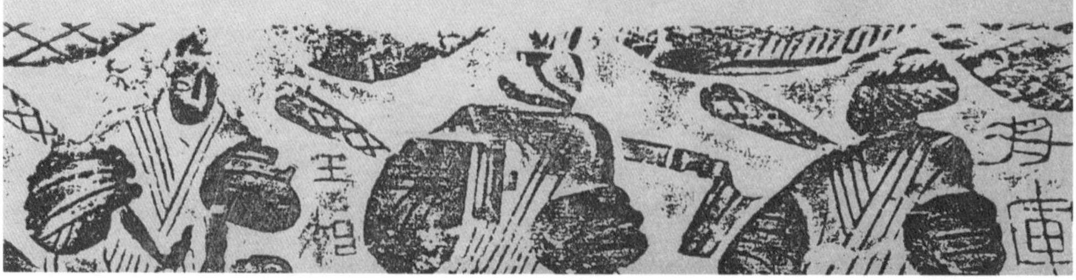

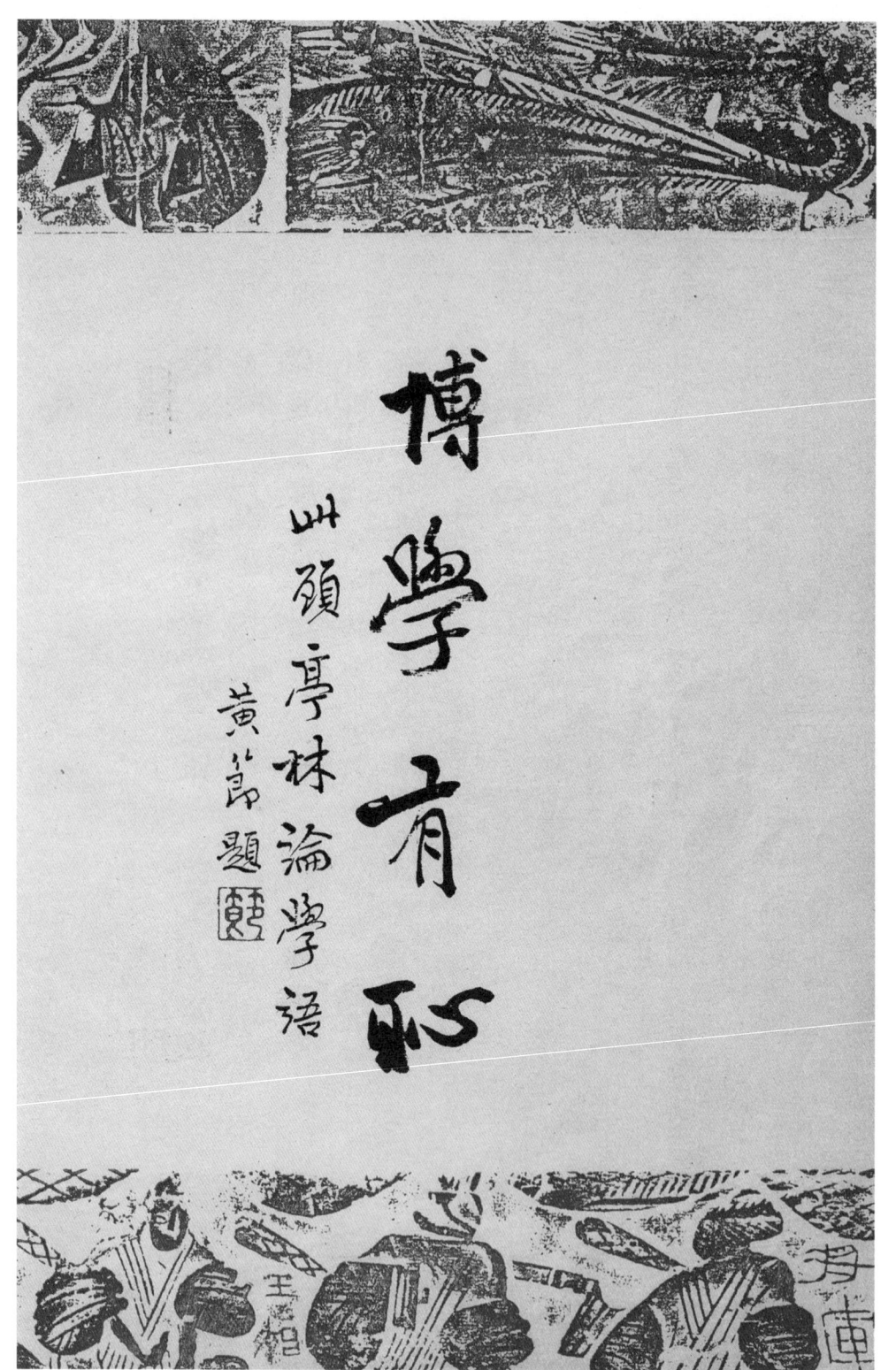

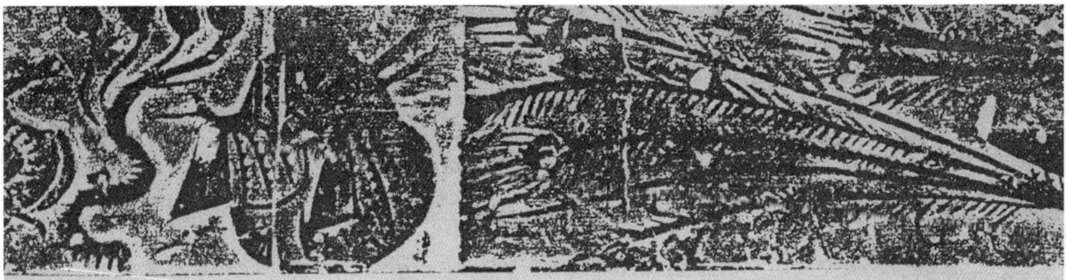

安能終老塵土下
俯仰隨人如桔槔

沈兼士

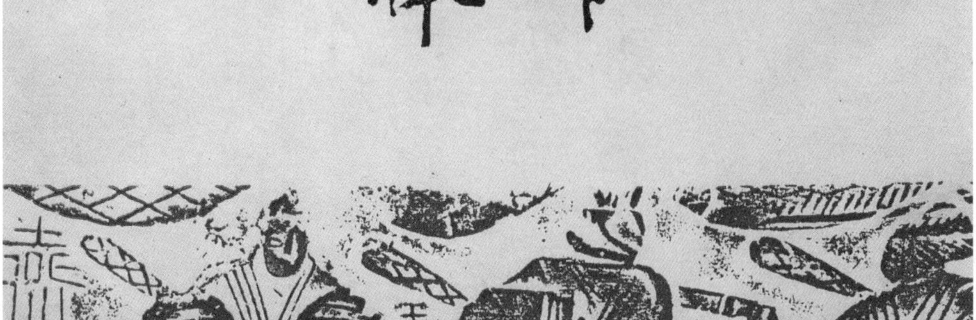

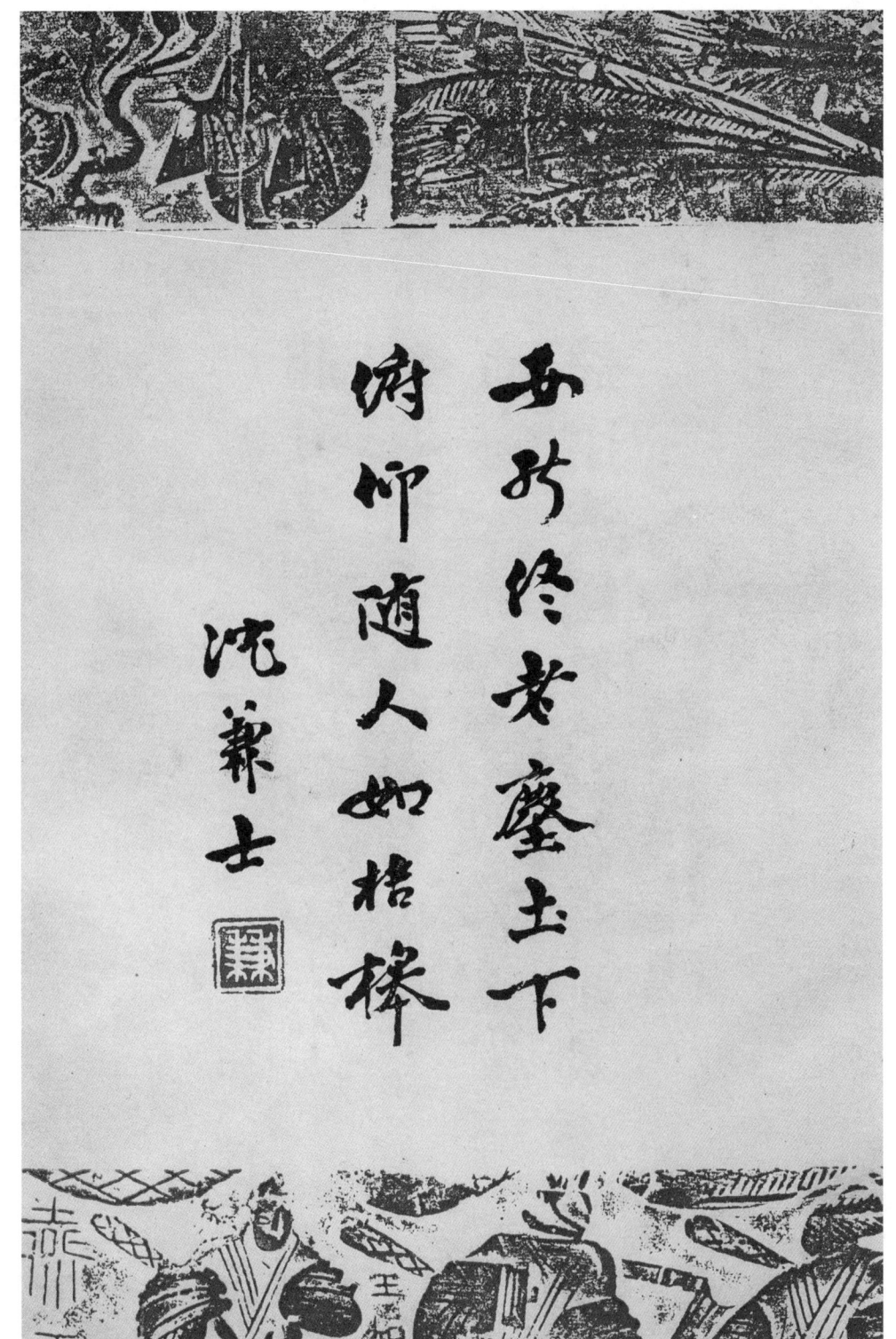

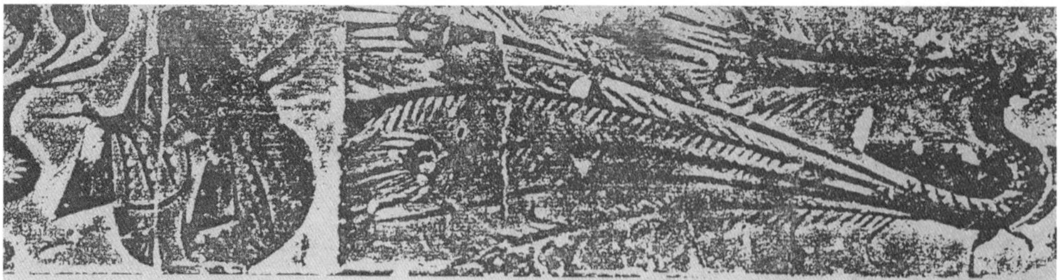

非有吃苦耐勞的精神，不
能達到平日胸中的懷抱！
非有忍辱負重的魄力，不
能湔我國族以往的奇恥！

白雄遠

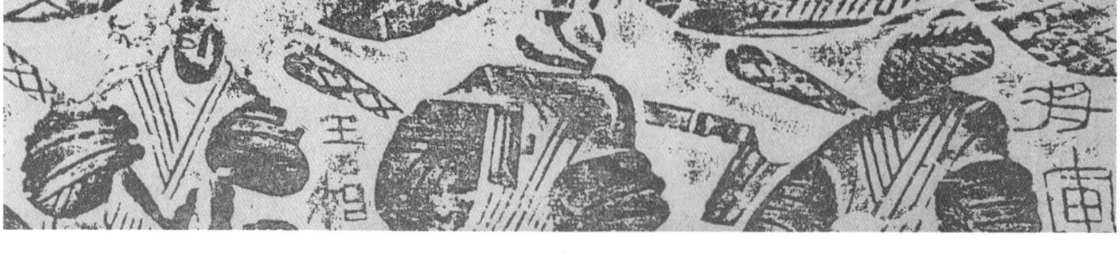

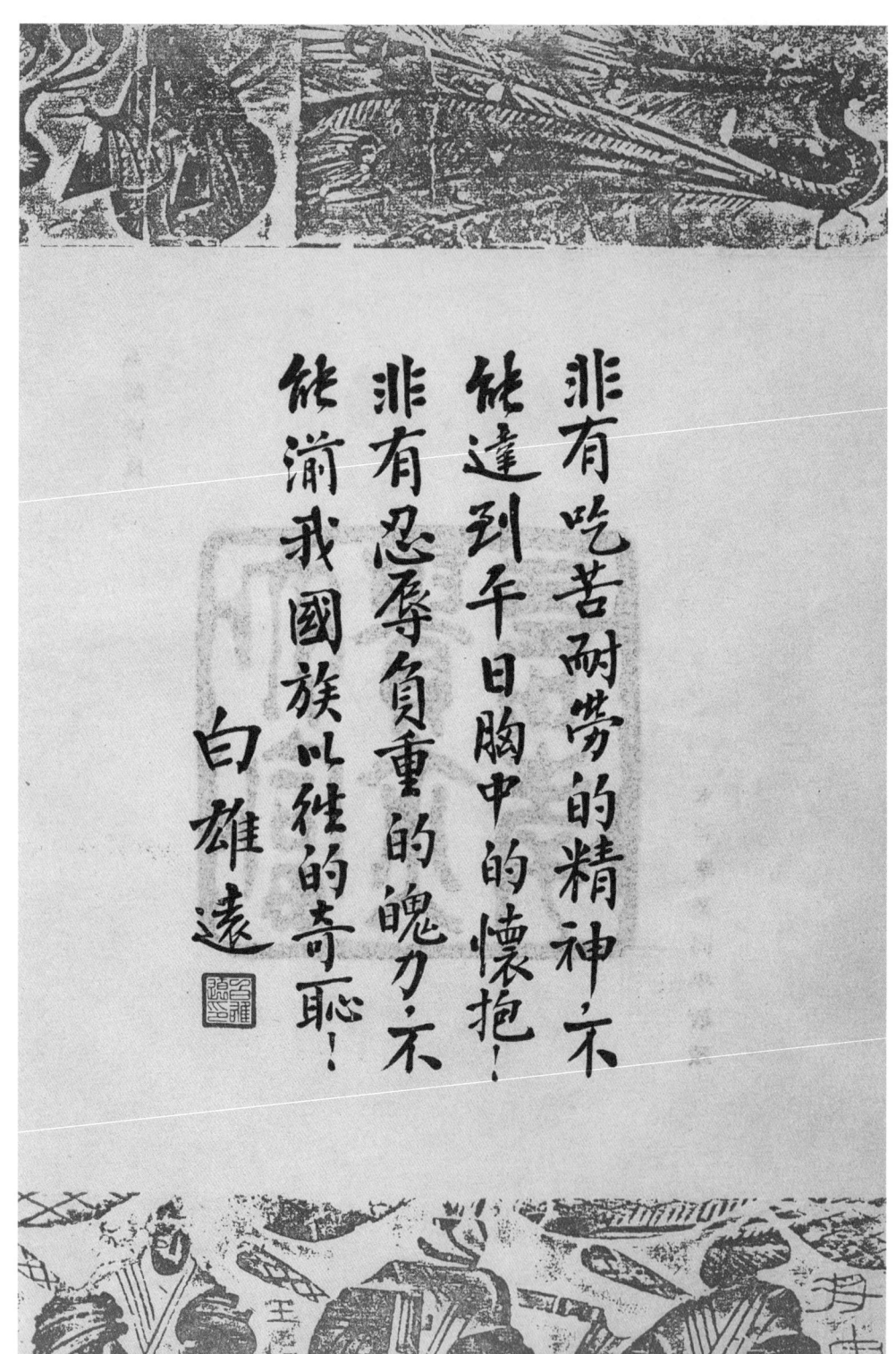

孟鄰校長

本屆畢業同學敬頌

本屆畢業同學敬贈

孟鄰校長

校長蔣夢麟先生

樊際昌先生

課業長註冊組主任兼心理系主任

鄭天挺先生

秘書長兼國文系講師

章廷謙先生

校長室秘書校志編纂處協纂

胡適先生

名譽教授文學院院長兼教育系主任

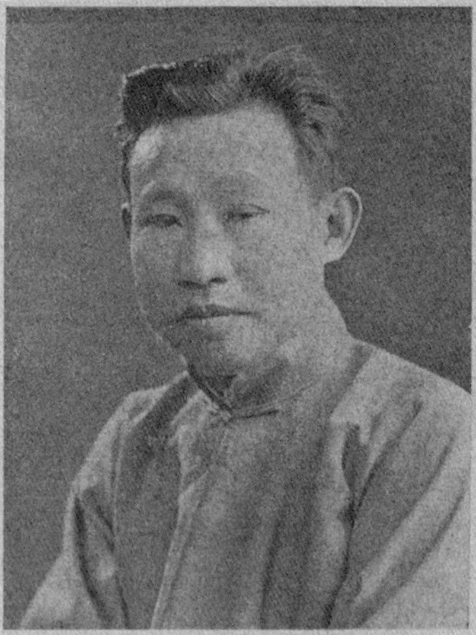

劉樹杞先生

理學院長兼化學系教授

周炳琳先生

法學院院長兼經濟系教授

故研究院導師國文系教授劉復先生

各主任

陳受頤先生

外國語文學系主任兼史學系主任

馬裕藻先生

中國文學系主任

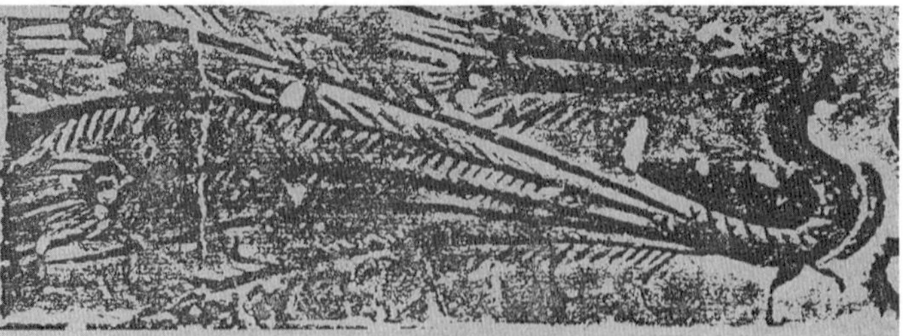

梁宗岱先生

外國語文學系法文組主任

楊震文先生

外國語文學系德文組主任

馮祖荀先生

數學系主任

饒毓泰先生

物理系主任

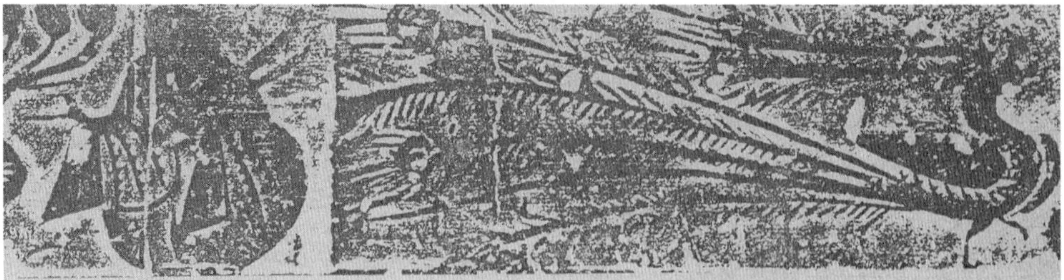

曾昭掄先生

化學系主任

戴修鑽先生

法律系主任

張忠紱先生

政治系主任

趙廼摶先生

經濟系主任

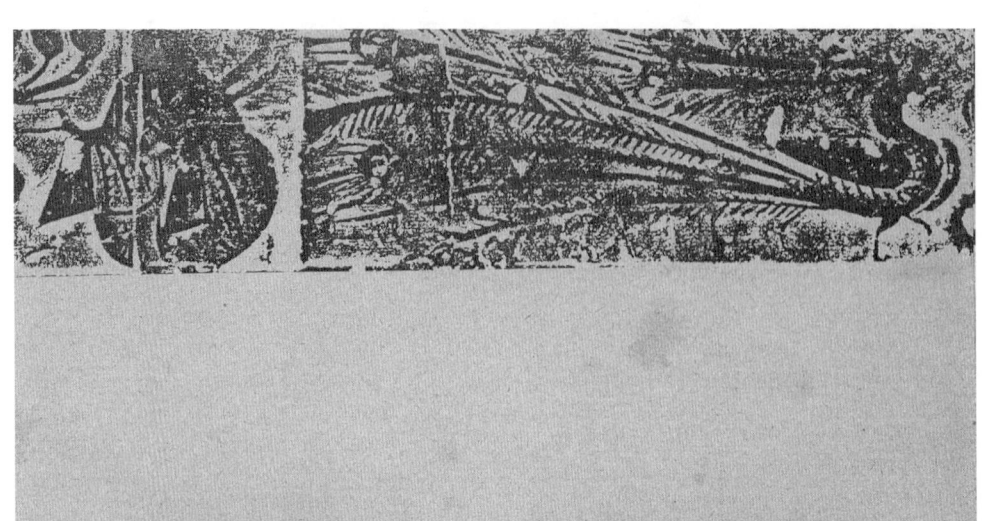

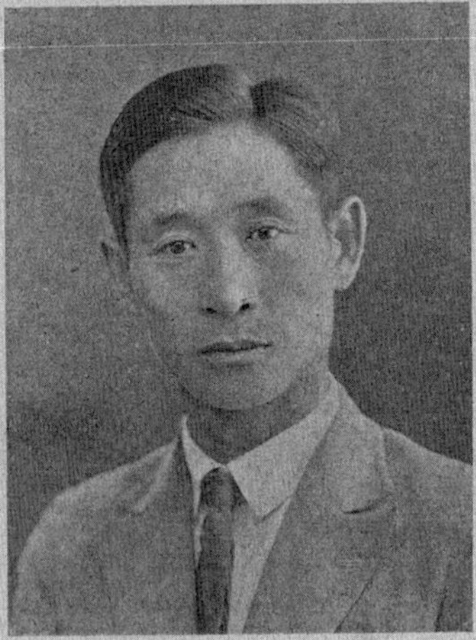

王耀東先生

體育組主任

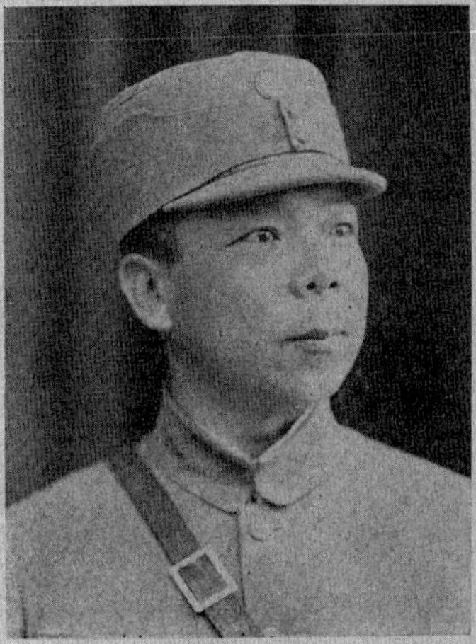

白雄遠先生

軍訓組主任

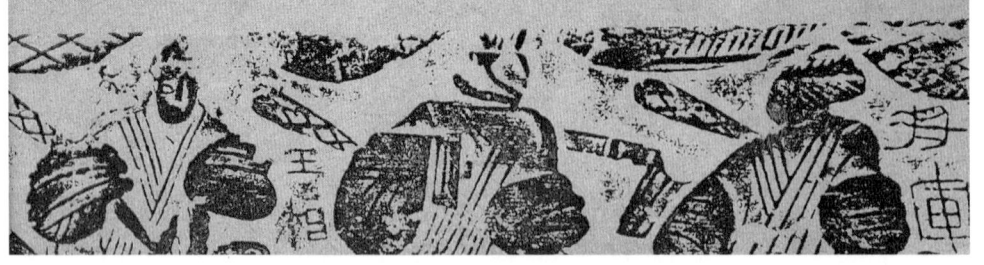

李續祖先生

出版組主任

朱洪先生

文牘組主任

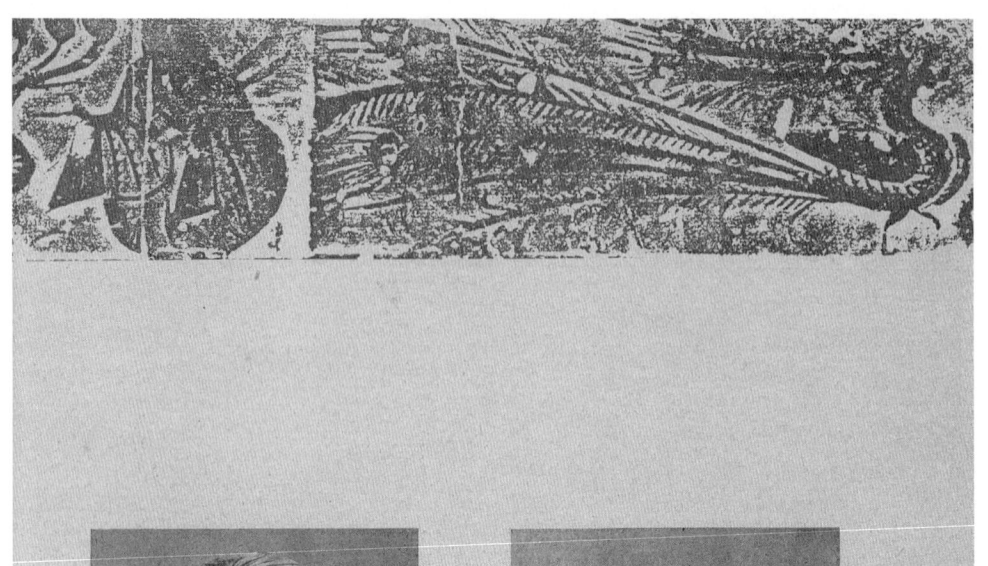

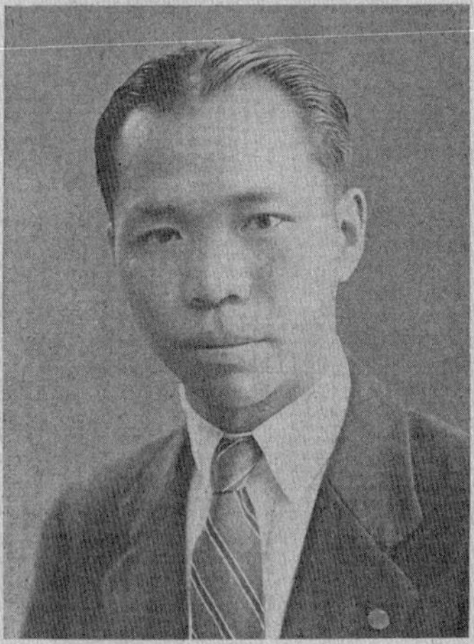

郭亮才先生

庶務組主任

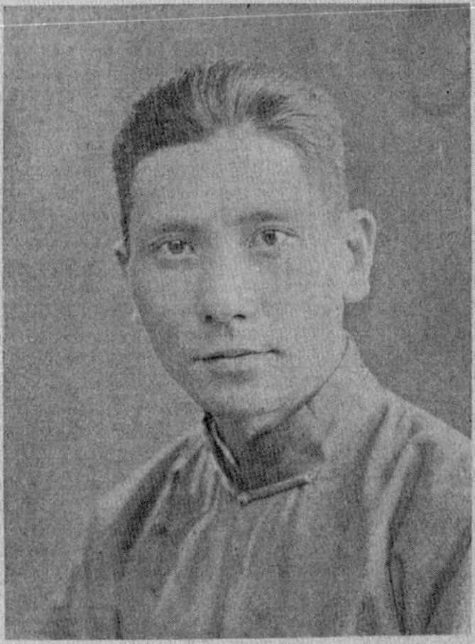

查士鑑先生

會計組主任

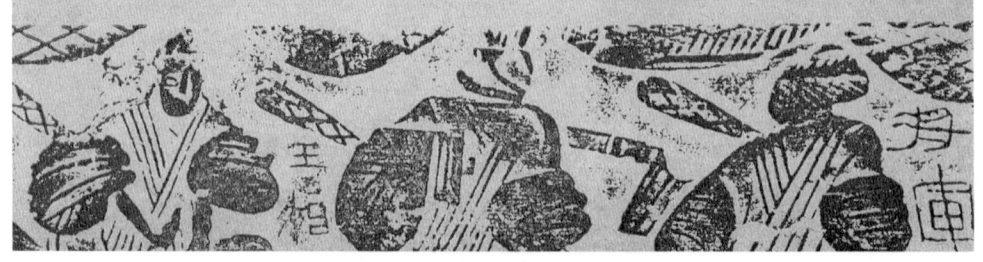

各系教授及講師

沈兼士先生

中國文學系名譽教授

鄭奠先生

中國文學系教授

許之衡先生

中國文學系教授

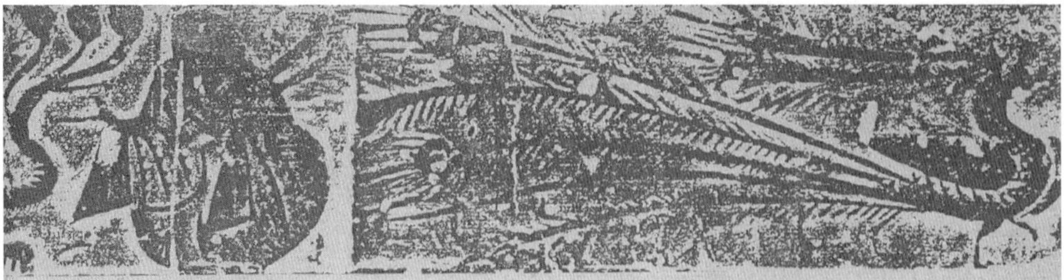

林損先生

中國文學系教授

黃節先生

中國文學系教授

羅庸先生

中國文學系教授

魏建功先生

中國文學系副教授

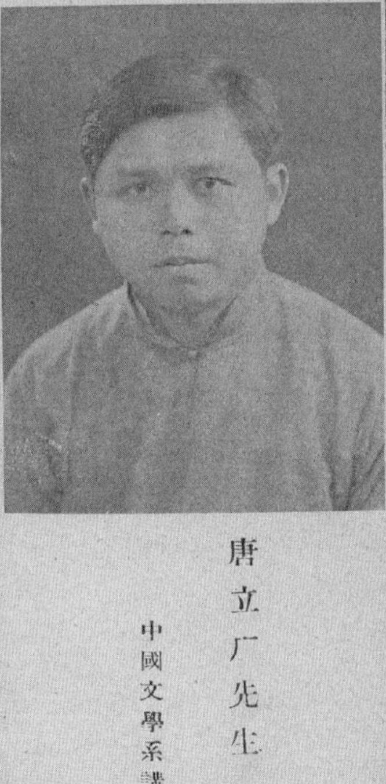

唐立广先生

中國文學系講師

沈啓无先生

中國文學系講師

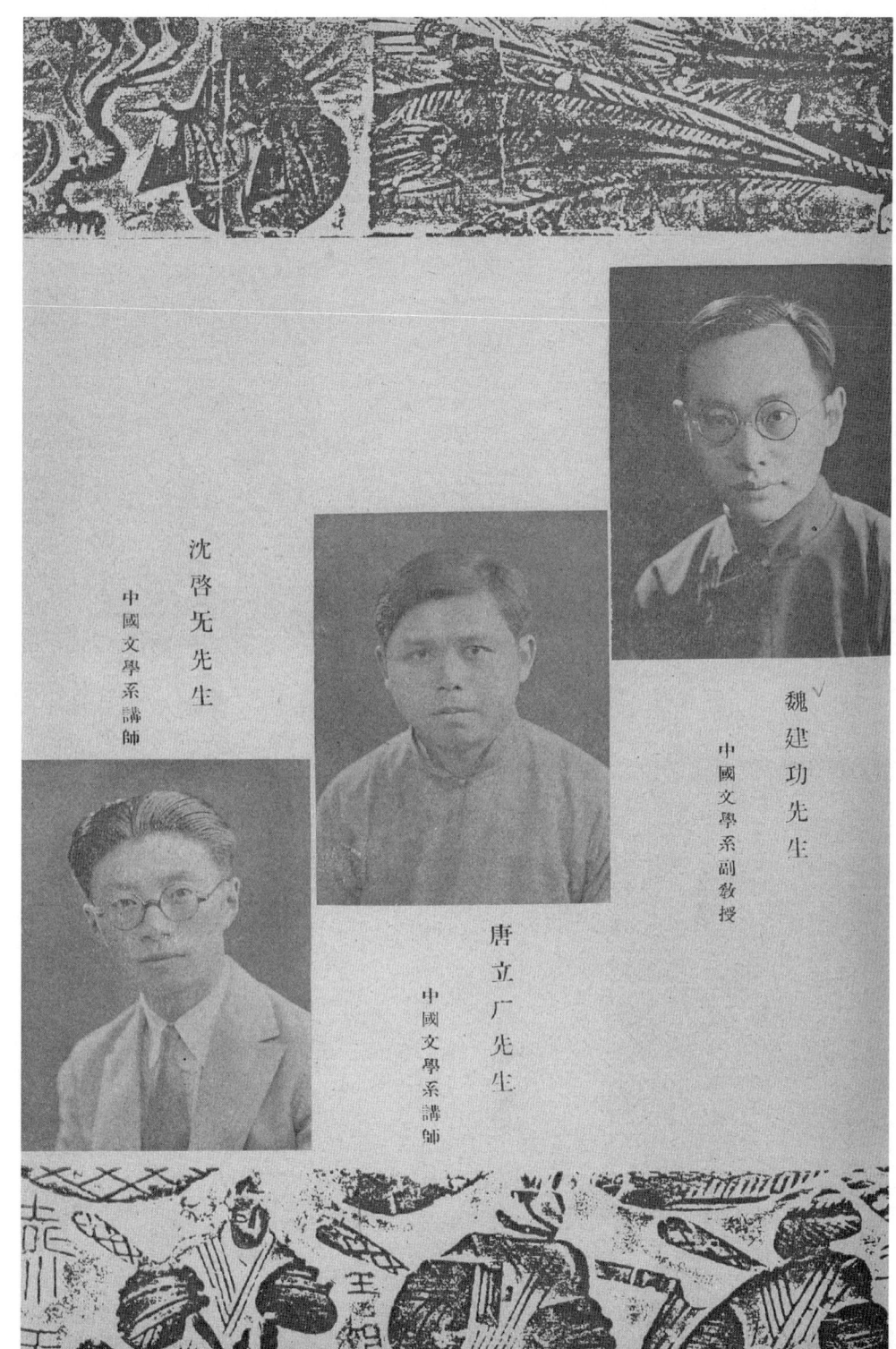

陸宗達先生

中國文學系助教

趙蔭棠先生

中國文學系講師

蒙文通先生

史學系教授

錢賓四先生
史學系副教授

王謨先生
史學系講師

李季谷先生
史學系講師

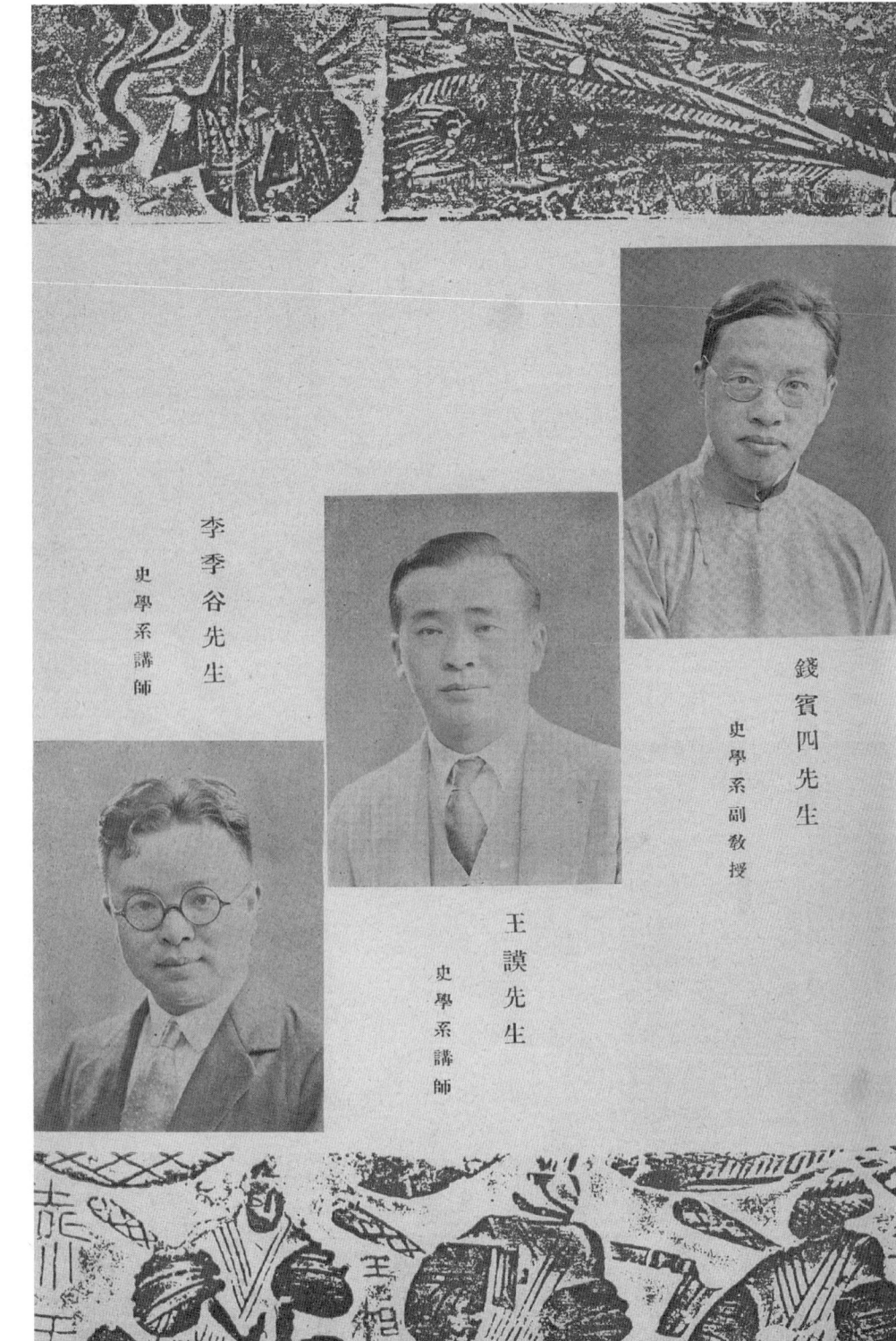

馬叙倫先生

哲學系教授

湯用彤先生

哲學系教授

周叔迦先生

哲學系講師

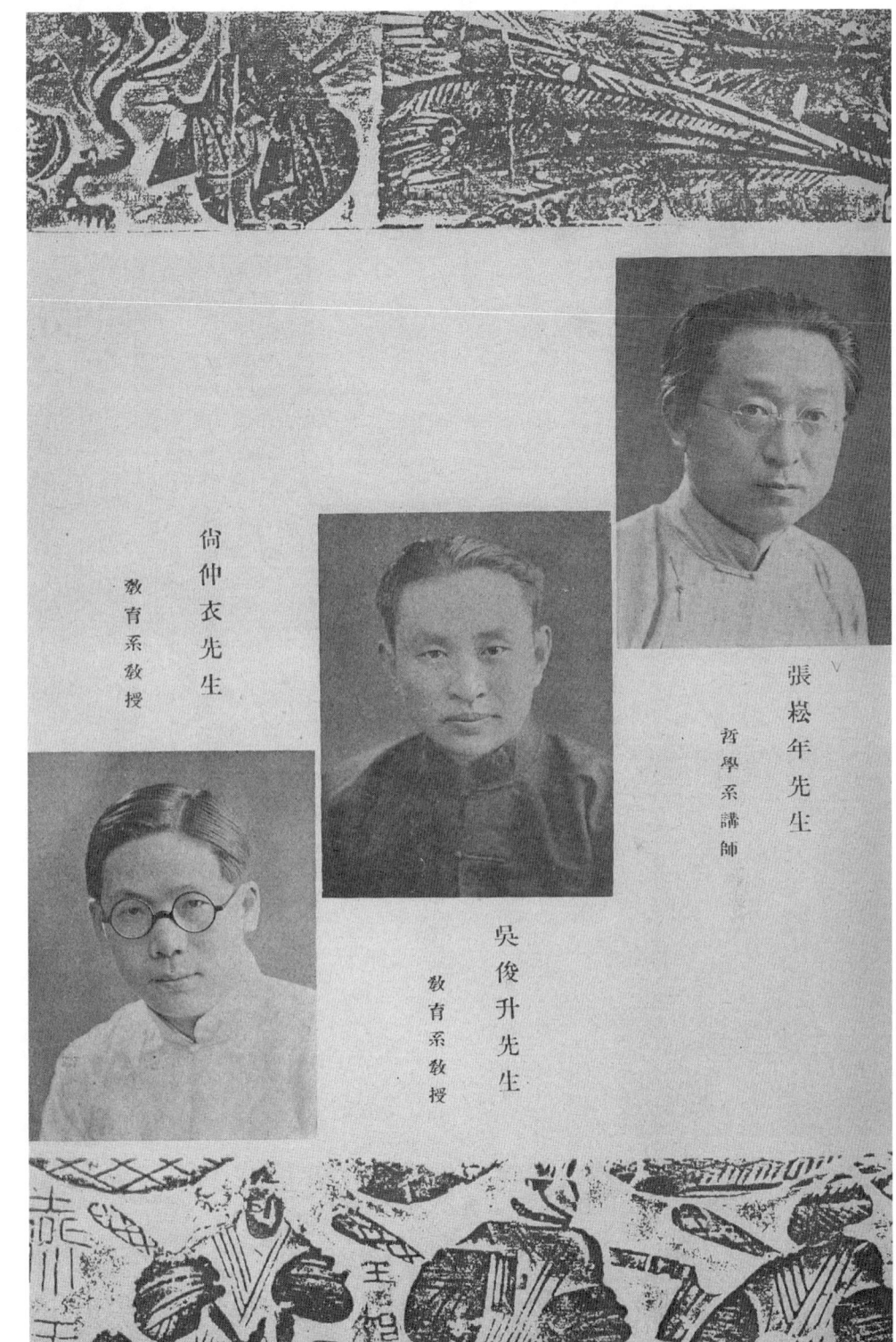

張崧年先生
哲學系講師

吳俊升先生
教育系教授

尚仲衣先生
教育系教授

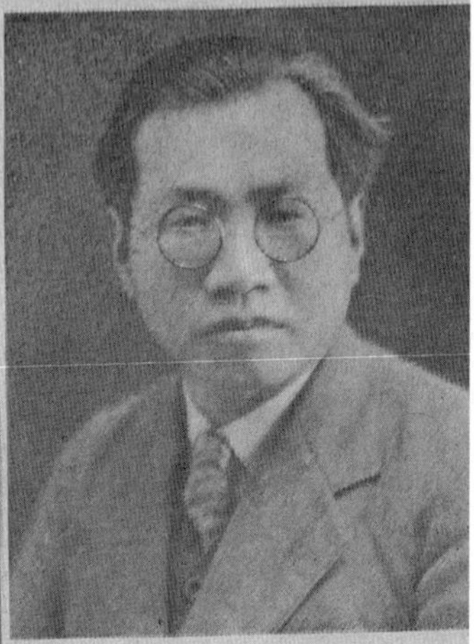

潘淵先生

教育系教授

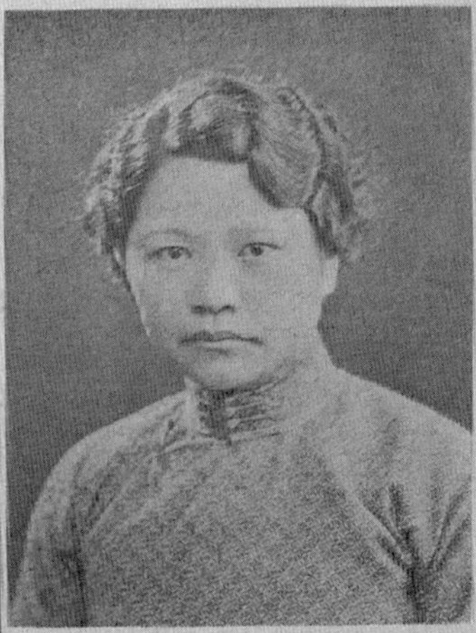

倪亮先生

教育系講師

鄭震鳴先生

教育系講師

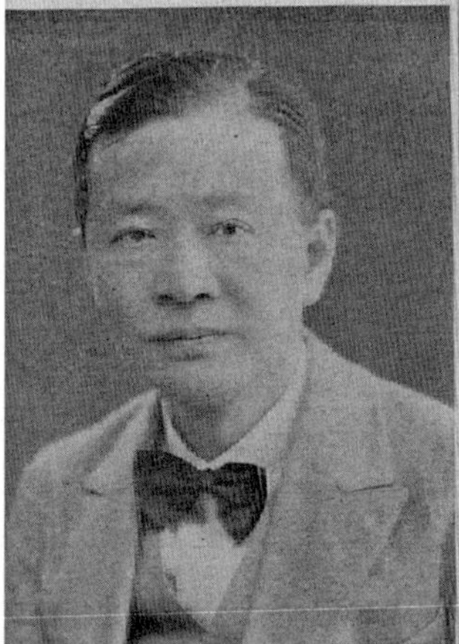

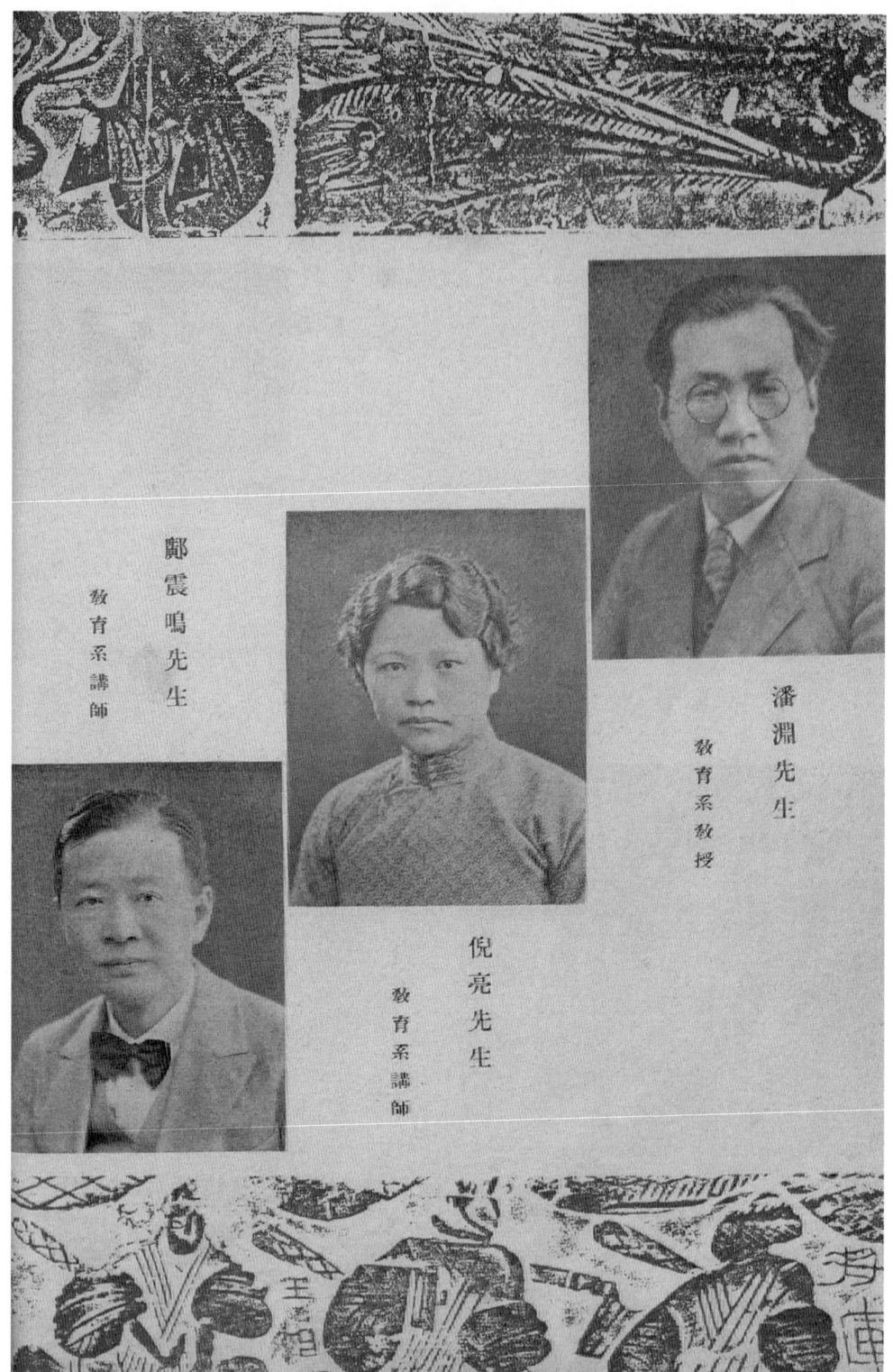

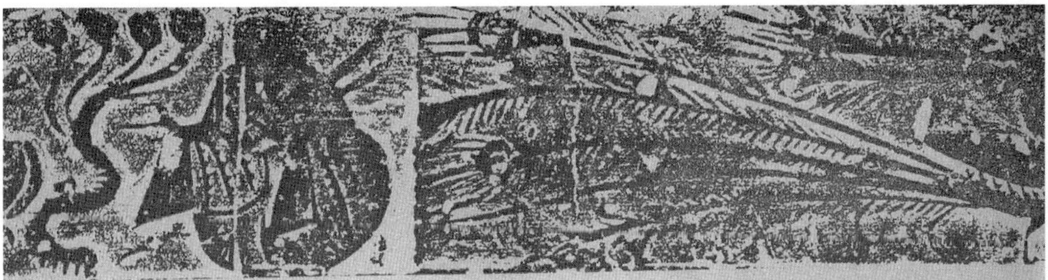

朱光潛先生
外國語文學系英文組教授

艾克登先生
外國語文學系英文組教授

衛德明先生
外國語文學系英文組講師

袁家驊先生

外國語文學系英文組助教

洪濤生先生

外國語文學系德文組教授

劉鈞先生

外國語文學系德文組講師

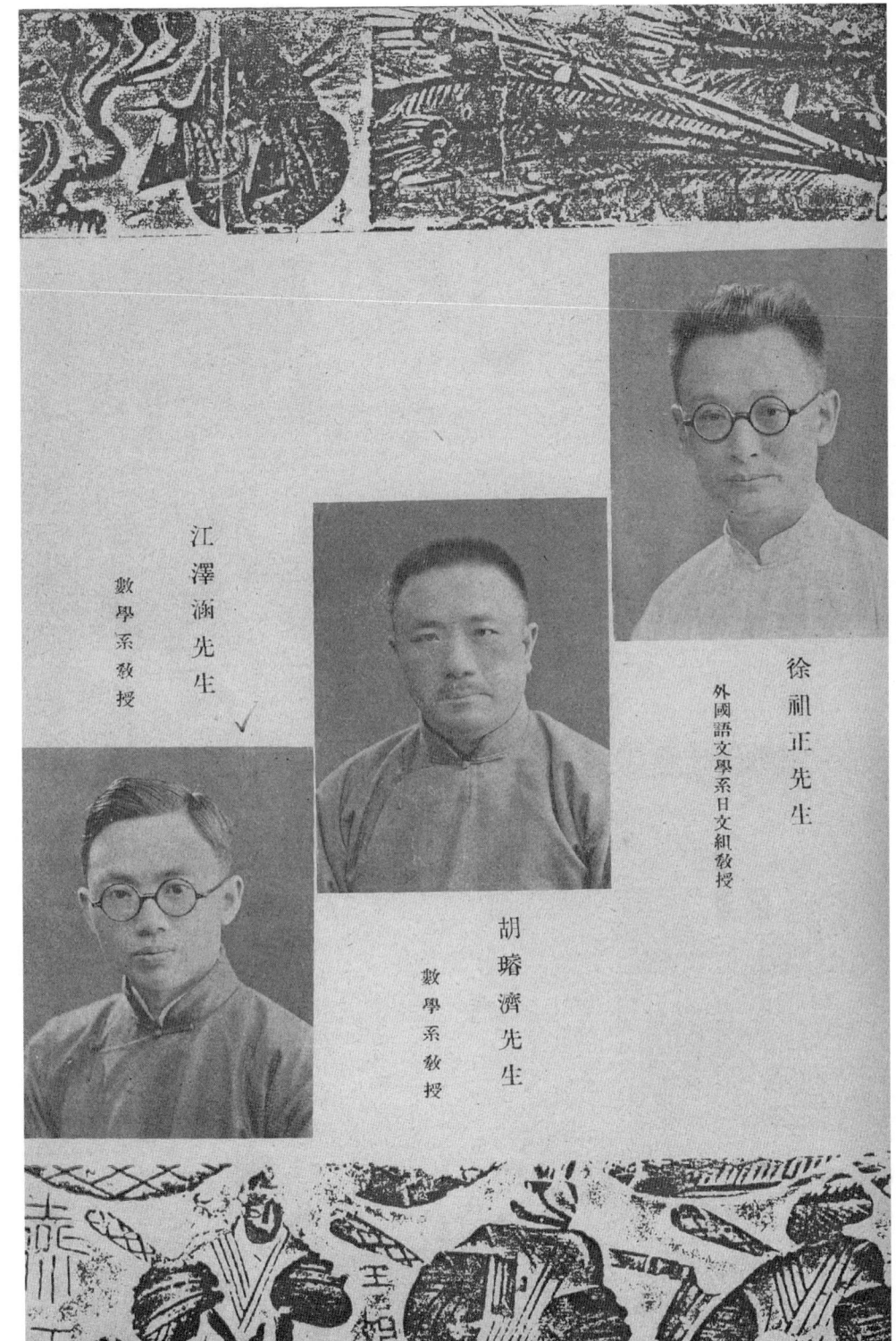

徐祖正先生

外國語文學系日文組教授

胡璿濟先生

數學系教授

江澤涵先生

數學系教授

趙淞先生

數學系副教授

徐治先生

數學系講師

張佩瑚先生

物理系教授

龍際雲先生
物理系教授

張宗蠡先生
物理系教授

朱物華先生
物理系教授

何作霖先生

地質系講師

斯行健先生

地質系講師

雍克昌先生

生物系教授

張震東先生

生物系講師

陳席山先生

生物系講師

侯宗濂先生

生物系講師

葉麐先生

心理系講師

周先庚先生

心理系講師

燕樹棠先生

法律系教授

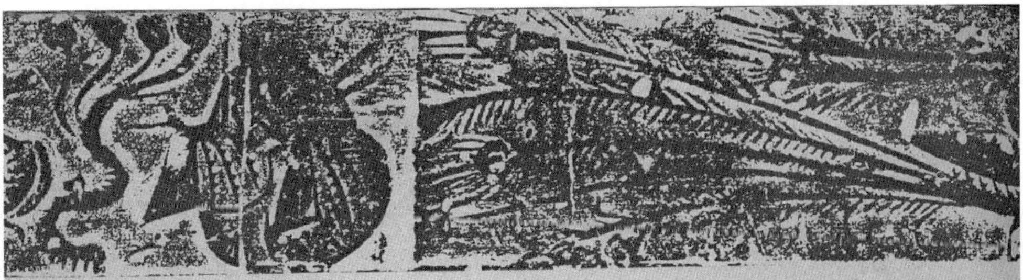

李祖蔭先生

法律系教授

劉志敭先生

法律系教授

張映南先生

法律系教授

陳豹隱先生
經濟系講師

秦鑽先生
經濟系教授

周作仁先生
經濟系教授

李光忠先生
經濟系講師

胡謙之先生
經濟系講師

徐輔德先生
政治系講師

桑毓英先生

政治系助教

畢業生

文學院
胡適

國文系

國文系

田春霖

（雨芳）廿七

河北薊縣

河北薊縣馬伸橋鎮永盛隆

曹曾保

（佑民）廿三

河南洛陽

河南洛陽七里河郵局轉孫家屯

劉昌星

（斗南）廿九

福建福安

福安柏柱鄉

汪紹楹

（孟涵）廿六

江蘇吳縣

江蘇五斗齋六號

鄭文華

（視三）廿七

察哈爾張北

察哈爾張北西南街五九一號

劉緝熙

（明齋）廿五

河北武清

河北武清雙樹轉後迺寺

王才偉
（君奇）卅四
四川宣漢
四川宣漢清溪塲郵局轉

呂宗賓
（景光）廿八
河南安陽
河南安陽東鄉豆官營村

姬應運
（希周）廿七
山西永濟
山西永濟張營鎮義興永轉東張村

劉重慶
（滋培）卅四
河北滄縣
河北滄縣王寺鎮集北頭

顧茂基
（德軒）卅一
山東費縣
山東費縣臨沂城內中山德順城

張德明
（紹唐）廿八
河北藁城
河北藁城南董鎮九門村

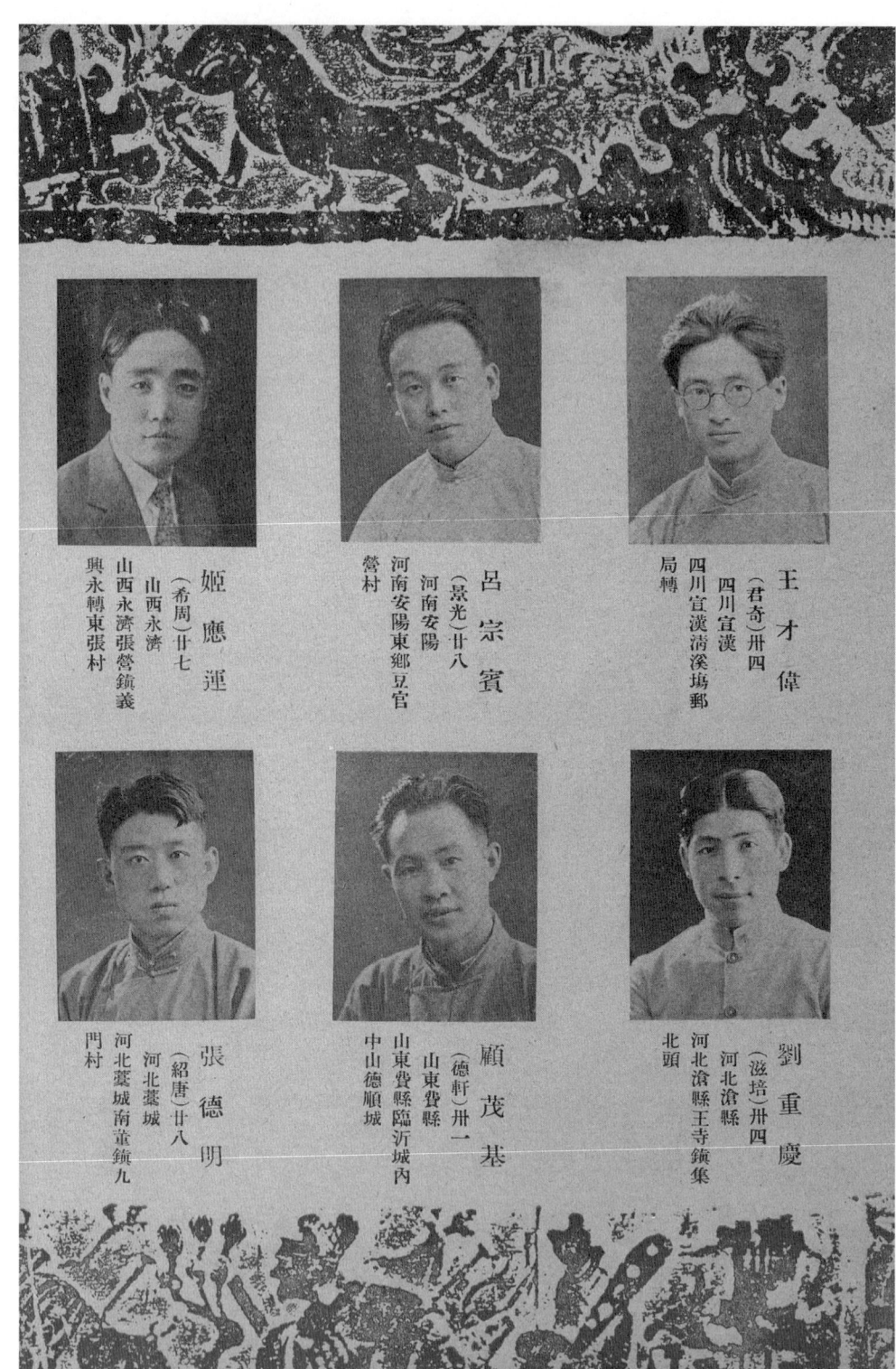

王心平
（夢隱）廿六
河南濬縣
河南淇縣趙崗村

傅庚生
（戍生）廿五
遼寧瀋陽
地安門外帽兒胡同六五號

鄂裕綿
廿六
河北北平
北新橋褡褳坑四十四號

楊喜齡
（仲欣）三〇
黑龍江景星縣
北平國立東北中山中學

袁鍾姒
（迪莘）廿四
遼寧瀋陽
北平石老娘胡同九號

趙燕孫
（汝翼）廿七
河北唐縣
河北唐縣大張合莊村

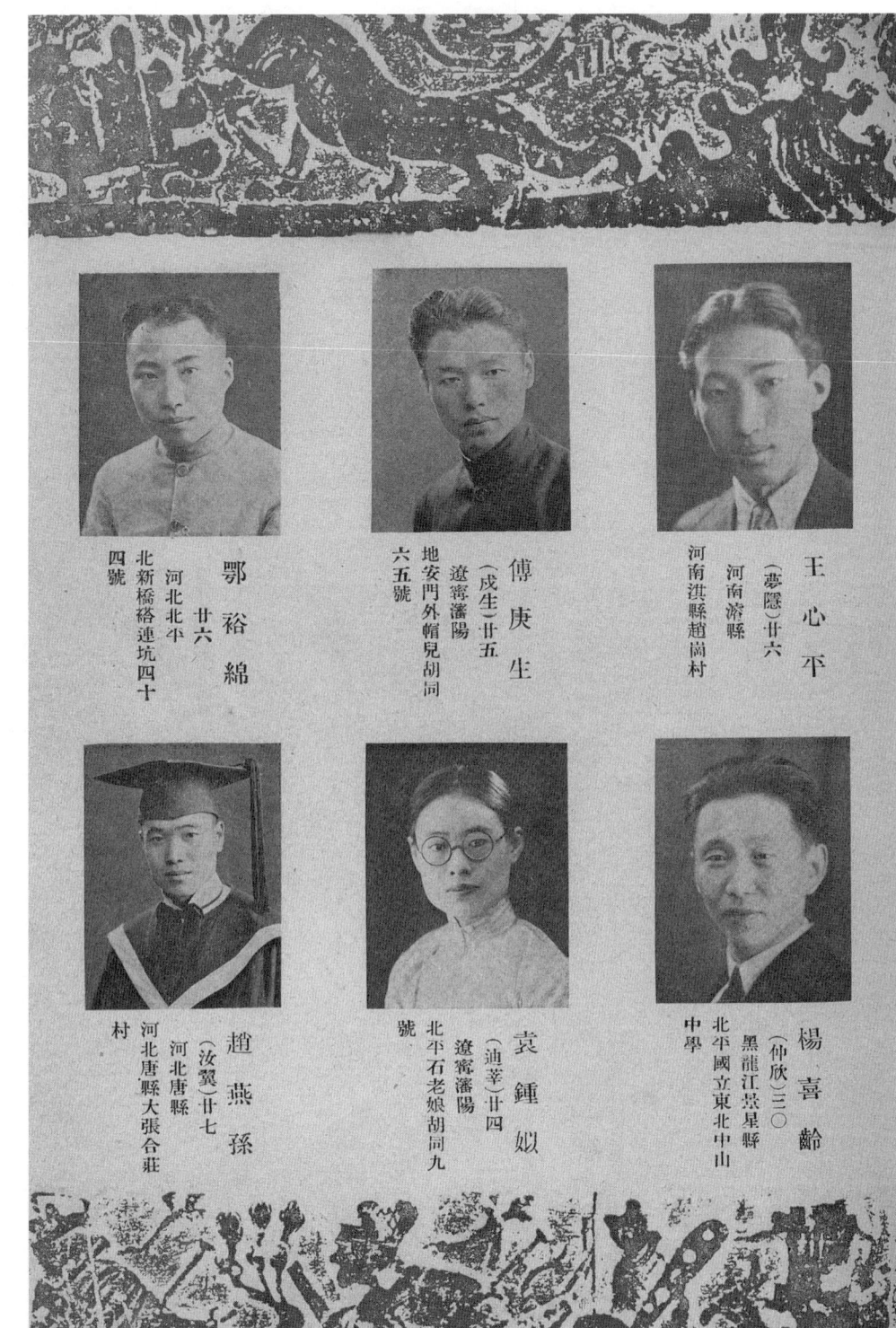

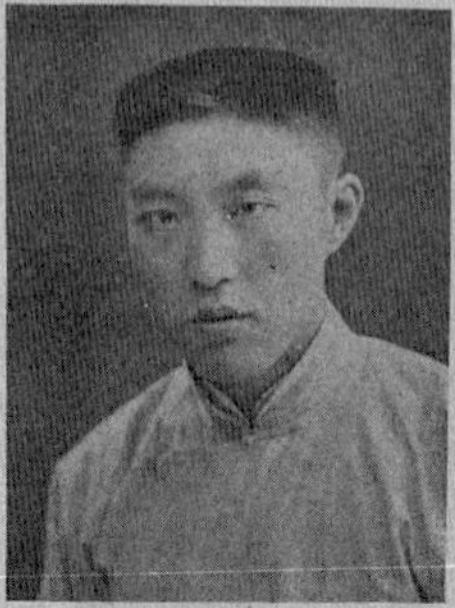

池興貴

（蓍龍）三〇

黑龍江望奎

黑龍江望奎教育局

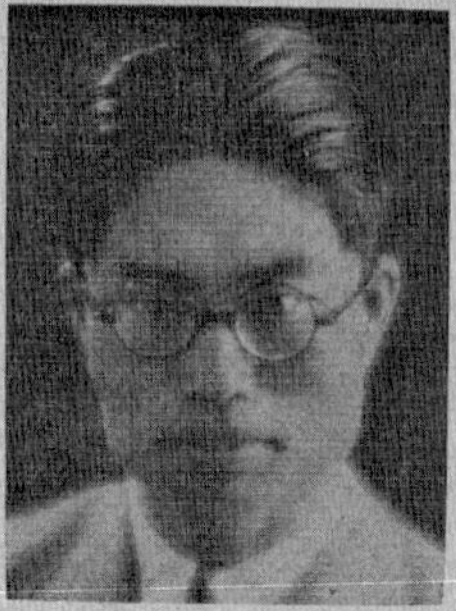

葉幼泉

（立夫）廿六

寄讀生

遼寧瀋陽

北平新街口草場大坑二十六號

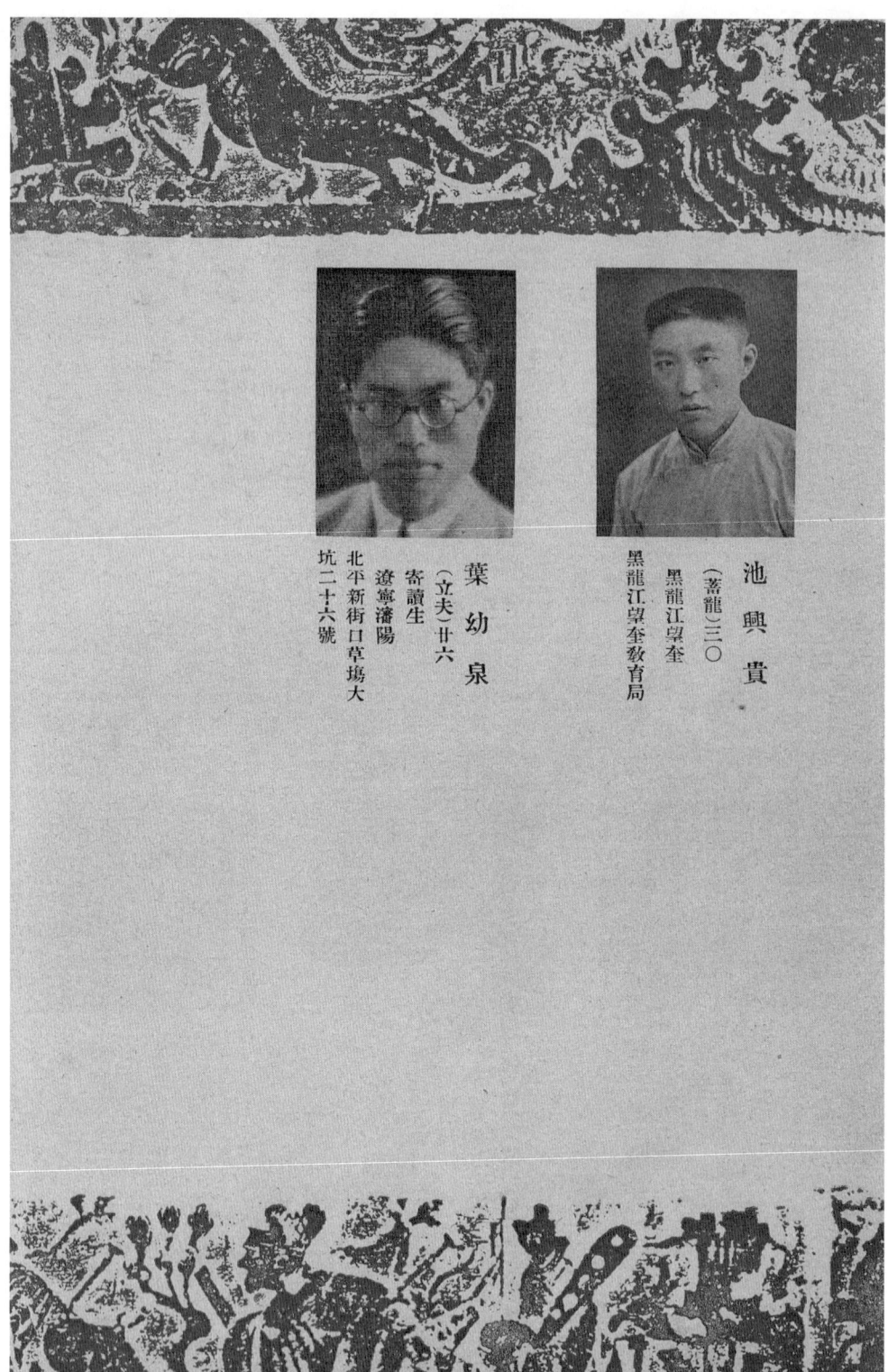

史學系

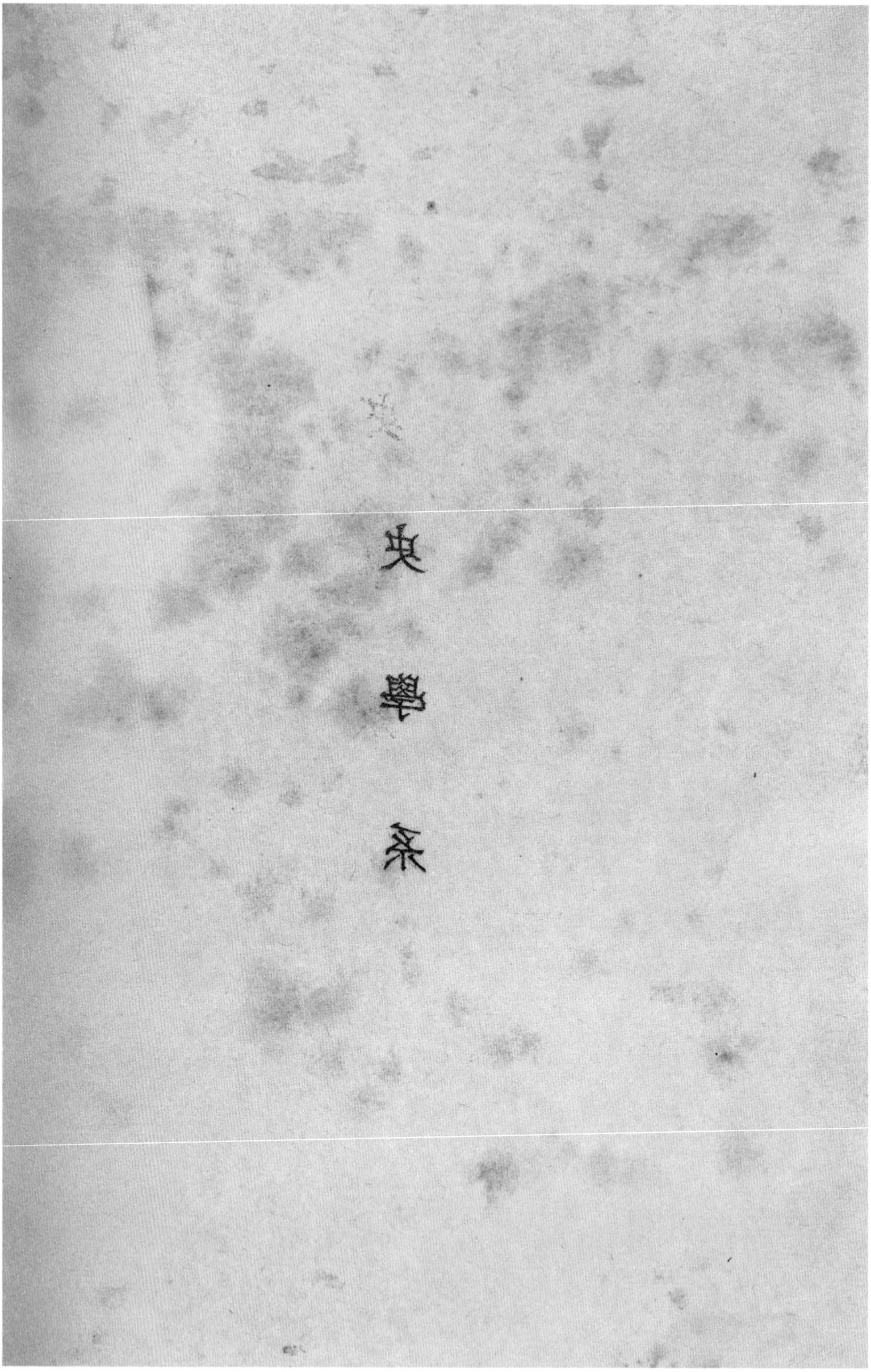

史學系

陳　智

（慧菴）廿九

山西崞縣

山西崞縣原平萬錦榮

王永安

廿八

遼寧遼陽

南滿綫烟台站義和棧轉

梁茂修

（竹航）廿七

山東新泰

山東新泰嶅陽鎮

胡福林

（厚宣）廿六

河北望都

河北望都玉家莊

陳象萃

（會文）卅三

山東章邱

山東濟南芙蓉巷蘭照相館

劉善繼

廿八

河北深澤

安國南馬村轉棗營村

王存學

（季敏）廿四

河南濬縣

淇縣河東趙崗村

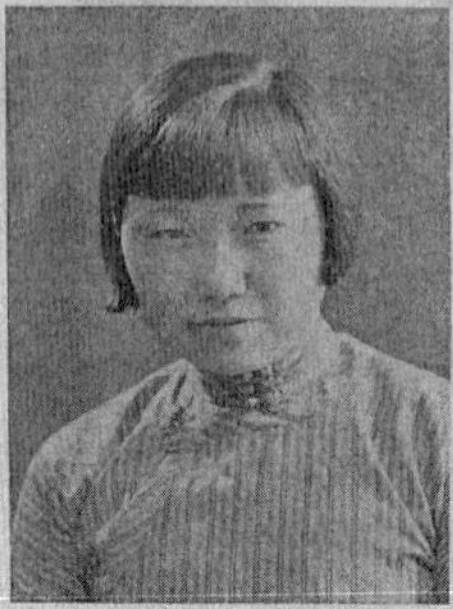

黃淑懿

二〇

湖南沅陵

本校五齋

王玉林

（秀徵）廿八

吉林永吉

吉長路樺皮廠

夏時

（紀八）廿七

山東樂陵

山東樂陵城西南夏宅

張壽同

（筱泉）廿六

河南汲縣

河南汲縣沿淀街

陳喜生

廿五

河北深澤

河北深澤南關廣德茂

馬寶珠
（月川）廿四
河北行唐
河北行唐南街聚益祥

汪濂泉
（百巖）廿六
山東臨清
山東臨清李家堂

陳東旭
（惠軒）廿五
河南濬縣
河南汲縣柳衛站轉西雙鵞頭

錢萬選
廿七
河北昌黎
河北昌黎靖安鎮馬蜂營

陳鴻賓
（雲漢）廿六
河北玉田
河北玉田錢家溝

王振洲
（制五）廿五
山西天鎮
山西陽高東井集郵局

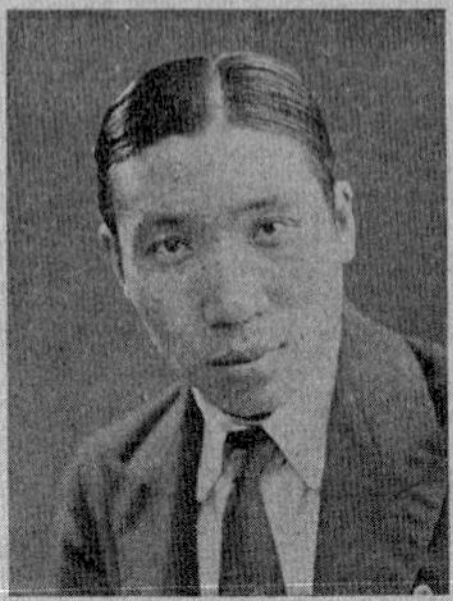

孫求實
廿六
寄讀生
吉林永吉
吉長路九站街

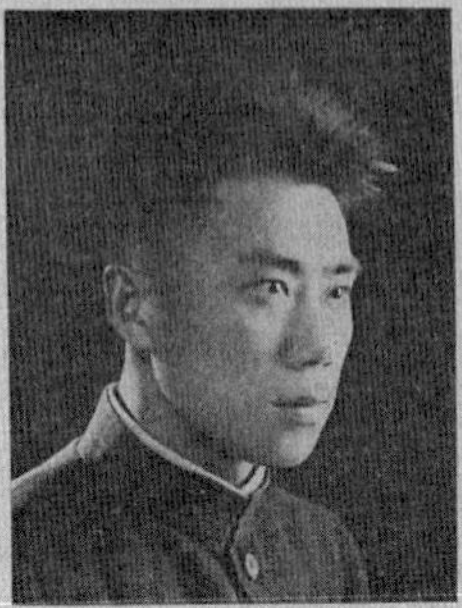

李方晨
（筱民）廿四
寄讀生
遼寧昌圖
遼寧昌圖金家屯

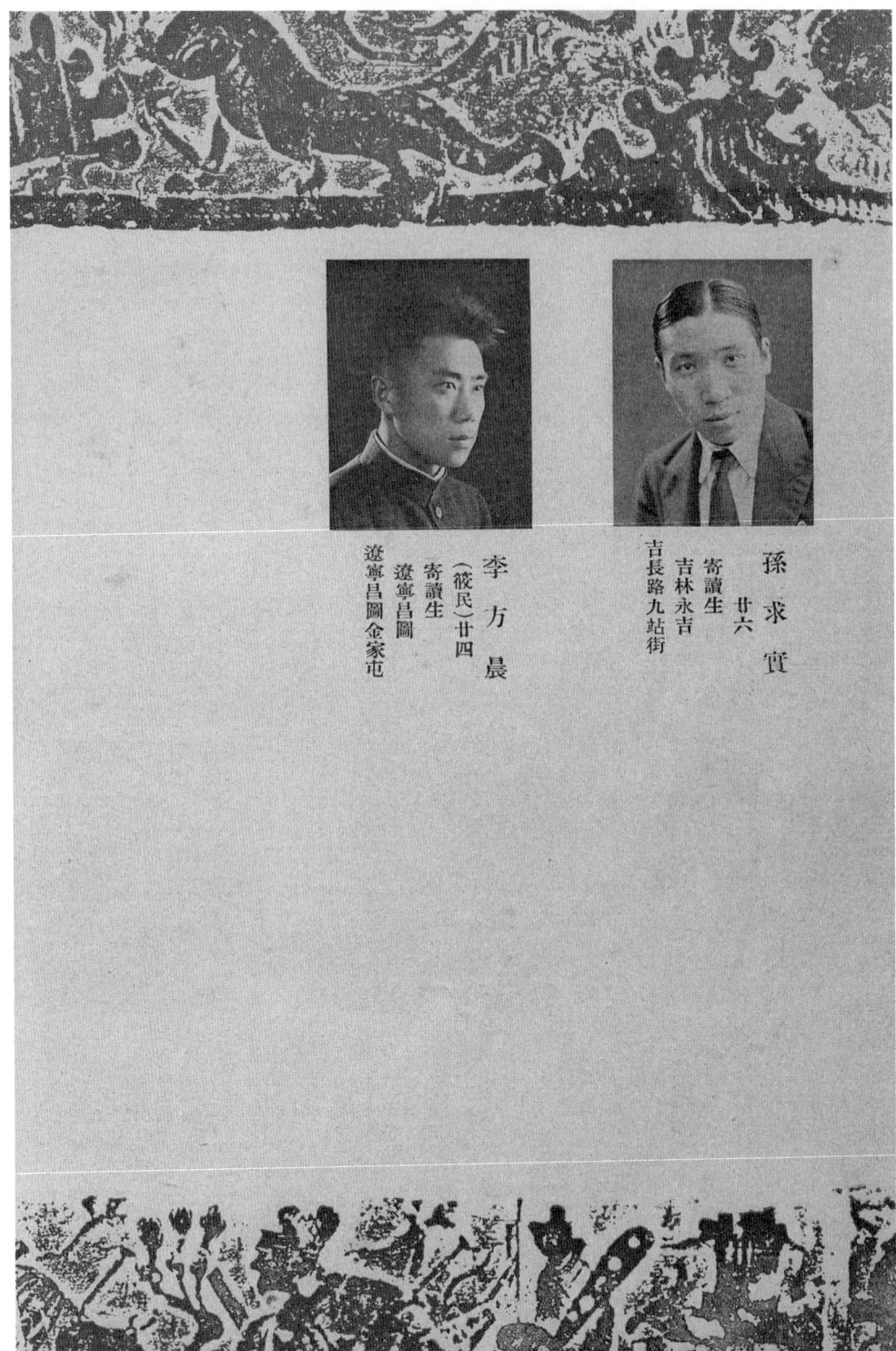

哲學系

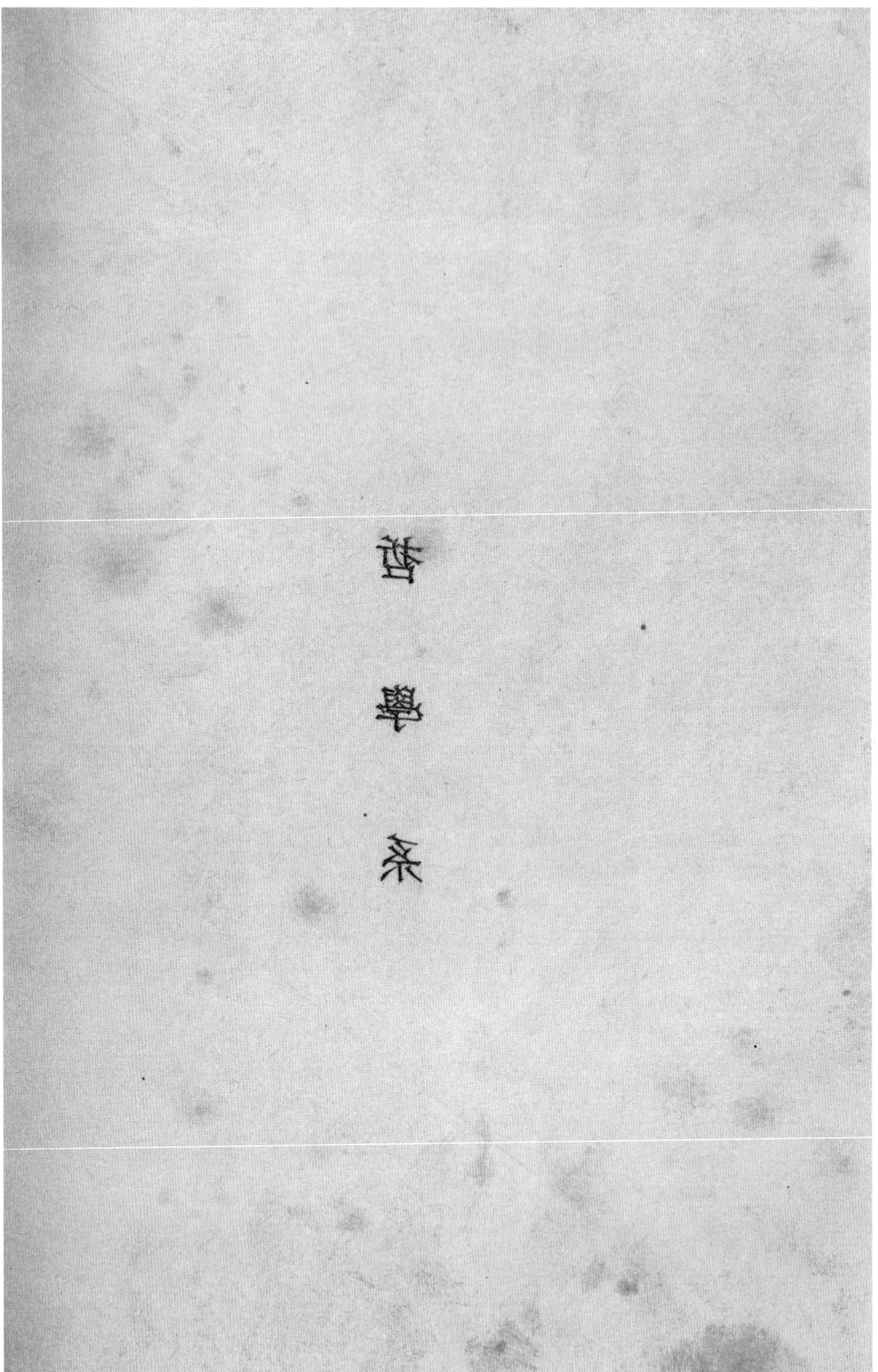

王希曾
廿六
河北唐縣
河北唐縣

鄒科嵩
廿五
湖南永綏
湖南永綏小北門

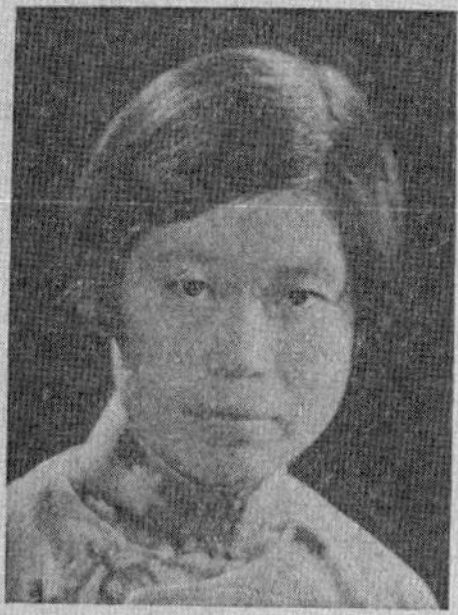

王碧書
廿七
河南商邱
齊化門大街八十三號

王榮棠
廿六
河北趙縣
河北趙縣城內文廟街

教育系

壽鏞

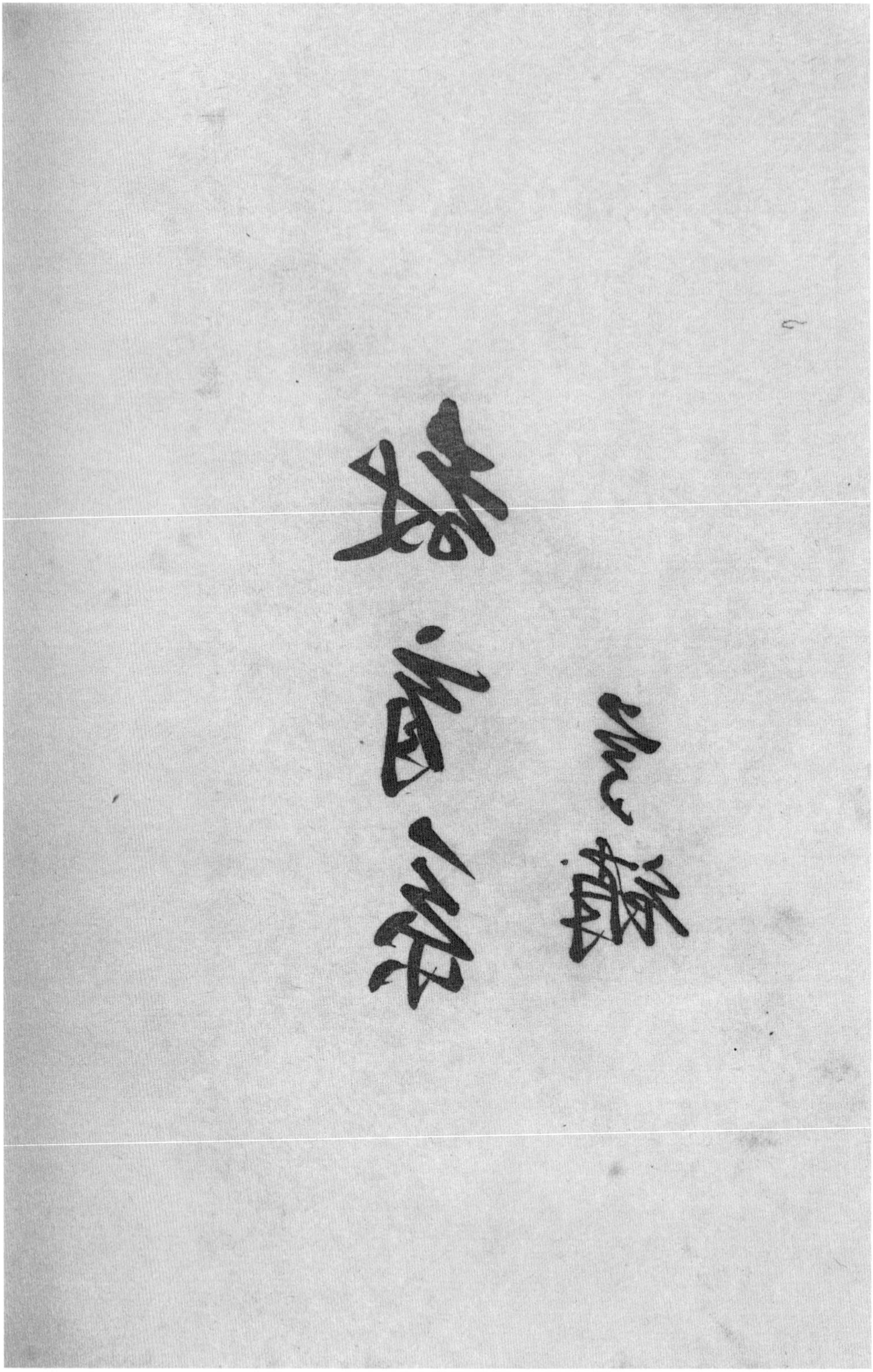

潘成義

（仲宜）廿八

浙江松陽

浙江松陽太平坊

金嶺峙

（卓峰）廿六

河北行唐

河北行唐南曲河鎮

國培之

（益山）廿五

山東壽光

山東壽光侯鎮河南

朱銀山

（景漢）廿九

山東東阿

山東壽張城内本宅

楊榮貞

三〇

河北通縣

河北通縣燕郊

覃濬玄

廿五

湖南石門

湖南石門磨市

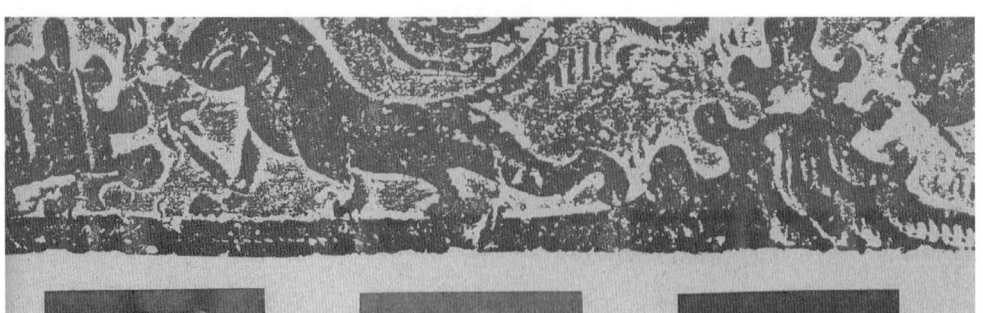

史凱元
（君相）廿六
河北安國
河北安國縣西王奇村

劉國芳
（君鐸）廿五
山東濰縣
山東濰縣海島寺巷

孫長元
（愛棠）卅三
河北定縣
平漢路淸風店裕成厚

王先進
（東野）廿七
山東河澤
山東荷澤臨濮集西南王劉莊

王國香
（秀亭）卅二
河北樂亭
河北樂亭博樂坨

吳建屏
廿二
湖北通城
湖北通城楊鴻利

尚士毅

廿五

遼寧海城

遼寧海城教育局

何壽昌

廿六

吉林伊通

吉林伊通縣

丁錫魁

卅二

陝西綏德

陝西綏德教育局

孫鳳鳴

（啓東）廿六

吉林寶清

北平南兵馬司一號

任霈霖

（偉綸）廿六

借讀生

遼寧台安

遼寧台安西佛牛录

關成章

（麟甫）廿六

寄讀生

遼寧遼陽

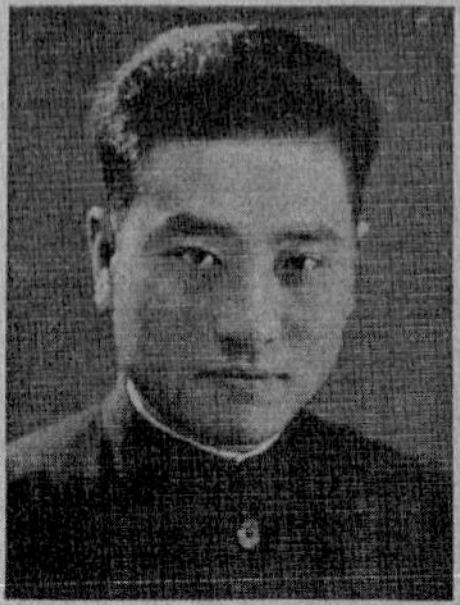

王維純

（精一）廿五

借讀生

遼寧遼陽

瀋陽大東堡信櫃轉

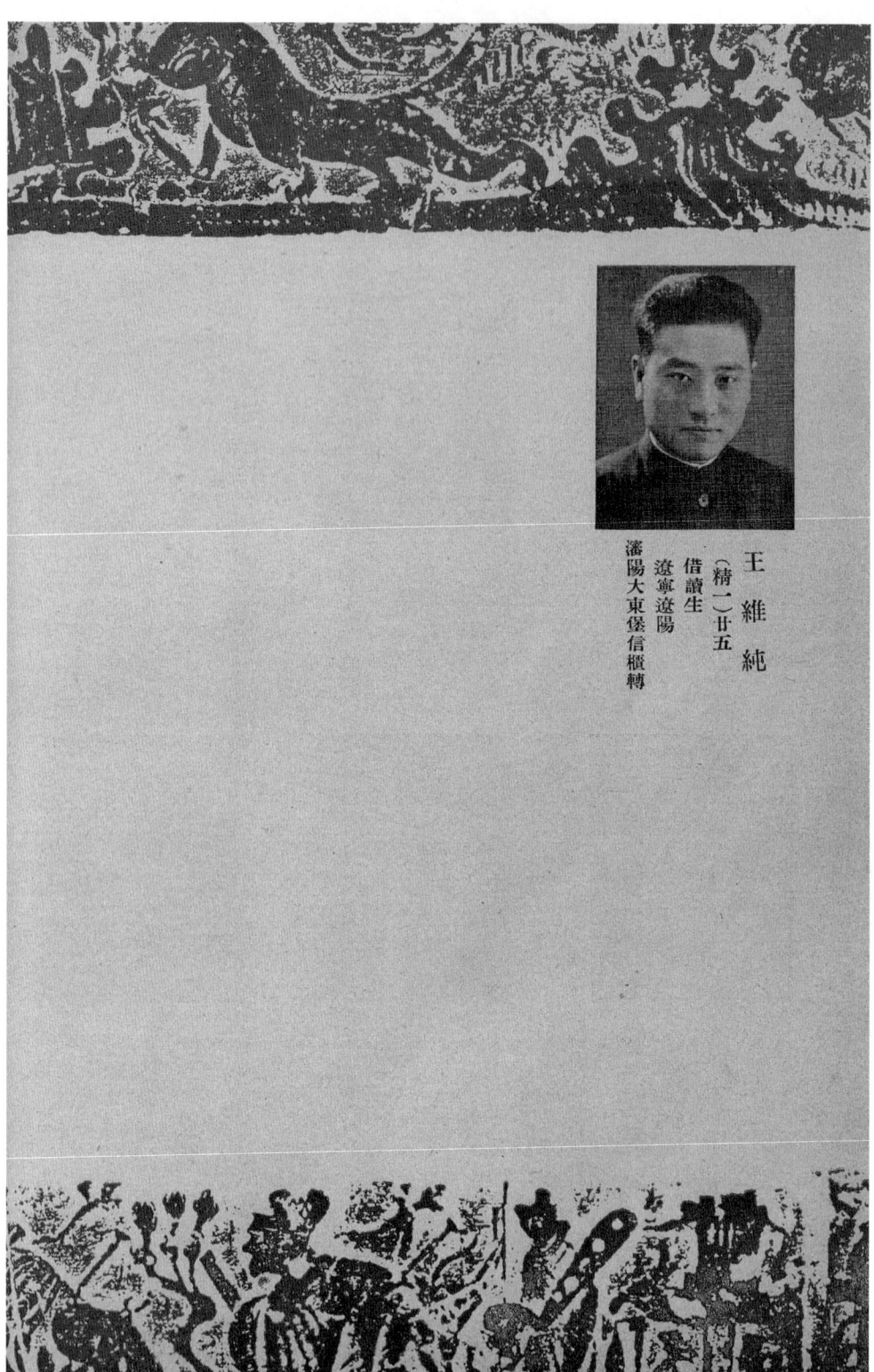

英文組

英文組

王象咸
（謙益）廿六
河北安平
河北安平張敎村

宮興廉
（潔民）廿六
山東曲阜
山東曲阜義和源轉辛莊

張以楨
廿三
江西萍鄉
北大收發課

關建秋
（菊如）廿五
河北景縣
北平史家胡同二十一號

王汝霖
（澍瀑）廿八
河北定縣
河北定縣大五女鎮轉佛店

公振東
（旭昇）廿八
河北樂亭
河北樂亭公官營

張承鉢
(希清)廿五
山東長清
山東長清辛店屯轉
白草林

馬耀琳
(振武)廿七
河北定縣
河北定縣東亭鎮轉
馬家莊

何樹棠
廿六
遼寧遼陽
瀋陽小北關正白旗
三十六號

法文組

宗岱題

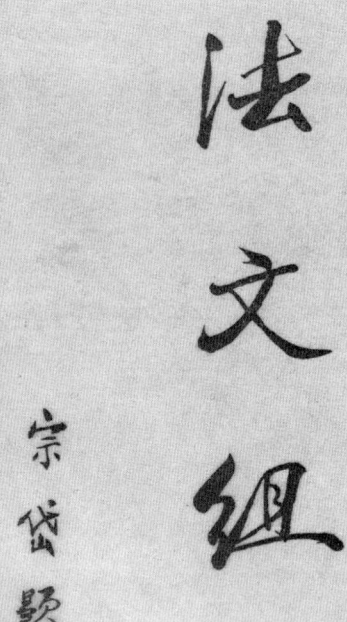

王靄芬

廿四

浙江蕭山

東四南箭廠胡同十二號

韓惠連

廿二

河北深縣

東單老錢局後甲九號

王覺民

（作民）廿六

河北宛平

北寧路安定站轉龐各庄隆昌號

包乾元

廿四

浙江吳興

嵩祝寺後身一號

周慶陶

（柳門）廿四

廣西龍州

越南諒山駈騾市街八號

德文組

崔承訓

（是甫）廿四

河北安次

廊房站交茨薌豐豫堂

張富葳

廿五

湖北襄陽

湖北襄陽張家集

理學院
劉樹杞敬題

數學系

數學系

李德英
(濟民)廿四
河南濟源
河南濟源西街大同鹽店轉

沈儒全
(戴仁)廿三
浙江建德
浙江建德東街涵廬

王聯榜
(峻岑)廿五
山東歷城
山東濟南萬壽宮街八號

傅超寰
(潤民)廿六
江西高安
江西高安珠湖學校轉

毛士蓮
(逑涵)廿四
河北通縣
崇外中三條三十六號

王俊奎
(醒園)廿七
山西廣靈
山西廣靈縣西蕉山兩級小學

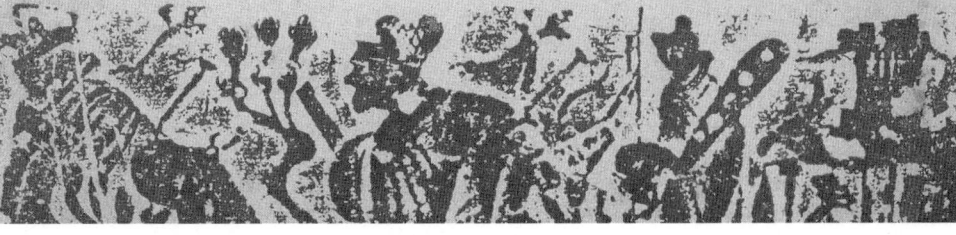

李　毅
（逸之）廿六
河南內黃
河南內黃縣立第一
小學校

崔　垂　虹
廿六
吉林長春
吉林長春三道街聚
源發

物理系

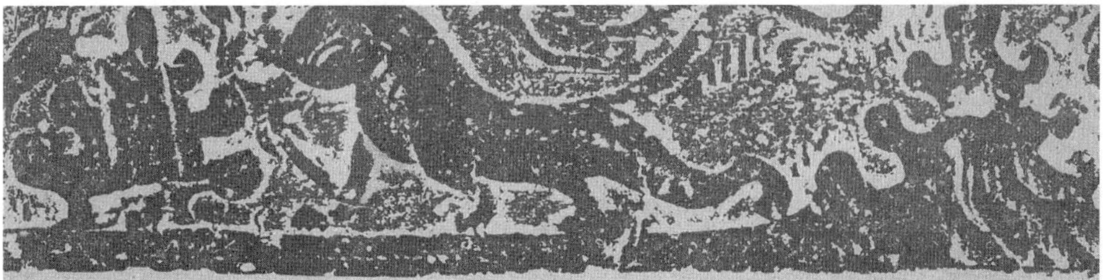

李寶成

（華甫）廿八

安徽婺源

宣外後孫公園十二號

李文東

（書堂）廿七

河北高邑

河北高邑車站晉豐泰交

姜元科

廿五

河北冀縣

河北冀縣寗晉城東營台村轉大羅口村

楊白林

（蔭陶）廿四

吉林寗安

吉林甯安和盛泰

閻克明

（子清）廿七

河北無極

河北無極西漢村

蔣經武

（子繩）廿四

江蘇常熟

江蘇常熟西涇岸

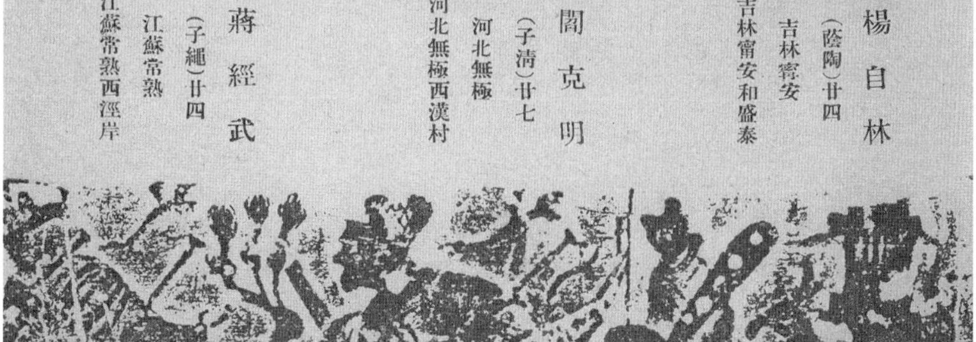

雷利堅

（鋒欽）廿四

四川富順

四川自流井謙益當

荆奎章

（勵子）廿七

河南開封

河南開封新街口七十八號

侯兆璿

（在璣）三〇

河北定縣

河北定縣明月店轉三十里舖

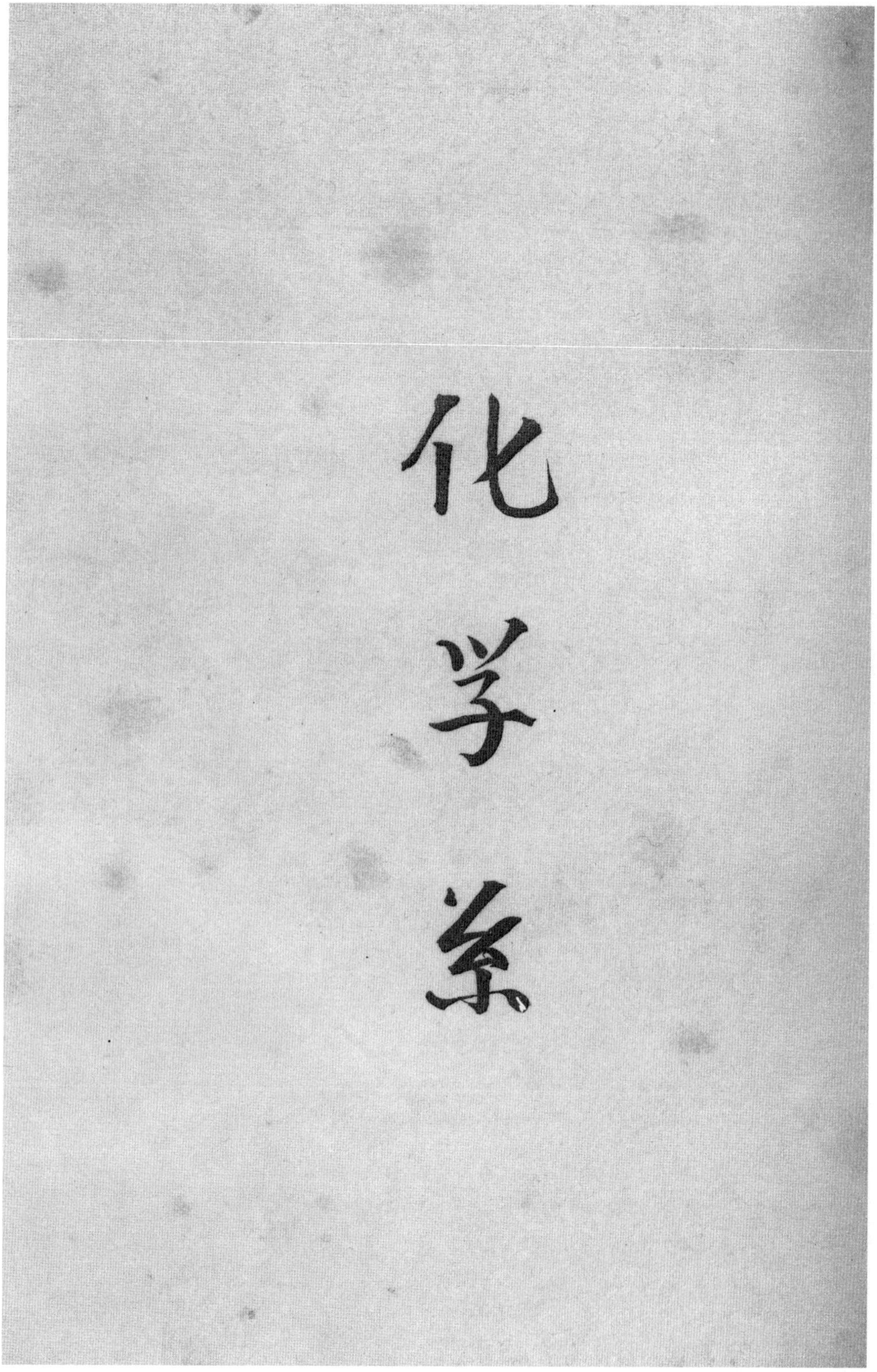

化学系

劉亦璡
（君桓）廿四
河北安新
河北安新北馮村

狄瑋
廿七
河南開封
山東德縣大營街五十三號

祁俊德
（鴻賓）廿七
河北正定
石家莊郄馬鎮轉北豆村

王孟鐘
廿二
廣東番禺
上海北四川路三新里廿三號

地質系

白上僩
（超然）廿九
陝西綏德
陝西綏德縣城內

蔣良俊
（叔杭）廿二
湖南長沙
湖南長沙上碧湘街十九號

張壽常
（紀五）廿四
河北定縣
河北定縣城內東街養源堂

路兆洽
廿四
河北清苑
保定張登鎮轉牛家莊

孫天民
廿六
吉林珠河
北平碾兒胡同四十四號

張文佑
廿五
河北灤縣
唐山南禮尙莊張宅承蔭堂

生物学系

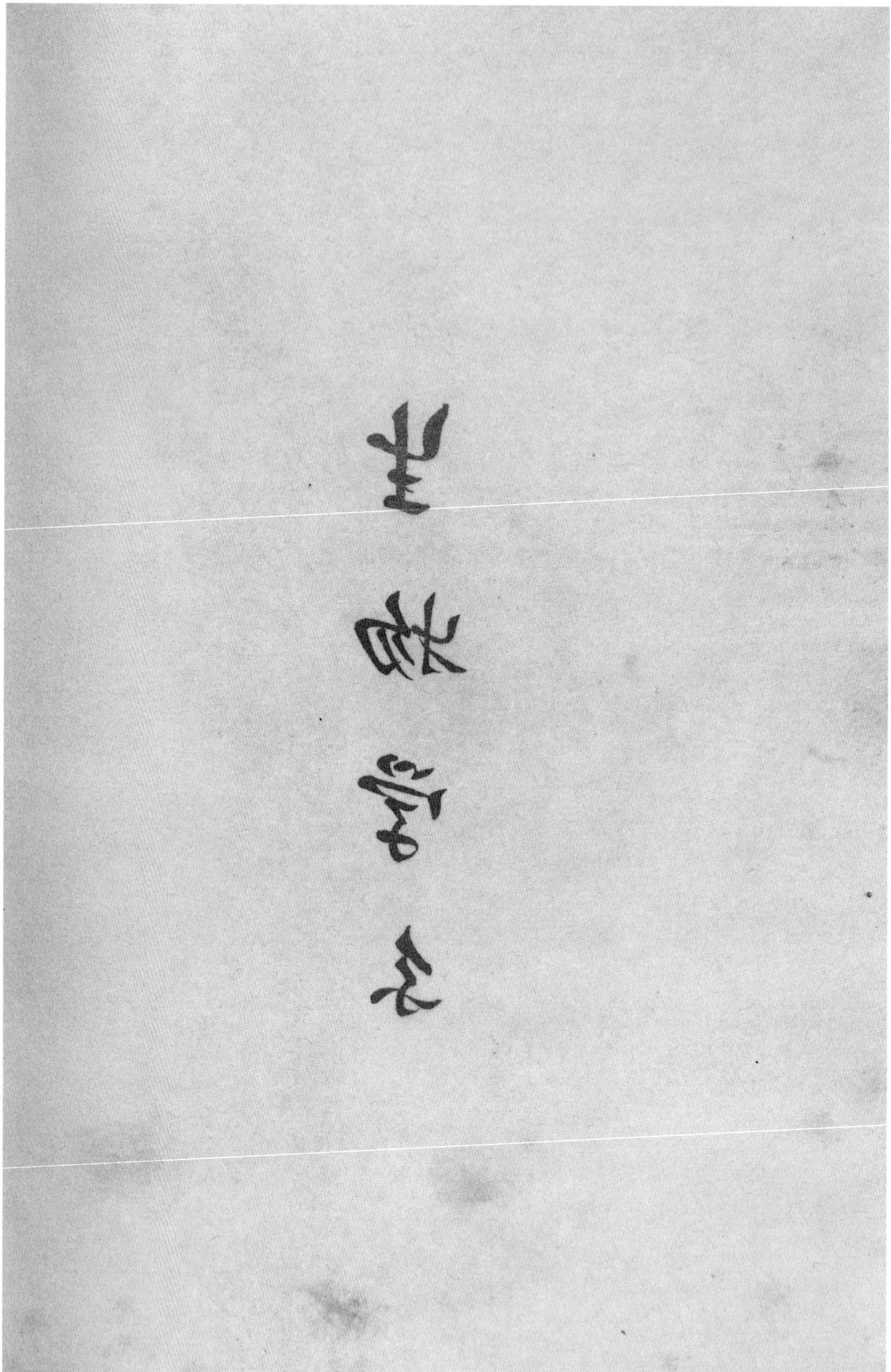

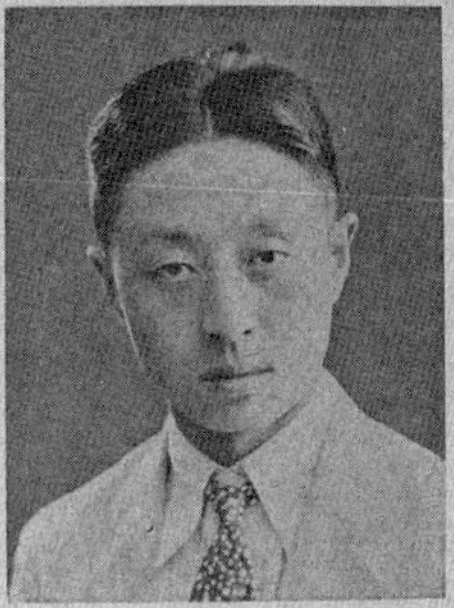

郝寶眞
（笑天）廿八
山西大同
山西大同北街萬勝
衡

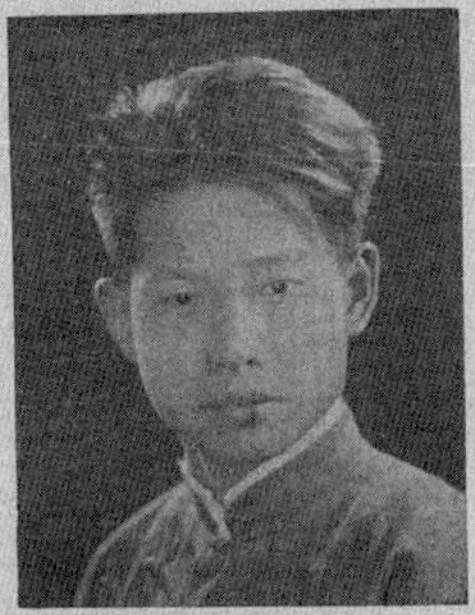

石振亞
（自興）廿三
河南偃師
河南偃師城內義順
公轉

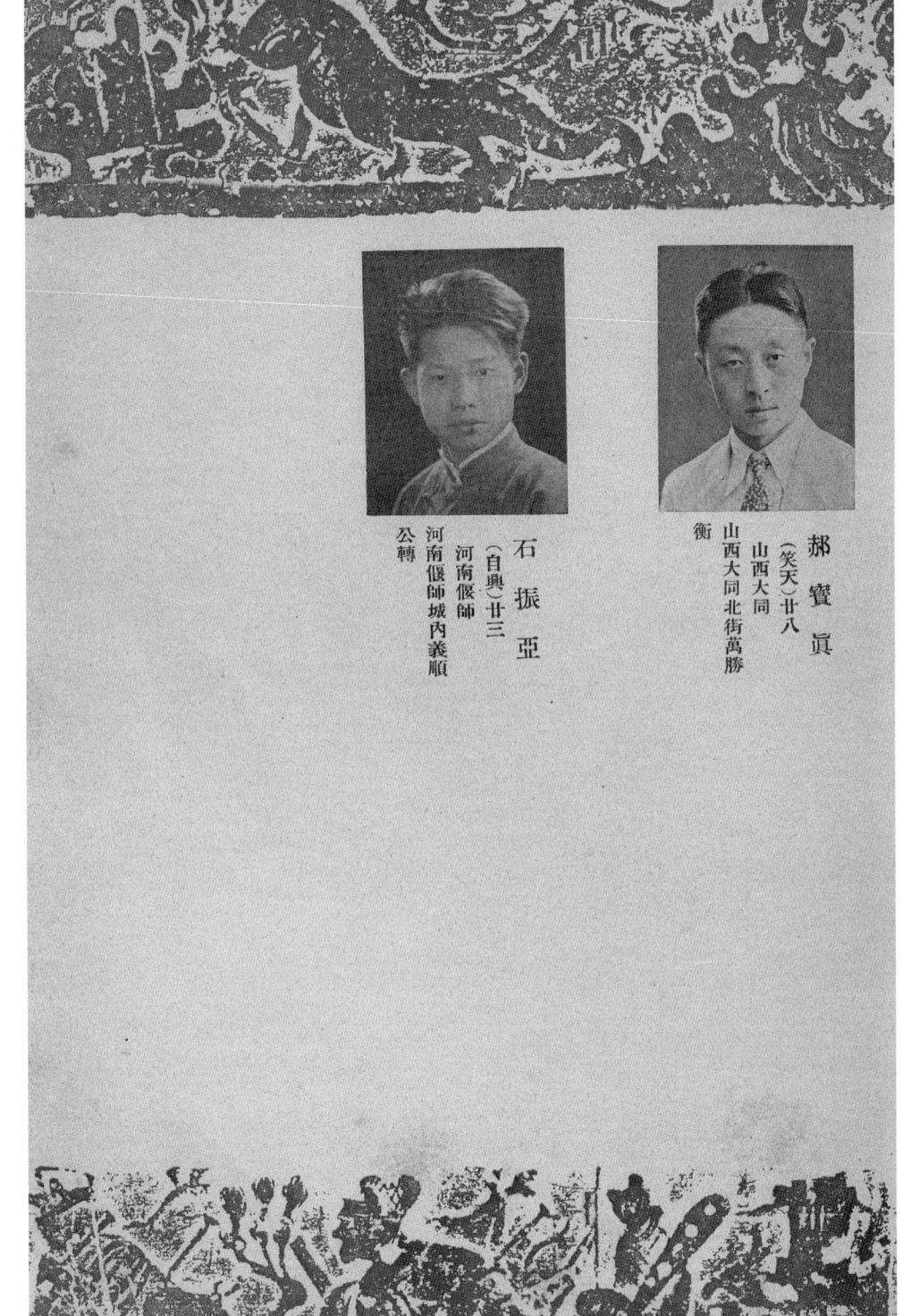

心理學系

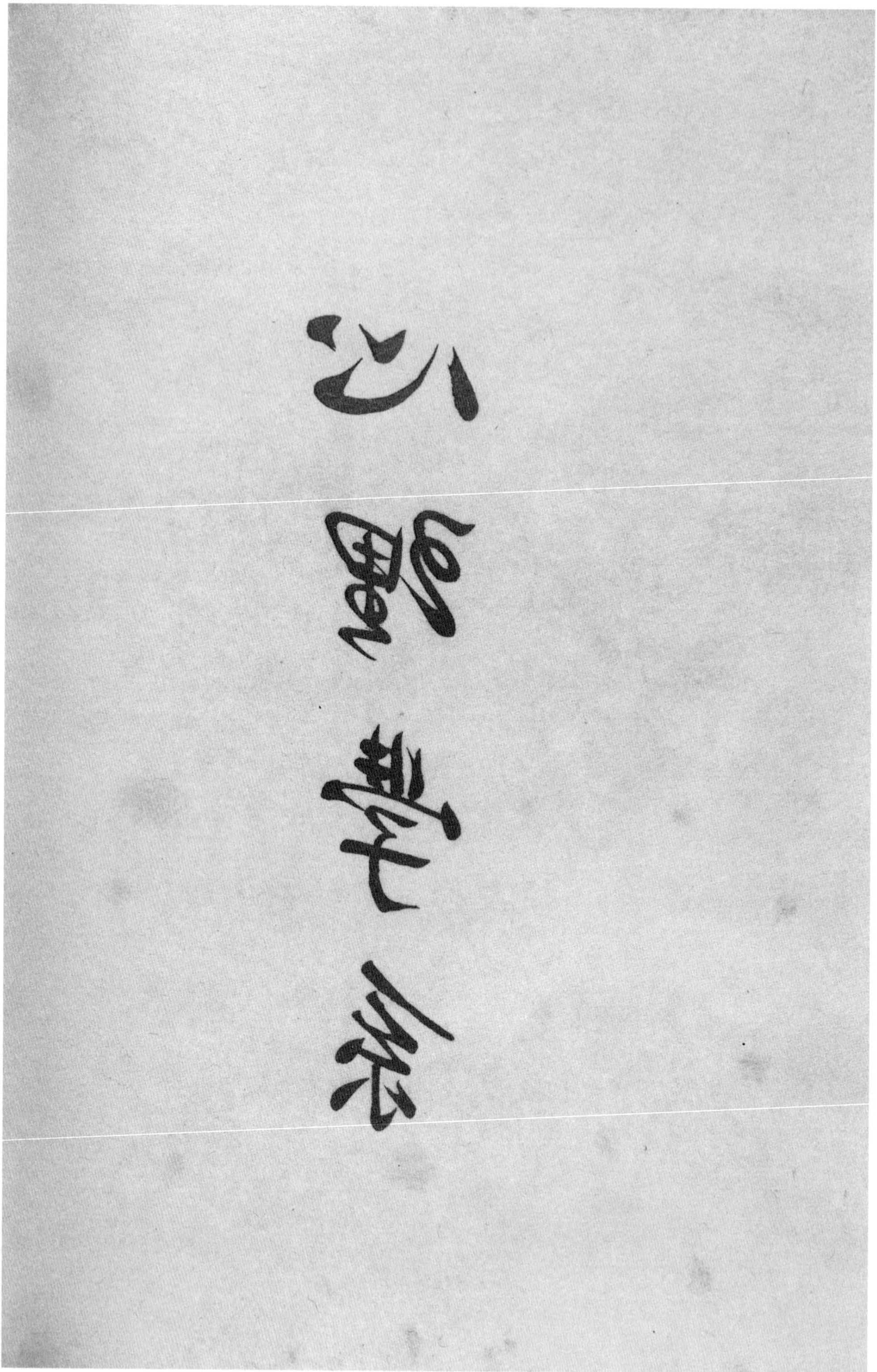

候恩釗
（紹周）三〇
河北高陽
河北高陽大閘丁鎮
河西村

鄧國材
（公先）廿三
湖南永興
湖南興永油榨墟鄧
萬和號轉

溫紀鈁
（丹符）三〇
山東招遠
山東招遠城內

法學院

法律系

王毅君

（致果）廿七

山東掖縣

山東掖縣過西鎮仁育堂轉

張國楨

（幹廷）廿八

綏遠豐鎮

綏遠豐鎮豐隆盛莊聚義永

鞠成寬

（冠五）廿六

遼寧寬甸

遼寧安東長春福

趙允

（允中）廿二

江蘇江都

江蘇南京香舖營五十二號

政治系

胡適題

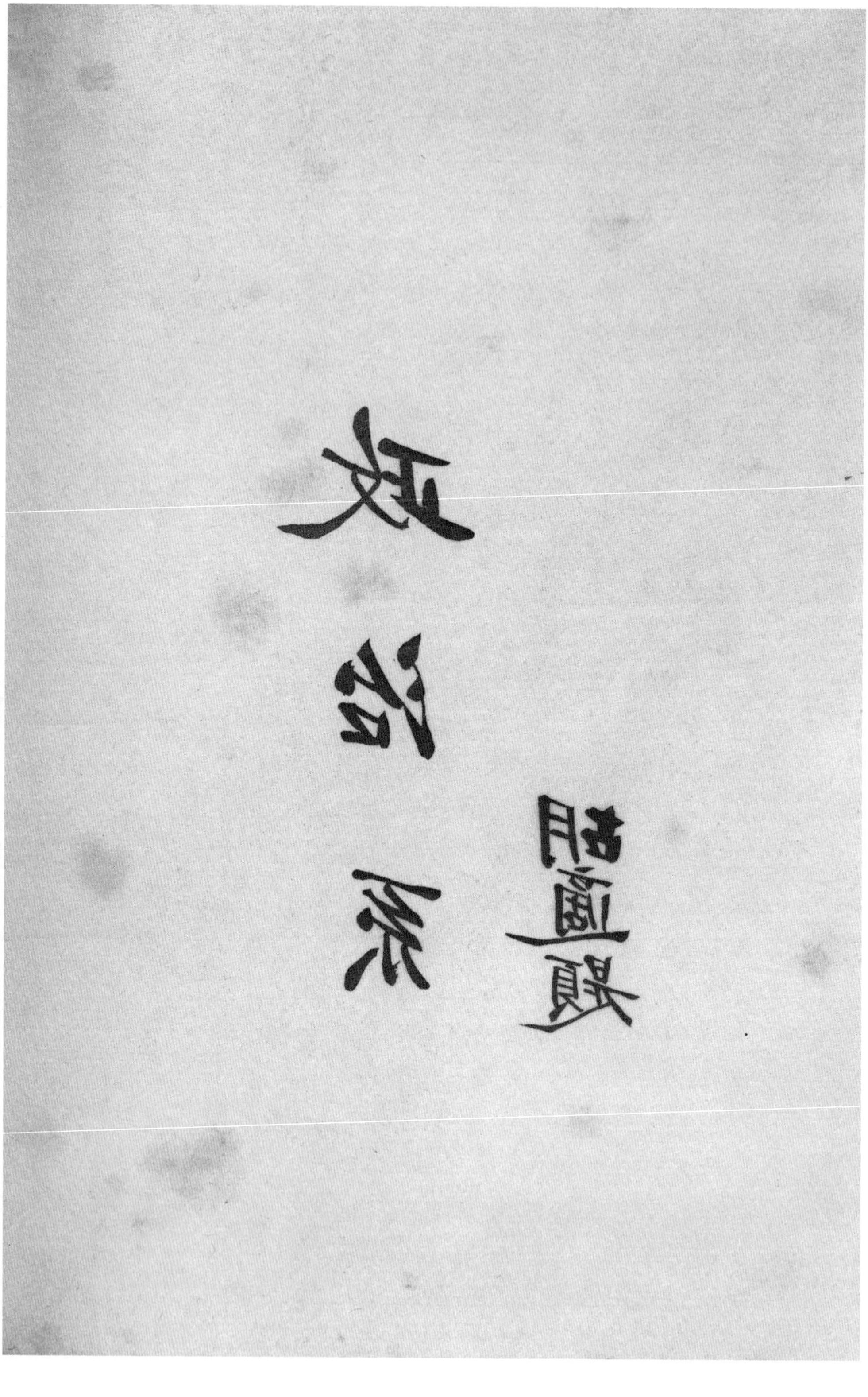

葉祖灝　廿四
河南商城
河南商城前巷

王秉文　（士揆）卅一
吉林伊通
吉林伊通城隍廟東院

劉思愛　（迪生）廿八
山東黃縣
山東黃山館培英學校

劉茂恆　（子健）廿七
河南鞏縣
河南鞏縣神堤村

任秉鈞　廿五
綏遠歸綏
綏遠歸綏楊家巷三號

張元美　（韶僊）廿六
山西文水
山西文水開柵鎮

亢仁

（壽亭）廿八

蒙古土默特部

平綏線薩拉齊三道巷五號

郎依山

（志仁）廿七

北平市

吉林伊通內福玉木局

倪繼文

（光壽）廿八

貴州貴陽

貴州貴陽獨獅子街三十五號

趙沐愷

廿七

山東蓬萊

山東蓬萊西街天合興轉

鄭輔周

（作藩）廿四

遼寧懷德

本校東齋

秦喜麟

（祥徵）廿七

借讀生

遼寧昌圖

本校三號

劉育五

廿五

借讀生

遼寧昌圖

本校三院劉預忠君轉

高尚仁

（充宇）廿五

借讀生

遼寧瀋陽

遼寧瀋陽大北關豐隆胡同三十一號

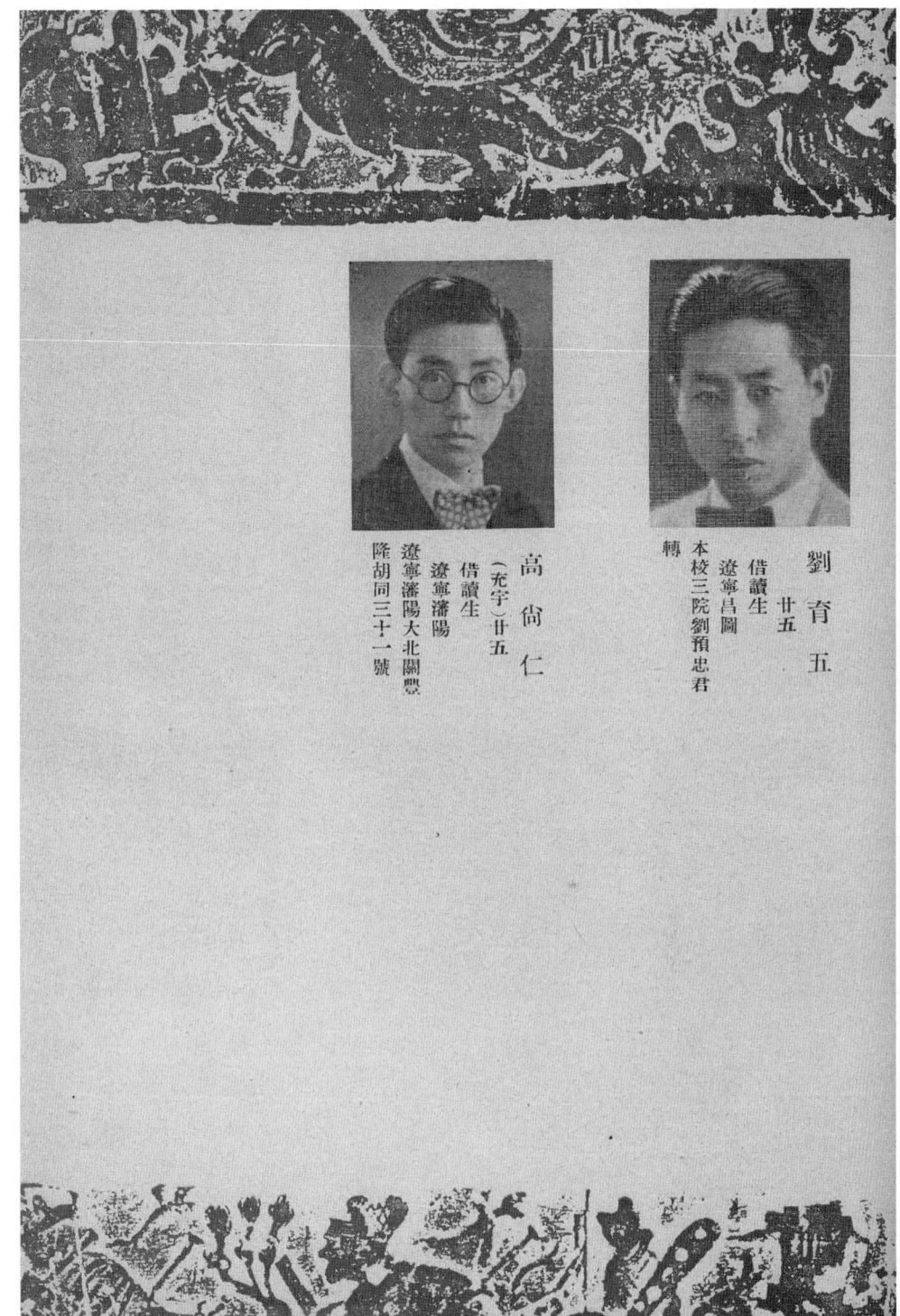

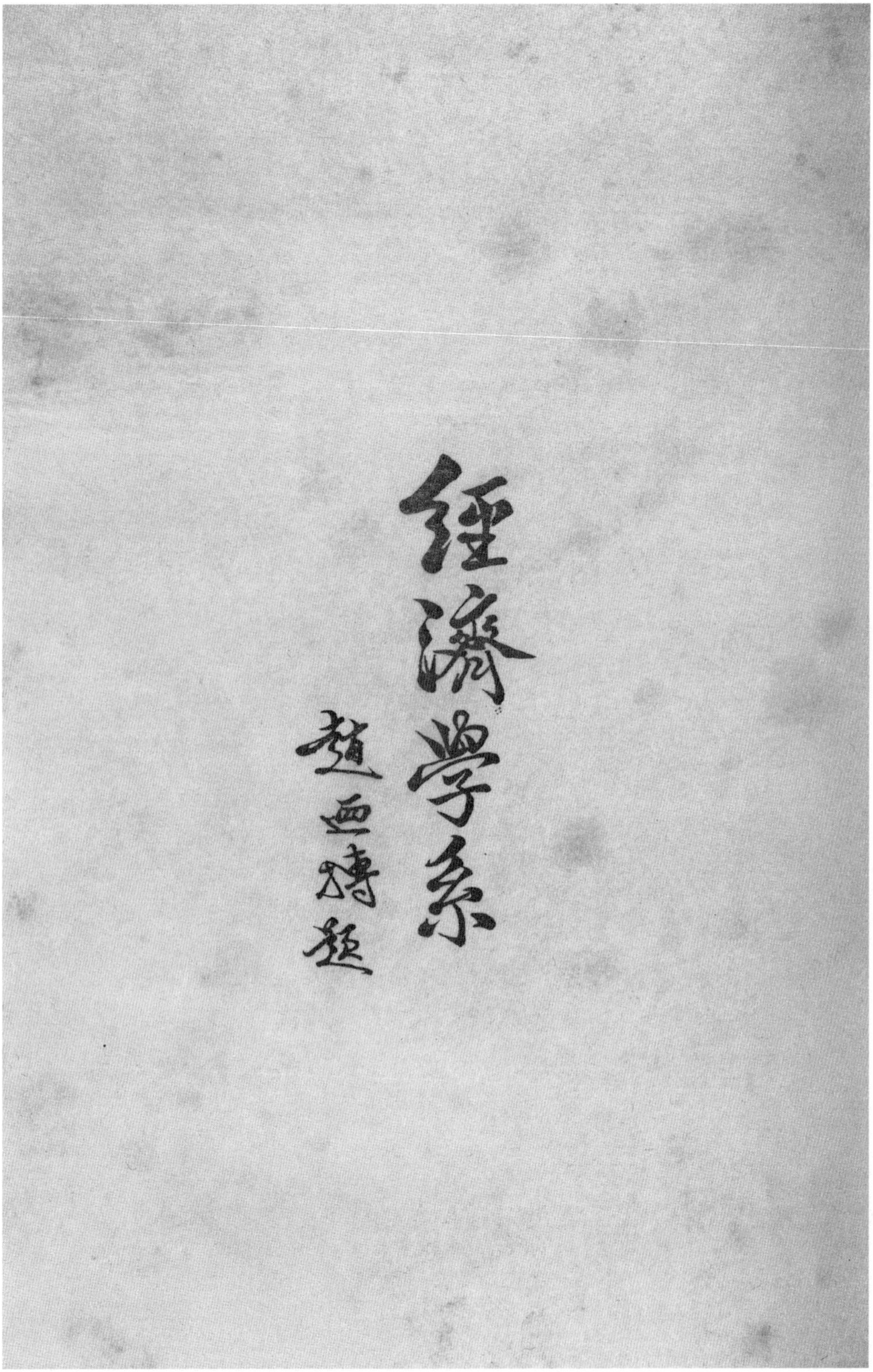

經濟學系

趙迺摶題

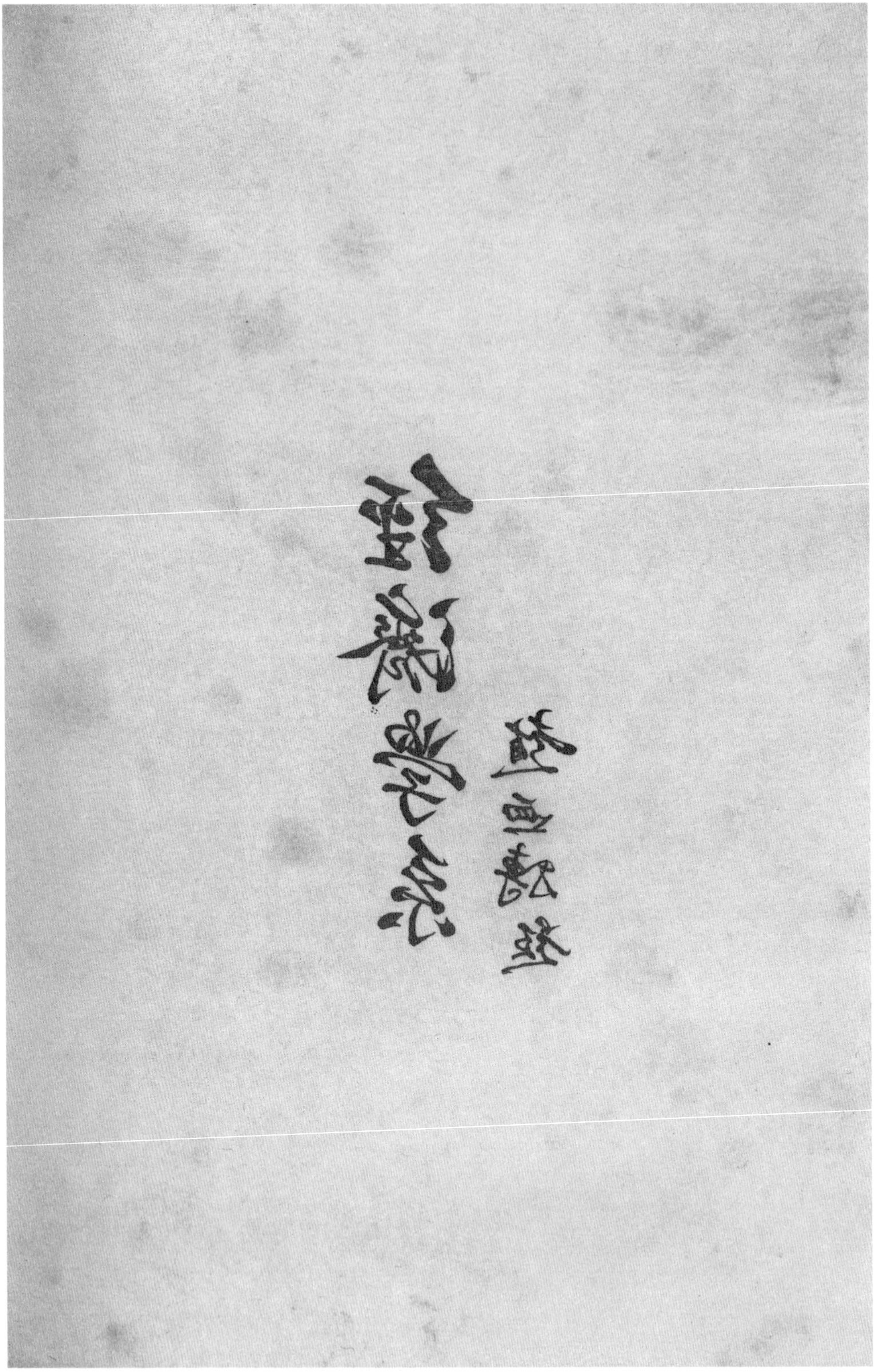

趙恩綸
（仲言）廿三
遼寧瀋陽
遼寧瀋陽小東關冾堆子胡同一五〇號

李秀華
（基夏）卅二
廣西桂平
廣西桂平振家墟郵轉天堂村

李孔昭
廿四
廣東豐順
汕頭潮安潭澳益豐號轉

劉鉞
（子威）廿九
山西右玉
山西右玉殺虎口

賴興治
廿五
四川內江
四川內江縣田家塲

牛福田
（樹穀）廿六
湖北鄂城
河南鄭州明德里十八號

齊聯科
（君采）廿六
河北完縣
河北完縣西齊各莊

馬慶瑞
（兆蘭）廿六
河北安平
河北安平馬店轉西馬家店

喬鴻瑞
（拜同）廿六
江蘇寶應
江蘇寶應西三元巷十一號

桑毓森
（錦園）廿五
遼寧西豐
遼寧西豐桑宅

籍孝存
廿五
河北任邱
北平和平門內西順城街五十四號

田濱
（景夢）廿七
河北曲陽
河北安平馬店鎮香管村

邵德厚

（子坤）廿六

遼寧莊河

遼寧莊河圖書發行所

劉杲

（子明）廿八

山西靈邱

山西靈邱縣廣復隆轉

陳列

（健天）廿九

浙江樂清

浙江樂清白象山東

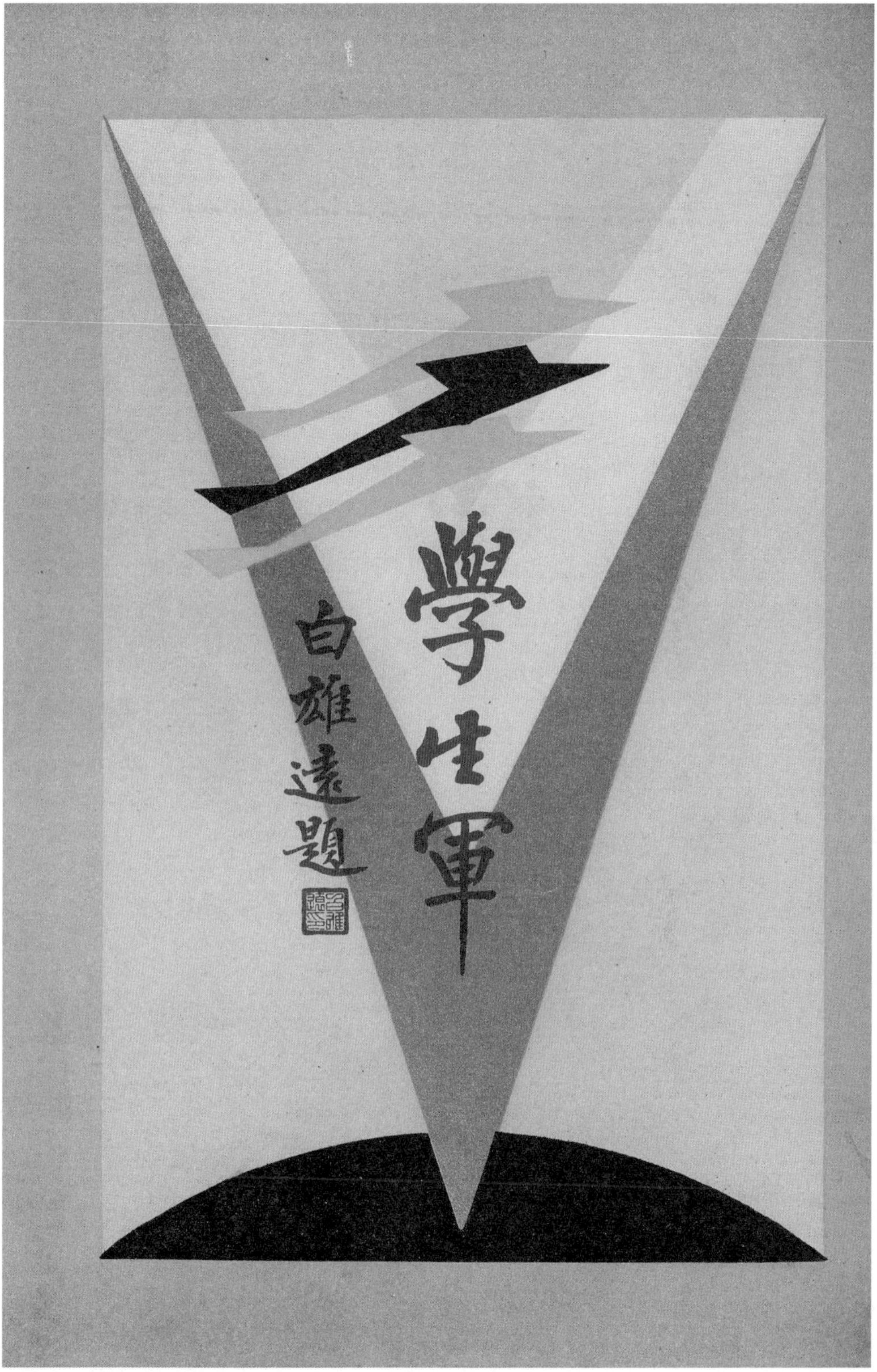
學生軍
白雄遠題

帶護具刺槍

帶護具劈劍

劈刀練習之一

劈刀練習之二

演習宿營架帳幕

演習宿營守衛

演習宿營早晨點名

在地壇靶場臥勢實彈射擊

在地壇靶場機關槍實彈射擊

實彈射擊後白主任請特務團陳團長又新講話

在本校北操場構築工事

利用立勢散兵壕射擊

敵人迫近戰壕擲手溜彈

利用烟幕遮蔽偷渡敵方橋樑

野外演習平射砲射擊

野外演習迫擊砲射擊

野外演習砲兵射擊

野外測量之一

野外測量之二

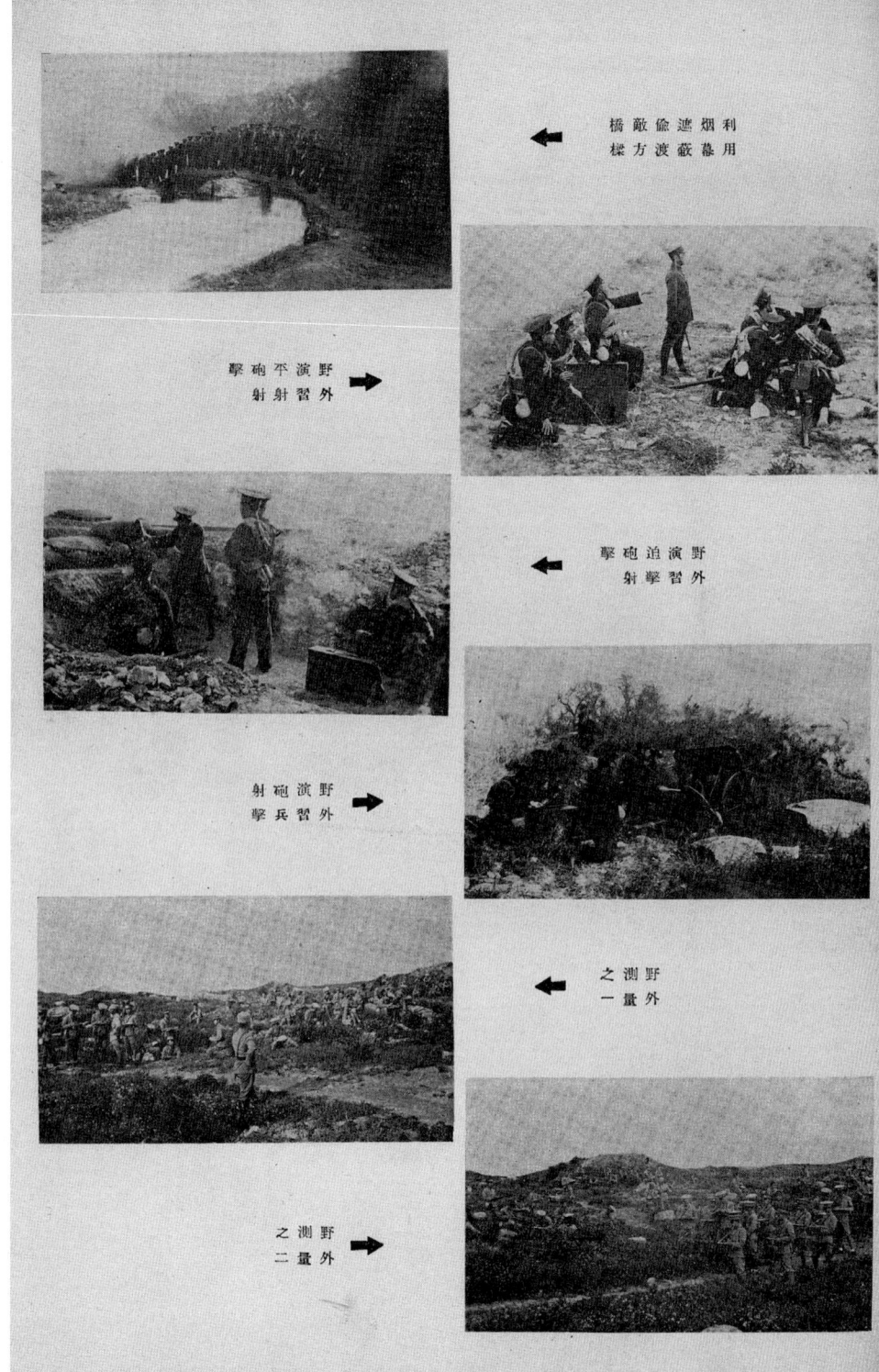

野外演習追近敵人陣地擲手溜彈

野外演習畢白主任講評

野外演習攻擊敵方

本校與輔大農大及女師大在阜成門外三里河野外演習畢白主任講評

民國二十三年四月十四日北平全市中學軍訓總檢閱我校白主任參與檢閱式留影

課外生活

課外生活

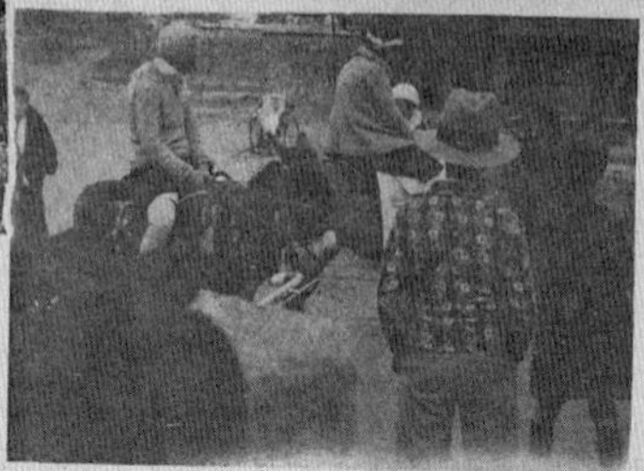

課外生活

經濟系赴日参觀團專頁

在大阪外國語學校門前

升火待發之長安丸

在長安丸上

在大阪朝日新聞社屋頂

在東京日本銀行前

在大阪城前

在神戶中華領事館

在東京日華學會門前

教育系南下参觀團專頁

太湖黿頭渚

孔墓

蘇州虎邱

南京總理陵

西湖三潭印月

無錫海園

濟南卞家莊水閘上

孔林一

孔林二

濟南豹突泉

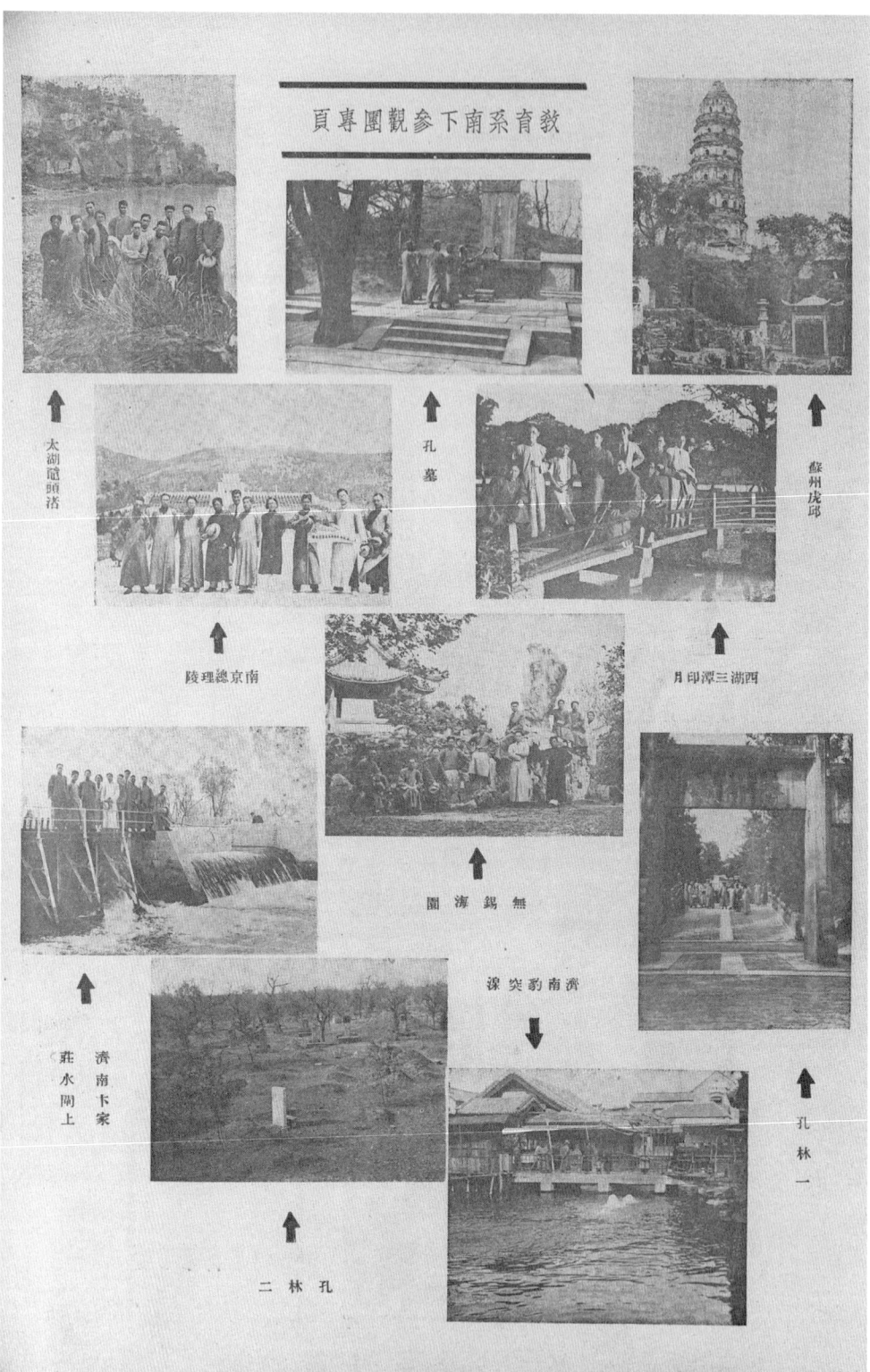

課外運動

課外運動

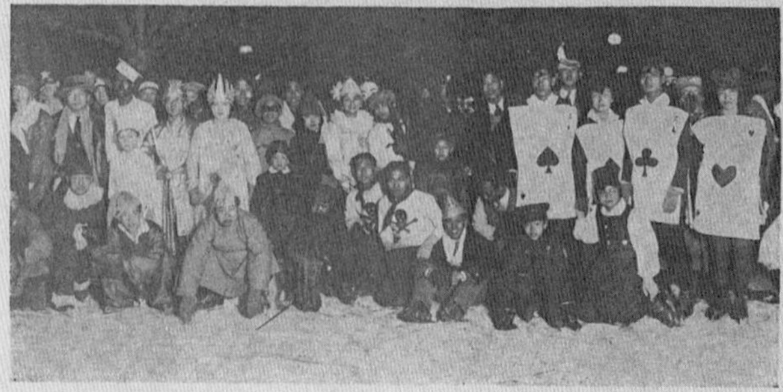

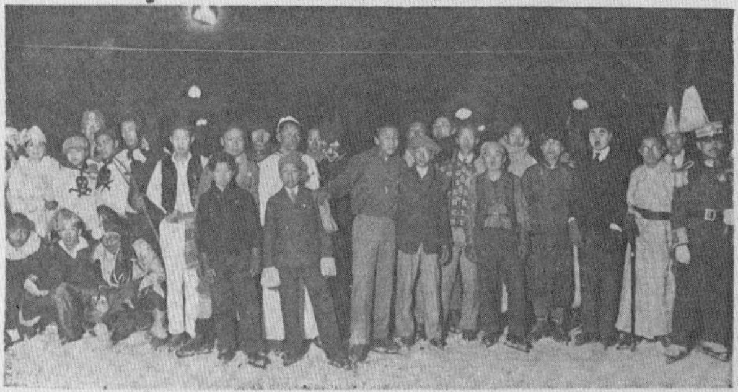

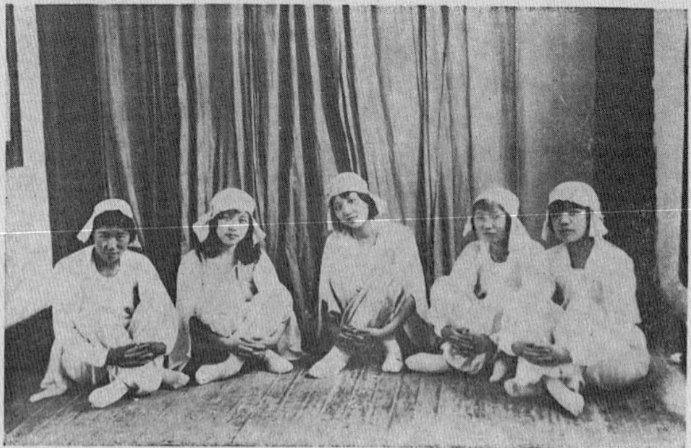

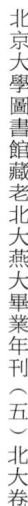

各系師生合影

北京大學經濟系念三年畢業師生合影

北京大學經濟系畢業同學合影 1934 5 23

北大政治系一九三四畢業留別師生紀念合影

各系師生合影

北大國文學系一九三四年畢業同學師生合影

國立北京大學國文系系友會全體同學歡送林師公鐸撮影紀念 二十三年六月五日

北京大學德文系師生合影 九三四 六一

各系師生合影

地質系本屆畢業同學合影

各系師生合影

北京大學教育系一九三四級畢業同學師生合影

國立北京大學史學系畢業同學合影

北京大學哲學系一九三四畢業同學合影

校舍

第一院校門

第二院校門

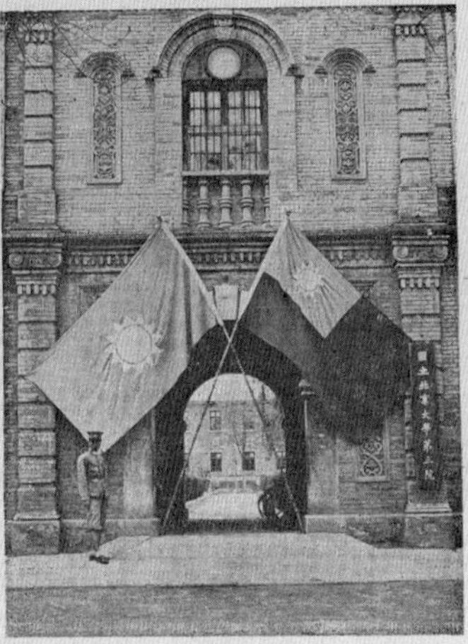

第三院校門

第三院學生宿舍

北河沿遠眺

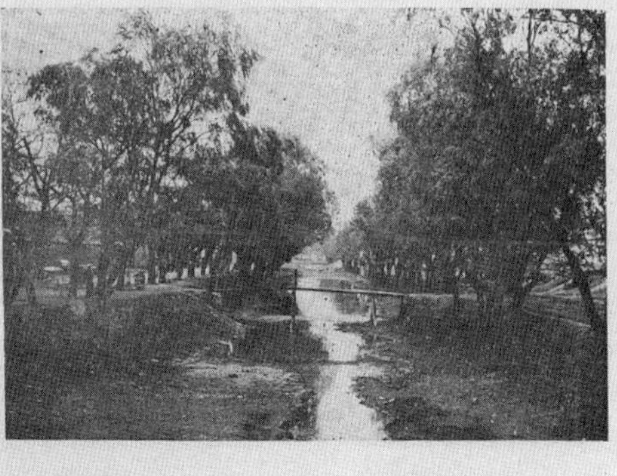

第三院大講堂

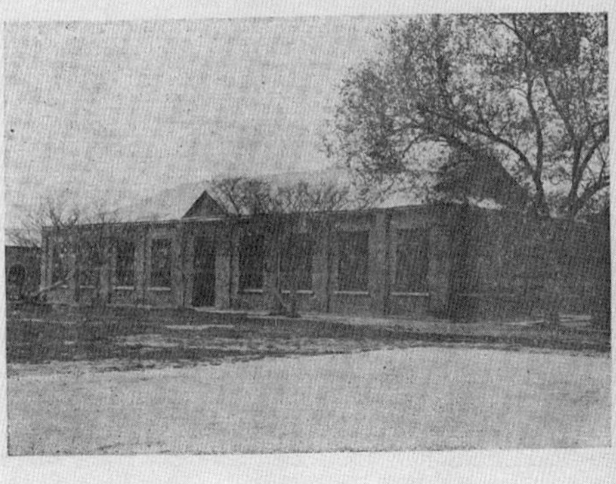

校長辦公室

第三院模範法庭

烈士紀念碑

建設中之本校圖書館

第二院荷花池

建設中之本校圖書館

建設中之本校圖書館

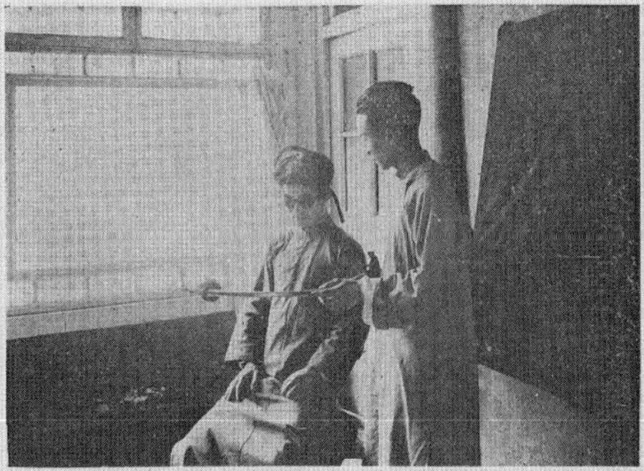

右：心理實習：音問的辨別

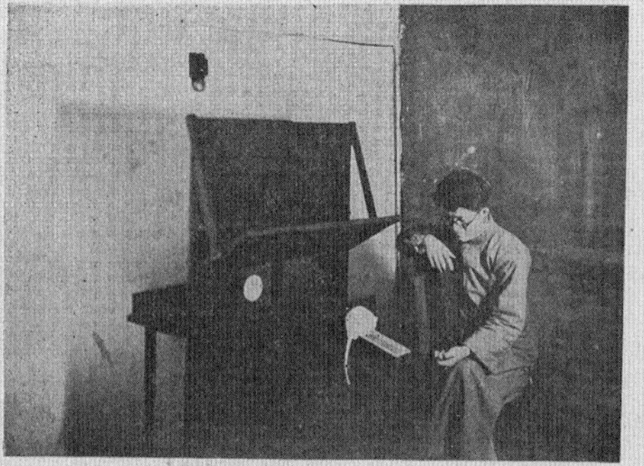

左：心理實習：白鼠的學習

（用yerkes apparatus）

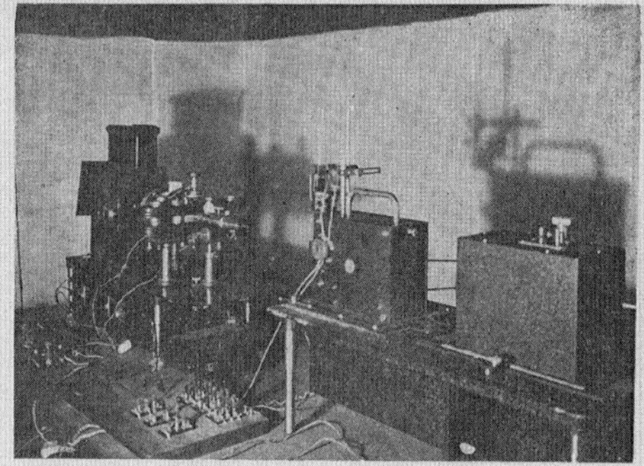

右：新購置之心理儀器

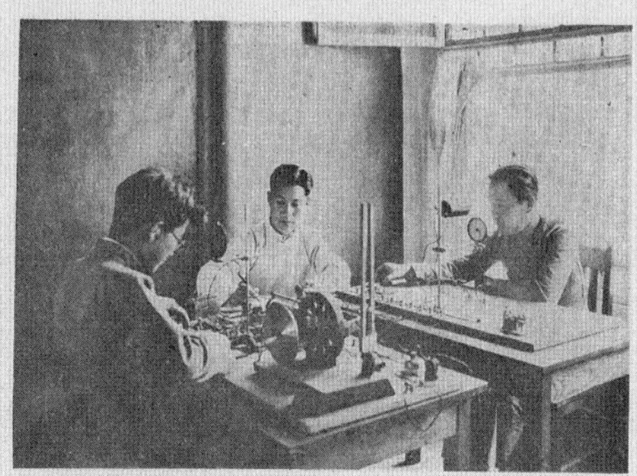

左：心理實習：反應的時間

右：教授研究室

左：普通動植物實驗室

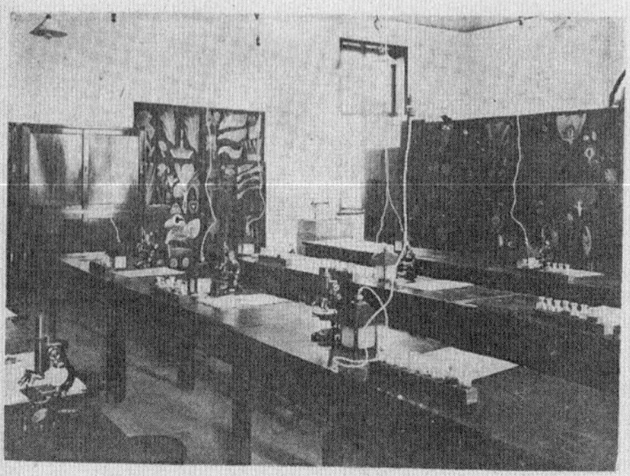

右：動物生理實驗室

左：比較解剖實驗室

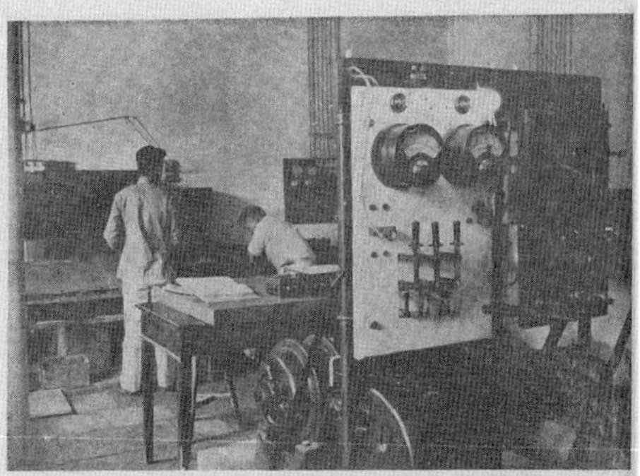

右：近代物理實習之二

左：物理光學實習

右：雜誌書籍參攷室

左：無線電實習一瞥

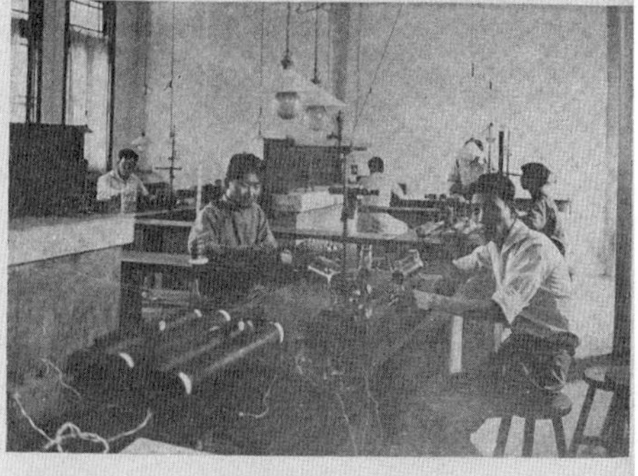

右：普通物理實習室之一

左：普通物理實習室之二

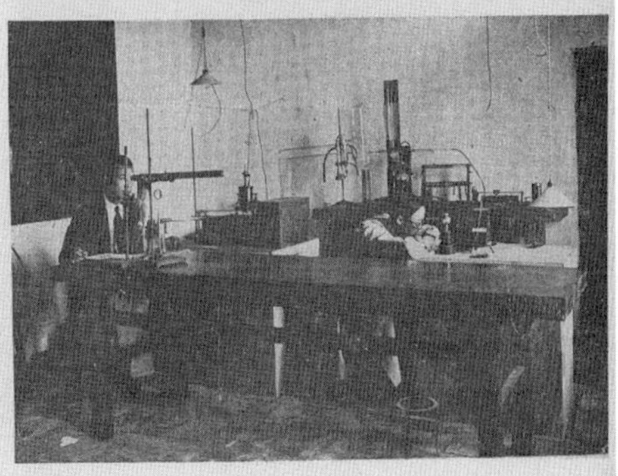

右：近代物理實習之一

左：應用電學實習

右：電化學實習室略影

左：普通化學實習室一瞥

右：製革工廠——研究室

左：製革工廠——實習室

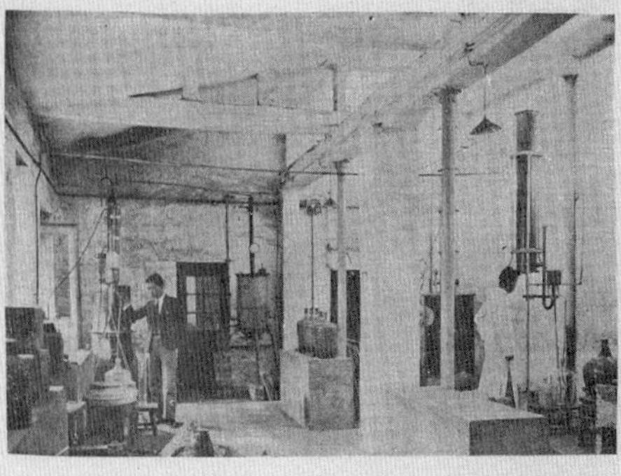

右：染料化學實習室一角

左：酒精製造實習室一部

右：理論化學實習室

左：有機化學實習室

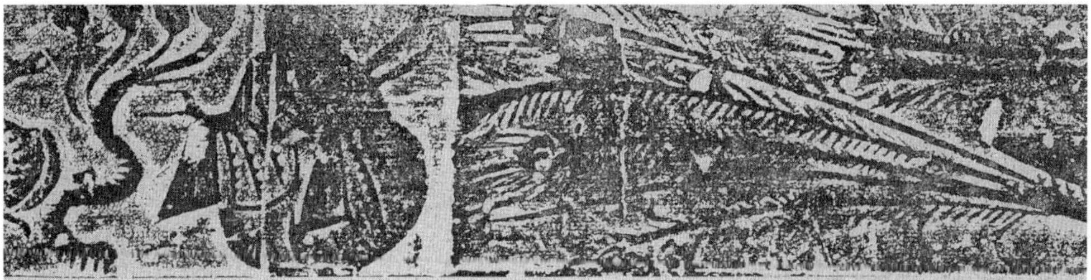

北大學生軍之過去及現在

軍事訓練組主任白雄遠

本校自蔡先生到校以後，見同學中拱背，彎腰，缺乏青年活潑之精神者甚多，乃極力提倡體育謀根本救濟之策。遂由雄遠建議招考新生時須先檢查體格，經本校採納，自實行此舉後：影響於全國青年對於體格上之注意者甚鉅。民國十一年五月，奉直戰起，北京各界深以治安為慮，當時教會，紅十字會，及中等以上各校多組織婦孺救濟會以防潰兵，而維秩序。斯時北大之校產亦陷於危險狀態中。蔡先生乃提倡組織保衛團以警備本校，一時同學加入願充團員者多至三百餘人，由雄遠担任總訓練，定每早六點為訓練時間，全體團員精神振奮，興趣濃厚，不一旬而奉直戰停，北京安然無恙；本校保衛團之任務至是亦告終了。當時全體團員雖僅經短時間之訓練，但早已引起其尚武精神之勃發，深覺智育體育應兼施並行，不可重此而輕彼；且強健之身體，尤為各種事業成功之基礎，遂乘此機會請蔡先生改保衛團為學生軍；其實在同學未請求之先，蔡先生早具此意，可謂不謀而合矣。蔡先生遂委託雄遠全權進行，於是一方仍於每日清晨繼續訓練，一方籌備一切進行事宜；不一月而武裝齊全之學生軍遂告成立。隊員之精神甚旺。蔡先生乃於六月二十八日早六點偕蔣百里，黃膺白諸軍事學家臨場檢閱，由蔡先生頒發軍旗，各隊

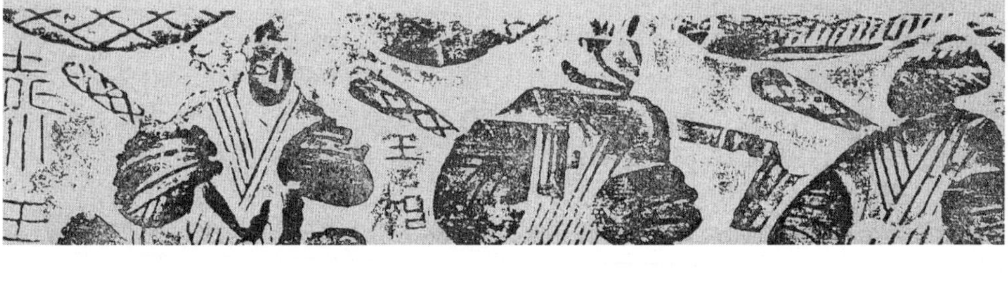

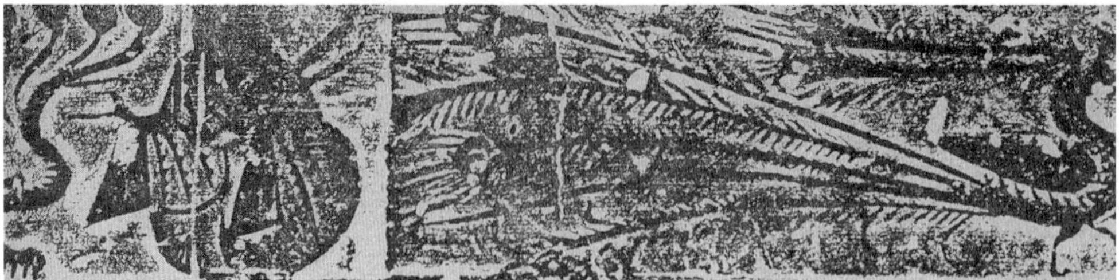

員精神煥發：步法，槍法，異常整齊純熟。蔡先生與蔣，黄諸先生咸謂創辦伊始，有如此之進步，一月之中，儼若軍隊中一年之成績，實出意料之外，大爲激賞。

秋後加入訓練者愈多。乃從新編制三隊爲第一期。以後定每年訓練一期。每星期授學科兩小時，術科三小時，復遴選姿勢正確，口令洪亮之隊員，充任幹部。蔡先生請蔣，黄二先生担任軍事學講師，並公布學生軍學術大綱：詳定各項規則，又聘軍官三員，爲本軍教練。至十三年六月，舉行大檢閱。蔣夢麟先生偕胡適之，李四光，丁燮林諸先生及外賓多人臨場檢閱。此時隊員已久經鍛鍊，嚴寒酷暑未嘗少怠；不僅於制式及戰鬬教練，動作純熟，即嚴守紀律，忍苦耐勞之習慣，俱已養成；體格亦日漸强健，儼若士兵之體魄，軍官之氣概。效果大著。當時諸先生對此莫不極端贊揚。秋後復將章程詳爲删改，規定入軍前二年爲初級訓練以制式及戰鬬基本動作爲主；第三年爲高級訓練，以教人之方，指揮之法，軍官之動作爲主。初級二年畢業，高級一年畢業。又聘教練一員，專授沙盤戰術演習，每星期兩次。每年春秋野外演習各兩次。並置備帳幕，背包水壺，飯袋 軍刀，子彈帶等，軍器大備，隊員之興趣至此益濃。

在本軍創辦之初，輿論卽有謂北大提倡武化；斯時成績顯著，此論愈盛。至十六年夏，因故停止。溯此五年之中受訓練之隊員，初級畢業者四期，高級畢業者三期 計達一千二百餘名，皆成績斐然；且多有受三年訓練未嘗曠課

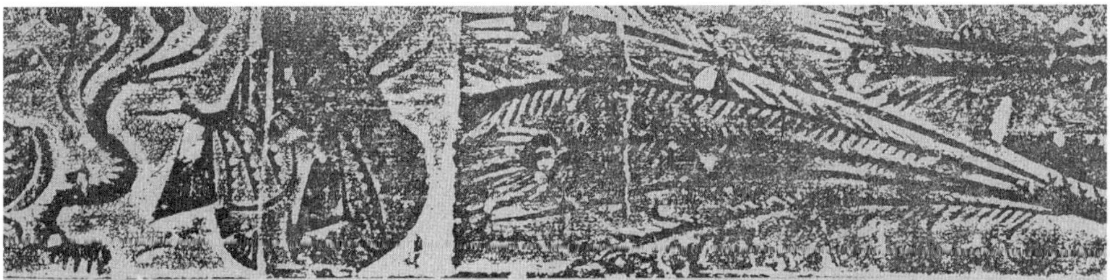

一次者，志趣堅定，操行良好，深堪嘉許。蔡先生十四年六月間予雄遠書云：「學生軍若繼續推廣，不於未成熟之時期中露鋒芒，則一二十年後必爲吾國救亡之靈藥，願久持之！」於此可見蔡先生對於學生軍之期望至大！

十七年蔡先生任大學院院長時，在全國教育代表大會中提出高中以上各大學應添加軍事訓練爲必修科，全場一致通過。誠以任重致遠之青年，非予以嚴格之軍事訓練不足以鍛鍊身體，養成紀律化，與堅忍耐勞之精神；而於讀書之補助，生産之發達，國勢之强盛，民族之獨立，更有莫大之關係焉。

十八年春本校復校成功，同時恢復學生軍。同學中願入軍受訓練者凡三百餘人。遂編爲三隊；因制服做成時已近考期，祇由雄遠一度之檢閱訓話而已。秋後始按訓練總監部與教育部規定之教育方案—每星期學科一小時，術科兩小時，每人必修二年爲六個學分，從事於根本上之嚴格訓練。

本校三十一週年紀念，全軍担任糾察，維持秩序，分班巡查，輪流警戒。時值大雪紛飛狂風怒吼，氣候酷寒；隊員於風雪凜烈之中，而身着極單薄之服裝，手持冰凉之鐵槍，輪班守衛大門及二門者亘兩小時之久；精神抖擻，毫不稍露畏寒懼冷之狀，且該次紀念會規模宏大，若各隊員不具有熱誠與犧牲之精神，到處維持，恐會場秩序實難井然。吾人可知此種顯着之效果，誠非偶然；若無平日之嚴格訓練，不克臻此也。

十八年冬，教務處布告軍事訓練爲三四年級必修科。於是連同原有之隊員，至是已不下六百餘名，編爲四大隊。並將其中成績較優，堪深造者編爲幹部

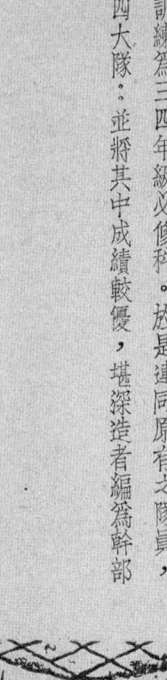

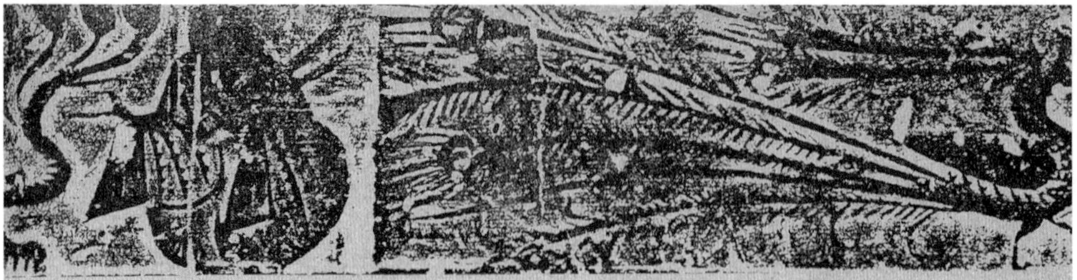

隊，與從前學生軍高級之程度相似，且較爲嚴厲。十九年春，本軍各隊迭次在黃寺靶場實彈射擊，並參觀駐平各軍及美國使館之海軍陸戰隊。五月初聯合女師大，輔大，中法等校在德勝門外黃寺附近作野外演習，皆選幹部之精幹者任班，排，連長，成績頗佳。

秋後將訓練大綱及各項細則擬妥。由教務處公佈施行：凡軍訓成績不及格者，不能畢業；軍訓第一學年成績在八十分以上者獎給獎章，第二學年成績在八十分以上者獎給獎狀。在第一學年得有獎章者，第二學年准入幹部隊。

二十年春，訓練科目。除制式及戰鬭教練外，於刺槍，拳術，及旗信號，通信法，手榴彈抛擲法等，進步甚速。五月初，聯合農業大學，輔仁大學，女子師範大學，合計一千六百餘名，分編爲東，西，兩軍；各編步兵一營，機關槍一連，迫擊砲，平射砲各一排，到阜城門外三里河附近，作遭遇戰演習。當時各使館武官及陸大教官學員等，暨市民前往參觀者，不下千餘人。演習畢，各武官及陸大教官多有講話，語意甚爲讚仰。至五月底，蔣校長偕各系主任到操場檢閱共分三隊：一隊連教練，一隊刺槍，一隊手榴彈。見各隊員精神之煥發，動作之整齊，紀律之嚴肅，體力之强健，刺槍之勇銳，活潑，手榴彈之投擲，遠而準確，校長及各系主任僉以讀書之學生竟能訓練到如斯之成績，頗加激賞。校長且謂在南方時，亦常參加檢閱軍隊；其正式軍隊之成績，尚有不及如此良好者！

秋後，九一八事件發生。三四年級隊員每日天尚未明，即已集合操場。一二

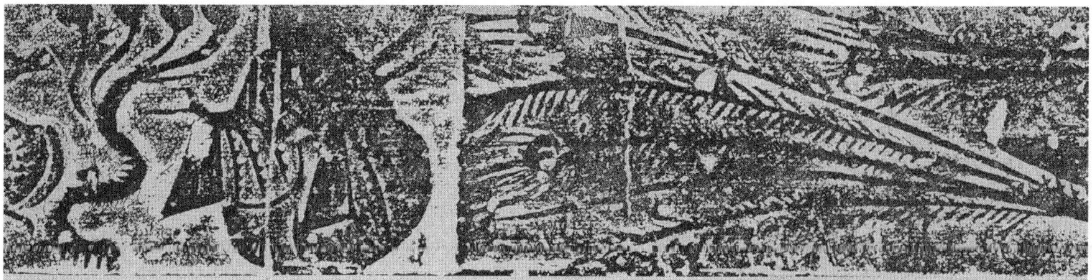

年級同學，自動請求着短便服受訓練。並講沙盤戰術：如關於行軍之序列，攻擊防禦兵力之配備，各種戰壕之構築，凡操場不易實習黑板不能表示之處，均用以表現之。

二十一年春，添購工作器具，就本校操場東北隅新購之空地，經始構築散兵溝，交通溝，內壕，外壕，機關槍掩體，迫擊砲掩體，掩蔽部，展望孔，蓋溝，橫牆，鹿砦，電網，地雷，軍橋等，經一二三四年級各隊員二十餘日之努力，始克完成。當工作時期內，多值颶風，而各隊員之奮勇精神絕不稍減；甚至手已磨泡，而工作竟不少歇，直如敵人迫近，勢須急切構築，不可之狀。是時，本校教職員每日均有到工事場參觀構築者，咸稱工程浩大，隊員有耐勞之精神。至工事完成後，市立各校及東北學院，廣東省立女子師範學校，並世界日報，導報，正聞通訊社記者，均先後來校參觀：靚及各種工事之規模，均多讚賞。新聞記者尤爲驚訝—謂以各部之工作本屬軍隊中之作業，茲乃由學者亦克爲之，是誠符軍事教育之本旨。談論中尤形欽羨。嗣復鑒於附屬步兵新武器之需要，隨製備木質輕機關槍十二挺，重機關槍四挺，迫擊砲四門，平射砲兩門，及砲彈箱。各種砲彈，步槍彈等，其式樣，尺寸與真武器同。每日各隊分別操練，未及匝月，各種動作均已嫺熟。秋後，復添製山砲，砲彈箱，砲彈，及站，跪，臥，各種散兵靶，三角架，階級架等。幹部隊員對於砲之進入陣地放列，瞄準，變換陣地等動作，最爲精熟。

二十二年春，以時局緊張，各兵種聯合野外演習之不易施行，乃將沙盤擴大

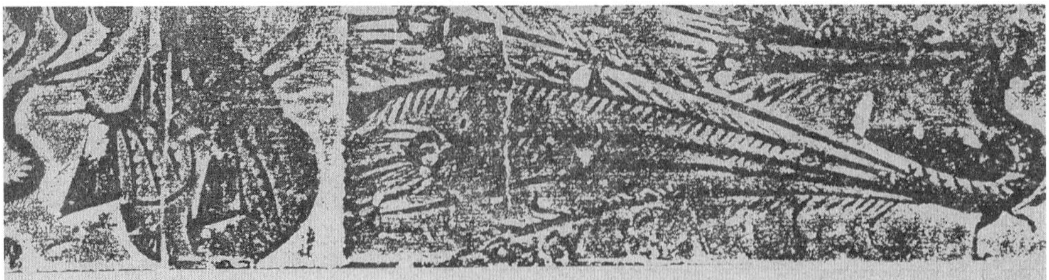

：關於行軍，駐軍，作戰等，在某時機表現某種狀態，如兩軍之情況，兵力之配備，攻防之方略，各兵種協同之動作，戰車之使用，飛機之助戰，均隨時隨地使隊員徹底明瞭戰場之情形，每次演習頗感興趣。北平市立第四中學，世界日報記者先後於沙盤演習時到場參觀，均稱讚不已；且謂如臨戰場然。最近以時局倍形吃緊，為增加隊員防毒之技能起見，隨由南京工業試驗所訂購防毒面具五份，復由本校化學系講師吳屏先生自製防毒面具多份，送給本軍以教隊員對於敵人毒瓦斯來襲之警戒，警報，處置等之演習；隊員動作迅速，具有沉着應戰之精神。又本軍隊員胡美自製烟幕，在軍訓時間，設為由敵方所放，迫進我方陣地，教以戰壕內之隊員應戰之演習；結果不祗隊員動作敏捷，且饒實敵觀念，並加氤氳密佈，成績甚佳。

秋後與駐中南海特務團一同在地壇實彈射擊，先後凡三次。隊員射擊成績良好，深博該團團營連長之讚許；且謂大學校軍訓術科每週祗兩小時，射擊預行演習之時間甚少，而竟有射三發中三發者占四分之一，實屬聞所未聞見所未見，足徵教者熱心學者努力等語。並將大機關槍，輕機關槍，自動步槍，各種手槍，均令隊員試射；且允以後再舉行射擊演習時，仍約同前往。觀乎該團官長對於我校如此之熱心，實緣諸隊員在射擊場能守紀律方有射擊超越之成績，始足令人欽佩不已也！

二十三年春，添置測圖板，指北針，公分尺各六十份，手榴彈袋三十份，劈刺防護具八份，並增置水壺飯袋各五十份，及補充沙盤戰術之泥質模型等。

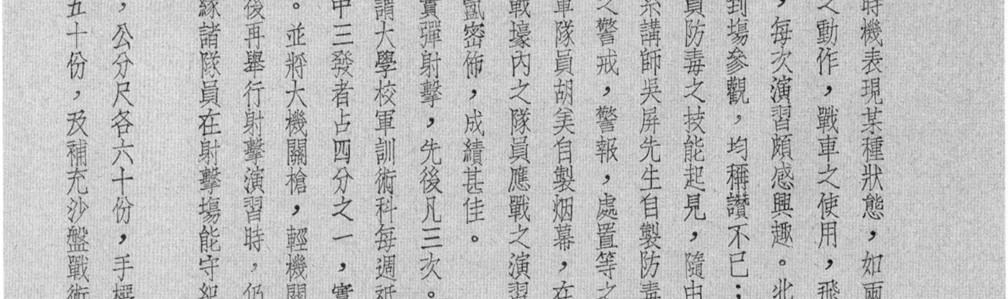

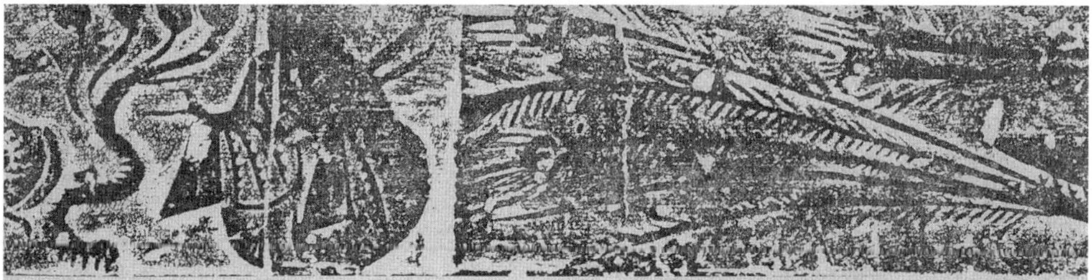

由本年起，一年級生亦添授軍訓，擬自本年秋後全校一二三四各年級生，全體受訓練。

查軍事教育現已瀰漫全國，溯其起源，實以本校爲嚆矢；迄今十有二載，軍訓設備日臻充實精神較昔尤形旺盛，實以同學深知現代爲科學化之國防，欲學術之於國家有所貢獻，勢須有强健之身體以爲基礎，然後始能研究高深之學術，及增加各種工作之效率。且今後時勢所趨，任作何種事業尤須具有軍事之常識，深願本屆畢業同學離校後，各本此種意旨努力，而推廣之。務使舉國人民皆具軍事常識，强健體格，必能充實國力，鞏固國防，以發揚我民族獨立之精神，消滅破壞世界公理之障碍。進而謀世界大同之真正和平！以增我北大無限之光榮！願與同學共勉之！

中華民國二十三年五月三十日於北大軍訓組

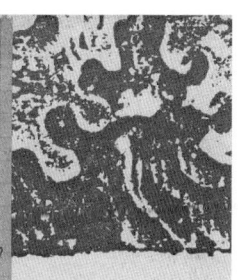

國立北京大學校史略

「國立北京大學志」編纂處編印

1898.12.17　京师大学堂

12.17 原为阴历，后改用阳历此日，为本校成立纪念日。

1912（民国元年）北京大学

1978.5.4 北大庆祝80周年，邓付总理来校，题字"北京大学图书馆"。

我76岁（人口普查材料）。泽涵

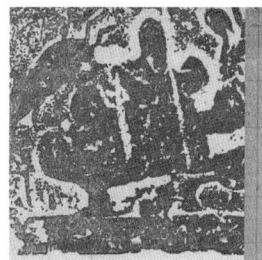

[illegible]十五年。歷史悠長，時有改進。中經喪亂，更變尤多。欲[illegible]志。今茲所述，祗及要綱。[illegible]年，（一八九四）歲在甲午，吾國海、陸軍東敗於日本。士[illegible]漸有興學之議。康有爲、梁啓超等主張尤力。二十一年，[illegible]爲、啓超設强學會於京師，購置圖書、儀器，資衆觀覽。講[illegible]議。時風氣閉塞，聞者震驚。設未多時，遂遭封禁。二十二[illegible]正月，清廷就强學會改設官書局，延外國教習選譯書、報，[illegible]刑部左侍郎李端棻疏請立大學於京師，御史王鵬運亦疏請[illegible]剴切有識見，說者謂稿出啓超手也。疏上，得旨允行。終以[illegible]未辦。二十四年（一八九八）五月，始詔立京師大學堂，[illegible]譯書局併歸管理。派工部尚書孫家鼐爲管學大臣，余誠格爲總教習，美教士丁韙良爲西總教習，朱祖謀、李家駒爲提調，學生分三種。凡進士、舉人出身之七品以上京官，稱仕學院學生。凡進士及舉、貢、生、監，官不及七品，或未登仕版，而年在二十以上者，通稱學生，無專繫之名。年不滿二十，則稱小學生。其時京曹及新進科名之士多

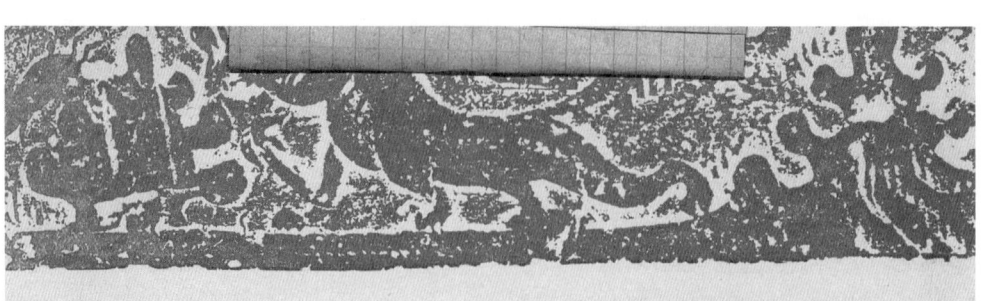

國立北京大學校史略

「國立北京大學志」編纂處編印

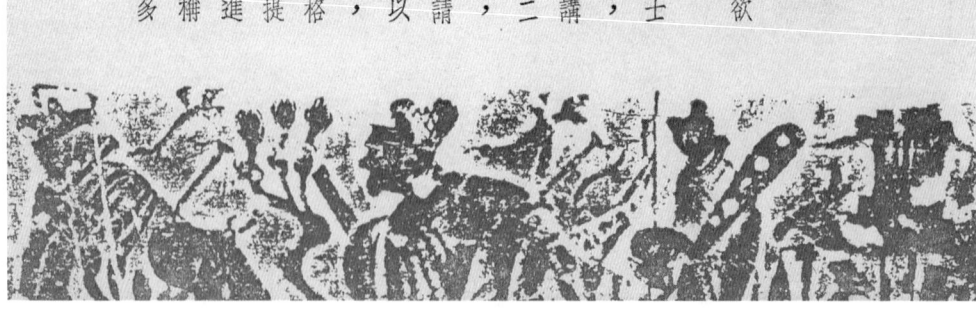

我校創設，迄今三十五年。歷史悠長，時有改進。中經喪亂，更變尤多。欲紀其詳，有待專志。今茲所述，祇及要綱。

清德宗光緒二十年，（一八九四）歲在甲午，吾國海、陸軍東敗於日本。士大夫怵於國恥，始漸有興學之議。康有爲、梁啓超等主張尤力。二十一年，（一八九五）有爲、啓超設强學會於京師，購置圖書、儀器，資衆觀覽。講學而外，兼議朝政。時風氣閉塞，聞者震驚。設未多時，遂遭封禁。二十二年（一八九六）正月，清廷就强學會改設官書局，延外國教習選譯書、報，兼授西學。其年，刑部左侍郎李端棻疏請立大學於京師，御史王鵬運亦疏請興學。端棻疏尤明切有識見，說者謂稿出啓超手也。疏上，得旨允行。終以樞臣之阻阨，遷延未辦。二十四年（一八九八）五月，始詔立京師大學堂，將官書局及新辦之譯書局併歸管理。派工部尚書孫家鼐爲管學大臣，余誠格爲總辦，許景澄爲總教習，美教士丁韙良爲西總教習，朱祖謀、李家駒爲提調。學生分三種。凡進士、舉人出身之七品以上京官，稱仕學院學生。凡進士及舉、貢、生、監，官不及七品，或未登仕版，而年在二十以上者，通稱學生，無專繫之名。年不滿二十，則稱小學生。其時京曹及新進科名之士多

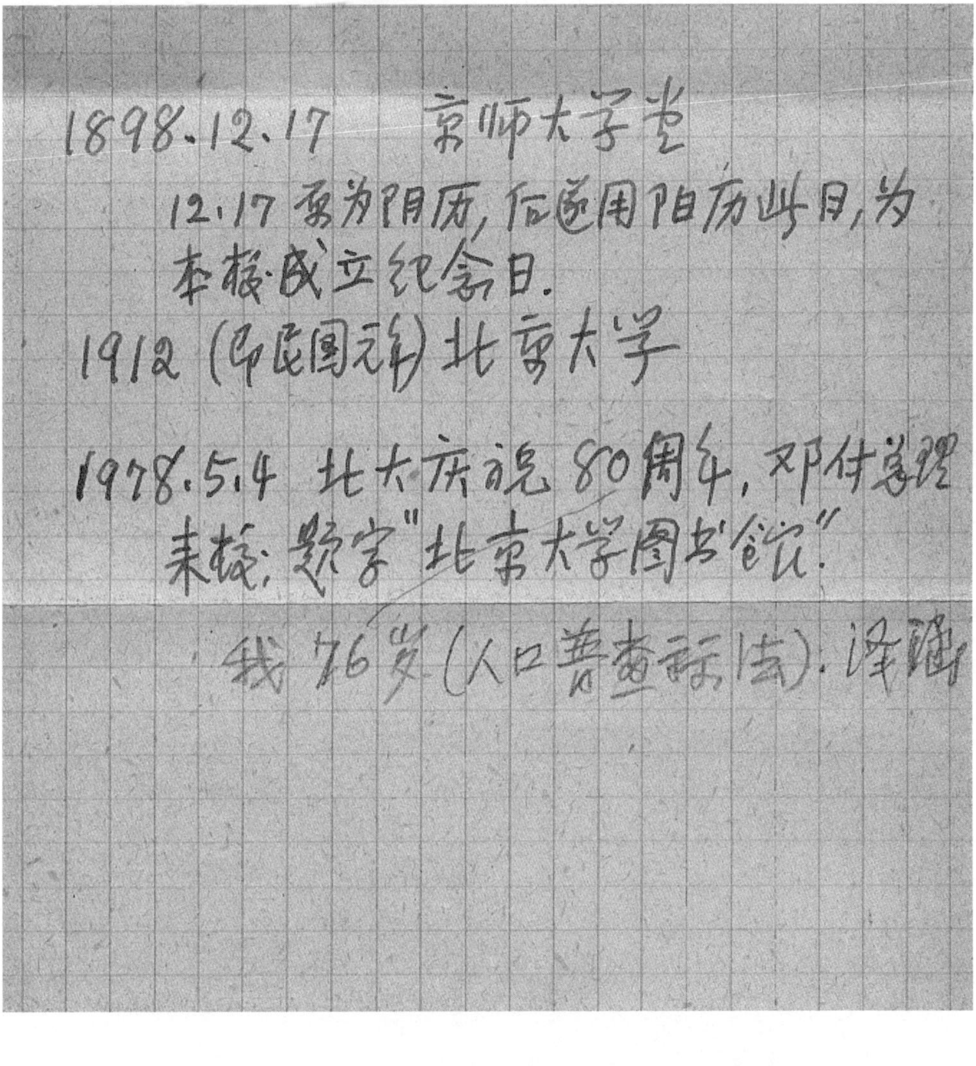

1898.12.17 京师大学堂

12.17 原为阴历，后遂用阳历此日，为本校成立纪念日.

1912（民国元年）北京大学

1978.5.4 北大庆祝80周年，邓付总理来校，题字"北京大学图书馆".

我76岁（人口普查方法）. 泽[illegible]

1899

守舊，是以來學者寡，合全堂不過百有餘人，卽後來所稱戊戌同學。或亦稱此時之大學爲戊戌大學也。以其年十二月十七日開學，是爲本校成立紀念日。原是陰曆，後更正朔，遂用陽曆此日，以求捷便。切實推之，當是次年一月二十八日也。二十六年（一九〇〇）春，改派許景澄爲管學大臣。會拳禍作，聯軍迫京，人心皇皇，不可終日，景澄遂有暫停大學之議。未幾，景澄以極諫清廷勿信拳衆遭冤殺。於是師生紛散，宇舍都空，儀器圖書，一朝而盡。我校因是停辦者二年有餘。二十七年（一九〇一）冬，詔復興大學，令同文館併歸管理。同文館者，創於同治元年，（一八六二）初隸總理各國事務衙門，而後隨以改歸外務部辦理者也。派張百熙爲管學大臣，吳汝綸爲總教習，汪詒書、蔣式理、三多、榮勳、紹英爲提調，嚴復爲譯書總辦。二十八年，（一九〇二）百熙以復興大學『非徒整頓所能見功，實賴開拓以爲要務，』因設預備、速成二科。預備科分别政、藝二科，速成科别分仕學、師範二館。所併同文館學生，則爲設英、俄、法、德、日五國語言文字專科。時宗室覺羅八旗官學改爲中小學堂，亦附入辦理。二十九年（一九〇三）春，清廷以百熙喜用新進，有奏請增設滿大臣，隱爲監督者，乃命榮慶同爲管學大臣。五月，命榮慶、百熙會同張之洞釐定大學章程。七月，增辦譯學館及醫學實業館。譯學館分授英、俄、法、德、日五國語言文字，卽令前辦之專科學生入館學習。醫學館兼辦施醫局，嗣合爲一體，今北平大學醫學院肇基於此。十一月，張之洞等奏行大學堂章程。初，大學所設管學大臣，兼統

全國學務。至是，始專設學務處，置總理學務大臣任其事。另置大學堂總監督，專辦大學。派孫家鼐爲總理學務大臣，張亨嘉爲大學堂總監督。三十年（一九〇四）四月，教習進士館開學，命將速成科之仕學館併歸辦理。館爲新進士及翰林部屬中書習受實學之地，亦簡稱進士館，與大學不相系統。仕學館既併入，仍定畢業時由大學給憑，事類今之寄讀。然將所用圖籍隨同併去，此其小異也。是年，改學務處爲學部，設尚書、侍郎等官，比於餘部。三十二年（一九〇六）正月初七日，張亨嘉辭職，以曹廣權代理大學堂事務。二十二日，派李家駒繼任總監督。六月，併入進士館之仕學館生畢業。八月，就進士館堂舍改設法政學堂，今北平大學法學院所自始也。十一月，醫學實業館生畢業，館即停辦。三十三年（一九〇七）六月，李家駒辭職，改派朱益藩爲總監督。至是，總監督始改實缺，秩視左右丞。七月，設博物品實習簡易科，教授製造標本、模型、圖畫。十一月，朱益藩辭，派劉廷琛繼。是年德宗殂。廢帝宣統元年（一九〇九）三月，改預備科爲高等學堂。時師範館生已畢業，即改館爲優級師範，不歸大學管轄，即今之北平師範大學也。五月，籌辦分科大學，設經、文、法政、醫、格致、農、工、商等科。以柯劭忞爲經科監督，孫雄爲文科監督，林棨爲法政科監督，屈永秋爲醫科監督，汪鳳藻爲格致科監督，羅振玉爲農科監督，何燏時爲工科監督，權量爲商科監督。二年（一九一〇）二月二十一日，分科舉行開學典禮，惟醫科未能辦。八月，劉廷琛去京，以柯劭忞署其職。三年（一九一一）十月，派

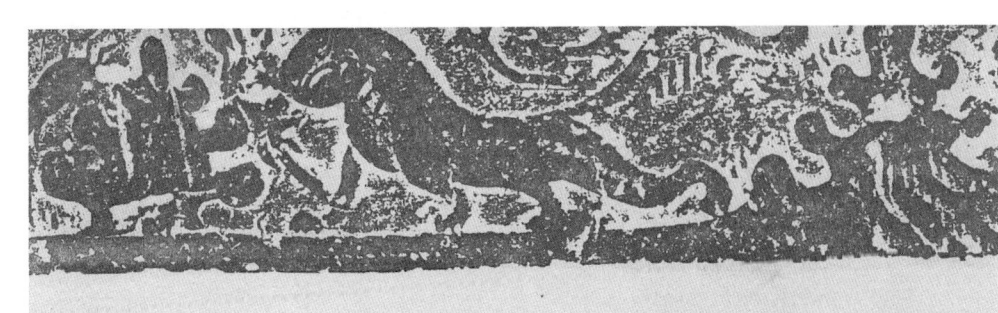

勞乃宣爲大學堂總監督。十二月，乃宣假，劉經繹代。時革命軍聲勢日盛，京師震恐，大學學務實已停頓數月矣。是年清亡。民國元年（一九一二）三月，改學部爲教育部，任蔡元培爲教育總長，嚴復爲大學堂總監督。五月，命改京師大學堂爲北京大學，嗣冠以『國立』二字，即我校今名也。又改總監督爲大學校長，改分科監督爲各科學長。復高等學堂爲大學預科，合經、文二科爲文科，改格致科爲理科。各科教務提調裁撤。嚴復以總監督繼任大學校長。自復來校，校中盛倡西語之風。教員室中，華語幾絕。開會計事，亦用西語。所用以英語爲多。有能作德語者，尤名貴爲衆所稱羡。法國教員鐸爾孟獨心非之，嘆爲非興國之徵，衆弗顧也。後復去職，流風未泯者猶數年。至蔡元培來，始革之。十月，復離京，以章士釗繼。士釗未到，派馬良代其職。十一月，士釗與良相率辭，以何燏時繼。二年（一九一三）六月，譯學館停辦。十一月，燏時辭，以胡仁源繼。時教育總長汪大燮，屢欲併我校於北洋大學，終未得果。三年（一九一四）改農科爲農業專門學校，離我校而獨立，即今北平大學農學院也。四年（一九一五）十一月，設大學評議會，爲商決校政最高機關。五年（一九一六）春，袁世凱叛國稱皇帝。文科教授馬叙倫憤然曰，『是不可以久居矣。』即日離職去，一時有掛冠教授之稱。世凱子克定使人説仁源率大學諸教授勸進。仁源本諸教授之意持不可，謝使者。大學遂獨未從賊。十二月，仁源辭，大總統黎元洪據陳黻宸、馬叙倫之推舉，任蔡元培爲大學校長。元培以陳獨秀、夏元瑮、王建祖、温宗禹

分任文、理、法、工四科學長。六年（一九一七）一月，教育部改訂學制，定大學修業期預科二年，本科四年。其前，本、預科各三年也。六月，附設國史編纂處成立。七月，張勳、康有爲擁清廢帝謀復辟。元培聞警，即離職去津。時方修校門，門旁别闢一洞通出入。而留校職員中有妄人，遽揭龍旂於洞口。越日，義兵至，據東齋屋頂架輕礮，以擊逆賊張勳宅。事定，或舉此二事告元培。元培笑曰，『有是哉，抑何滑稽之甚。』置妄人弗究。十一月，改訂各科課程。文科增史、地門，理科增地質門。廢預科學長，以文、理、法、工預科事務分歸各本科學長管理。是月十六日，『北京大學日刊』第一期出，校中興革諸端，自此易於徵考。七年，（一九一八）國文、英文、法文、德文、哲學、數學、物理、化學、法律、政治、經濟、商業各系教授會先後成立。又增設各門研究所，於所中附設編譯處。然財力人才，兩感不足。雖有計劃，祇具雛型。與後來校內外所設研究所未易比擬也。八年（一九一九）一月，『北京大學月刊』第一期出，是爲吾國大學印行專門學術定期刊物之始。三月，廢年級制，採選科制。又廢各科學長設教務長，由各系主任中公推一人任之。其時文科學長陳獨秀，及教授胡適、錢玄同、周作人、李大釗、沈尹默、陶履恭、陳大齊、劉復等提倡白話文學既數年，文學革命之聲，遍於全國。清舉人林紓，以古文家自詡，深恨之，斥爲邪僻，目其文爲引車賣漿者言，思慫恿當時軍閥興大獄。大學教員有解聘者，學生有革除者，亦趨而附紓，造印蜚語，共圖中傷。元培乃作書正紓之非，兼陳大

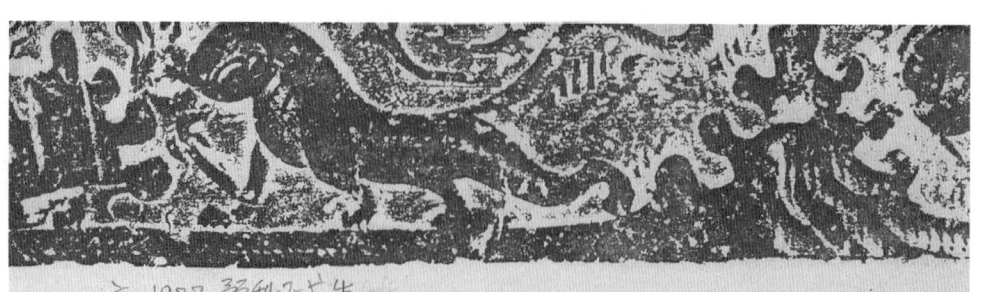

方 1922 预科正式生

學『兼容併包』之義於當世，謂教授中固亦有辜湯生、劉師培一流在。於是惑於紓等之說者漸稀。五月四日，我校學生以政府對山東問題外交疲弱，會北京專科以上各校學生於天安門，同往外交總長曹汝霖家示威。器物門窗，頗多損毀。駐日公使章宗祥適在，亦見窘辱。政府命軍警逮治。我校學生被逮者十餘人。校長蔡元培以政府壓抑輿情，處置乖謬，深恐事件擴大，危及我校，遂於其月九日離職出京。校務由評議會、教授會合組委員會維護，而學生運動亦愈趨激昂。六月三日，政府復大捕學生千餘眾，囚禁於我校第二、三兩院者三日。其時院外軍警密布，實槍裝刺，斷絕行人。三院地臨小河。河邊帳篷駢立，戰馬成羣，炊烟時起，號角頻聞。隔岸觀者，嘆言吾國自興學以來，未嘗有此也。風聲遠播，全國中等以上學校相率罷課。上海、天津兩地商民，亦激於義憤，罷市以爭。政府知民意不可終逆，乃釋學生而罷曹、章二人官，其事始寢。事以五月四日始，故後有『五四運動』之稱也。七月，校長蔡元培以各方挽勸，仍允回校，先派蔣夢麟來校代行職務。九月，元培到校。設組織委員會，協助校長策畫全校組織。置總務長，以蔣夢麟任其事。移附設之國史編纂處歸國務院辦理。裁撤工科，併入北洋大學辦理。九年（一九二〇）二月，招收女生爲旁聽生，嗣改招正科生。吾國男、女學生教育上之待遇，自此完全平等。九月，添設俄文學系。十月，元培爲策畫里昂中、法大學事赴法，委總務長蔣夢麟代理校務。十年（一九二一）一月，設國文及普通補習科，爲華僑子弟入學之先階。九月，元培回校。十一

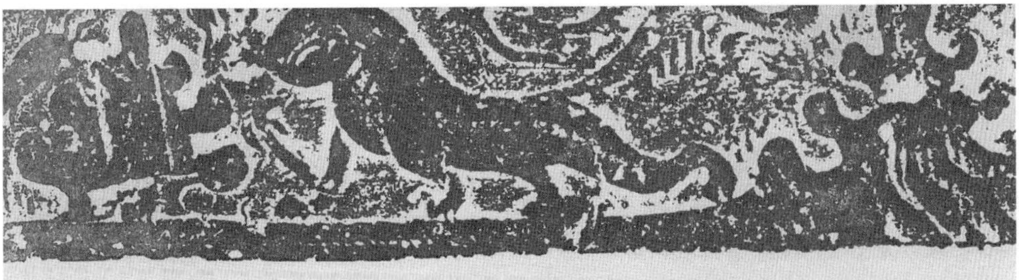

月，研究所國學門成立，以沈兼士爲主任。招研究生作專題研究。並先後設立編輯室、考古研究室、歌謡研究會、風俗調查會、明清檔案整理會、方言調查會，分途搜集研究材料。研究所得，創爲『國學季刊』發表之。後來國中研究國學之風大盛，實我校有以導其端。十一年（一九二二）七月，附設音樂傳習所成立，以蕭友梅爲主任。十一月，『社會科學季刊』第一期出，是爲吾國社會科學有定期刊物之始。十二年（一九二三）春，元培以教育總長彭允彝干涉司法，『痛心政治休明之無望，』欲辭職他去。全校師生堅挽，乃改爲請假遊歐，再派蔣夢麟代理校務。七月，增設經濟記錄室。十月，曹錕以賄選爲大總統，元培『政治休明無望』之言益驗。十三年（一九二四）七月，增設教育學系。十四年（一九二五）七月，增設生物學系及植物學實驗室。九月，國文學系增設語音樂律實驗室。其時北洋軍閥當政，教育經費積欠者數年，校中教、職員咸枵腹從事。維持學校之費亦無所出。甚至水源斷絶，冬無爐火。吾校自創立以來，此爲最堅苦時矣。然仍以借貸所得，年有所增設也。十五年（一九二六）三月十八日，北京各校學生，以政府對日外交之失策，同往鐵獅子胡同所謂執政府者請願。而所謂執政，則段祺瑞也，遽命衛警開槍轟擊，學生死者四十六人，傷者百五十五人。我校死張仲超、黄克仁、李家珍三人，傷五人。其日，天容沈晦，冷風襲人，繼以小雪。羣屍委地，流血凝殷。哀哭之聲，遍於各校。所謂三一八慘案也。戴修瓚爲京師地方檢察廳廳長，以祺瑞非法殺人，律當論抵，卽署拘票，命法警逮治

。祺瑞雖恨修瓚，以其時歐美各國方派專員調查中國司法，不敢損辱法官，免司法總長盧信職以洩忿。其後五年，修瓚棄官爲本校教授。祺瑞旣槍殺學生，以夢麟方代長我校，疑其倡率各校與政府敵，欲得而甘心。夢麟遂避地自保，而以總務長余文燦代其職。是年，添設心理學系。又添設東方文學系，授日文及滿蒙文，而以日文爲主。十六年（一九二七）六月，張作霖自稱大元帥於北京，以劉哲爲教育總長。八月，哲併國立九校爲京師大學校，而自兼校長。劃本校爲文、理、法三部。以文、理二部爲京師大學校文科、理科、派胡仁源、秦汾爲之長。以法科一部與法政大學併爲京師大學校法科，派林修竹爲之長，仍分兩地授課。哲於教育無所知，嘗導學生作經義，而舊時八股闈墨，銷沉數十年者，復重見於書市。又依附武力，蹴踐斯文。每語學生，『凡逆我言，卽是共黨。儲櫬相待，便當槍殺以埋。』是以士林側目，或憤然離去，或隱忍安之。哲聞我校研究所國學門收藏文物甚富，卽欲移置分散，而撤銷此門。主任沈兼士以多年心血，勢將隳於一旦，疾首痛心，彷徨無計。時舊同學仕學館畢業生葉恭綽，方致仕居北京，聞其事，願任保護之責。以哲曾爲其下僚，卽使人往告哲，『我願主持斯局。』哲不得不應，遂更其名爲國學研究館，直隸所謂京師大學校，而以恭綽爲館長。然非哲所始願，故故靳其經費，月所給僅五百元。恭綽任維護之責近一年。費所不足，則出私囊以補之。館中文物之得免於散失，恭綽之力也。十七年（一九二八）六月，國民革命軍進逼北京，北京政府解體，張作霖逃，劉哲隨去。

我校學生遂組織復校委員會。繼而中央政府命改京師大學校爲國立中華大學。我校校長蔡元培方爲大學院院長，卽以兼任校長，而派李煜瀛代理校務。嗣又議定實行大學區制，並改北京地名爲北平，乃再改國立中華大學爲國立北平大學。任李煜瀛爲校長，李書華爲副校長。劃河北、熱河兩省，及北平、天津兩特別市，爲北平大學區。仍分我校爲三。以文、理二部爲北平大學文學院、理學院，派張鳳舉、經利彬爲院長。別將女子大學附入，稱文理分院。法科一部，改爲社會學院，與法政大學之改爲法學院者別。又改研究所國學門爲國學研究所，直隸北平大學，所長之職視院長。時我校學生以『國立北京大學』素有國際聲譽，不應銷滅其名稱，更改其組織，遂由復校委員會向政府力爭。久之未決，亦未能開學。是年冬，我校三十週紀念日，例應盛爲慶祝。以方在爭求復校期中，僅於其夜有學生數十，提燈巡遊景山東街、北河沿一帶，呼口號以見志。朔風吼天，枯枝搖雪。燈光疎闇，呼聲弗揚。雖云誌慶，實寫悲也。十八年（一九二九）春，政府收回分我校爲三院之成命，而降校爲院，稱北大學院，隸國立北平大學。內部組織，復劉哲佔校以前之舊。對外亦仍用國立北京大學譯名。

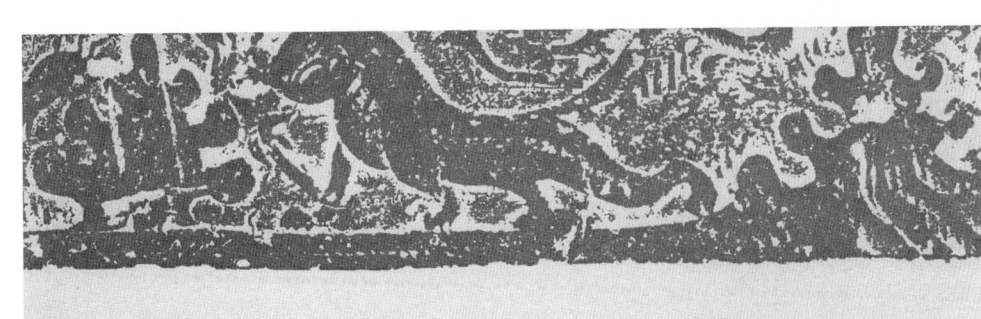

National University of Peking

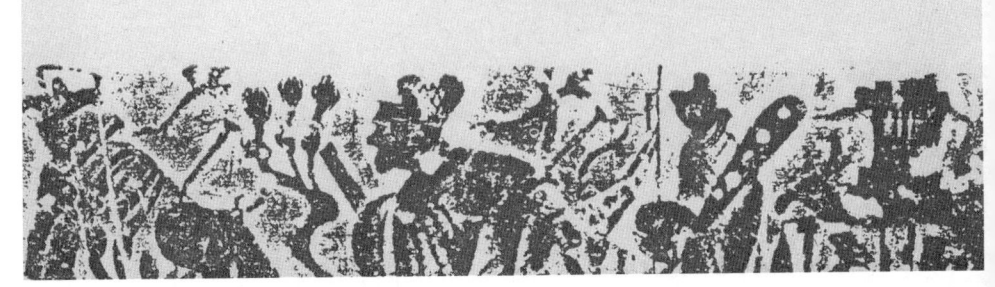

派陳大齊爲院長，籌備開學。校務停頓多時，至此重聞絃誦。時大齊方任考試院秘書長，不能常到校，以教務長何基鴻代其職。七月，國民政府主席蔣中正北來，大齊往謁，爲陳不可輕改我校校名之義。中正曰，『地名雖改，此校固當存其舊名。』八月，中央議決取消大學區制，卽復北大學院爲國立北京大學，離北平大學而獨立

。我校復校工作，於是完成。九月，蔡元培復受命長我校，以方任中央研究院院長職，派陳大齊先行代理校務。十九年冬，大齊辭，元培亦不能離中央研究院，適蔣夢麟辭教育部長，即受命來長校。二十年，（一九三一）教務長何基鴻辭，其職即廢。又依部章改評議會爲校務會議。分全校爲文、理、法三學院，以胡適、劉樹杞、周炳琳爲院長。院長之職，在規訂課程，延聘教習。其他學校行政，仍合三院爲一，與劉哲佔校時院自爲政者不同。改文學院之英文、法文、德文、東方文四學系爲英、法、德、日文四組，合稱外國語文學系。各系主任，原是教授互選，改由校長就教授中聘任。中華文化教育基金董事會以本校歷史久長，成績優異，願年助國幣二十萬元，爲增設研究教授講座，及擴充設備之資。先定五年期，專訂規章，設委員會處理之。夢麟念我校自清季創辦以來，校址之亘窊，校譽之升沈，學制之更移，精神之轉變，人員之進退，多經歲月，知者將稀。求諸檔文，亦慮損闕。非寫專書，恐無以信今傳後。因擬創編『國立北京大學志。』設編纂處，以劉復爲主纂。其年九月十八日，日本出師襲我瀋陽。遼東千里，失於一旦。自此華北大局，亟亟搖動。二十一年，（一九三二）設研究院，招大學畢業生入院研習。分三部。改研究所國學門爲文史部，以劉復爲主任。增設自然科學、社會科學二部，以丁文江、陶履恭爲主任。置課業處，以樊際昌爲課業長，司文、理、法三院學生學業上之均齊與考績。二十二年（一九三三）春，熱河失陷，日兵進逼，飛機時至，形勢益嚴重。國立各校及各學術機關均有

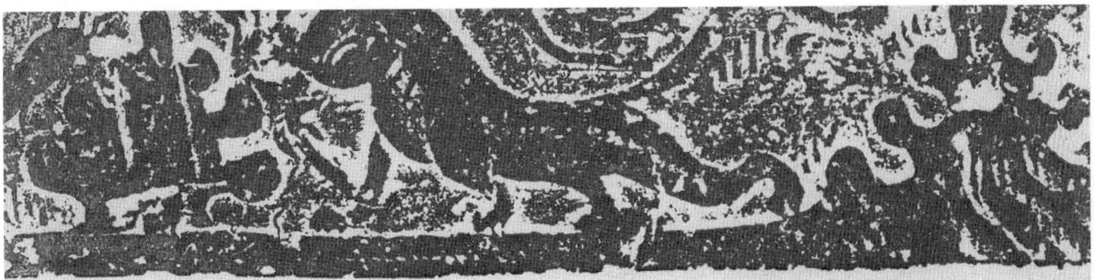

南遷之議。五月二十二日，日兵包圍北平，離城僅數十里。我軍事當局恐有巷戰，令各校學生他避。於是講習都輟。後以締結華北協定，各校得於秋季繼續開學。我校亦按原定方策，力圖改進。然今之北平，已處邊壤。一旦有事，首當其衝。此苟安之局不知能幾何時。我校師生顧念三十五年前所以創校之故，惟有益自淬勵，期以學術上之成功，爲中華民族增光榮。書生報國之正，其在此乎，其在此乎。

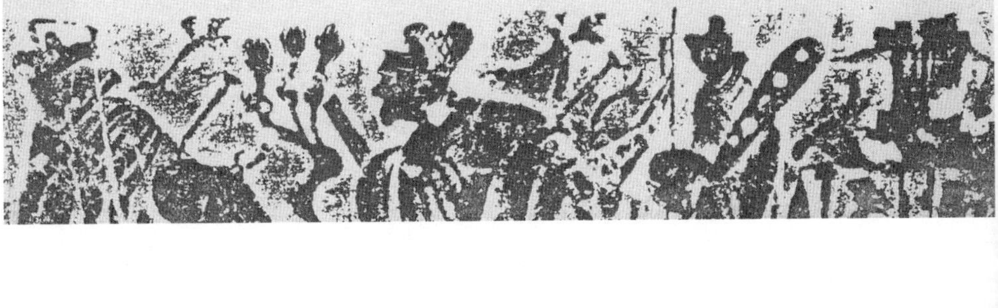

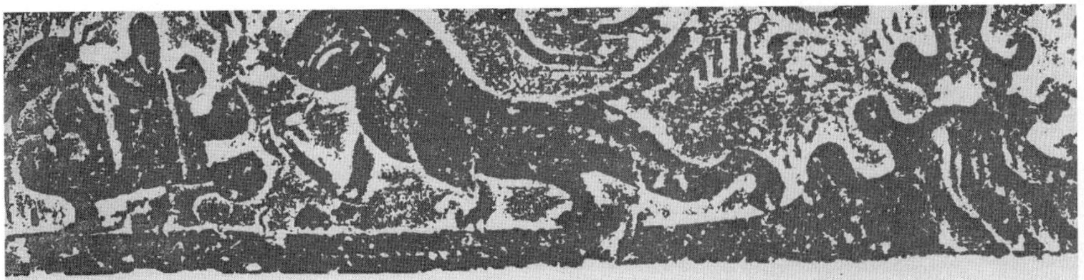

編輯後記

包乾元

同學錄到今天算是出版了，編印竟佔了一整個暑假的時間，未免有點太慢了似的。同人等祇有在此地向各位先生同學們表示歉意。

不過有一種原因却也不能不在此地聲明：就是當同學錄已經付排之後，依然還有像片稿件陸續的交來，于是我們不得不設法把後來的依次擠進去。這樣子反復的倒版，也曾佔去時間不少。

蔣校長，樊課業長，胡院長，劉院長，馬叙倫先生，張景鉞先生，趙廼摶先生，曾昭掄先生，沈兼士先生，黃節先生，梁宗岱先生，白雄遠先生為同學錄題字題詞，使同學錄增光極多。白先生並在溽暑的天氣，給我們撰述本校學生軍的沿革，又搜集很多關于學生軍的照片加以說明，統統在此致謝！

最使同人等難過的，就是劉復先生不能看到這本同學錄便故去了。劉先生生前對于編排裝幀曾十分熱心的指示過，並將自己珍藏的漢磚畫軸借給我們用。同學錄裏所用的幾種花邊——麒麟，鳳凰……都是從劉先生畫軸裏翻印下來的。

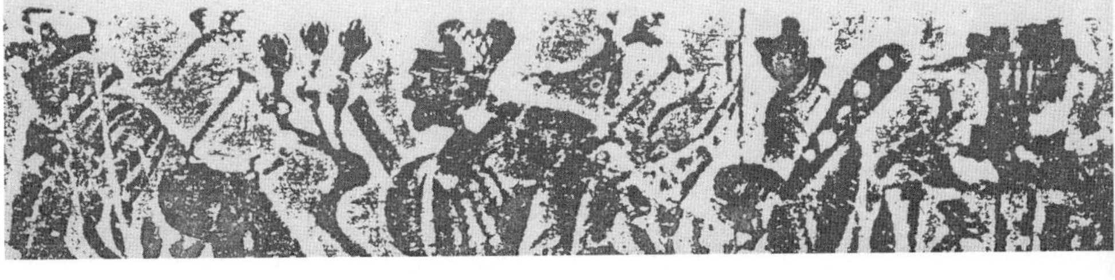

同人等祗有懍肅的向劉先生在天之靈焚香祝福！

——

王文仲先生是當今著名的圖案畫家，不惜把許多幅很寶貴的作品借給我們製版作隔頁，同人等非常感謝。唯套色簡陋，有失原畫精采之處，是要請王先生格外原諒的。

「課外生活」欄裏所載許多幅很珍貴有趣的照片，都是由王靄芬，潘成義，桑毓英，朱僑，邱祖桐各位同學熱心借用的，統在此處道謝！

及至校勘完畢，始發現學生軍像片第三面中，有兩幀照片的說明互相顛倒了——「野外演習攻擊敵方」劍頭應該朝着上面；「野外演習舉白主任講評」應該向着下面纔對。

最後，謹將負責同人名姓開在下面：

編輯股　正主任　包乾元

　　　　副主任　王心平　鄧國材

　　　　編　輯　何樹棠　劉昌星

總務股　正主任　王毅君

　　　　副主任　蔣經武　郎依山

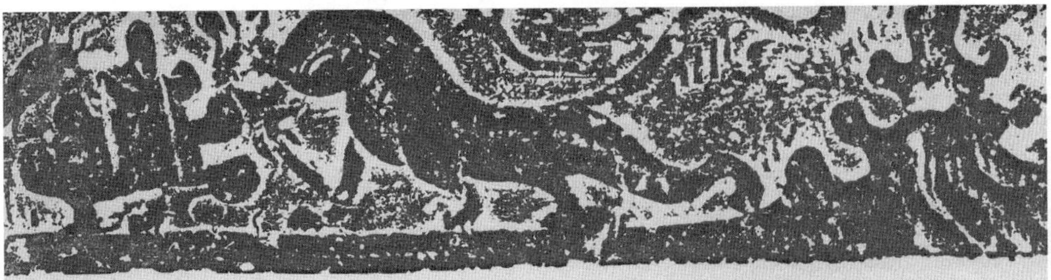

幹事

王希曾　石振亞
祁俊德　劉思愛
潘成義　王象咸
牛福田　路兆洽

國立北京大學一九三六年畢業同學録（一九三六）

本册封面缺失，書内有蔣夢麟校長題寫書名：「國立北京大學畢業同學録」，落款日期爲中華民國廿五年。故依照以往畢業同學録命名慣例，大致可定爲「國立北京大學民國廿五年畢業同學録」。本册由北京大學出版組印製。

北京大學圖書館藏北京大學畢業同學録系列，1934年之後即1936年，缺1935年。1936年同學録在板式和裝幀設計方面基本沿襲1934年，似可推測，1935年的畢業同學録可能並未出版。

本册主要内容包括：題字、校長及教職員、畢業生、校景、各系師生合影、沿革、教職員録、歷届畢業同學録。其中「校景」包括學生生活内容；「沿革」大致相當於校史；「歷届畢業同學録」爲北大畢業同學録中首次出現，所整理的自清光緒三十三年（1907）以來的歷届畢業生名單很有資料價值。

本册首刊北京大學校旗，及蔡元培前校長撰寫的《校旗圖説》，所繪校旗與往年不同。

本年畢業紀念册有校長蔣夢麟、文學院院長胡適、國文系教授馬叙倫的題字。蔣夢麟的題詞爲「素患難行乎患難」。馬叙倫則抄録自作詩十四首、詞一首相贈。胡適的題詞爲他的一句名言：「要怎麼收穫，先怎麼栽！」

校長及各院院長、各組主任照片，原理學院院長劉樹杞病故，由生物系主任張景鉞繼任，故本年除了刊登劉樹杞的照片以示悼念外，新增張景鉞照片。

各系主任方面，數學系主任改爲江澤涵，哲學系主任改爲湯用彤。各組主任中，增加了調查介紹組和衛生組，本年圖書館主任改爲嚴文郁。

本年各系教員及畢業生的學院排列順序又改回理、文、法的順序。本年新增的教員照片有：化學系教授孫承諤，國文系教授羅常培，史學系教授姚從吾（士鰲）、孟森，副教授皮名舉，史學系講師勞榦，法律系講師蔡樞衡，哲學系專任講師鄭昕等，都是當時或後來的著名學者。本年共收録教員照片 64 幅。比 1934 年略多，但仍有不少未交照片者。

本年收録畢業生照片，數學系 11 人，物理學系 18 人，化學系 25 人，地質學系 8 人，生物學系 3 人，哲學系 4 人，史學系 27 人，中國文學系 6 人，外國語文學系 14 人，教育學系 15 人，法律學系 9 人，政治學系 9 人，經濟學系 7 人。總計 156 人。本册「編輯後言」指出，「一部分教職員及同學之玉照未能徵得刊入」，故這裏統計的總數不是本年畢業生的總數。本届畢業生中，後來卓然成名者不少，僅編者所知就有：物理系馬大猷（1915—2012），著名物理學家，中國科學院學部委員；物理系虞福春（1914—2003），物理學家；哲學系韓鏡清（1912—2003），佛教研究學者；史學系王崇武（1911—1957），歷史學家；史學系張政烺（1912—2005），古文字學家、古器物學家、歷史學家；史學系傅樂焕（1913—1966），民族史學家；史學系鄧廣銘（1907—1998），歷史學家；國文系周祖謨（1914—1995），語言學家。

「校景」部分，生物館、地質館、體育館，以及新建成的圖書館外景及閲覽室，都是本年新增的照片。

「生活之片段」收録畢業生中實驗室、讀書、餐飲、旅游等方面照片，數量不多。

「各系師生合影」，收録生物系、化學系、外語系德文組、教育系、政治系、法律系畢業生與教員合影，有一半以上系未收録合影。

「沿革」部分，實際上是北京大學簡史，主要包括大事記、設備和經費三部分。其中「大事記」大致是1934年的「國立北京大學校史略」的簡寫版，「設備」則主要介紹了校舍、儀器、圖書、古物、體育等起源與發展情況，其中也不乏可供參考的資料。

本年刊登的「教職員録」以機構爲綱，收録教職員職别、姓名、字號、年齡、籍貫、住址、電話等基本信息，但所收録的不是全部，各系教員較全，職員方面則主要收録各組主任，不收録下屬職員。從「教職員録」我們可以了解到，當時的北京大學圖書館由蔣夢麟校長兼任館長，嚴文郁任圖書館主任，實際負責。

本册新增的「歷届畢業同學録」，收録從光緒三十三年（1907）到民國二十四年（1935）的歷年畢業生名單，主要按所在系排列，各系下按姓氏筆畫排序，便於翻檢。共46頁。

（国立）北京大学一九三六年
毕业同学录

校旗圖說

校旗圖說

校旗圖說

蔡元培

各國的國旗，雖然也有采用天象，動物，王冠等等圖案，但是用色彩作符號的占多數，法國三色旗，說是自由，平等，博愛三大主義的符號，是最彰明較著的。……我們現在所定的校旗，右邊是橫列的紅藍黃三色，左邊是縱列的白色，又於白色中間綴點黑色的北大兩篆文並環一黑圈，這是借作科學哲學玄學的符號。

我們都知道：各種色彩，都可用日光七色中幾色化成的，我們又都知道：日光中七色，又可用三種主要色化成的；現在通行三色印刷術，就是應用這個原理。科學界的關係，也是如是。世界事務，雖然複雜，總可以用科學說明他們；科學的名目，雖然也很複雜，總可以用三類包舉他們。那三類呢？第一，是現象的科學，如物理，化如等等；第二，是發生的科學，如歷史學，生物進化學等等；第三，是系統的科學，如植物，動物，生物學等等。我們現在用紅藍黃三色，作這三類科學的符號。

我們都知道：白是七色的總和，自然也就是三色的總和了。我們又都知道：有一種哲學，把種種自然科學的公例貫串起來，演成普遍的原理，叫作自然哲學。我們又都知道：有幾派哲學，把自然科學的原理，應用到精神科學，又把各方面的原理，統統貫串起來；如英國斯賓塞爾氏的綜合哲學，法國孔德氏的實證哲學就是。這種哲學，可以算是科學的總和；我們現在用總和七色的白來表示他。

但是人類求知的慾望，決不能以綜合哲學與實證哲學為滿足；必要侵入玄學的範圍。但看法國當實證哲學盛行以後，還有別格遜的玄學，很受歡迎；就可算最顯的例證了。玄學的對象，叔

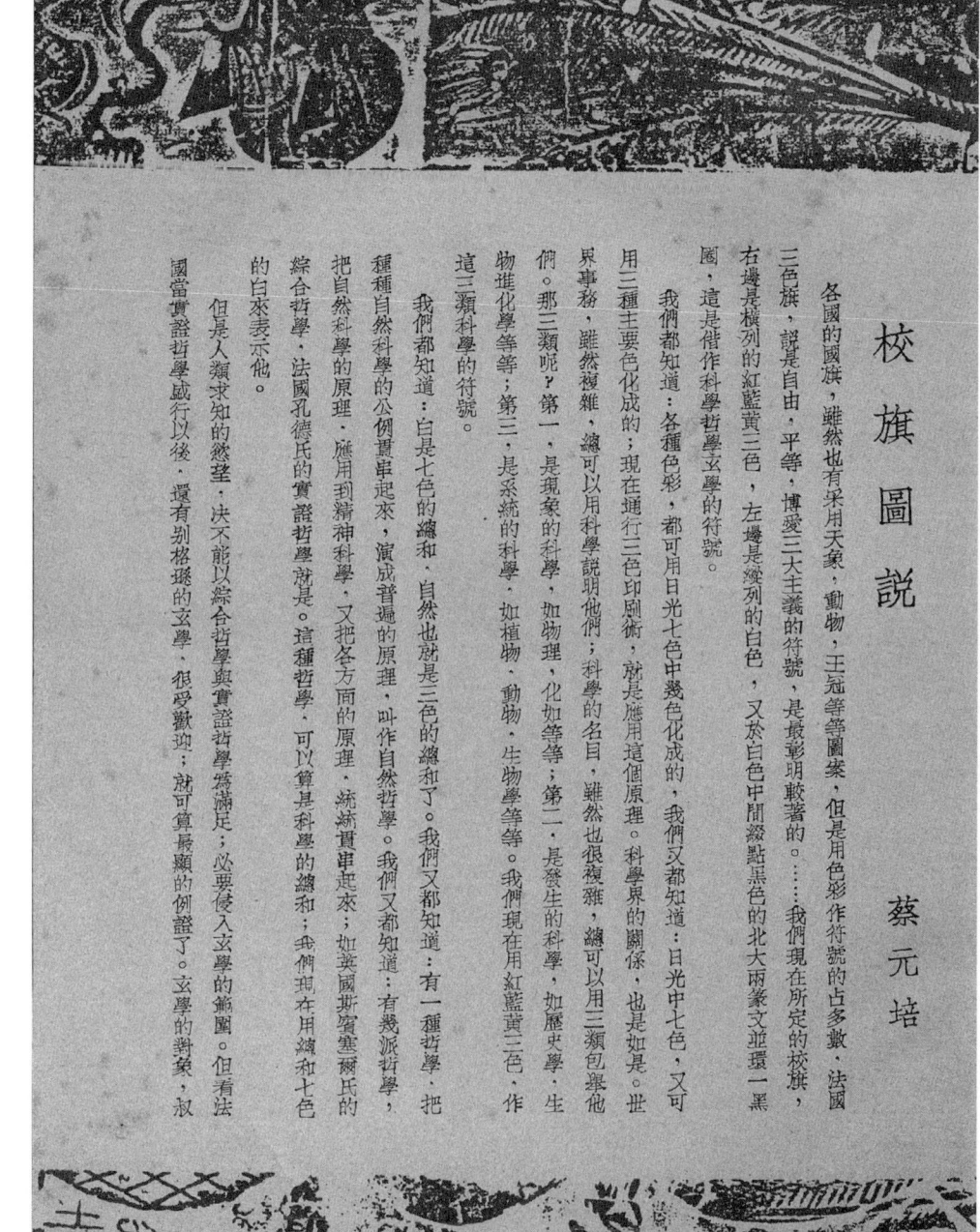

本華叫他作「沒有理解的意志」；斯賓塞爾叫他作「不可知」；哈特曼叫他作「無意識」；道家叫他「玄一」；釋家叫作「涅槃」；總之，不能用科學的概念證明，全要用玄學的直覺照到的就是了。所以我們用沒有顏色的黑來代表他。

大學是包容各種學問的機關，我們固然要研究各種科學，但不能就此滿足，所以研究融貫科學的哲學；但也不能就此滿足，所以又研究根據科學而又超絕科學的玄學。科學的範圍最廣；哲學是窄一點兒；玄學更窄一點兒。就分門研究說：研究科學的人最多；其次哲學；其次玄學。就一人經歷說：研究科學的時間最多；其次哲學；其次玄學。所以校旗上面，紅藍黃三色所占的面積最大；白次之；黑又次之。

這就是國立北京大學校旗所以用這幾種色，而這幾種色所佔的面積又不相同的緣故。

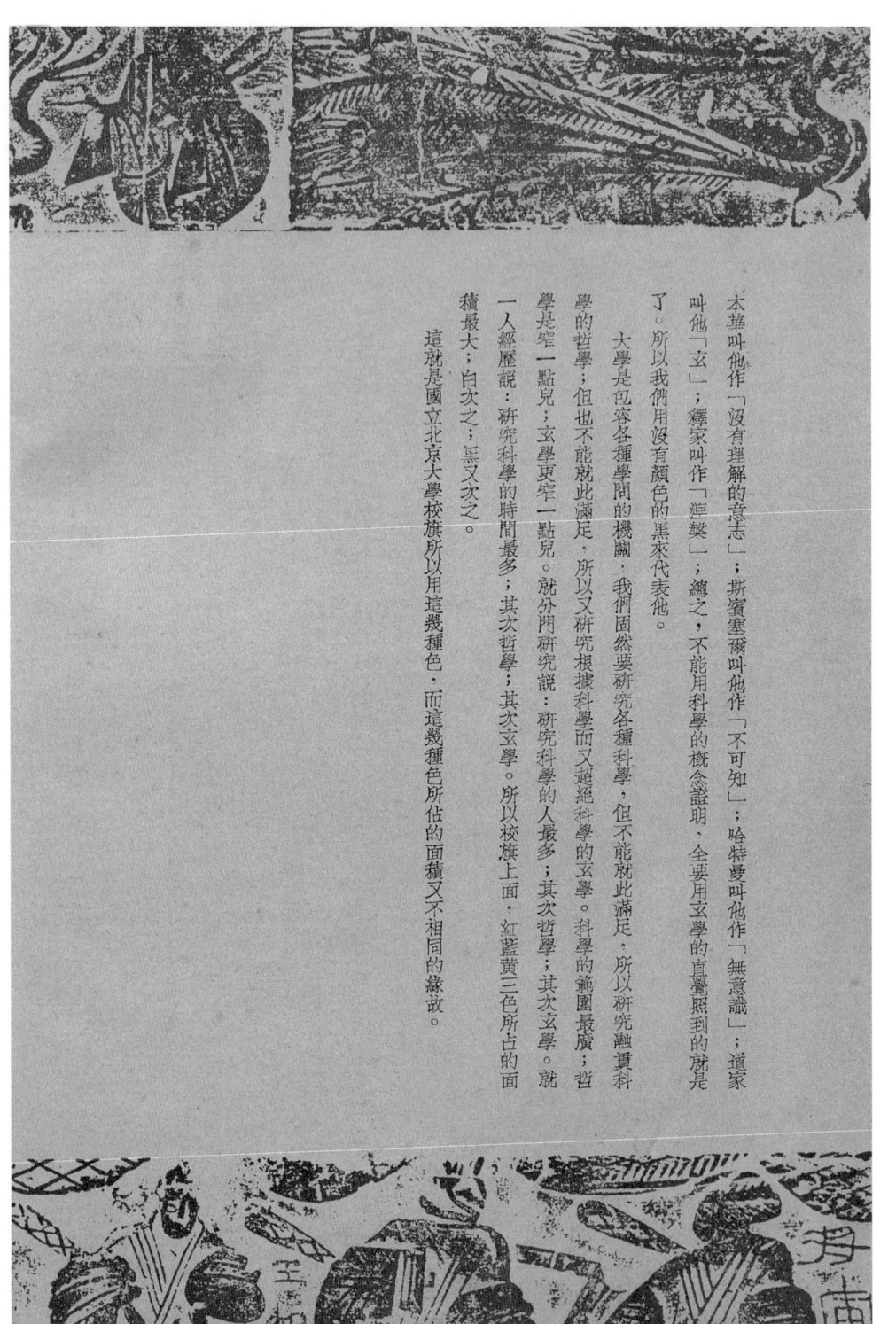

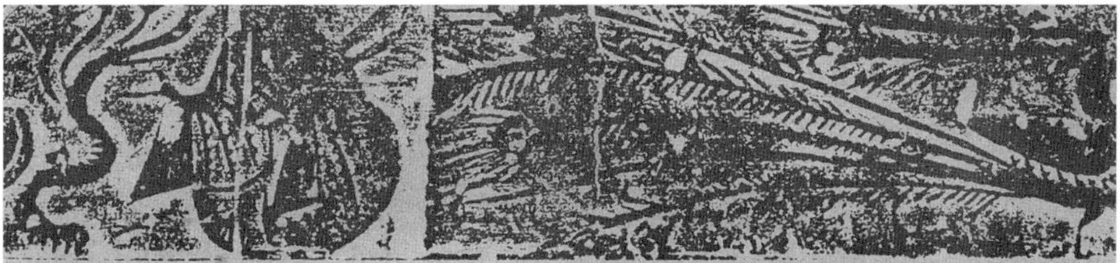

國立北京大學畢業同學錄

中華民國廿五年

蔣夢麟題

蔣印夢麟

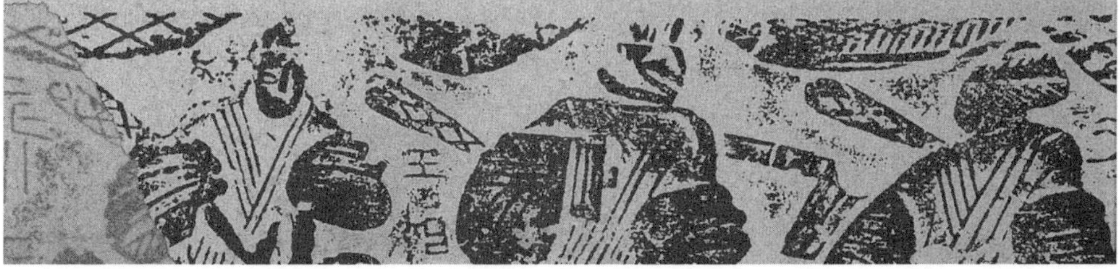

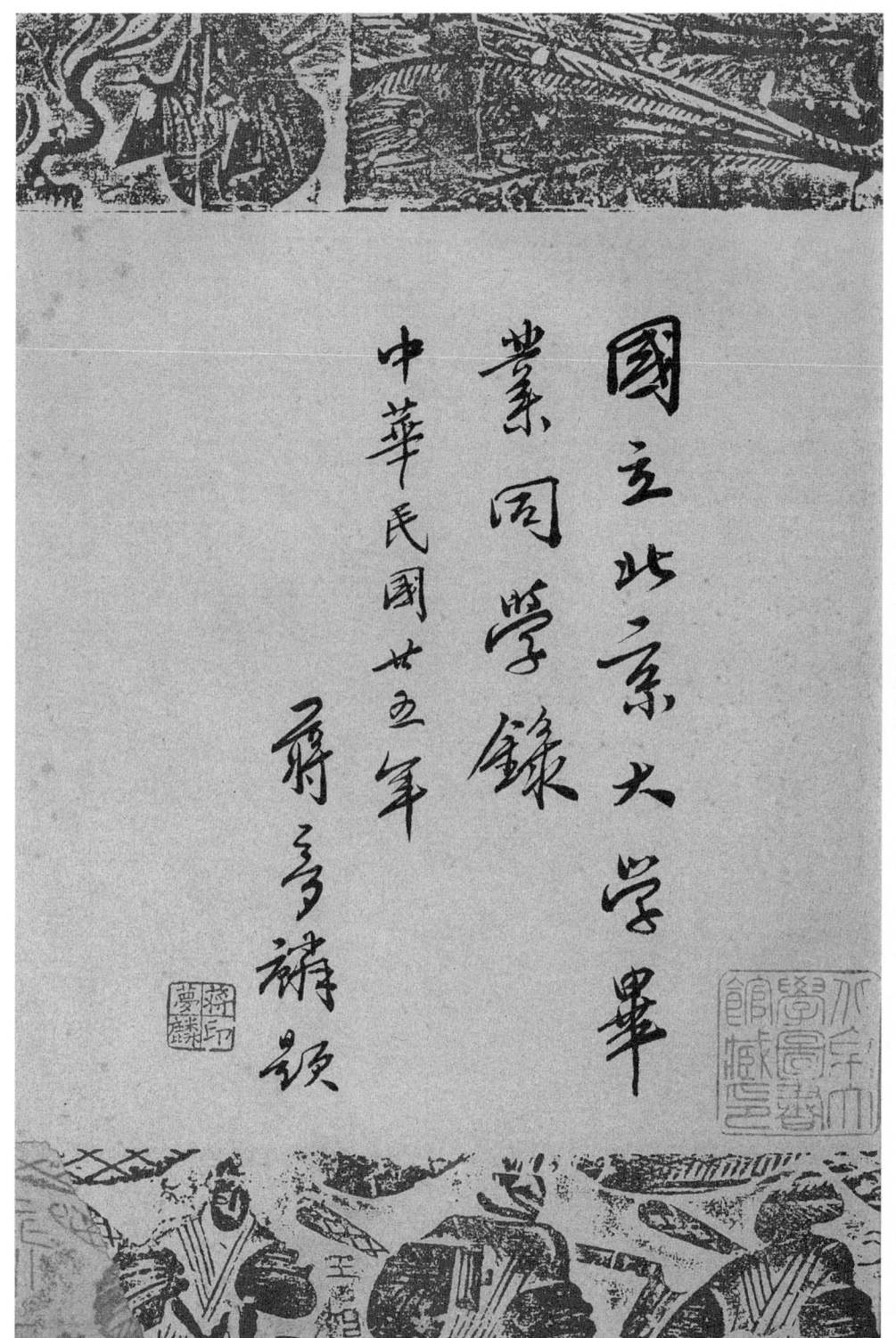

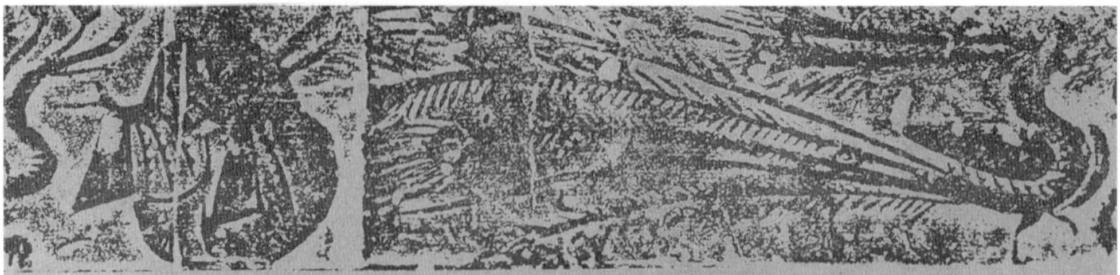

素患難行乎患難

書贈

畢業同学

蔣夢麟

蔣印
夢麟

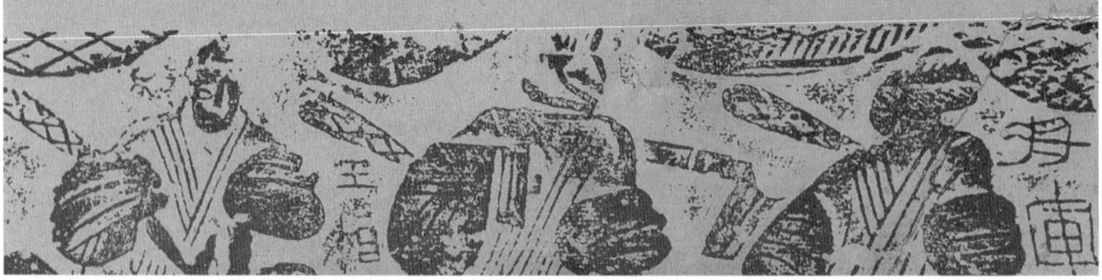

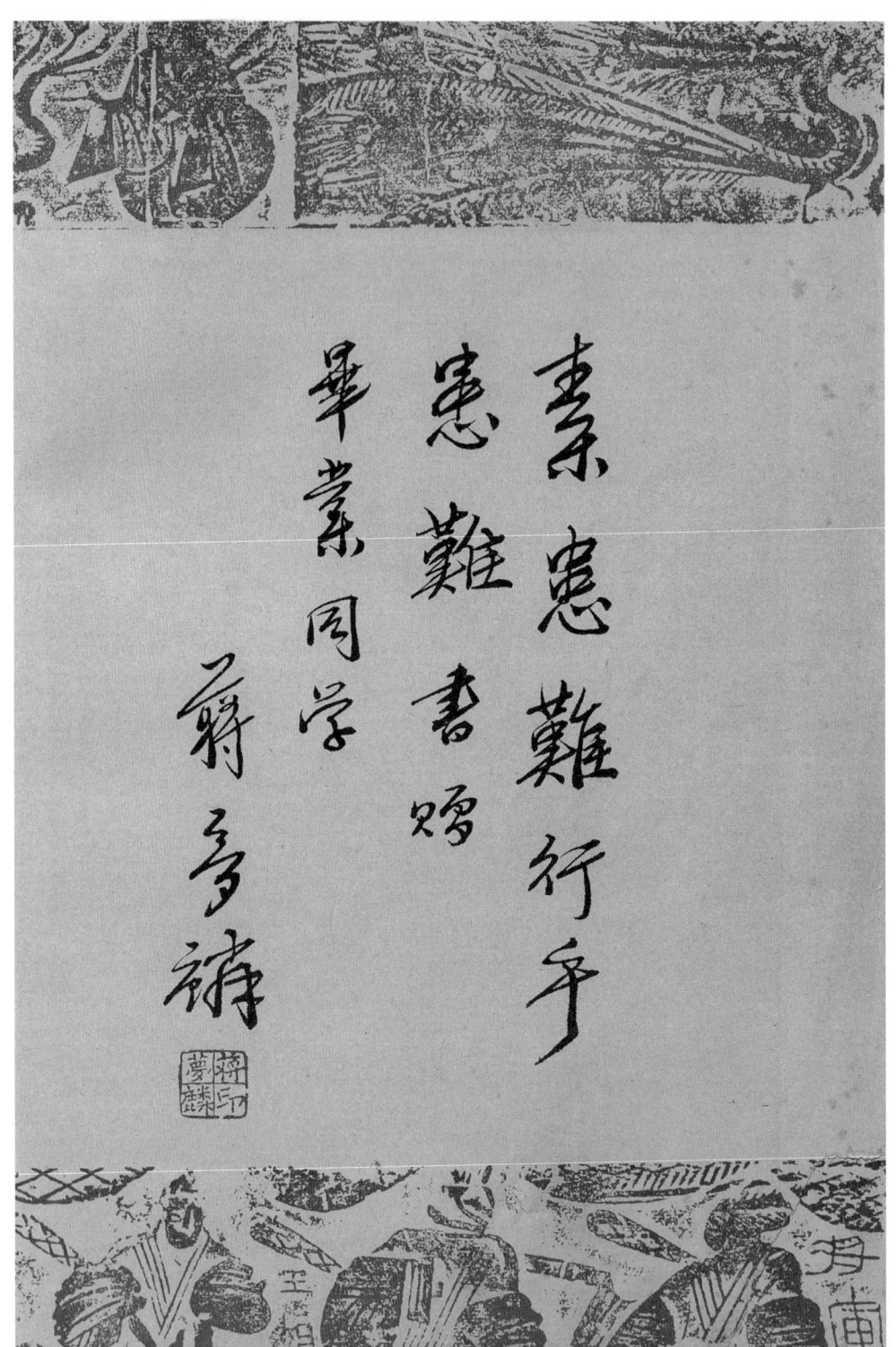

題

字

題字

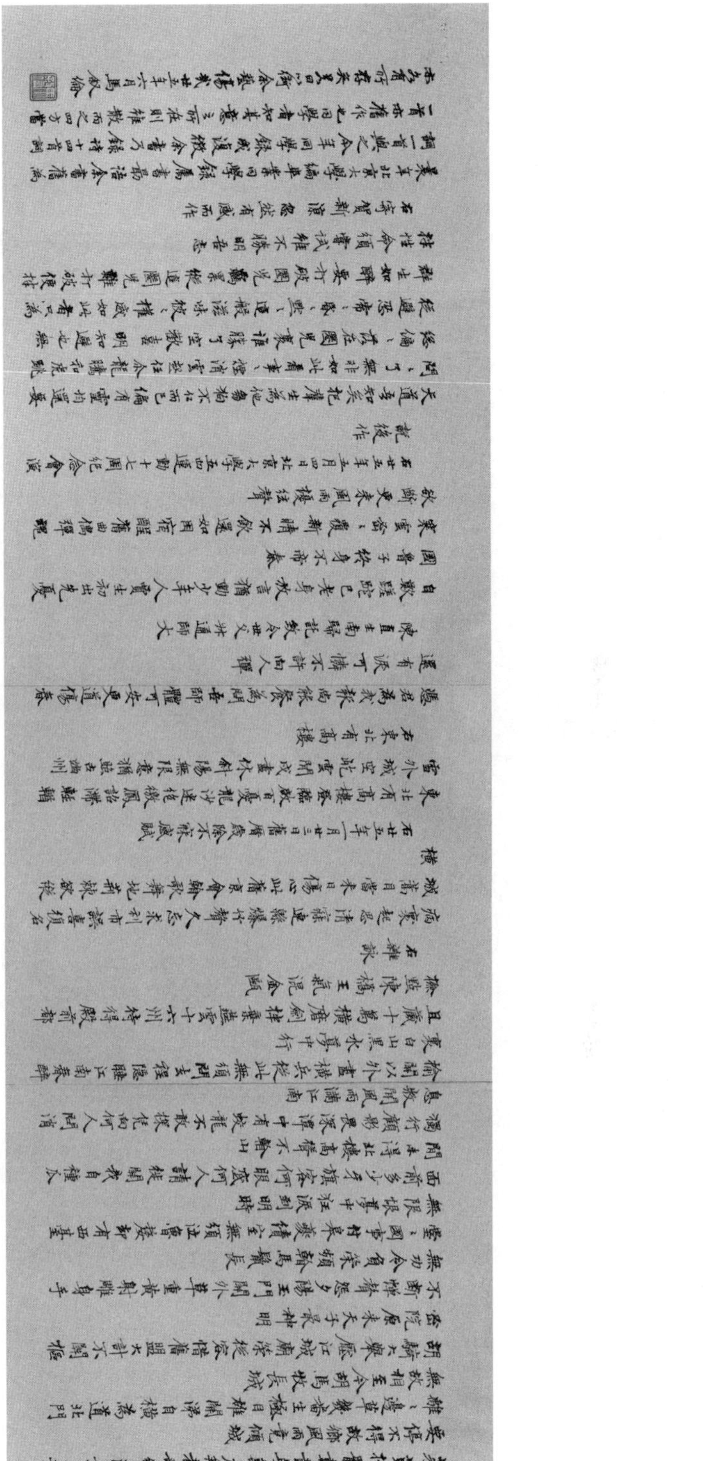

茱萸插罷戴黃英萬戶無聲歌響清最是舞
要停不得故鄉風雨竟傾城
離々邊草幾番生極目雄關涕自橫爲道北門
無故相至今胡馬牧長城
胡騎大舉歷江城廟榮從容惜舊盟大計不關樞
密院原来天子最神明
不斷憚贅怨夕陽玉門關外草重黃射雕身手
無功令負榮頻輸馬鬣長
壘々國事付皐夔績室無須泣魯嫠却有西臺
無限恨夢中狂淚到明時
面前多少牙旗客何眼底何人請徙關我自種瓜
閒來淂北樓高響不輸山
獨行顧影畏深潭中有蛟龍不敢探凭向何人問消
息教閒風雨滿江南

榆關以外盡橫兵從此無須問去程隱睉江南春醉
裏白山黑水夢中行
且藏十萬橫磨劍拌棄燕雲十六州待得殿前都
檢點陳橋王氣混金甌

右雜詠

病裏起思清寐連緜爆竹聲久忘求利市誤喜復名
城萬目當來日傷心此舊京曾輸歌舞地荊棘欲縱
橫

右廿五年一月廿三日舊曆歲除不寐感賦

東北有高樓登臨啟百憂龍沙迷絕徼鳳詔滯輕輶
雪外城空屹雲開戍盡休斜陽無限意猶照古幽州

右東北有高樓

憑君為我報尚能餐為問吾師體可安更道傷春

還有淚可憐不許向人彈

陳直生南歸託致令世父 林通師丈

自歎蹉跎已老身放言猶動少年人賈生初出先憂
國魯子終身不帝秦

寒雲密々覆新晴不飲還如困宿酲舊曲偶彈魂
欲斷更來風雨攪絃聲

右廿五年五月四日北京大學五四運動十七周紀念會演
說後作

天道吾知矣把羣生為他芻狗不仁而已偏有靈均還要
問々了々無非如此看事々煙消雲起任尒龍騰和虎跳
總々偏々落在圈兒裏誰勝了空歡喜 明知避也無
從避恐帝々昏々默々這般滋味被々權威如此者只為

群生如醉要打破圈兒纍累縱這圈兒難打破便拚拚性命須嘗試雖不勝明吾志

右寄賀新涼 忽然有感而作

曩年北京大學編畢業同學録屬書勗語余書舊為詞一首與之今年同學録成復徵余書乃録詩十四首詞一首亦舊作也同學者知其意之所在則雖散而之四方當亦各有所存矣異日以衒余藝傷哉廿五年六月馬叙倫

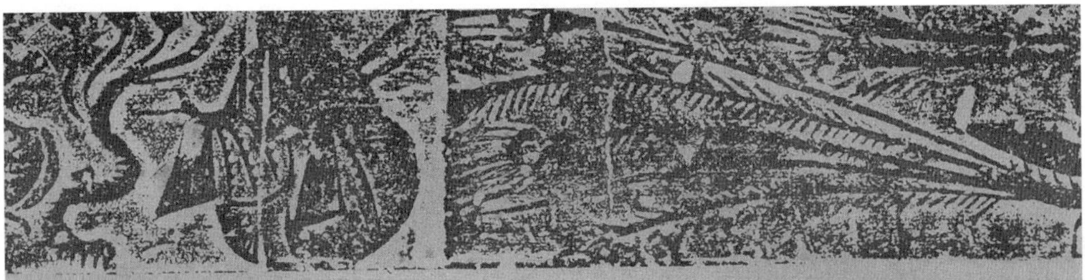

要怎麼收穫，
先怎麼栽！
胡適

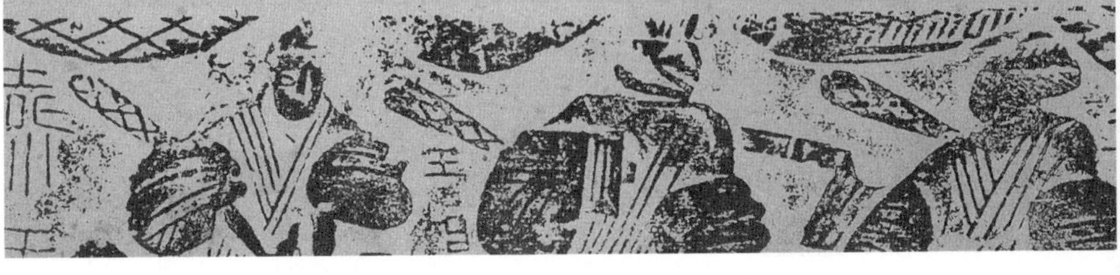

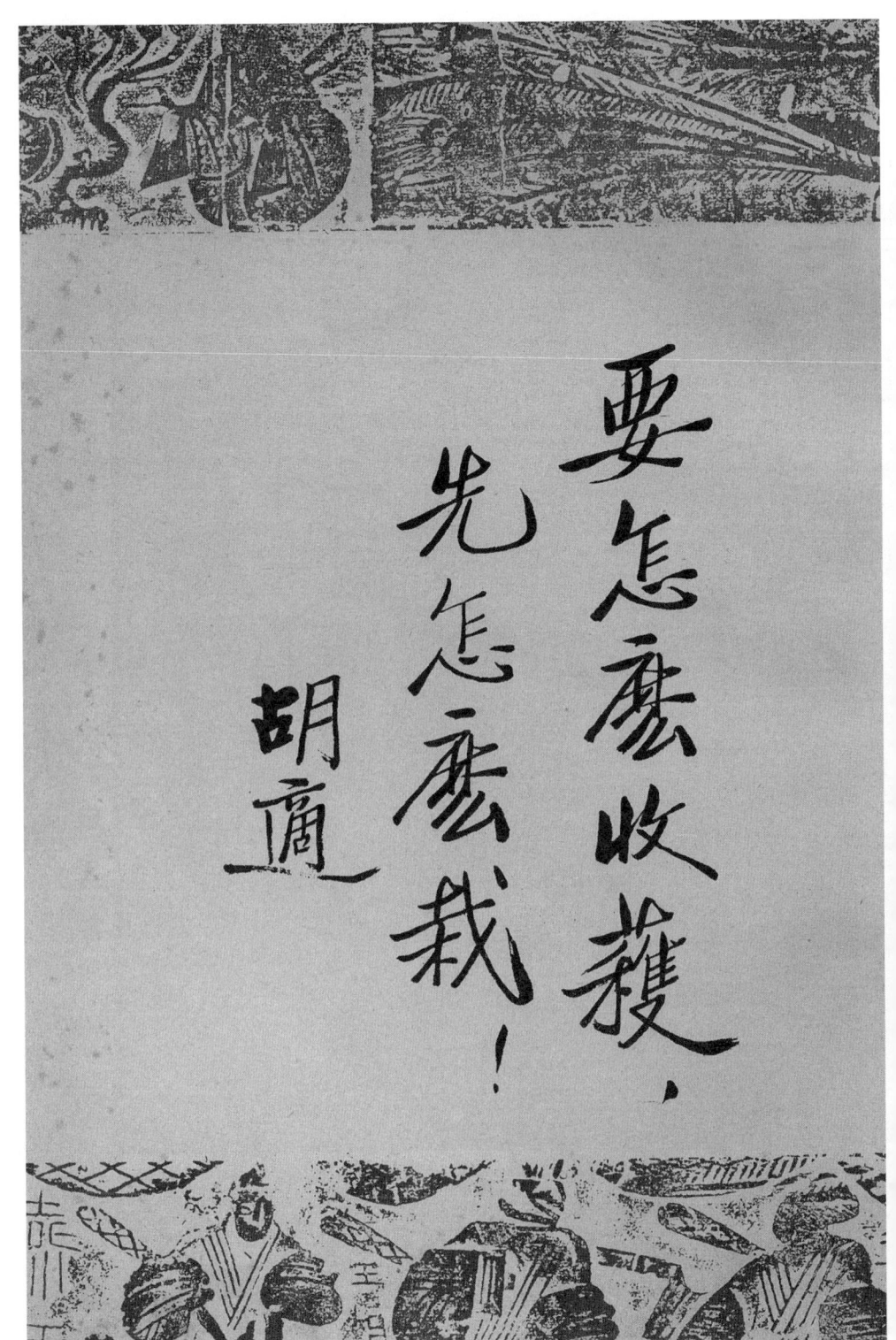

校長及教職員

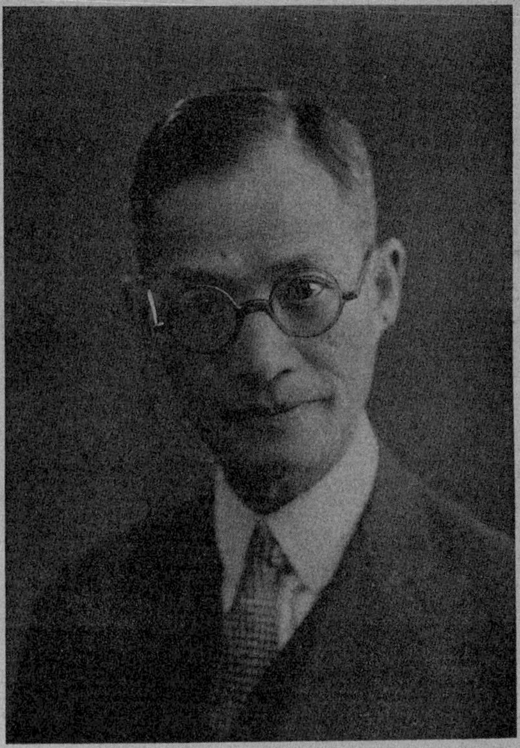

校長蔣夢麟先生

課業長樊際昌先生

秘書長鄭天挺先生

張景鉞先生

理學院代理院長兼生物系主任

胡適先生

文學院院長兼中國文學系主任

周炳琳先生

法學院院長

故理學院院長劉樹杞先生

江澤涵先生

數學系主任

饒毓泰先生

物理系主任

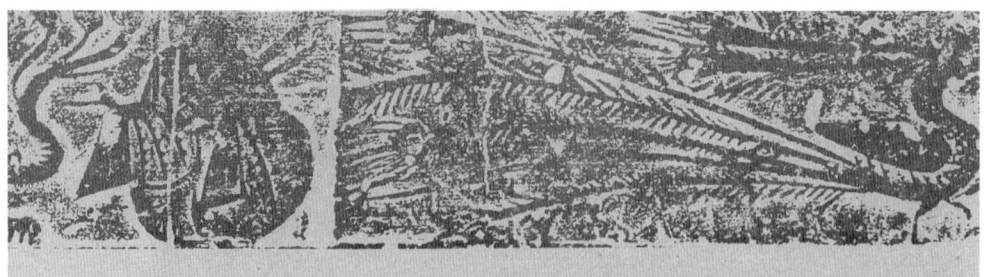

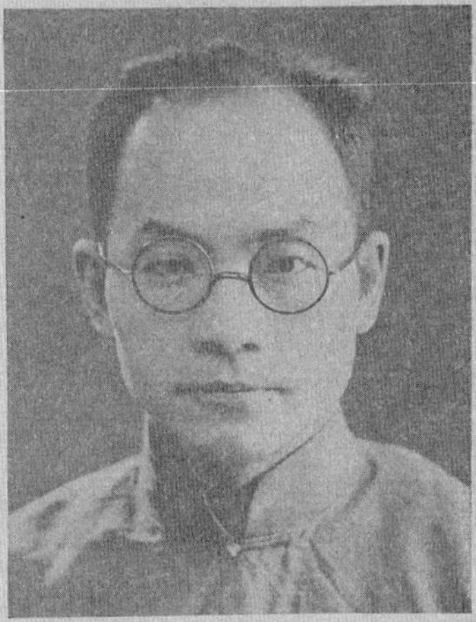

曾昭掄先生

化學系主任

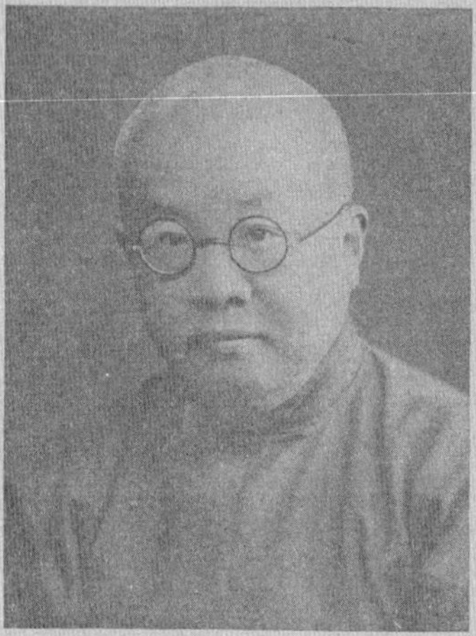

湯用彤先生

哲學系主任

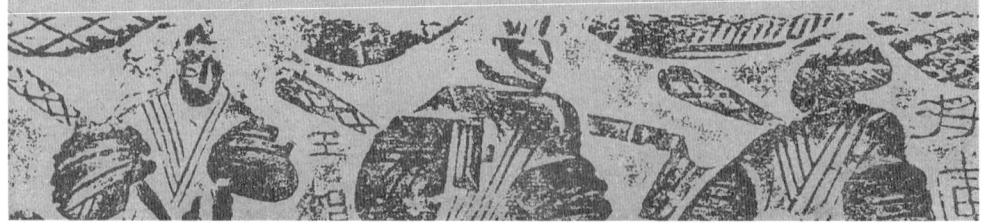

陳受頤先生

史學系主任

吳俊升先生

教育系主任

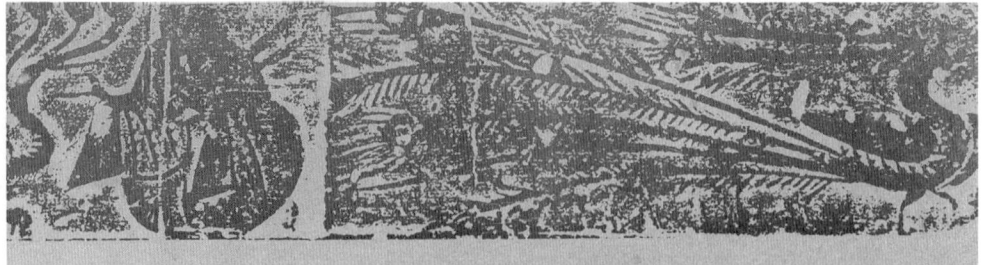

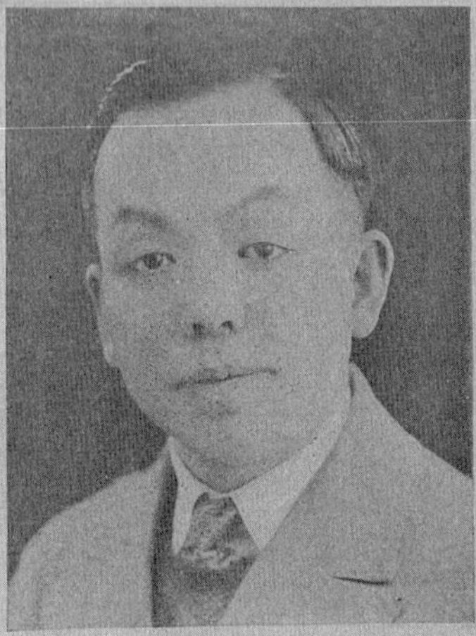

張忠紱先生

政治系主任

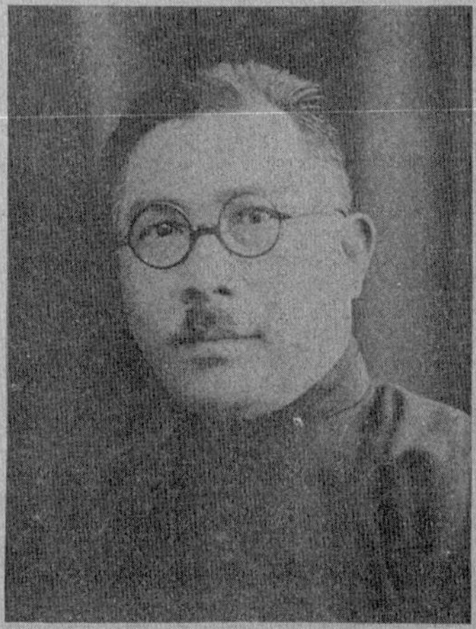

戴修瓚先生

法律系主任

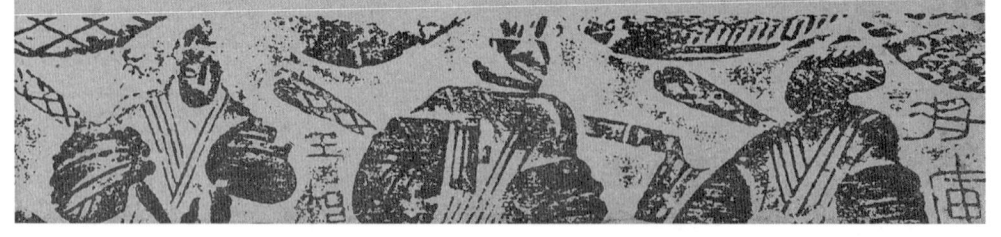

趙迺摶先生

經濟系主任

白雄遠先生

軍事訓練組主任

李續祖先生

出版組主任

楊鐸先生

事務組主任

朱洪先生

文牘組主任

沈肅文先生

會計組主任

鄭河先先生

衛生組主任

郭亮才先生

調查介紹組主任

嚴文郁先生

圖書館主任

章廷謙先生

校長室秘書

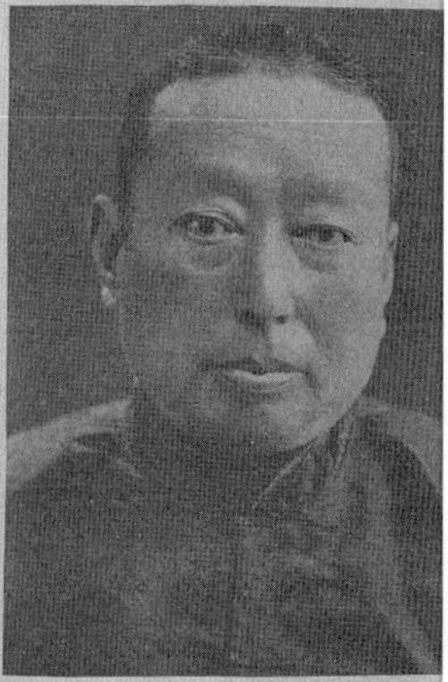

馮祖荀先生

數學系教授

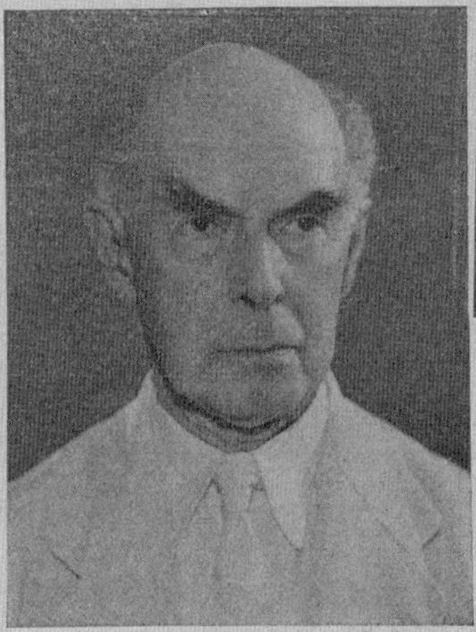

奧斯穀先生

W. F. Osgood

數學系教授

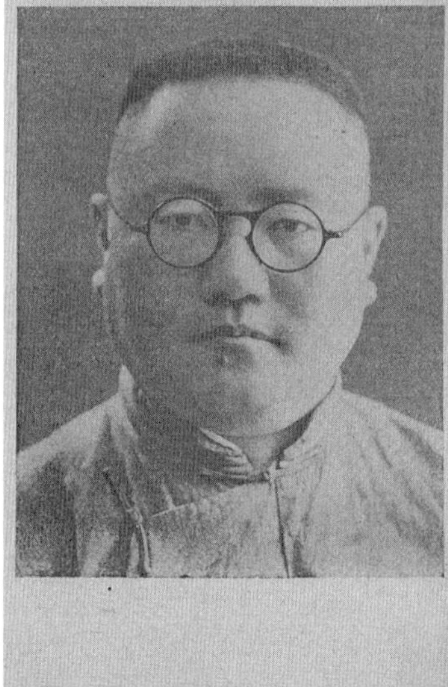

趙淞先生

數學系副教授

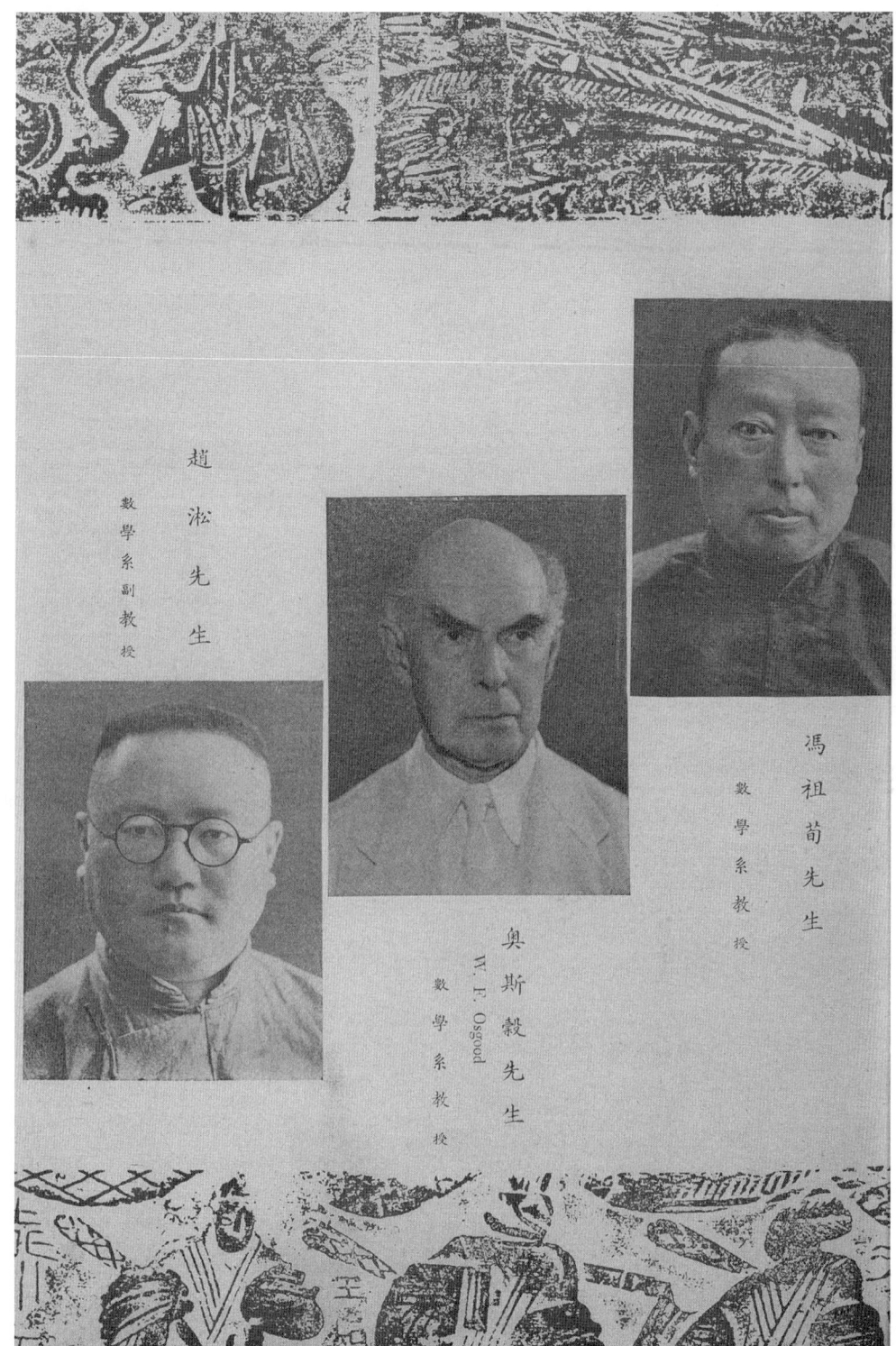

劉泗濱先生

數學系講師

朱物華先生

物理系教授

張宗蠡先生

物理系教授

龍際雲先生
物理系副教授

劉雲浦先生
化學系教授

孫承諤先生
化學系教授

葛利普先生
A. W. Grabau
地質系教授

王烈先生
地質系教授

斯行健先生
地質系教授

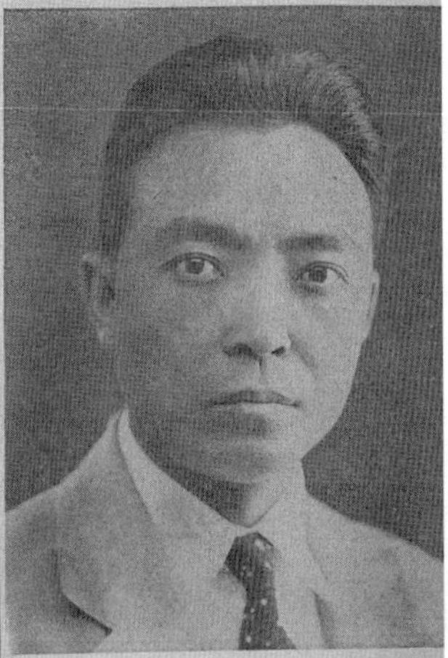

何作霖先生

地質系專任講師

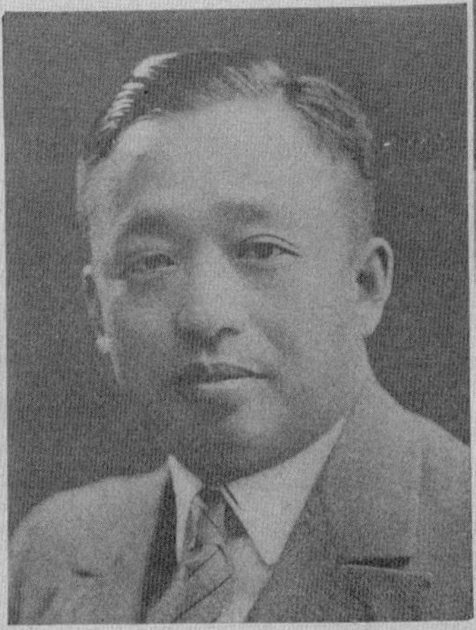

沈嘉瑞先生

生物系教授

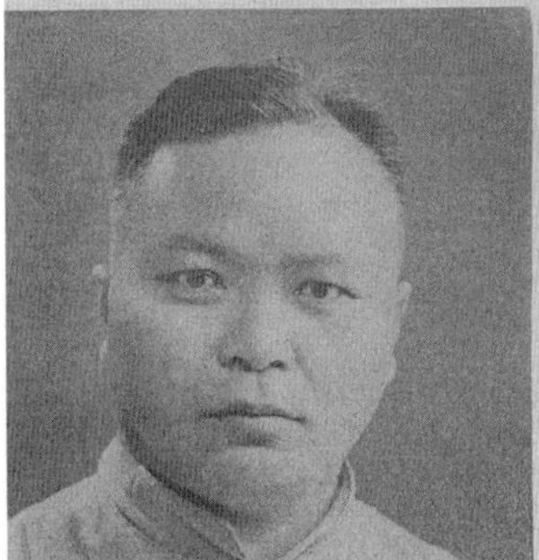

張春霖先生

生物系講師

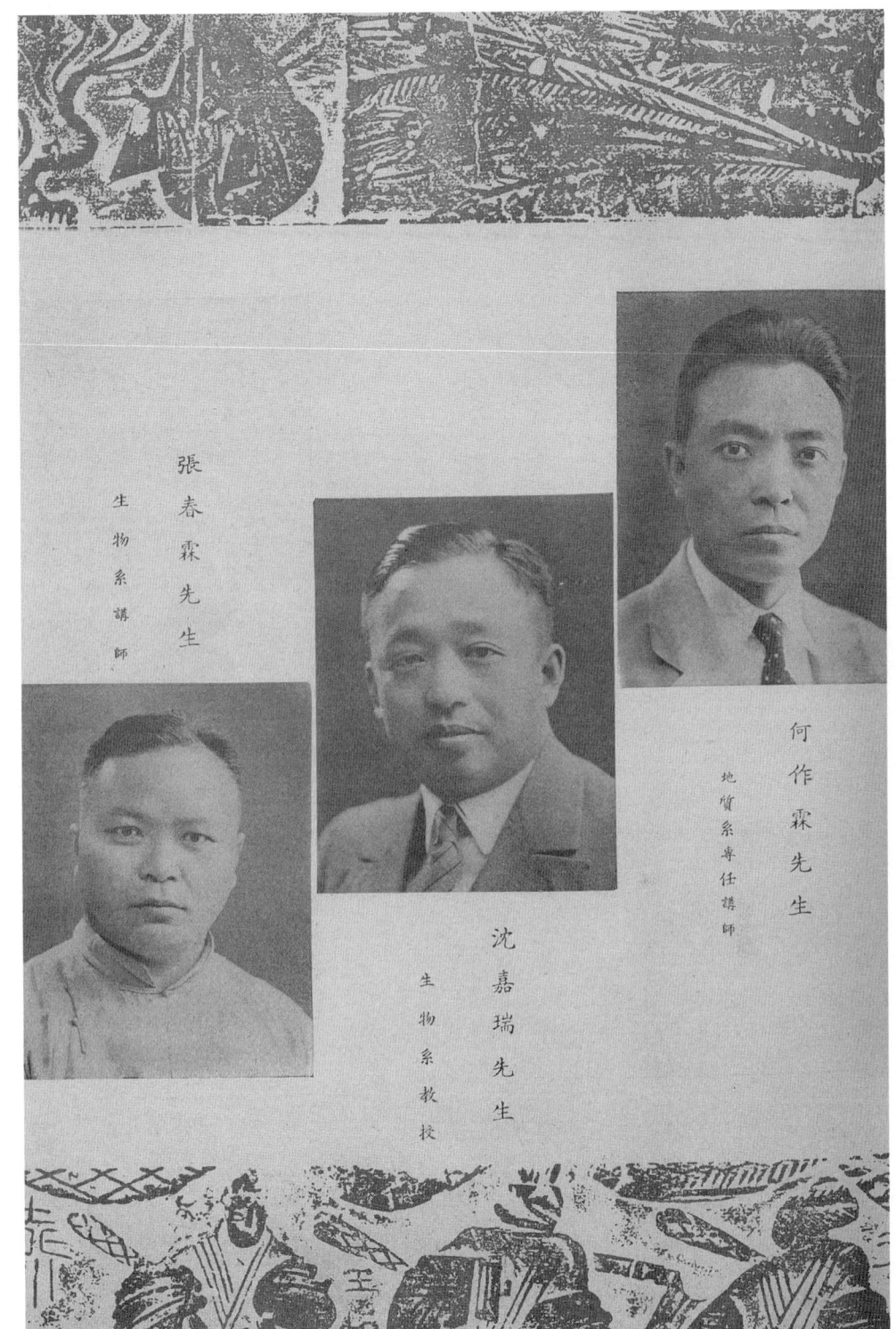

張錫鈞先生

生物系講師

馬敘倫先生

哲學系教授

周叔迦先生

哲學系講師

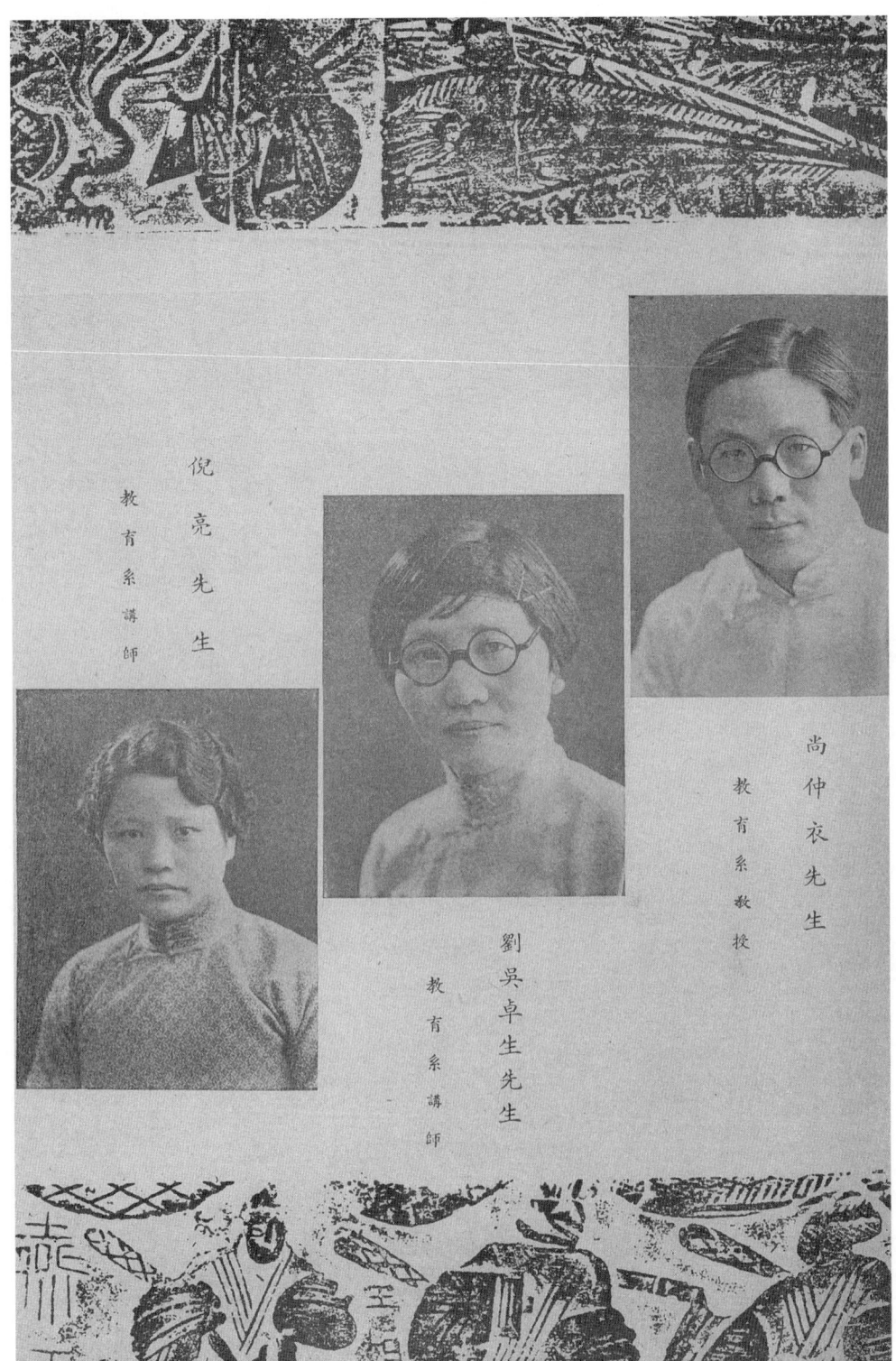

尚仲衣先生
教育系教授

劉吳卓生先生
教育系講師

倪亮先生
教育系講師

張孟休先生
教育系助教

馬裕藻先生
中國文學系教授

羅常培先生
中國文學系教授

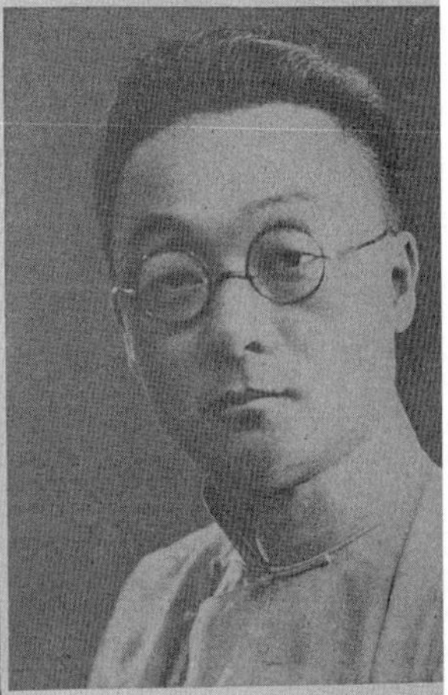

羅庸先生

中國文學系教授

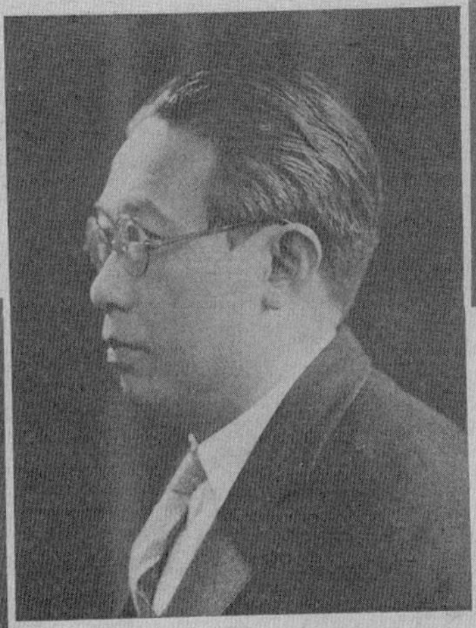

沈兼士先生

中國文學系名譽教授

魏建功先生

中國文學系副教授

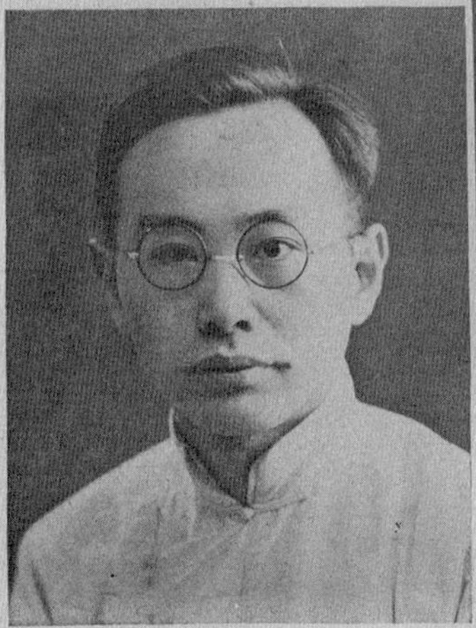

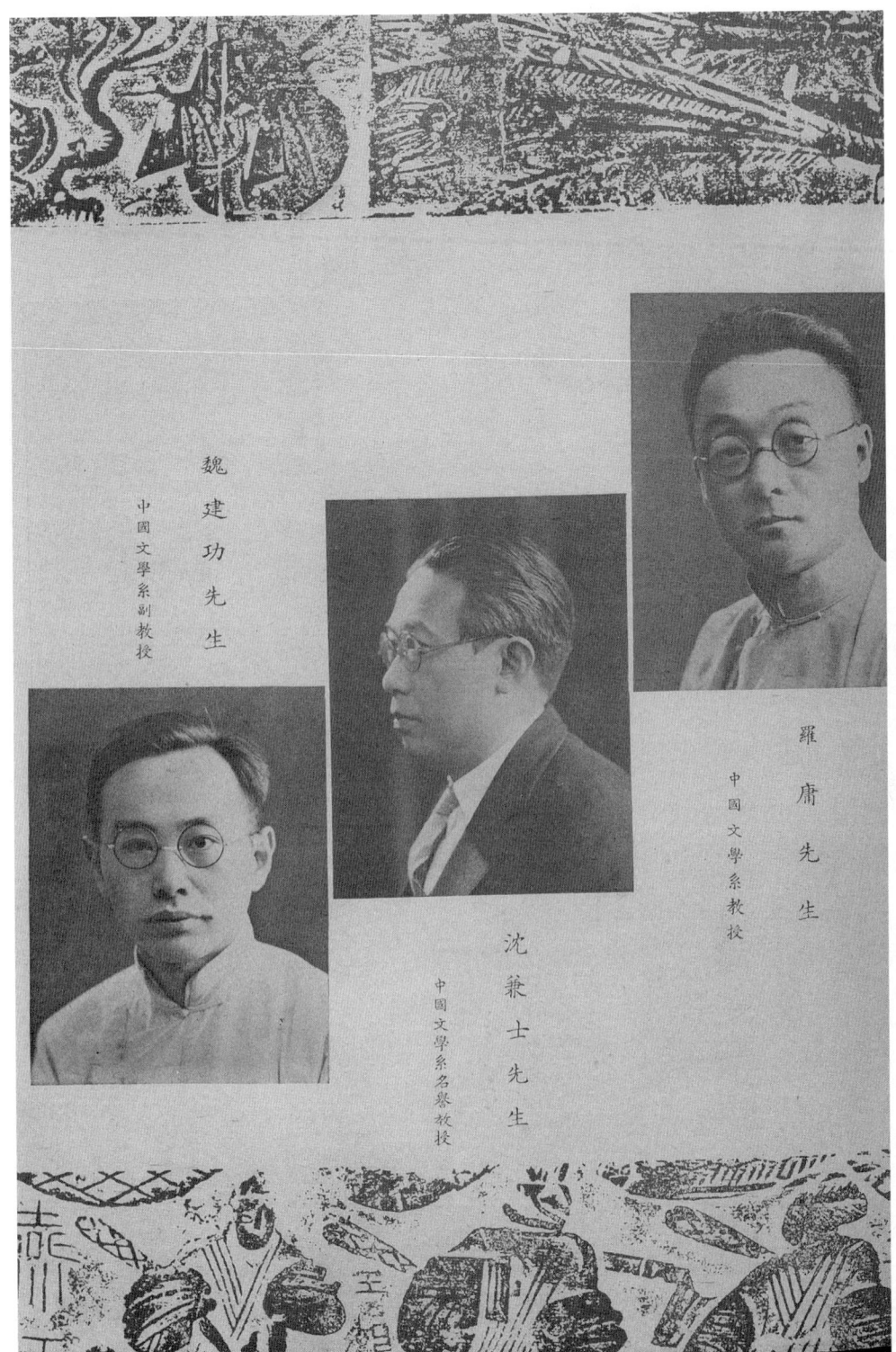

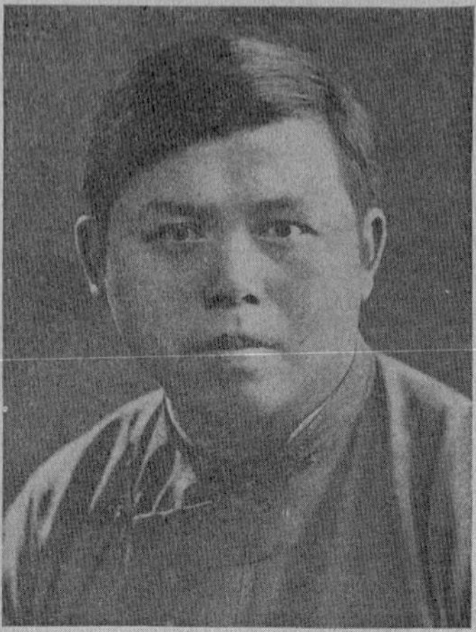

唐蘭先生
中國文學系講師

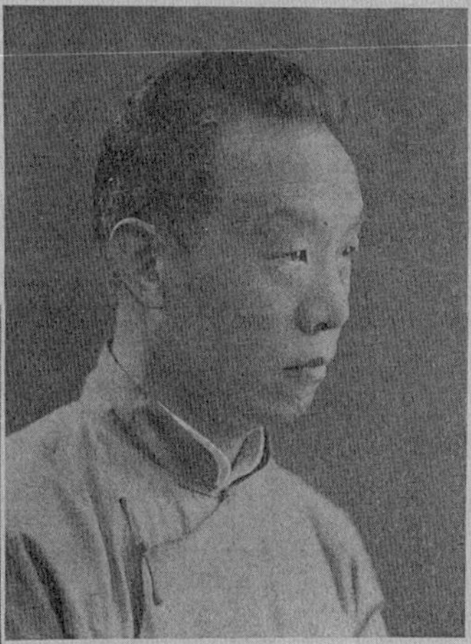

趙蔭棠先生
中國文學系講師

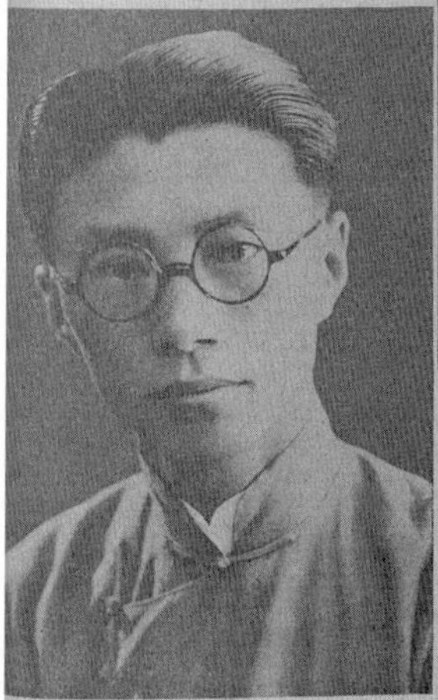

沈啓无先生
中國文學系講師

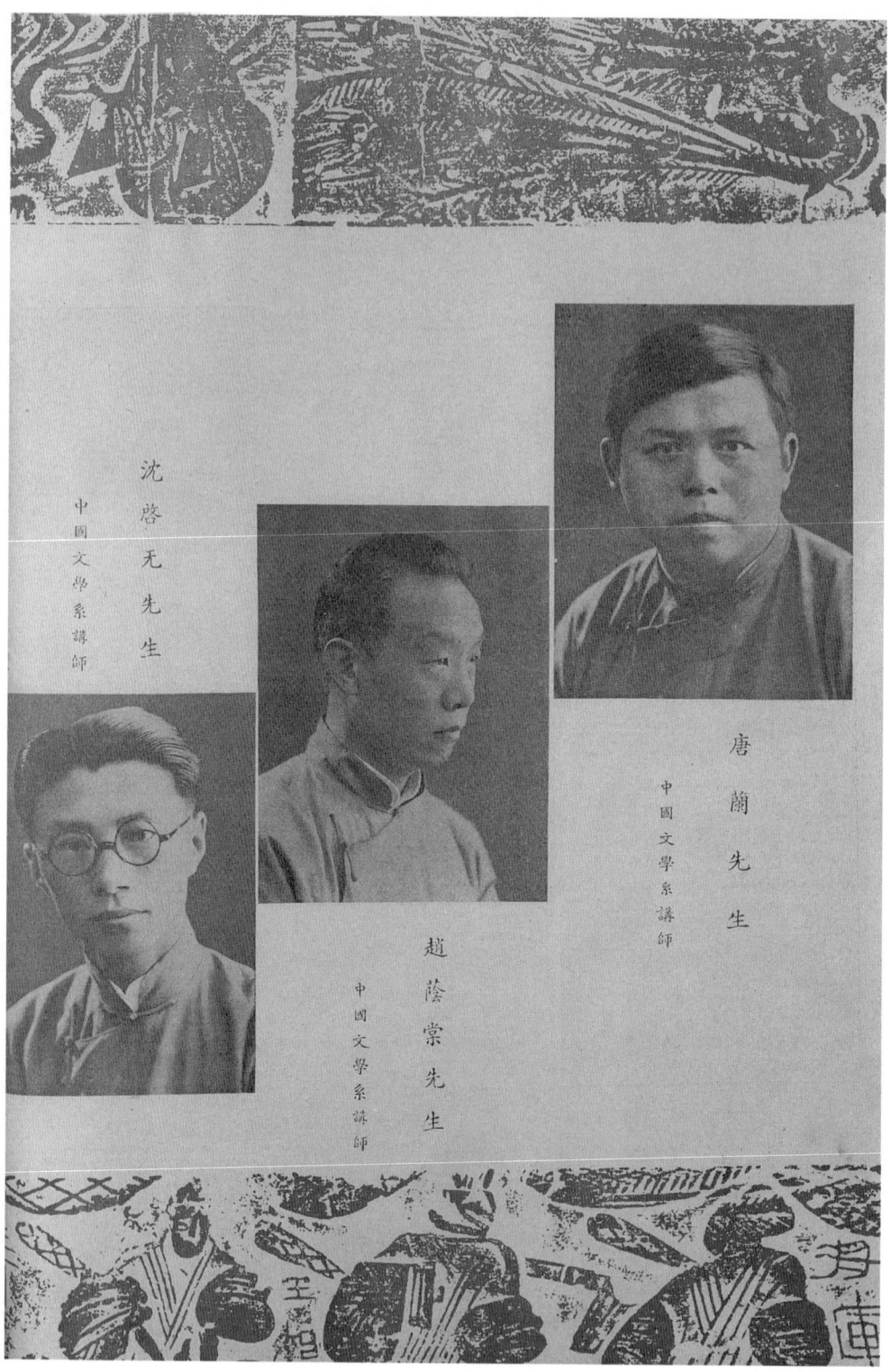

何容先生
中國文學系講師

陸宗達先生
中國文學系助教

朱光潛先生
外國語文學系教授

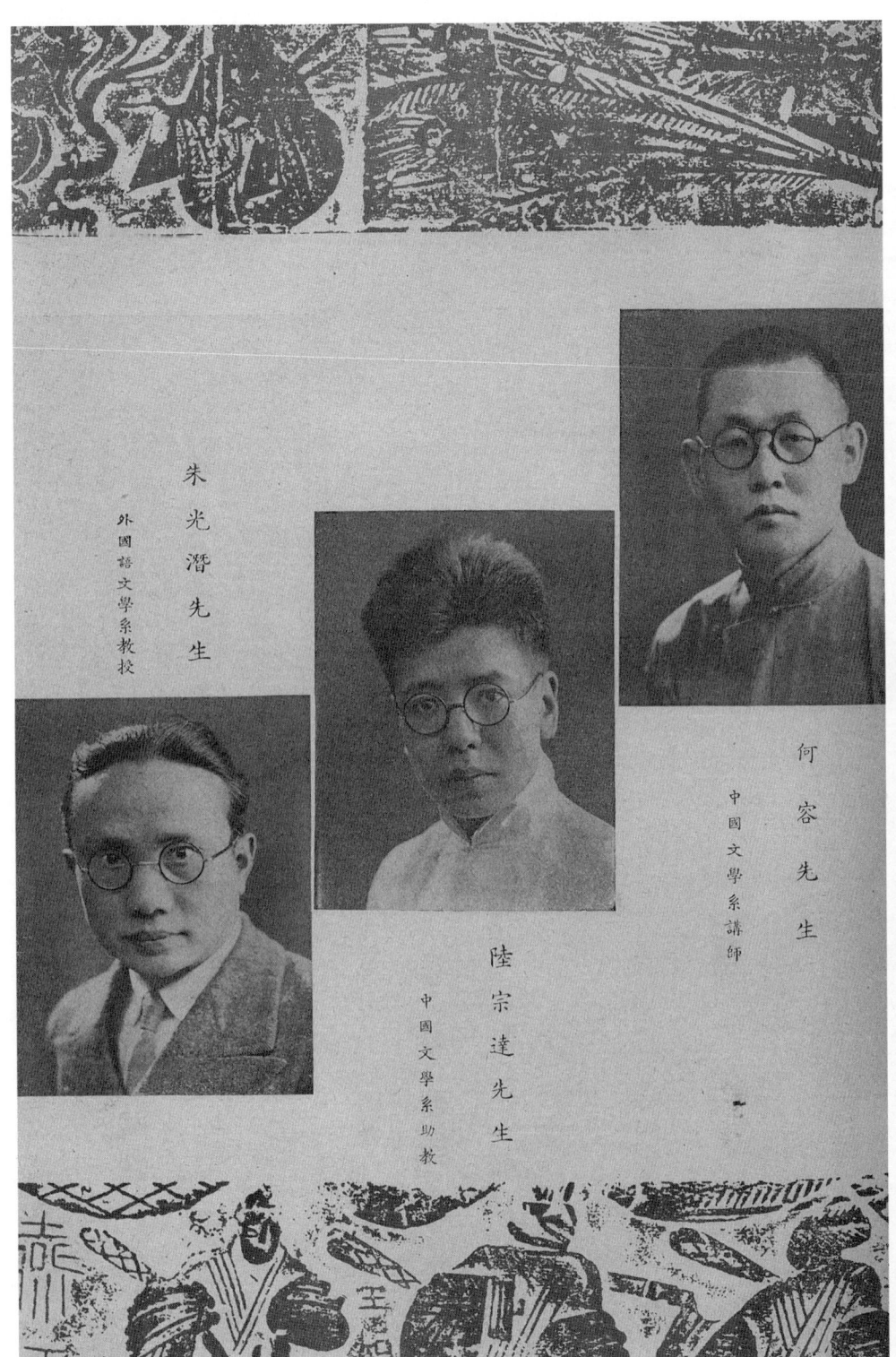

周作人先生

外國語文學系教授

洪濤生先生

外國語文學系教授

徐祖正先生

外國語文學系教授

衛德明先生
外國語文學系講師

盧愛知先生
外國語文學系講師

袁家驊先生
外國語文學系助教

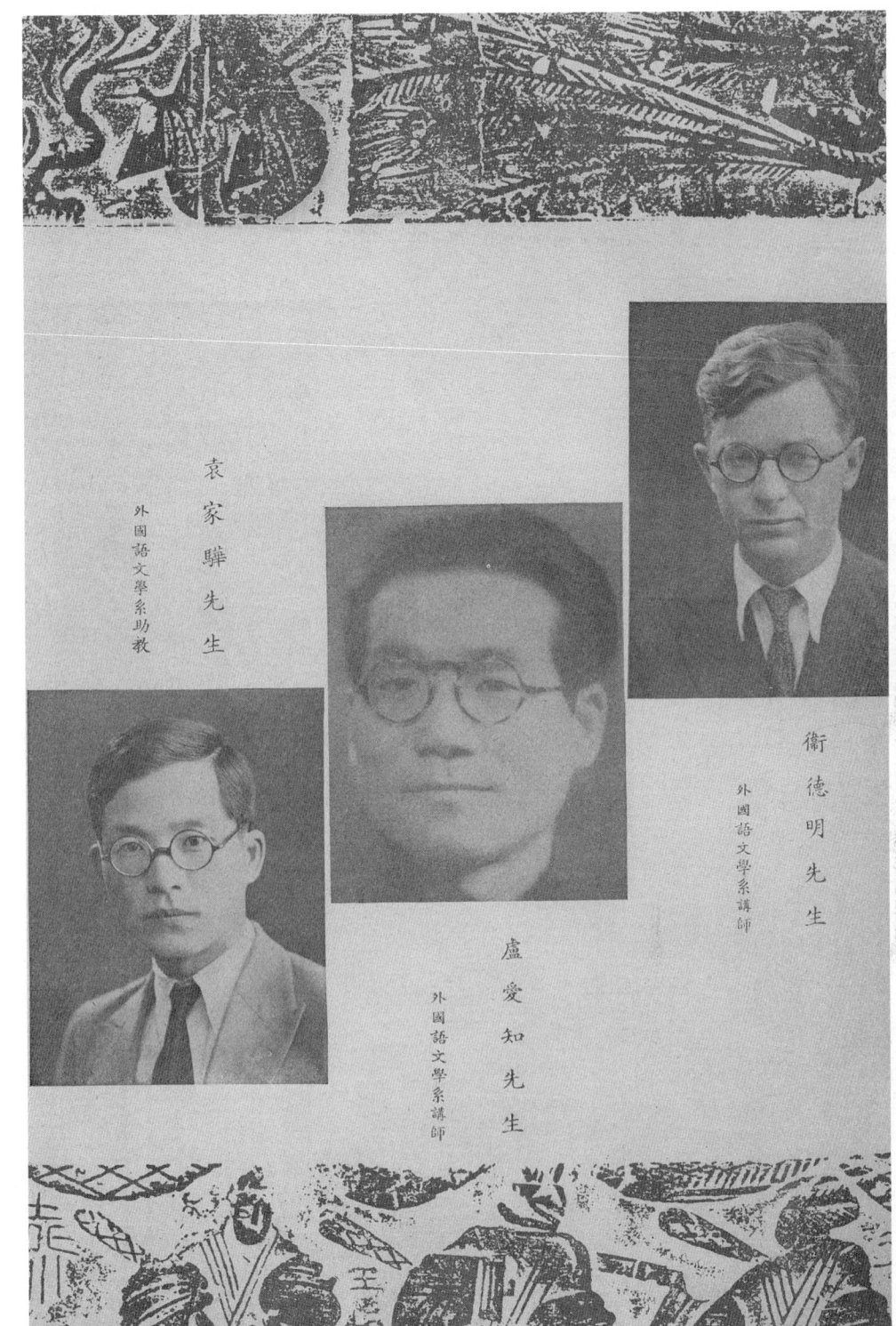

姚士鰲先生

史學系教授

孟森先生

史學系教授

錢穆先生

史學系教授

陳垣先生

史系學名譽教授

皮名舉先生

史學系副教授

聶鑫先生

史學系講師

王謨先生

史學系講師

劉崇鋐先生

史學系講師

勞幹先生

史學系講師

劉志敭先生
法律系教授

陳瑾昆先生
法律系教授

燕樹棠先生
法律系教授

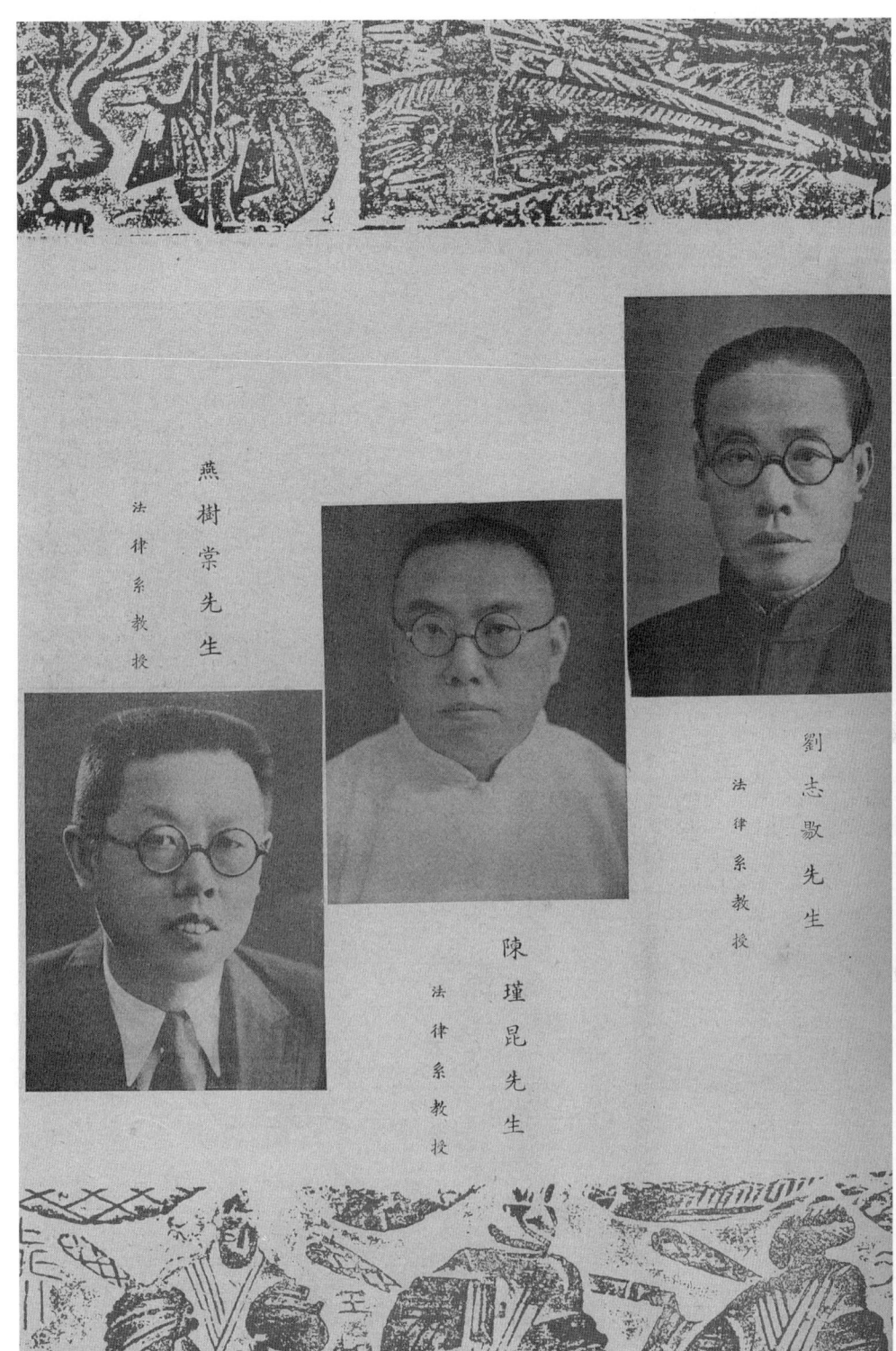

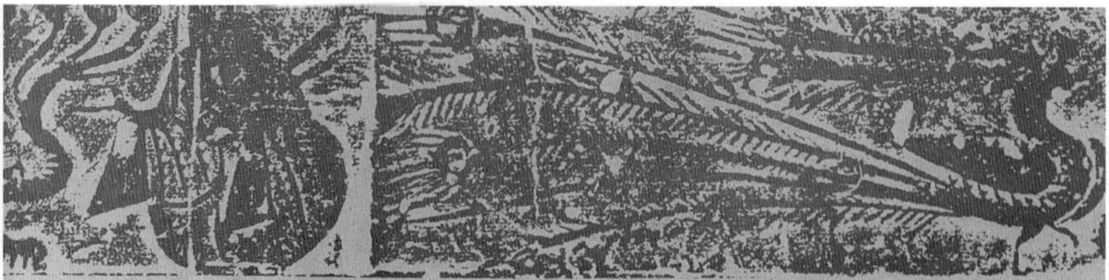

李祖蔭先生
法律系教授

張映南先生
法律系副教授

王覲先生
法律系講師

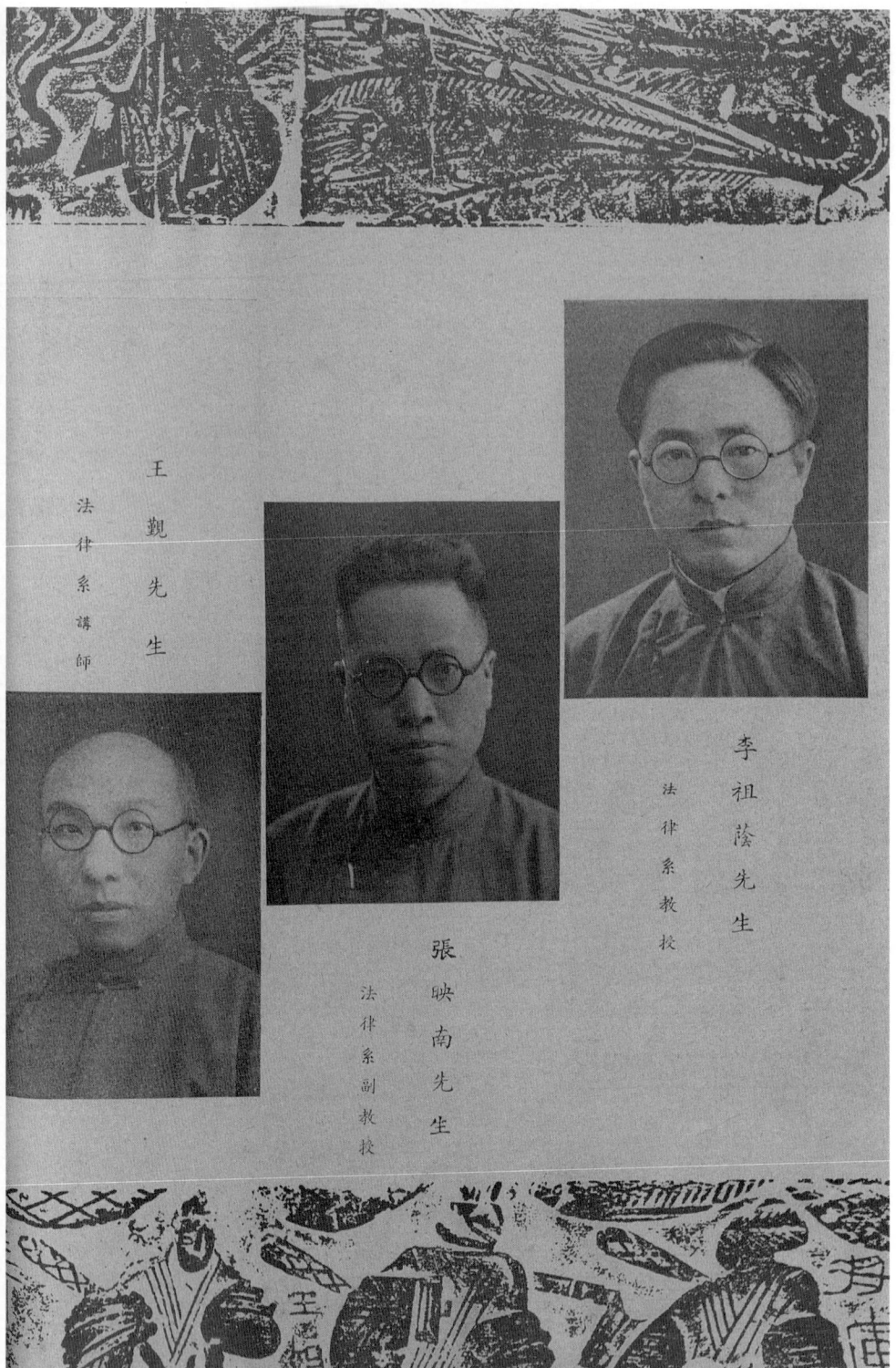

蔡樞衡先生
法律系講師

生寶堂先生
法律系講師

張叔龍先生
法律系講師

嚴鶴齡先生
政治系講師

周作仁先生
經濟系教授

卓宜來先生
經濟系副教授

李浦先生
經濟系講師

胡謙芝先生
經濟系講師

薛德成先生
經濟系講師

鄭昕先生

哲學系專任講師

畢

業

生

畢

業

生

理學院

數學系

數學系

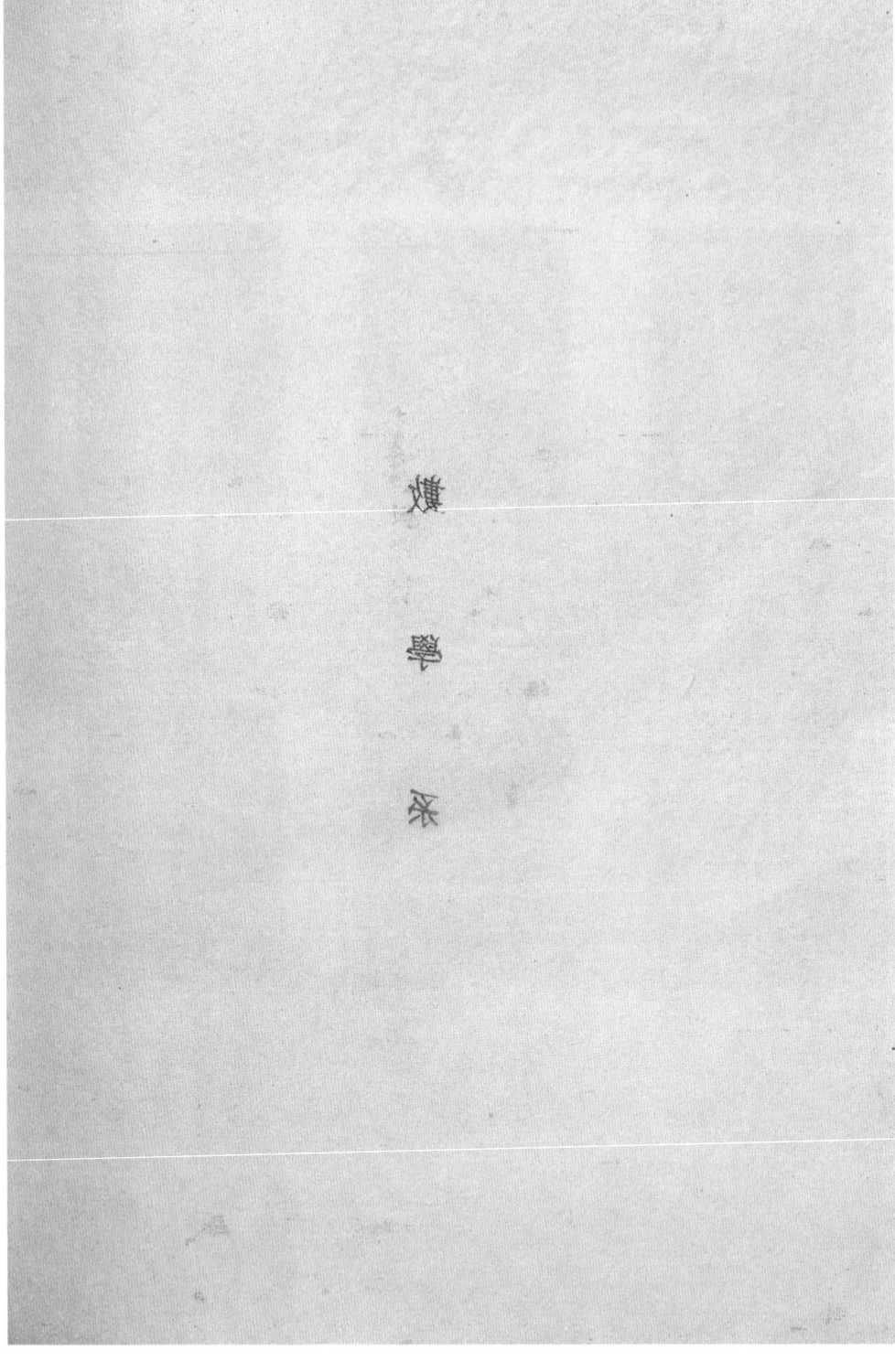

田長和　秉真
二六　河北饒陽
安平中佐鎮轉北歧河

鄭增祥　子禎
二六　河南息縣
河南新蔡東趙集

趙文炳　伯炎
二四　河北滄縣
滄縣城內富館街

劉開祥　瑞林
二三　河北豐潤
唐山北左家塢福源昌轉黃昏峪

徐叙瑛　英玉
二二　山東臨沂
臨沂書院街徐宅

蕭允明
二三　四川資中
資中啓源商店

廖健仁
二六　湖南衡陽
南京二郎廟十五號
李宅轉

李盛華
二二　湖南常德
常德青陽閣保安堂
內

傅紀元　厚民
二四　浙江義烏
義烏柳村市

樊熾
二二　浙江杭縣
杭州西柴木巷二二
號

胡堯齡
二二　江西九江
九江沙河鎮白鶴鄉
胡宅

物理學系

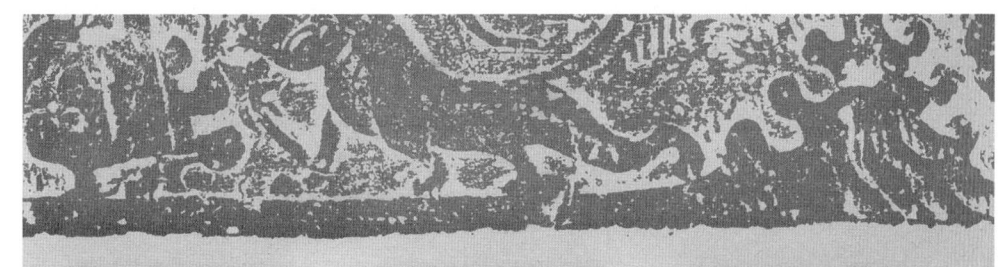

王棟

二三　江西東鄉

古妙　映寰

二五　廣東梅縣

汕頭松口悦來圩回生堂

宋儒森　君濡

二三　河北深澤

深澤大直要村

王樹楓

二三　河北靜海

生貝堂

二三　山東平度

北平燈市口七十二號

沈廷槼

二七　山東臨清

臨清城西南朱家莊

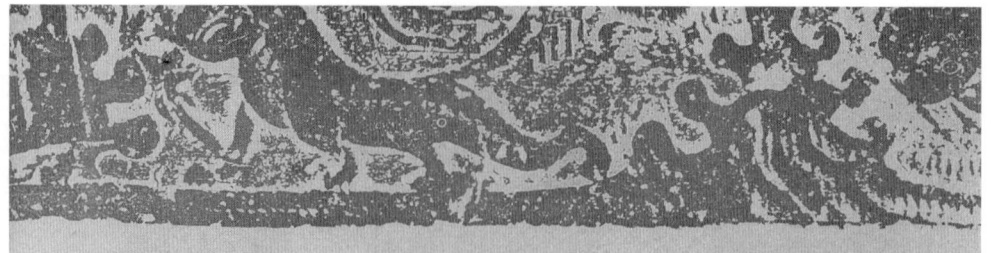

馬大猷
二二 廣東潮陽
北平宣外海北寺街十三號

張之謙 益堂
二三 河北南和
南和辛村

陳仰韓 伯琦
二六 福建福清
福清北西亭

高著賢 元逵
二六 山西祁縣
祁縣谷戀村

張毅銓 弘甫
二三 河南汲縣
汲縣西關橋北街

黃克純
二四 湖南湘潭

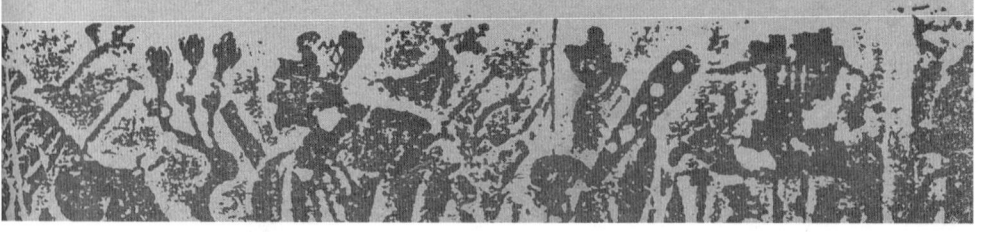

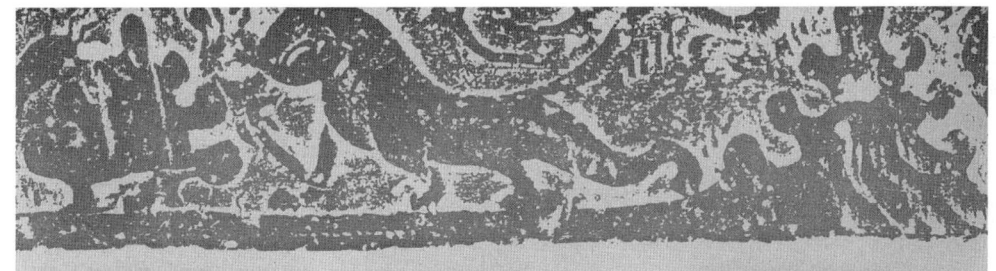

葉顯相
二三 廣東台山
廣州東山瓦窰後街
十一號二樓

劉鴻賓 雁浦
二六 山東益都
膠濟路堯溝站

顧兆豐
二三 浙江紹興
北平安福胡同八號

管 恕
二四 浙江紹興
北平德內大街一五
六號

虞福春
二三 貴州貴陽
北平西單新皮庫胡
同十一號

劉預忠
二四 遼寧昌圖
昌圖城內北街

化學系

化學系

么樹芳 子芬
二四 河北豐潤
北寧路胥各莊西北
劉各莊

杜紹甫 幼陵
二五 吉林雙陽
吉林延吉第四師範

施文溶 少陵
二三 江蘇江都
揚州路燈台十四號

王琳 澤瑩
二〇 河北深澤
深澤西門內食福堂
王宅

周從弼 乃彝
二二 遼寧蓋平
遼寧營口大石橋同
增盛

高爲炎 少武
二一 河南汲縣
汲縣道西街路南高
宅

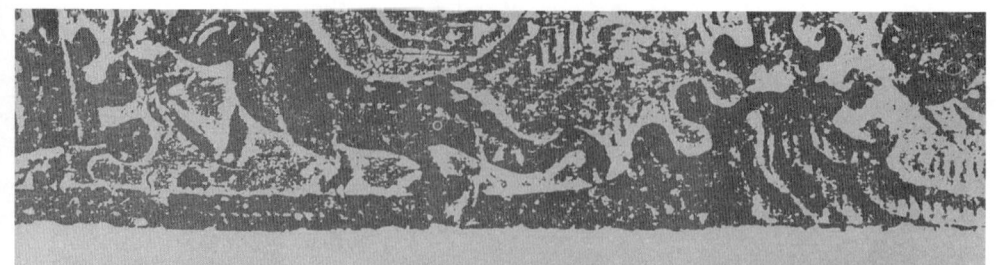

凌大琦
二二 安徽懷遠
北平西單小將坊胡同十八號

張 順 順之
二六 山西霍縣
霍縣復興成轉

張臨池
二四 河北清苑
保定城南東閻村

徐雋燊 熾甫
二二 四川墊江
墊江西街徐宅

張 麒 伯萍
二五 湖南保靖
保靖大河街張同泰號

陳初堯
二三 四川金堂
金堂糖市巷三號

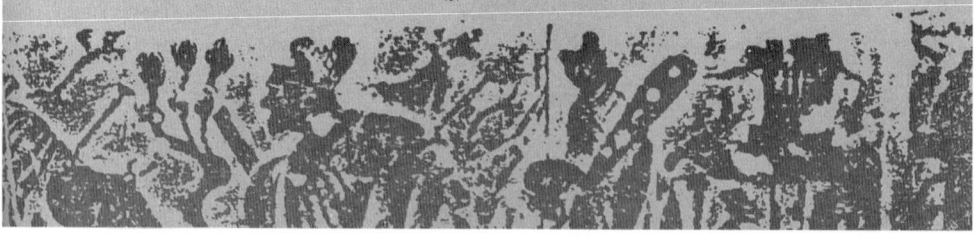

陳茂椿
二三　四川資中
資中西街銘盛通

曹述堯　曙遙
二三　湖南衡山
衡山倉門前五十二號

買樹槐　蔭庭
二一　河南汲縣
汲縣南街榮興長西藥莊

黃灼人
二七　湖南衡陽
衡陽大西門外天馬山荷家塘黃宅

彭華秀
二一　四川梁山
北平西紅門八號或梁山南大街

趙宗彝　秩東
二四　河北大興
北平大興縣花枝胡同十三號

蔡恩瑺　少波

二三、福建龍溪

廣州中華北路紀家巷五號

魏　璠　韡奮

二一　湖南長沙

北平史家胡同五十六號

鍾煥邦

二五　江西萍鄉

萍鄉城隍街鍾宅

黎開源　清泉

二五　湖北秭歸

宜昌三斗坪

魏天驥　申民

二五　江西金谿

江西臨川鵬田墟林天盛轉

闞鶴田

二三　吉林和龍

龔文昌　廷元

二四　江蘇武進

烟台廣仁路二十號

地質學系

王作賓
二六　吉林雙陽
東四錢糧胡同二十三號

周德忠　得中
二四　河北望都
保定志存中學轉

霍世誠
二二　綏遠托縣
歸綏市棋盤街八號

任　績　熙亭
二六　河北文安
河北霸縣大留鎮轉豐富店

劉國昌　彥頎
二四　河北饒陽
饒陽呂漢鎮交德厚堂轉北齊村

蕭有鈞
二四　四川資中
資中大西街德順源

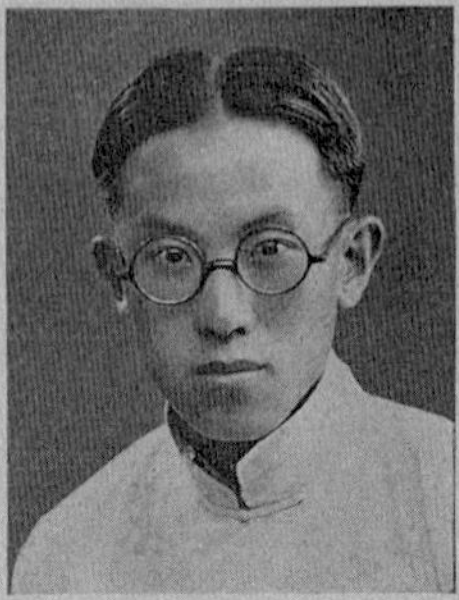

邊兆祥
二四　河北唐縣
唐縣高昌鎮西山陽村

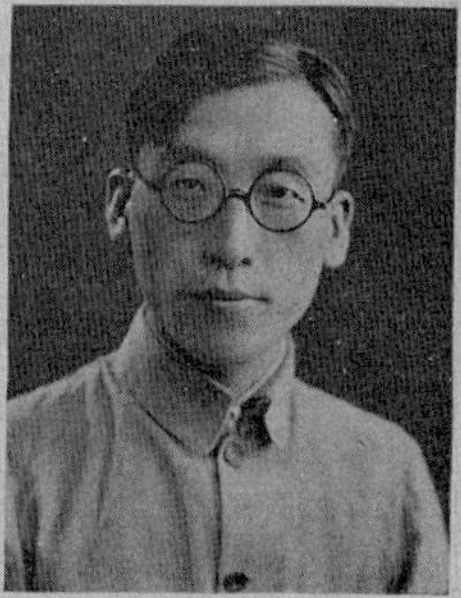

韓影山
二五　河北唐縣
唐縣高昌鎮轉東顯口村

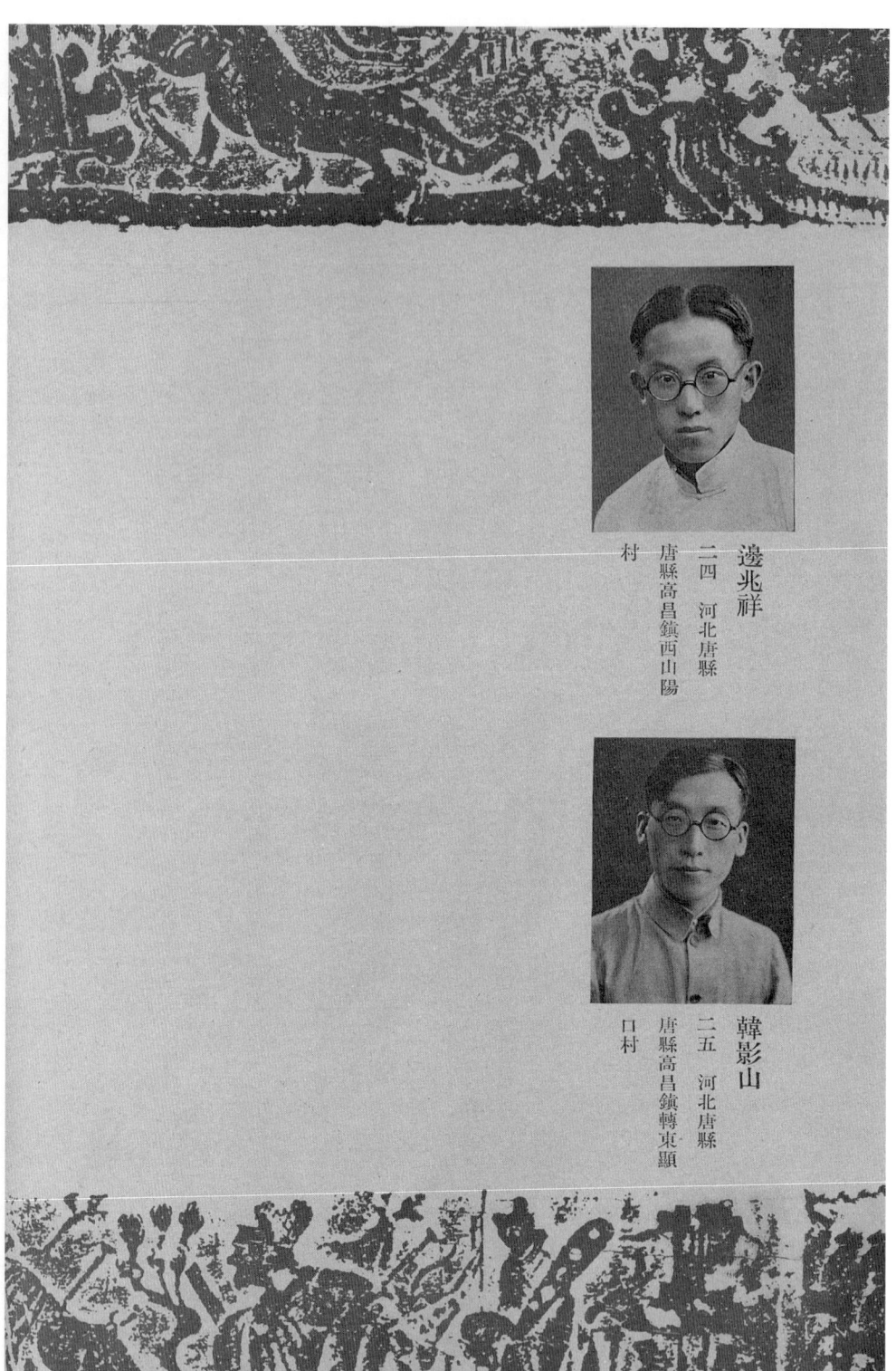

生物學系

牛滿江　淵如
二四　河北博野
博野程委鎮東程召

曹毓傑
二四　河北高邑
高邑信義合轉

石文吉　怡之
二四　河北靈壽
靈壽天順功轉忽涑
村

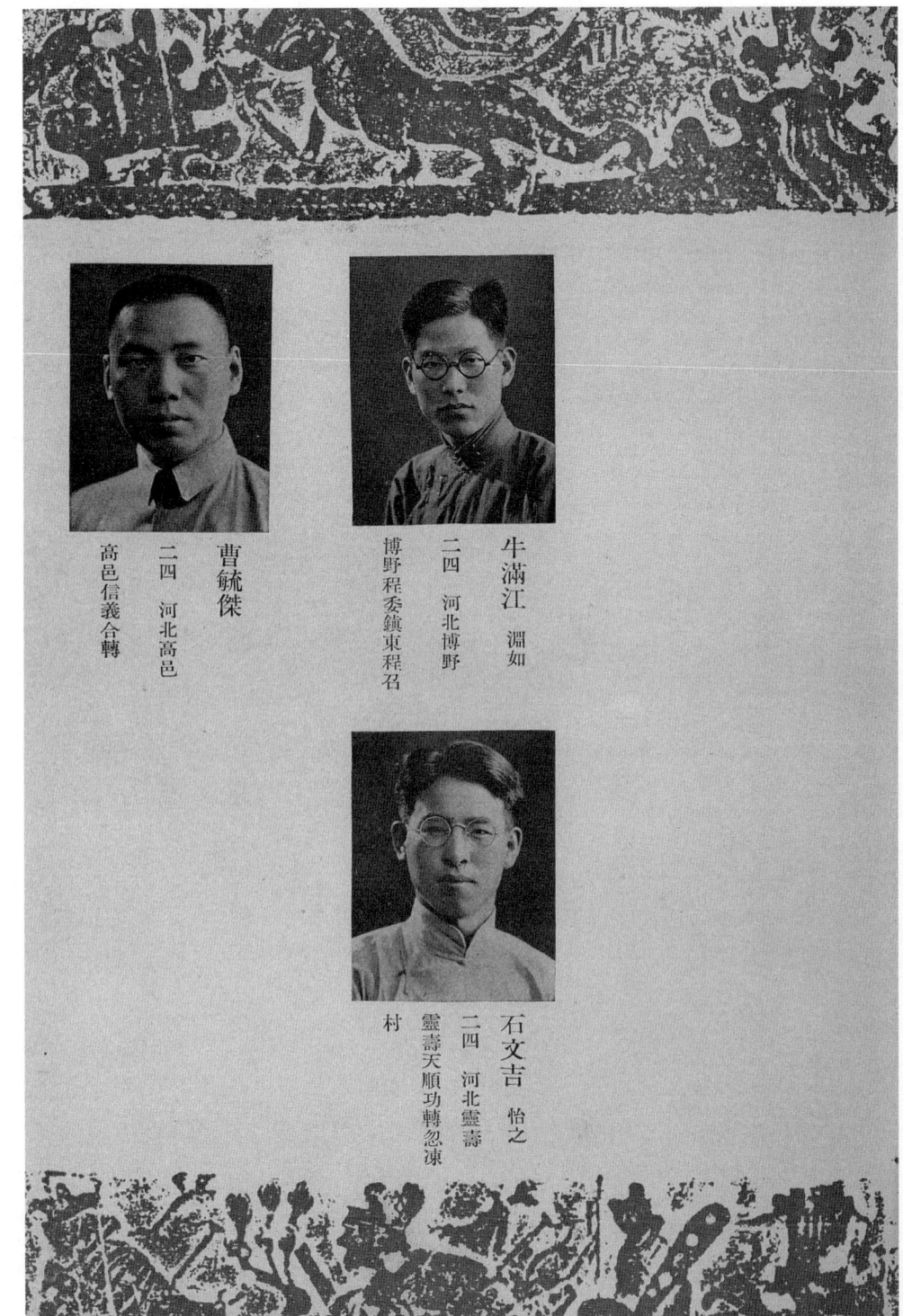

文學院

哲學系

哲學系

謝昇　今仇
三三　湖南新化
湖南鹽田郵局交抨
上誠和堂信箱

韓鏡清　慧清
二四　河北大興
北平前外打磨廠五
號

張天麟　虎文
二九　山東歷城
濟南北園眞武莊六
號

李蔭庭
二四　河北豐潤
北甯路唐山西西坎
坨

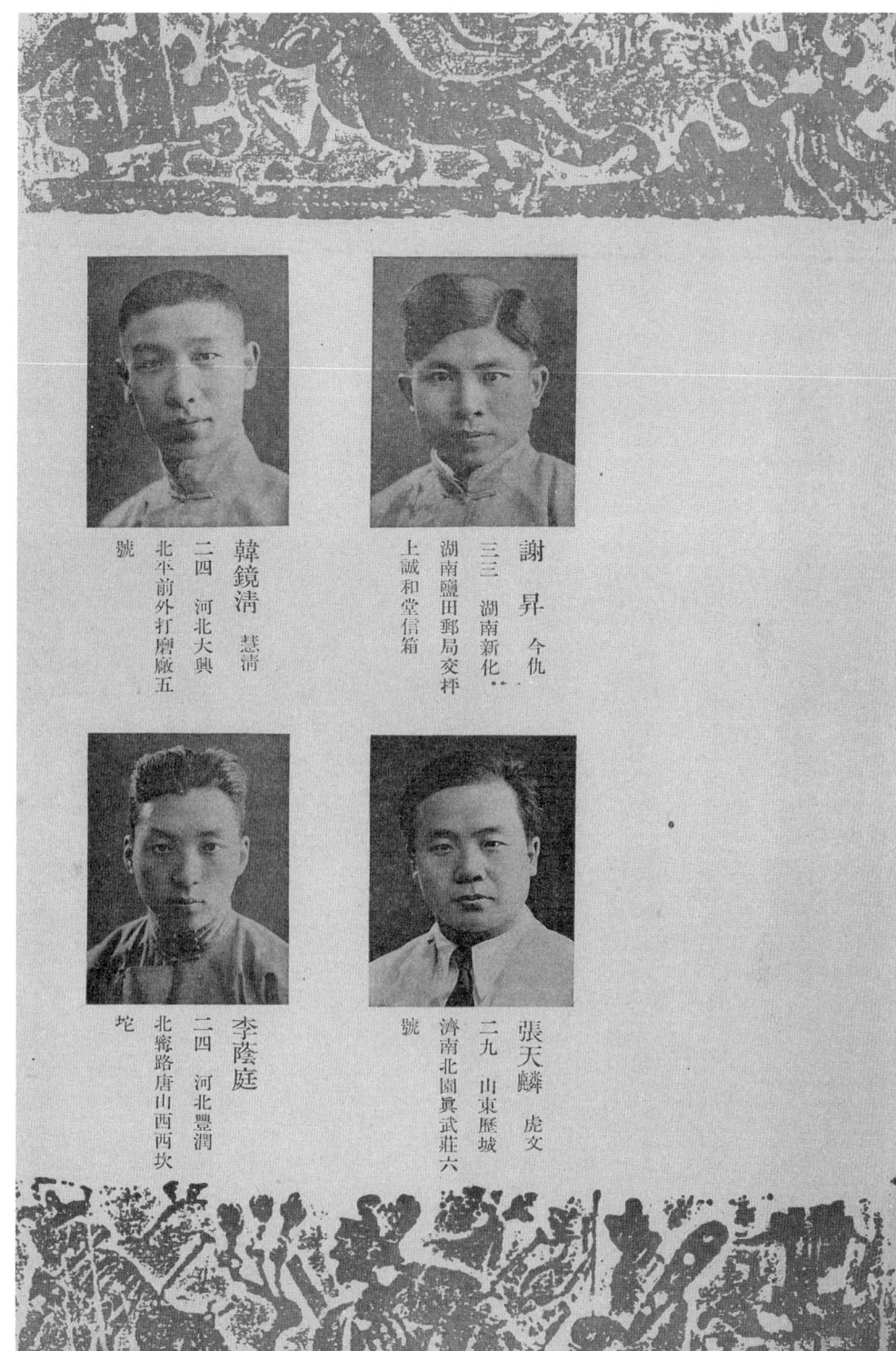

史學系

史學系

王崇武 之屏
二四 河北雄縣
河北霸縣城南大留
鎮轉韓家村

王樹民
二五 河北文安
天津王慶坨

王毅齋
二四 河北定興
定興南旺村

白寶瑾 子瑜
二六 察哈爾赤城
赤城縣政府第三科
轉

向志民
二五 湖南衡山
衡山白鶴市向利生
號轉

李夢英
二四 山西太谷
山西崞縣稅捐局

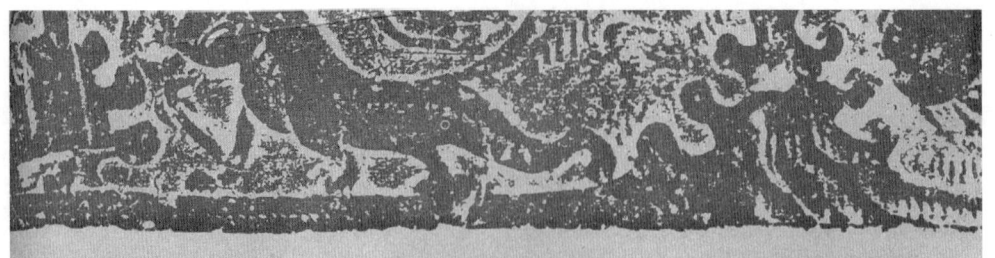

李惟欒
二五 四川成都
成都中西順城街五
十八號

吳慶辰
二五 河北趙縣
石家莊東梅花鎮尙
增漢轉

杜呈祥 雲五
二八 山東樂陵
樂陵城西黃夾鎮北
邸家莊

范振聲 石軒
二七 河北定縣
定縣清風店榮祥茂

胡毓瑞 雪峯
二四 河南南陽
南陽大姑塚馬前莊

張公量
二三 浙江縉雲
縉雲益泰喜記

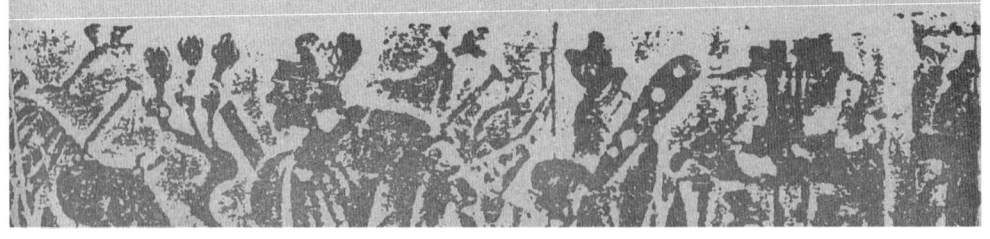

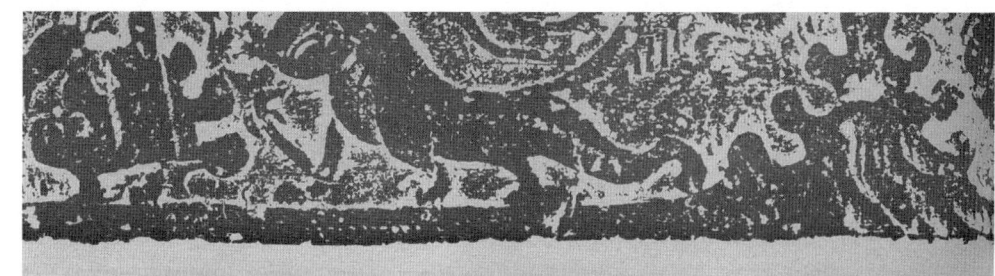

張政烺　苑峯
二四　山東榮成
榮成崖頭集

張履坤　韻波
三十　河北饒陽
河北博野程委鎮轉
南解村

曹玉芳　子馨
二五　山東萊蕪
萊蕪寨里鎮

崔得清
二六　河北井陘
河北平山城內山泉
沕交北王莊

溫雁影
二五　河南汝南
汝南老君廟溫莊

傅成鏞　韻笙
二九　四川成都

程百讓　熙廷
二四　河南滑縣
河南道口東老何寨

楊　鈺　相華
二七　山西曲沃
曲沃城內德盛泉轉

廖世雄
二二　四川遂寧
成都少城刀子巷十四號

劉金章
二五　河北唐縣
平漢路清風店車站育豐永煤廠

劉斗魁
二三　河北滿城
滿城北關初小學校

蘇　迪　啓之
Sod Kurnarohita.
二七　暹羅盤谷
暹羅國教育部

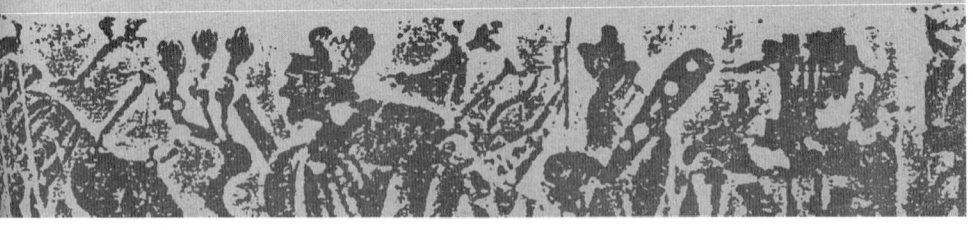

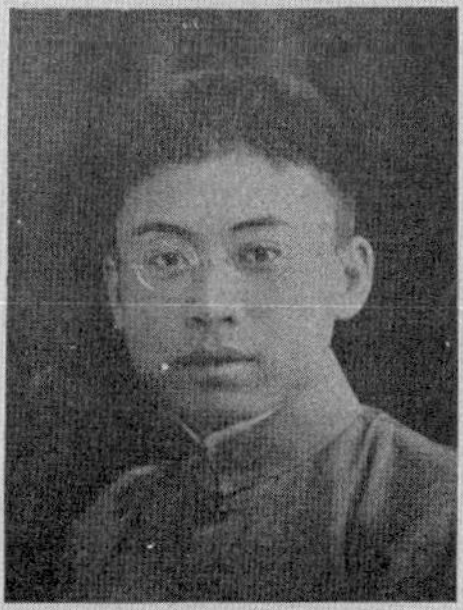

傅樂煥
二三　山東聊城
濟南南城根十二號

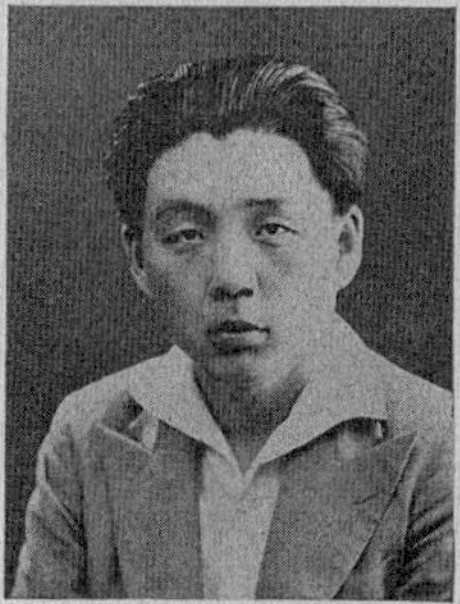

鄧廣銘　恭三
二六　山東臨邑
臨邑仁術堂

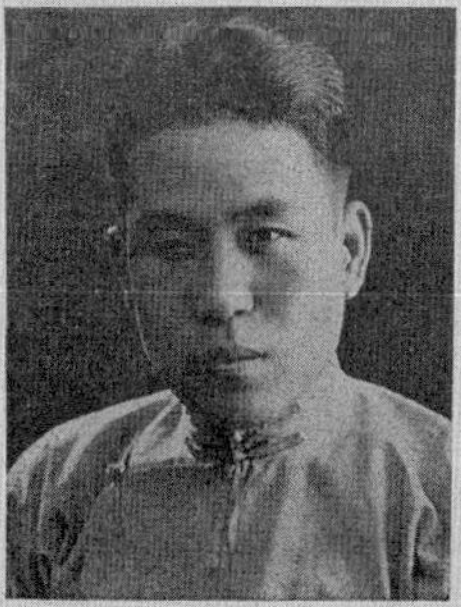

常承德
二六　山東臨淄
臨淄槐樹務

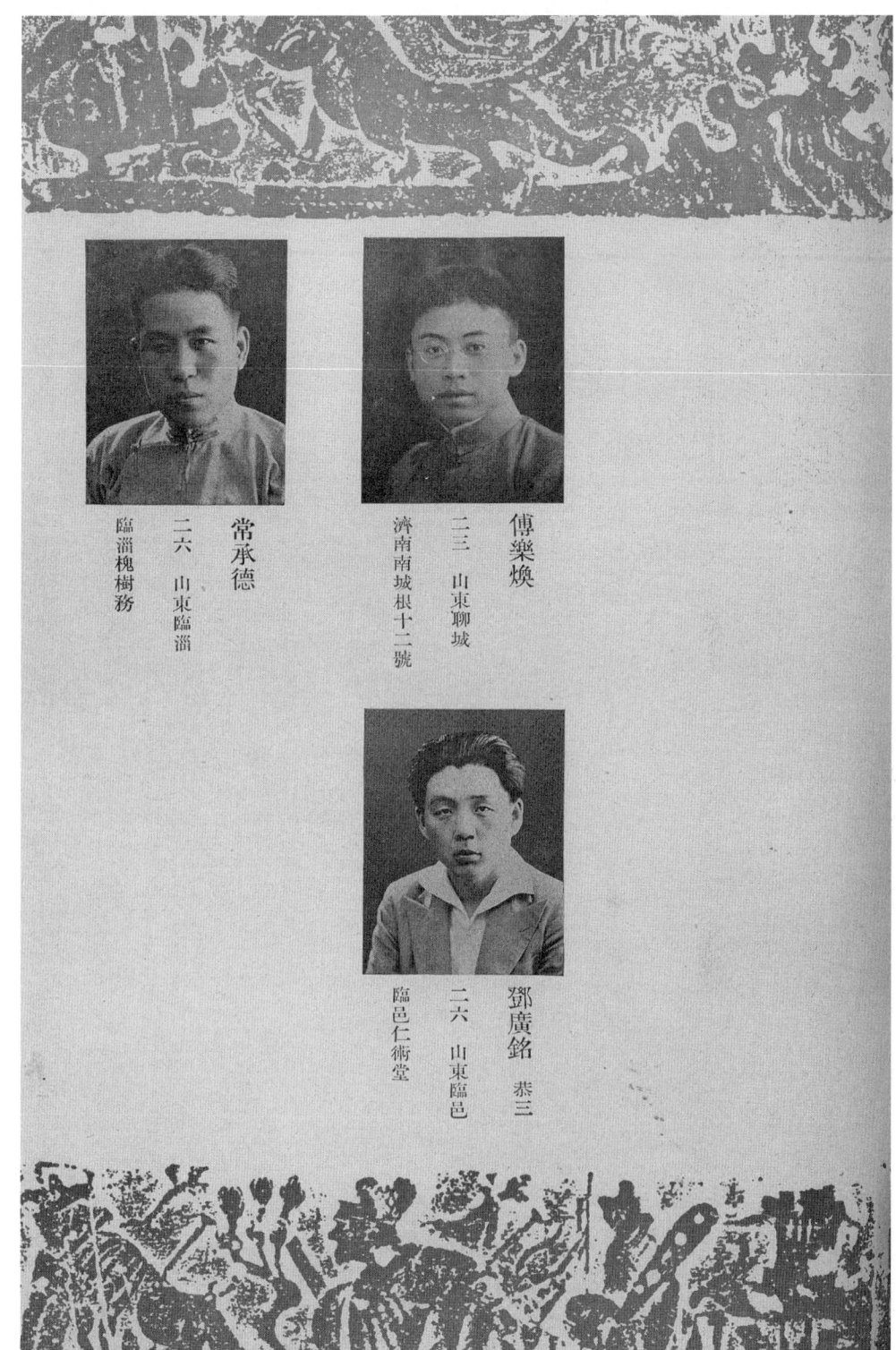

中國文學系

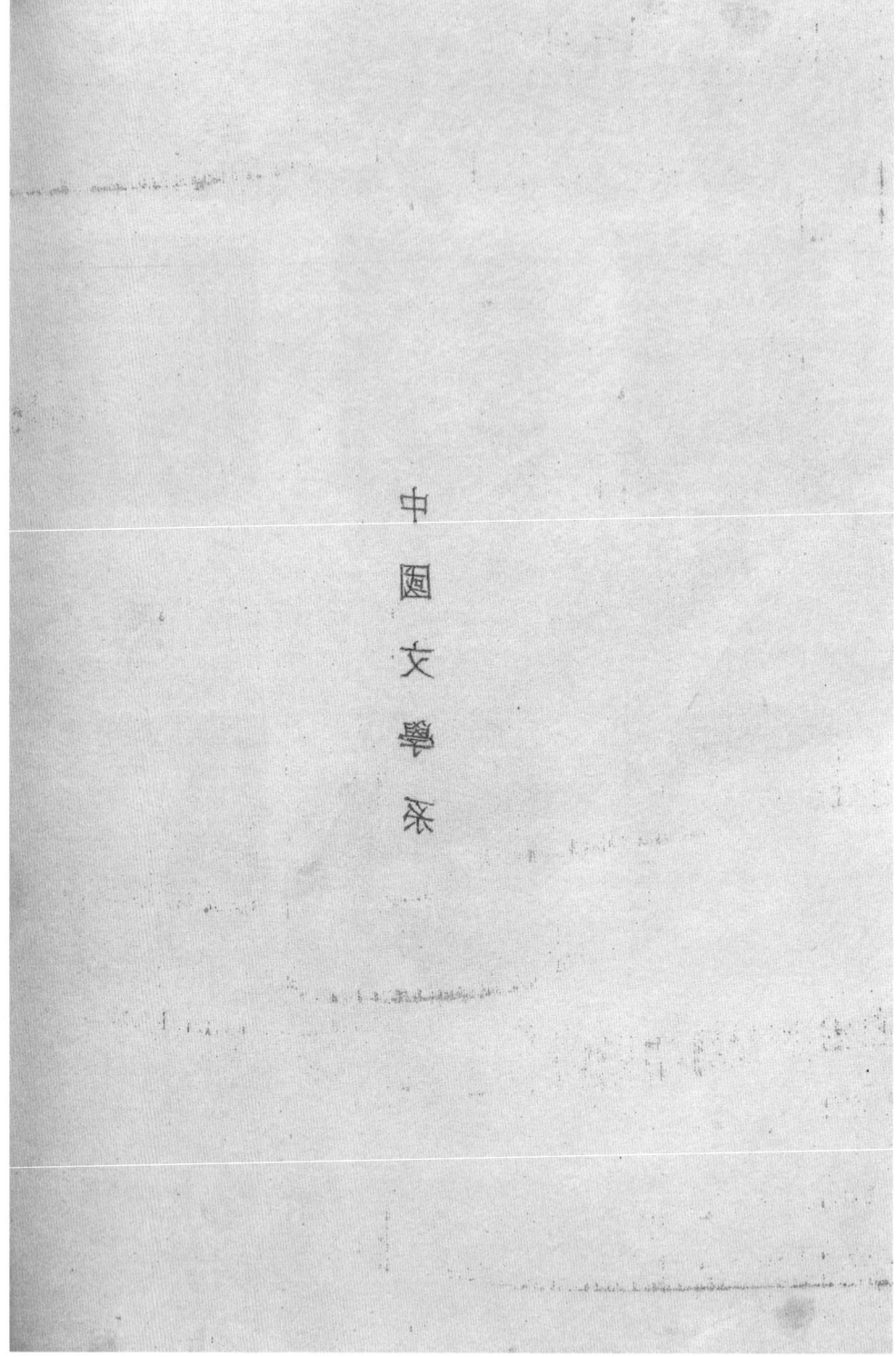

王智清
二七　河北深澤
深澤城西大陳家莊

王志毅　慰蒼
二四　河北昌平
平北高麗營德順祥
轉育德堂

嚴懋垣　微青
二五　山東歷城
濟南西關盛唐巷三
十四號

王廷麟　信之
二五　河北行唐
行唐義興祥

田英魁
二六　河北東鹿
東鹿舊城鎮福慶同
轉

周祖謨
二三　河北武清
北平前外茶兒胡同
三號

外國語文學系

王章樹　義賓
二五　四川新都
新都鷄市巷二號

王錫祿　俊瑜
三一　河北靈壽
河北行唐西慈峪鎮轉

李宜燮
二三　福建建甌
福州倉前山球場後可園

金石
二一　遼寧瀋陽
瀋陽大南關東二道閫子胡同

馬善慶　性初
二五　山西潞城
潞成城內西街

蘇瑞成
二七　河北臨榆
北戴河蔡各莊蘇宅

王毓瑛
二四　河北深澤
深澤城東北馬村

李繼昌　世卿
二二　河北清苑
清苑中山南街六十八號

杜文成
二六　河北懷柔
懷柔郵局轉

李如桐
二一　察哈爾懷來
平綏路新保安

吳　愷　勝旋
二五　河北吳橋
吳橋城內太平街

袁英傑
二三　河北安平
安平中左鎮轉袁毛營

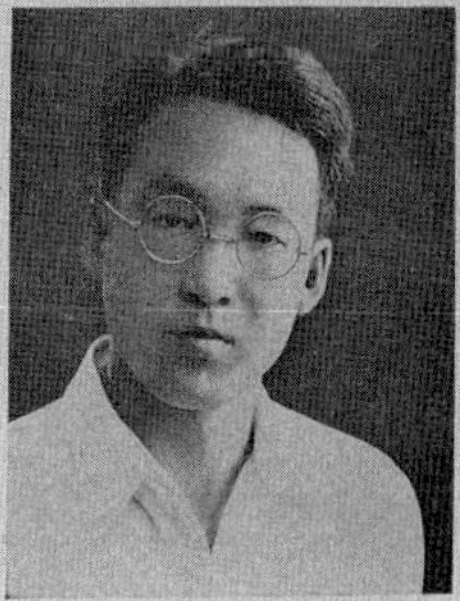

趙守封　首風
二五　山西五台
五台東冶鎮

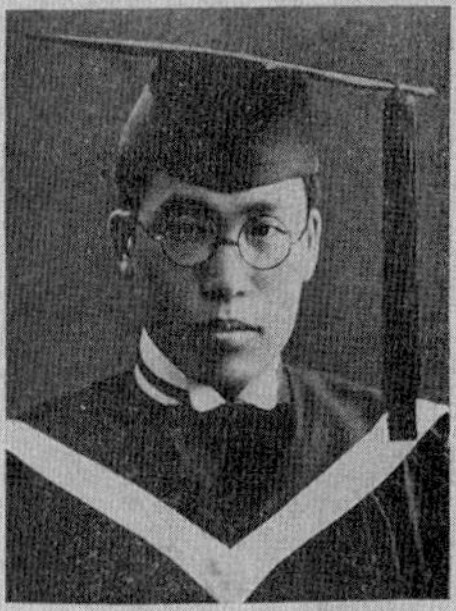

趙榮普　澤生
二三　河北武清
北平東華門緞庫後
身四號轉

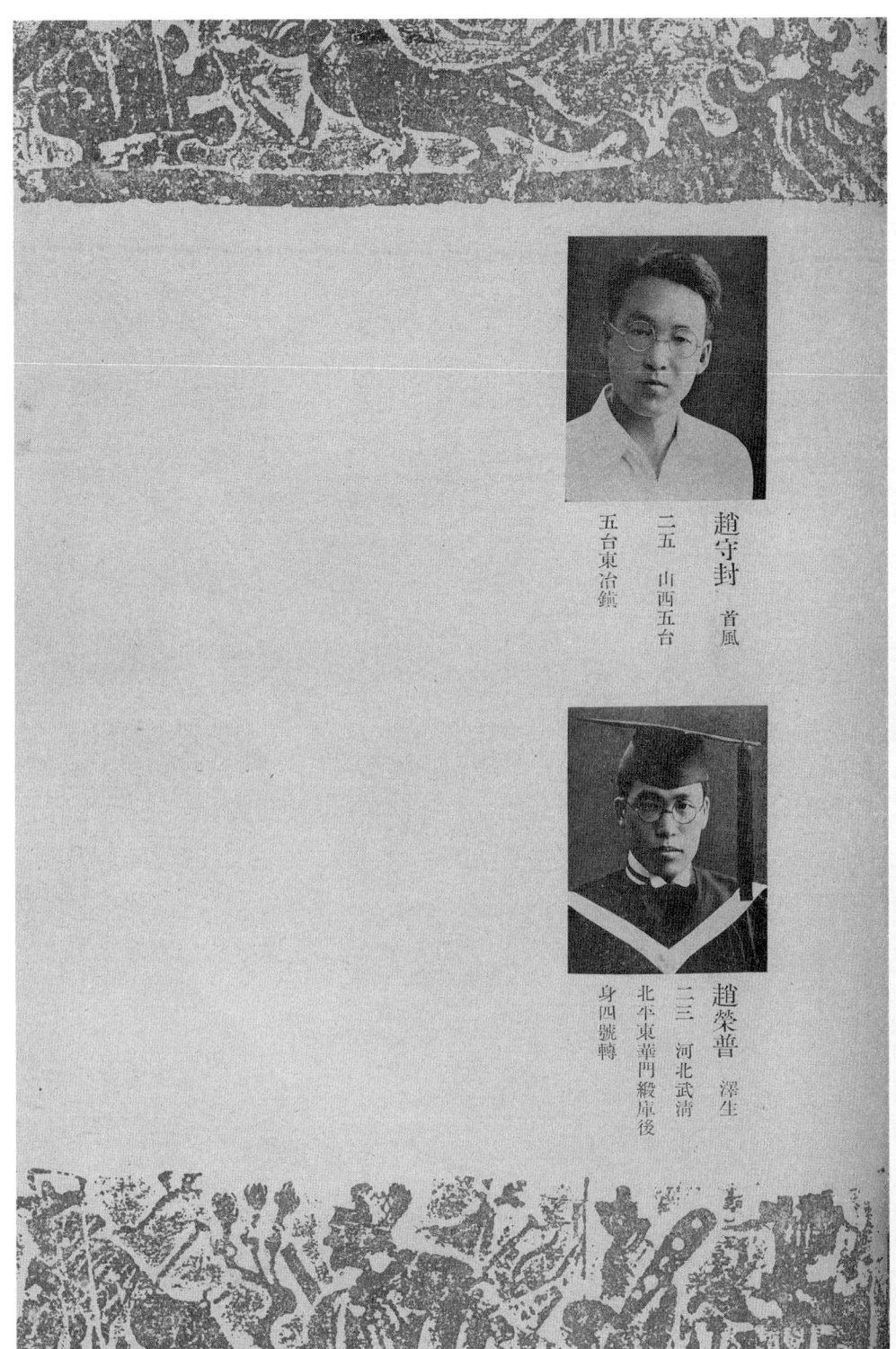

教育學系

教育學系

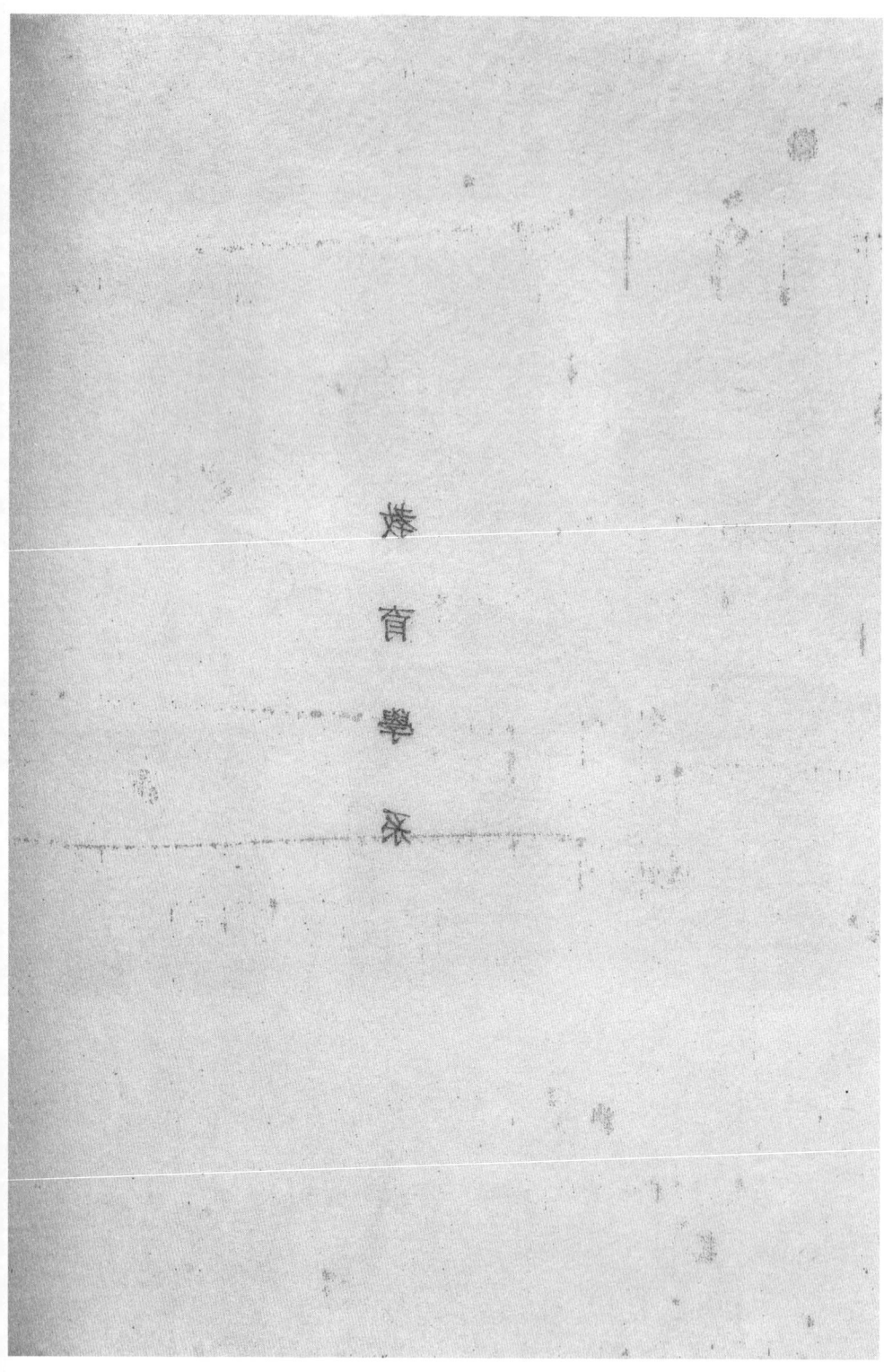

丁敬貞 淑君
二五 貴州貴定
貴定東大街丁宅

于 卓
二五 遼寧瀋陽

牛九霄
二六 河北棗強
德州西張秀屯

李景安 子康
二七 河北博野
博野北白沙村

周仲甫 任俠
二四 湖北沔陽
武昌東門坡二十七號

周樹楷 豎凱
二四 河北靈壽
河北行唐西岔頭鎮萬順齋

胡祖徵

二一 湖北武昌

西安門酒醋局九號

殷石麟

二六 綏遠土默特旗

綏遠歸化太管巷四號

張占魁

二五 河北晉縣

晉縣東寺閭村

梁國弼 輔庭

二七 河北天津

北平西四南魏胡同十六號

曹延亭

二七 遼寧懷德

南滿路公主岺黑林子郵局

傅永泰 一平

二五 浙江紹興

天津河北日緯路六十六號

龍程銓　授三
二七　廣東瓊山
瓊州海口泰昌隆號
轉

邊振芳　理庭
三一　山東萊蕪
萊蕪棗里民生公司
轉

蘇世鐸　振民
二八　山東蓬萊
蓬萊城東塌地橋

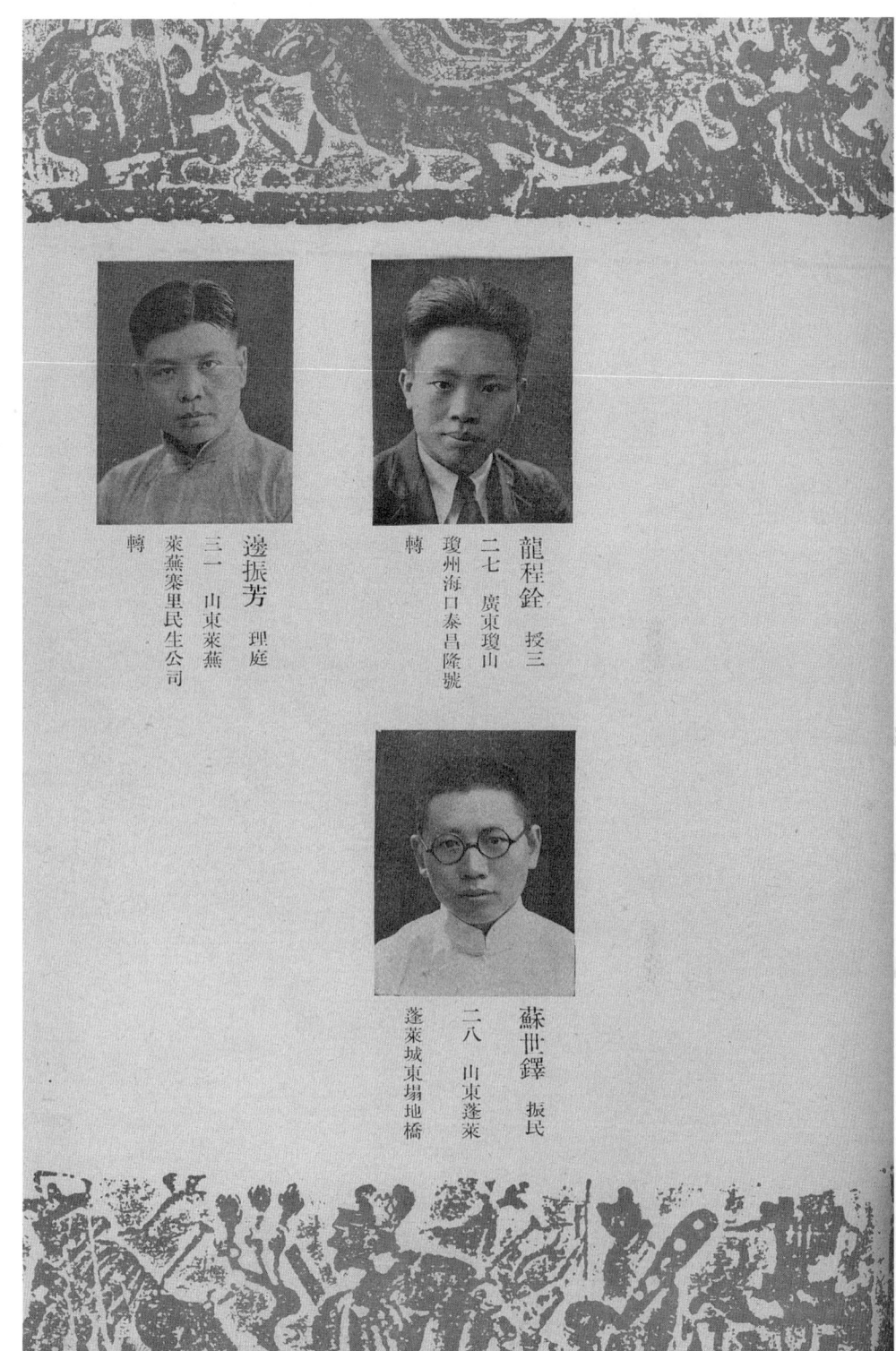

法學院

法律學系

王恭遜　伯馴
三六　浙江黃巖
黃巖橋頭王

朱友良　藻
二四　江蘇松江
松江張堰北倉鎮

吳芳亭　筱軒
二七　山東臨朐
臨朐龍岡集公聚祥
轉

汪　瑄　秉山
二二　江西樂平
樂平花園巷十三號

徐炳璋　牟均
二七　江蘇寶山
江蘇無錫大婁巷五
十八號

倪克寬
二三　浙江樂清
樂清柳市泮垟

郞志鶴　玄齡
二一　河北大興
北平齊內新鮮胡同
二十七號

趙祿祥
二六　河北東鹿
東鹿新壘累頭村

鄺護華　惟能
二四　湖南永興
永興高亭司轉橋藍

政治學系

孔憲潭 亞倫
二七 河北肅寧
肅寧西關大街

周乾溁 蛙波
二二 河北天津
津浦路楊柳青糧食
市生生堂

徐 澤 潤民
二七 江蘇沭陽
沭陽大南門內西徐
秉之宅

劉東哲
二五 河北任邱
保定城內小察院十
號

董鴻文 希來
二六 遼寧蓋平
蓋平福厚長

李啓元 迪青
二四 綏遠凉城
平綏路豐鎮縣西天
成村

沈其道　充

二四　浙江嘉興

杭州楊綾子巷三十八號

薩師烱　孟明

二三　福建閩侯

福州城內朱紫坊八十五號

江之源

二一　江蘇南通

江蘇南通餘東

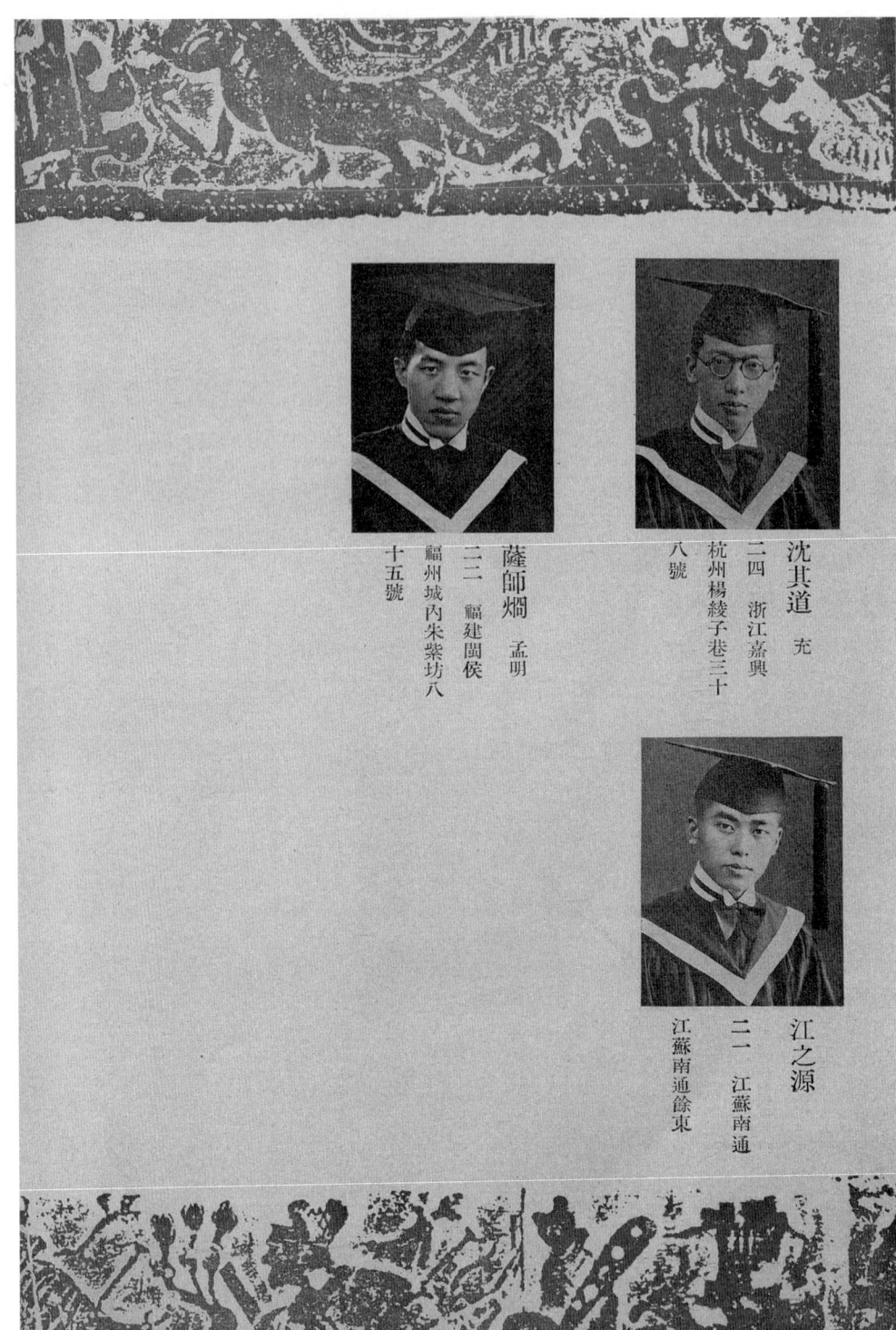

經濟學系

經濟學系

王統偉　秀三
二七　江蘇贛榆
贛榆興莊

甘漢生　漢聲
二五　湖北黃陂
黃陂大東門內

吳有謙　六吉
二六　河南潢川
開封慈悲菴內秀水
胡同一號

孫　躋　邁先
二四　遼寧瀋陽
北平嘎嘎胡同二號

趙海桂　碧川
二七　山西平遙
平遙城內第四街趙
宅

高自新　至欣
二五　遼寧黑山

歐陽卓

二四　湖南湘陰

校景

校景

第 一 院

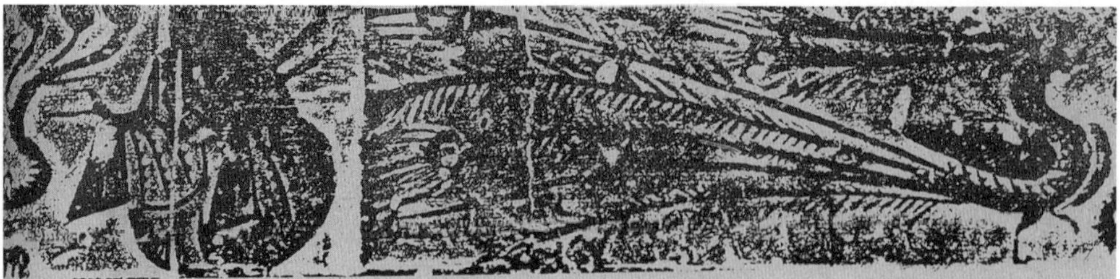

圖書館

生物館

三院之一部

第　二　院　大　門

校長辦公室

地質館

體育館

第三宿舍

第四宿舍

← 二院數學系

→ 二院之二門

二院生物館 ↓

二院大講堂 ↓

↑ 二院荷池

←三院之一部

→三院之大門

大學辦公處↓

女生寄宿舍↓

↑三院三一八紀念碑

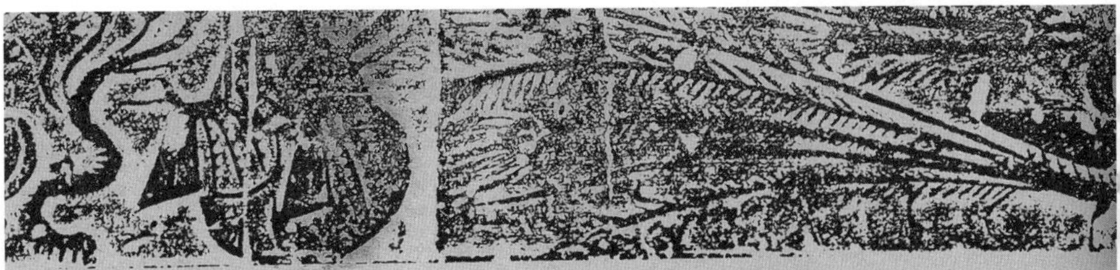

←扶梯

→圖書館

↑書庫

宴會廳↓

窗外↓

生活之片段

← 實驗室中 →

← 讀 →

↑

← 食 →

↓

遊容與中流

各系師生合影

↑化學系

生物系↓

↑ 教育系

德文組 ↓

↑法律系

政治系↓

沿革

沿革

沿革

（一）大事記

清德宗光緒二十一年，（一八九五）康有爲，梁啓超等設强學會於京師，購置圖書儀器，資衆硏討，講學而外，兼議朝政。時風氣閉塞，聞者震驚。設未多時，遂遭封禁。二十二年（一八九六）正月，清廷就强學會改設官書局，選譯書報，兼授西學。其年，刑部左侍郎李端棻疏請立大學於京師，得旨允行。終以樞臣險厄，遷延未辦。二十四年（一八九八）五月，始詔立京師大學堂，將官書局及新辦之譯書局倂歸管理。派吏部尙書孫家鼐爲管學大臣，余誠格爲總辦，許景澄爲總教習，美教士丁韙良爲西總教習，朱祖謀，李家駒爲提調。學生分二種：凡進士，舉人出身之七品以上京官，稱仕學院學生；凡舉，貢，生，監，未登仕版，年在二十以上者，通稱學生；年不滿二十，則稱小學生。二十六年（一九〇〇）春，改派許景澄爲管學大臣。會拳禍作，人心皇皇，六月，景澄奏請暫停大學。未幾，景澄以極諫清廷勿信奉衆遭寃殺。七月，聯軍入京，俄兵入駐大學，我校因是停辦者二年有餘。圖書儀器，蕩然無存。二十七年（一九〇一）冬，詔復興大學，令同文館倂歸管理。派張百熙爲管學大臣，吳汝綸爲總教習，汪詒書，蔣式瑆三多，榮勳，紹英等爲提調，嚴復爲譯書局總辦。二十八年，（一九〇二）百熙以復興大學，『非徒整頓所能見功，實賴開拓以爲要務，』因設預備，速成二科。預備科分政藝二科；速成科分仕學師範二館。所倂同文館學生，則爲設英俄法德日五國語言文字專科。時宗室覺羅八旗官學改爲中小學堂，亦歸管學大臣辦理。二十九年（一九〇三）春，清廷以百熙喜用新進，有奏請增設滿大臣，隱爲監督者；乃命榮慶同爲管學大臣。五月，命榮慶，百熙會同張之洞釐定大學章程。

七月，增辦譯學館及醫學實業館。譯學館分授英俄法德日五國語言文字，令前辦之專科學生入館學習，醫學館兼施醫，嗣與施醫局合併，今北平大學醫學院肇基於此。十一月，張之洞等奏行大學堂章程。初，大學所設管學大臣，兼統全國學務。至是，始專設學務處，置總理學務大臣任其事。另置大學堂總監督，專辦大學。派孫家鼐為總理學務大臣，張亨嘉為大學堂總監督。三十年（一九〇四）四月，併仕學館於新辦之教習進士館辦理，不歸大學管轄；惟屆畢業時仍由大學給憑。是年，改學務處為學部，設尚書、侍郎等官，比於餘部。三十二年（一九〇六）正月初七日，張亨嘉辭職，以曹廣權代理大學堂事務。二十二日派李家駒繼任總監督。六月，併入進士館之仕學館生畢業。八月，就進士館堂舍改設法政學堂；今北平大學法學院所自始也。十一月，醫學實業館生畢業，館即停辦。三十三年（一九〇七）六月，李家駒辭職，改派朱益藩為總監督。至是，總監督始改實缺，秩視左右丞。七月，設博物品實習館，分科教授製造標本模型圖書。十一月，朱益藩辭，劉廷琛繼。宣統元年（一九〇九）三月，改預備科為高等學堂。時師範館生已畢業，改設優級師範，不歸大學管轄；今北平師範大學所自始也。五月，籌辦分科大學，設經文法政醫格致農工商等科。以柯劭忞為經科監督，孫雄為文科監督，林棨為法政科監督，屈永秋為醫科監督，汪鳳瀛為格致科監督，羅振玉為農科監督，何燏時為工科監督，權量為商科監督。二年（一九一〇）二月二十一日，分科舉行開學典禮；時惟醫科未能辦。八月，劉廷琛去京，以柯劭忞署其職。三年（一九一一）十月，派勞乃宣為大學堂總監督。十二月，乃宣請假，命劉經繹代。時革命軍聲勢日盛，京師震恐，大學學務停頓。民國元年（一九一二）三月，改學部為教育部，任蔡元培為教育總長，嚴復為大學堂總監督。五月，命改京師大學堂為北京大學，嗣冠以『國立』二字，又改總監督為大學校長，改分科監督為各科學長，裁撤各科教務提調；復高等學

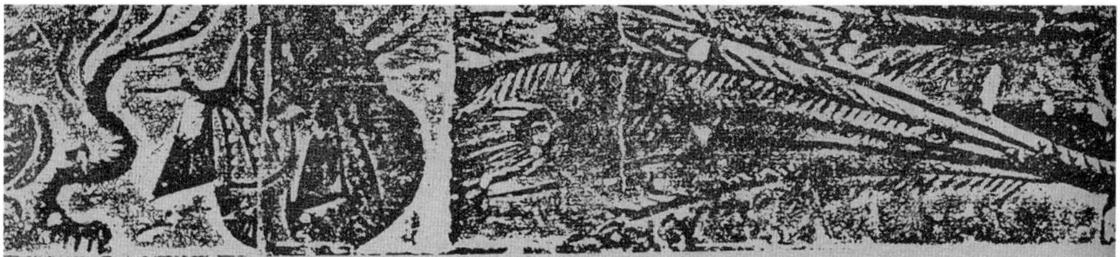

堂爲大學預科，合經文二科爲文科，改致格科爲理科。嚴復以總監督繼任大學校長。十月，復離京，以章士釗繼。士釗未能到校，派馬良代理。十一月，士釗與良相率辭。改派何燏時爲校長。二年（一九一三）六月，譯學館停辦。十一月，燏時辭，以胡仁源繼。時教育總長汪大燮，屢欲併本校於北洋大學，卒未果行。三年，（一九一四）改農科爲農業專門學校，離本校而獨立；即今北平大學農學院也。四年（一九一五）十一月，設大學評議會，爲商決校政最高機關。五年（一九一六）十二月，仁源辭，派蔡元培爲大學校長。以陳獨秀，夏元瑮，王建祖，溫宗禹分任文，理，法，工四科學長。六年（一九一七）一月，教育部改訂學制，定大學修業期預科二年，本科四年。其前，本，預科各三年也。六月，附設國史編纂處成立。十一月，改定各科課程。文科增中國史學門，理科增地質門。廢預科學長，以文理法工預科事務分歸各本科學長管理。是月十六日，『北京大學日刊』第一期出。七年，（一九一八）國文，英文，法文，德文，哲學，史學，數學，物理，化學，地質，法律，政治，經濟，商業各系教授會先後成立。又增設各門研究所，於所中附設編譯處。八年（一九一九）一月，『北京大學月刊』第一期出。三月，廢年級制，採選科制。又廢各科學長，設教務長，由各系主任中公推一人任之。五月四日，發生『五四運動』，校長蔡元培以政府壓抑輿情，深恐事件擴大，危及我校，遂於其月九日，離職出京。校務由評議會，教授會合組委員會維護。時學生運動，日趨激昂。六月三日，政府大捕學生千餘衆，囚禁於本校第三院者三日。七月，校長蔡元培以各方挽勸，仍允回校；先派蔣夢麟來校代行職務。九月，元培到校。設組織委員會，協助校長策畫全校組織。置總務長，以蔣夢麟任其事。移附設之國史編纂處歸國務院辦理。裁撤工科，併入北洋大學辦理。九年（一九二〇）二月，招收女生爲旁聽生，嗣改招正科生。九月，添設俄文學系。十月，元培爲籌畫里昂中法大學事赴

法，委總務長蔣夢麟代理校務。十年（一九二一）一月，設國文及普通補習科，為華僑子弟入學之先階。九月，元培回校。十一月，研究所國學門成立，以沈兼士為主任。所內分設編輯室，考古研究室，歌謠研究會，風俗調查會，明清檔案整理會，方言調查會。十一年（一九二二）七月，附設音樂傳習所成立，以蕭友梅為主任。十一月『社會科學季刊』第一期出。十二年（一九二三）一月，國學季刊第一期出。時蔡校長請假遊歐；再派蔣夢麟代理校務。七月，增設經濟記錄室。十三年（一九二四）七月，增設教育學系。十四年（一九二五）七月，增設生物學系及植物學實驗室。九月，國文學系增設語音樂律實驗室。十五年（一九二六）三月十八日，發生『三一八』慘案；本校學生死者三人，傷者五人。代理校長蔣夢麟離京；以總務長余文燦代理校務。是年，添設心理學系，及東方文學系。十六年（一九二七）六月，張作霖稱大元帥於北京，以劉哲為教育總長。八月，併國立九校為京師大學校，以本校文，理二科為京師大學校文科理科，派胡仁源，秦汾為之長。以法科為京師大學校法科第二院，派林修竹為之長。研究所國學門改為國學研究館，直隸京師大學校，以葉恭綽為館長。十七年（一九二八）六月，國民政府統一告成，本校學生遂組織復校委員會。以恢復本校原有之名稱『國立北京大學』及組織為目的。時中央政府命改京師大學校為國立中華大學，以大學院院長蔡元培兼任校長，派李煜瀛代理校務。未久，議定實行大學區制，並改北京地名為北平，乃再改國立中華大學為國立北平大學，任李煜瀛為校長，李書華為副校長。劃河北熱河兩省，及北平天津兩特別市，為北平大學區。以本校文，理，法三科為北平大學文學院，理學院，法學院；派張鳳舉，經利彬，謝瀛洲為院長。又改研究所國學門為國學研究所，直隸北平大學，所長之職視院長。本校學生以『國立北京大學』素有國際聲譽，不應銷滅其名稱，更改其組織。由復校委員會向政府力爭。十八年（一九二九）春，政府命

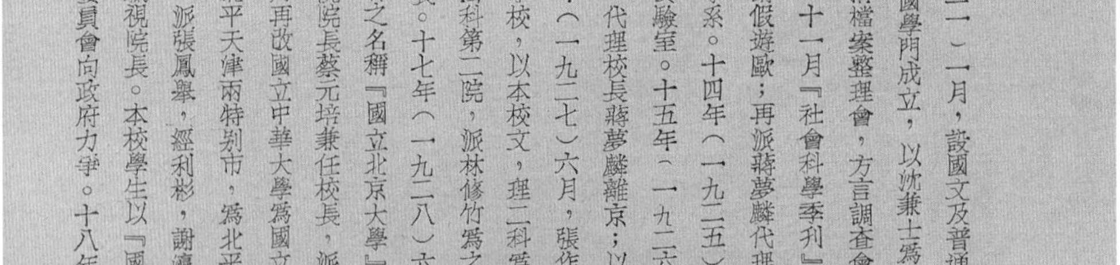

改本校爲北大學院，隸國立北平大學；內部組織，恢復十六年八月以前之舊；對外亦仍用『國立北京大學』譯名（National University of Peking）以陳大齊爲院長。大齊不能常到校，以教務長何基鴻代其職。八月，中央議決取消大學區制，恢復本校『國立北京大學』名稱，離北平大學而獨立。本校復校工作，至此完成。九月，蔡元培復受命長本校，以方任中央研究院院長職，派陳大齊先行代理校務。十九年（一九三〇）冬，大齊辭，元培亦不能離中央研究院，改派蔣夢麟來長本校。二十年，（一九三一）遵照國民政府大學組織法，改評議會爲校務會議；分本校爲文，理，法三學院；以胡適，劉樹杞，周炳琳，爲院長。院長之職，在規定課程，延聘教習。其他學校行政，仍合三院爲一。又改文學院之英文，法文，德文，東方文四學系爲英，法，德，日文四組，合稱外國語文學系。各系主任，由校長就教授中聘任。自是年始，本校得中華文化教育基金董事會年助研究特款國幣二十萬元，爲增設研究教授講座，擴充設備，及設立獎學金助學金之資。先定五年期，專訂規章，設委員會處理之。八月，本校擬創編『國立北京大學志』，設校志編纂處，以劉復爲主纂。二十一年，（一九三二）設研究院，分三部：改研究所國學門爲文史部，以劉復爲主任；增設自然科學社會科學部，以丁文江，陶履恭爲主任。置課業處，以樊際昌爲課業長，司文理法三院學生學業上之均齊與考績。改總務處爲秘書處，以王烈爲秘書長。二十二年（一九三三）春，熱河失陷，平津危迫，國立各校及學術機關均有南遷之議，本校亦移重要圖書儀器於杭州國立浙江大學，暑假後遷回。二十三年（一九三四）四月十五日本校建築新圖書館開工。本校留校畢業同學發起，爲本校建築校舍募集捐款。六月十五日本校新建築地質學館開工。六月十六日遵照教育部大學研究院暫行組織規程改組本校研究院，分文科，理科，法科三研究所，以各學院院長兼任所主任；校長兼任院長。二十四年五月一日本校新建學生宿舍開工。六

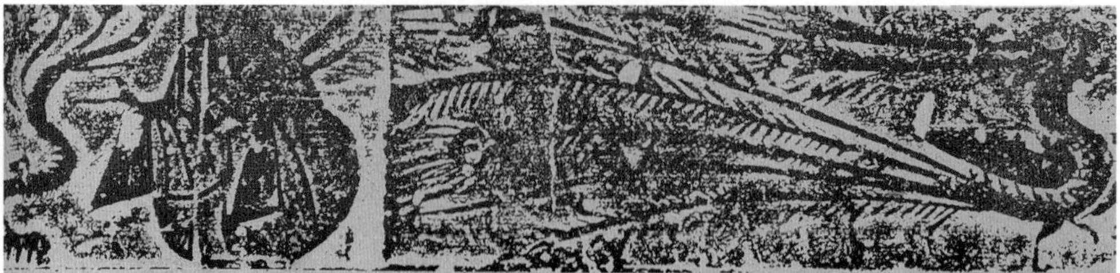

月一日理學院院長劉樹杞因病請假，由張景鉞代理。

（二）設備

A　校舍　光緒二十四年（一八九八），五月詔設大學，撥高宗額駙福康安故第馬神廟八公主府（四面周垣東西四十丈南北六十丈）充大學堂校舍（即今第二院）；另派奕劻許應騤籌辦擇地建築新校舍事務。二十六年（一九〇〇），拳禍作，外兵入京，以大學作營房，屋舍多毀。二十八年（一九〇二），大學復興，於京西瓦窰購地一千三百餘畝，擬建築校舍，未果；乃就舊址增築學舍百二十餘間。二十九年（一九〇三），開辦譯學館，就北河沿建築校舍。（即今第三院）三十年（一九〇四）二月，就大學西偏曠地營造齋舍（即今西齋）。八月，借撥內務府所屬漢花園（即沙灘舊址）空地南北二十一丈八尺，東西三十九丈，舊房十七間，改建操場。嗣即於此建築宿舍一百五十四間（即今東齋）。三十一年（一九〇五）十月，撥德勝門外舊操場東西四百八十丈，南北四百十四丈，以備建築大學法政，文，格致，工，各分科之用。三十四年（一九〇八）十月，設立工程處，辦理測繪工程。宣統元年（一九〇九），就舊操場西南曠地，設窰造磚，興工建築，三年（一九一一），革命軍起，工停，民國元年（一九一二），於望海樓建築農科校舍，十一月落成（即今北平大學農學院）。五年（一九一六），呈政府請完成德勝門外新校舍，未允。乃於漢花園建築宿舍二百餘間；六年落成。七年二月，改新建宿舍為文科教室（即今第一院）。教室之北，為松公府空地，向其租得一部份以作操場。二十年（一九三一），將松公府房地全部購有。稍事修葺，將圖書館及研究所國學門移入辦理。二十三年（一九三四），就其西院空地建築圖書館。並於松公府祠堂內建築地質學館。二十四年五月就松公府東院北面建築學生宿舍一區。

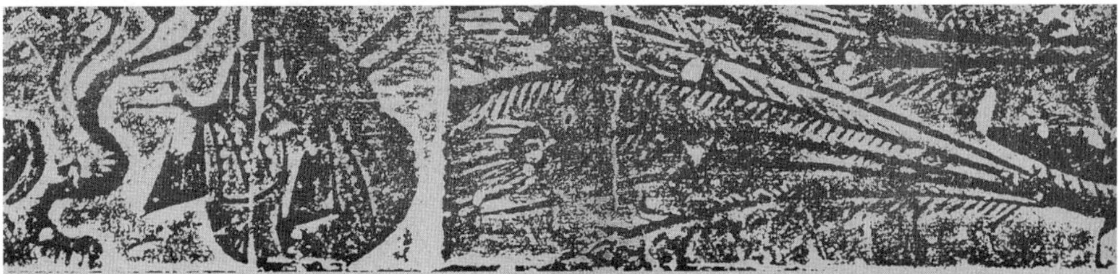

B　儀器　大學設立之初原無實驗科學之設備；稍有儀器均譯書局所置。庚子之亂，同燬於兵。光緒二十八年（一九〇二），大學復興，課程中始有動植物，理化，地質等科，二十九年（一九〇三），派員赴上海採辦儀器。三十年（一九〇四），日籍教習服部宇之吉東歸，請其代向日商訂購儀器。嗣又請駐德，英，美，各國使臣，代向所駐國購買儀器。宣統元年（一九〇九），大學分科成立以後，各科需用儀器藥品，逐年向日本及歐美各國添購。民國元年（一九一二），大學資產統計表內，儀器標本一項估值銀九萬元。時僅設工科及化學儀器藥品室，以備工理二科及預科學生實驗之用。此後增購各科所需儀器，物理，化學，地質，生物，心理等系之實驗室，以次成立。十六年（一九二七）五月，創建煤氣廠於第二院之東。由是各實驗室皆使用煤氣。截至二十四年七月除實驗室煤氣廠建築費及消耗外，儀器標本藥品等項約值銀五十八萬二千五百六十九元五角五分。

C　圖書　光緒二十四年（一八九八），創立大學堂，稍購書籍，皆為供給譯書局編纂之用。二十六年（一九〇〇），外兵入京，舊籍淪失殆盡。二十八年（一九〇二），大學復興，乃於校舍之後院（即今第二院之後院）設置藏書樓；調取江，浙，鄂，粵，贛，湘等省官書局所印各書，並向中西書店採購新舊圖籍，藏之以供衆覽。二十九年（一九〇三），派員赴南方廣購舊書。同時，巴陵方大登氏以所藏書籍見贈，約值銀一萬二千餘兩。其後日本阪谷男爵，駐日，駐俄公使館，及大學堂教授周慕西，亞當士，黃樹因等，先後捐贈中西文書籍。校中亦劃定經費，以為逐年添置圖書之用。截至二十四年八月，共藏中文書籍十七萬零四百十五册。日文書籍一萬二千二百七十五册，西文書籍六萬七千六百零三册，中外文雜誌四百餘種，中西文報三十餘種。而文科研究所所藏大批清內閣大庫檔案，尚未列入。

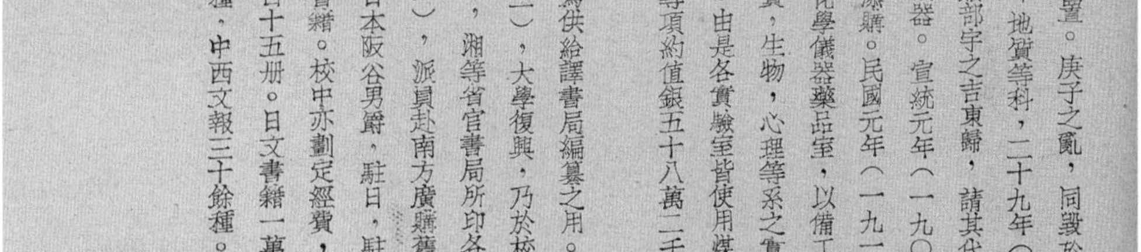

D　古物　民國十二年（一九二三）五月，本校研究所國學門考古學會成立，卽計畫古蹟古物之調查及發掘保存等事項。是年九月，派員調查河南新鄭，及孟津，二縣出土之周代銅器。十三年（一九二四）三月，調查平西大覺寺，大宮山古蹟及碧雲寺古蹟。八月，調查平西圓明園文源閣遺址。十四年（一九二五）二月，調查甘肅燉煌古蹟。凡調查所得各種古物，或由本校備價收買，或由當地公團贈送，皆歸研究所陳列，保存。截至是歲止，計收有金，石，甲骨，玉，磚，瓦，陶等類凡四千零八十七件。另金石拓本一萬二千五百五十三種。自此以後，時有增益。十八年（一九二九）十一月，研究所考古學會與北平研究院及古物保管委員會，合組燕下都考古團，發掘燕下都故址北之老姥台，計採集品二十六大木箱又二百零一麻袋。其中有燕代前之瓦片，銅鏃。燕代之殘明刀幣，瓦片，瓦當（皆半規），陶豆，欄干磚，井欄，銅片，……漢之半兩錢範，五銖錢，墓磚。及隋唐之五銖錢，陶盌，帶黃釉磁罐，鐵製農具……等。二十年（一九三一）冬，派員赴察哈爾懷來四疙疸坡調查漢墓；二十一年（一九三二）春，又赴洛陽調查故城，時卽與各省府及當地人士商討發掘事件，並擬有計畫書，祇以地方多故，未能實行。現正從事舊藏之整理。

E　體育　大學設立之初，原無體育科目。二十八年（一九〇二）冬，始由大學咨請湖廣總督送來兩湖書院所用操衣式樣，并請挑選學生中精於體操者二人來京，担任教習。三十年（一九〇四）春，咨請法國公使館選派兵官一員來堂教授體操。時，學生漠視體育，臨上操時，往往不到。民國初年，此風未改。後於預科，分科，先後設立技擊會，學生對此，始稍感興趣。六年（一九一七），設立體育會，由學生自行選舉幹事辦理之。內分各種球類及田徑賽。八年（一九一九）秋，實行新生入學體格檢查，學生漸知注重體育。九年（一九二〇），大學聘請體育導師二

人，一任指導球術及田徑賽，一任指導騎術。體育設備，亦漸次擴充，十一年（一九二二）六月，添設軍事訓練，取名曰學生軍。聘請教練員二人。又議決組織體育委員會及體育部；規定軍事教育，柔軟體操，及各種球類，每週三小時，爲學生正式課程，與其他功課並重。然僅限於預備學生，本科學生則聽其自由選習。十八年（一九二九），遵照中央命令，本科男女學生均須受軍事訓練，每週三小時，不得任意缺席。二十年（一九三一），就新購之松公府空地開闢球場，並於每年冬季設冰場，學生運動，較前愈感便利。二十四年定體育爲必修科，改第三院大禮堂爲臨時健身房。

（二）經費

光緒二十四年（一八九八）五月，設立大學，時約計籌備經費銀三十五萬兩，常年經費銀十八萬八千六百三十兩。又譯書局開辦經費銀一萬兩，常年經費銀一萬二千兩。當由戶部奏請將向存於華俄道勝銀行之庫平銀五百萬兩，年息四釐合庫平銀二十萬兩，由合京平銀二十一萬二千兩，提出二十萬零六百三十兩，作大學堂及譯書局常年經費；籌備經費，即將上年息銀全數撥充，不足者，由部庫正項內支給。二十八年（一九〇二），大學復興，將華俄銀行存款本息全數撥作大學經費；仍存該行生息，由大學直接向銀行結算。所有以前未曾用完之息銀，即作大學開辦經費。另設常年補助經費一項，由各省分別籌解：大省每年籌解銀二萬兩，中省一萬兩，小省五千兩。三月，復辦譯書局，並增設上海譯書分局。二十九年（一九〇三），二月，開辦醫學實業館；十一月，資遣學生赴東西各國留學；凡此各項所需費用，皆由上列常年經費內支撥。三十年（一九〇四），大學經費及學生津貼均稟儲學務處，每月由校向該處支取。三十一年（一九〇五），改學務處爲學部，大學經費，亦改由學部管理。宣統三年冬，學款移作軍費，大學遂無形

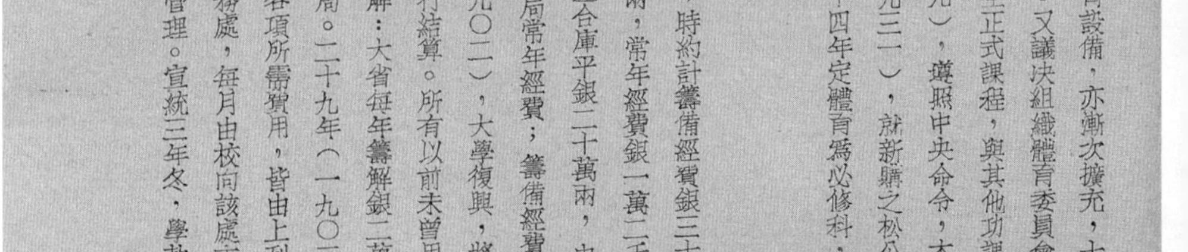

停辦。民國元年（一九一二）續辦大學，經費無的款，初由校長向華俄銀行借銀七萬兩，始得開學。自是厥後，每月經費，皆由教育部按照預算數目發給。並改兩爲元。八年（一九一九），確定大學每年經費爲七十九萬二千四百五十九元。至十三年（一九二四），無所增減。然以國庫支絀，雖有預算，不能照發。學校進展，遂多障礙。十四年（一九二五），按月增加經費八千元，乃定常年經費爲八十八萬八千四百五十九元。十六年（一九二七）八月，併國立九校爲京師大學校，逐月經費，皆大學辦公處分發各科。十八年（一九二九），恢復『國立北京大學』名稱，常年經費較十四年所定，每月增加九百六十元。二十年（一九三〇），大學與中華教育文化基金董事會訂定『合作研究特款』辦法，每年雙方各出國幣二十萬元，爲大學設立研究講座，及擴充圖書儀器，給發助學金與獎學金之用。以五年爲期。二十三年（一九三四）改爲本校二十萬元，中華教育文化基金董事會十萬元，並將期限延爲七年。

教職員錄

職教員錄

職別	姓名	字	年齡	籍貫	住址	電話
校長	蔣夢麟	孟鄰	五〇	浙江餘姚	西四前毛家灣五號	西局一八一九
課業處						
課業長兼註册組主任	樊際昌	逵羽	三八	浙江杭縣	大院府胡同二十號	東局二三一六
課業處註册組						
主任	樊際昌	見前				
課業處軍事訓練組						
兼任主任	白雄遠	錦韜	四四	河北密雲	府右街妞妞房二號	西局六七二
課業處體育組						
主任	李仲三		三〇	河北定縣	王府井大街迎賢公寓二十三號	
秘書處						
秘書長	鄭天挺	毅生	三七	福建長樂	西四小將坊胡同二十三號	西局二五三六
秘書處事務組						
主任	楊鐸	警吾	四二	浙江義烏	西四太僕寺街背陰胡同一號	西局六一
校長室秘書	章廷謙	矛塵	三四	浙江紹興	乾面胡同東石槽甲七號	東局一九三三
秘書處出版組						
代理主任	李續祖	曉宇	四五	河北宛平	景山東街大學夾道十四號	

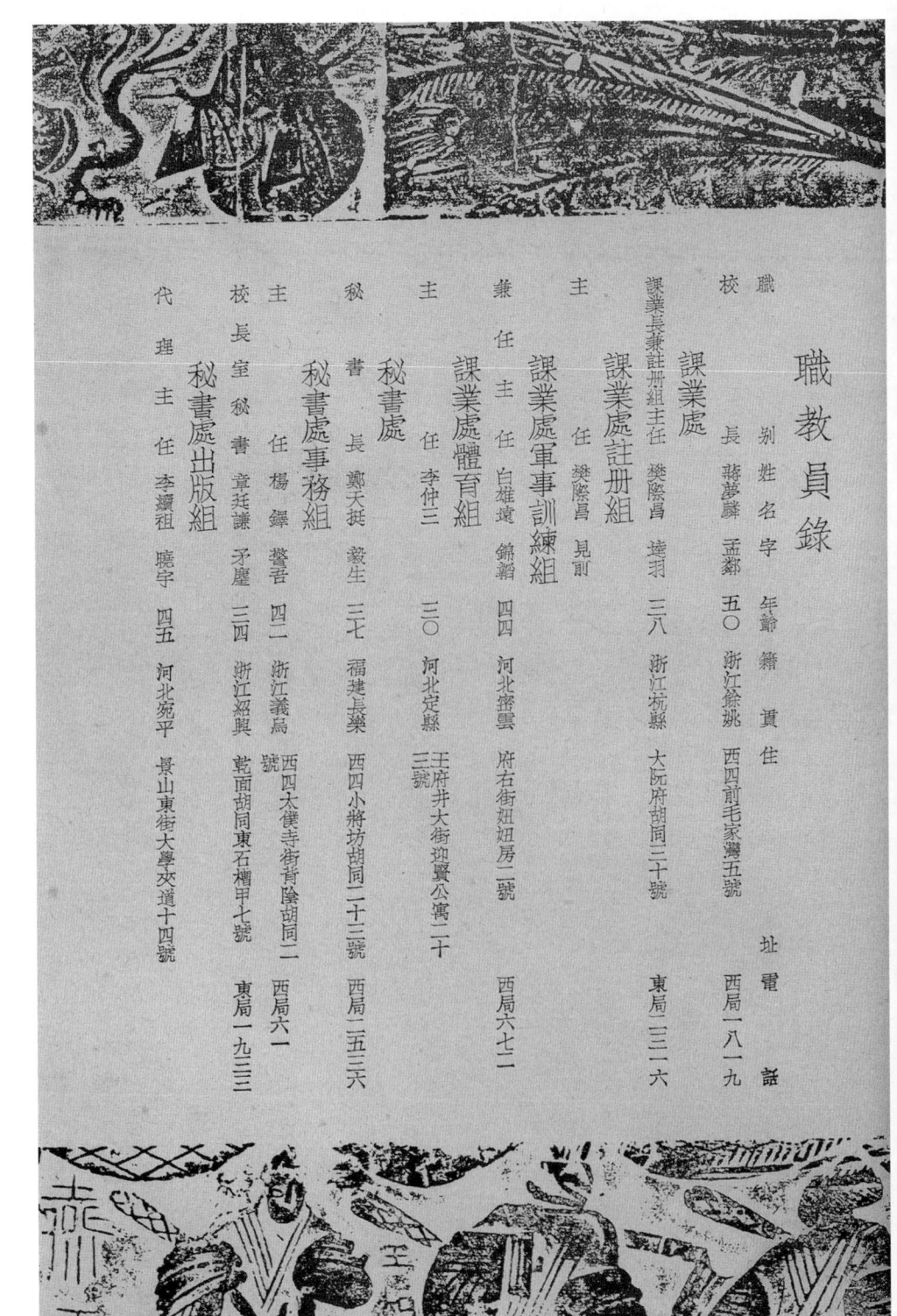

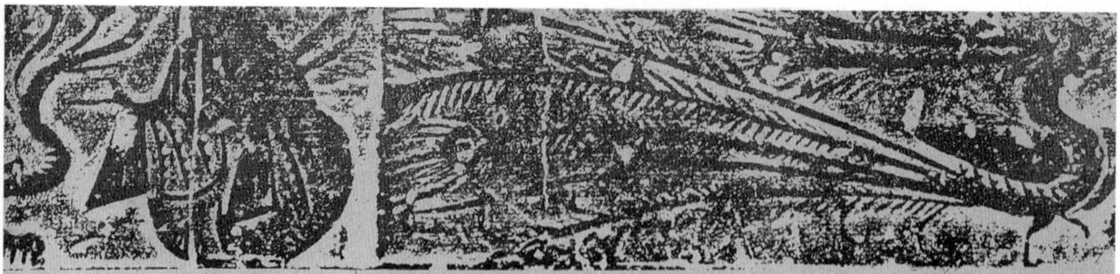

秘書處文牘組

主任	朱洪	彙臣	四一	浙江海鹽	西板橋大街七號	

秘書處會計組

主任	沈肅文		五五	浙江蕭山	東廠胡同西口外皇城根六十三號	東局一五九

秘書處衛生組

主任	鄭河先	河先	三九	福建閩侯	東城大方家胡同三十號	東局八八八

秘書處調查介紹組

主任	郭亮才	喆卿	三一	湖南益陽	南鑼鼓巷板廠胡同十一號	

圖書館

館長	蔣夢麟	見前				
主任	嚴文郁	紹誠	三二	湖北漢川	北長街興隆胡同一號	

理學院

代理院長	張景鉞	峴儕	四〇	江蘇武進	東四報房胡同五十七號	東局一〇一六

數學系

教授兼主任	江澤涵		三四	安徽旌德	景山東大街七號	
教授	馮祖荀	漢叔	五六	浙江杭縣	東單新開路二十一號	東局一五一〇
教授	申又棖	竻聲	三四	山西	西斜街六十二號	
教授	奧斯穀 W. F. Osgood		七一	美國波士頓		

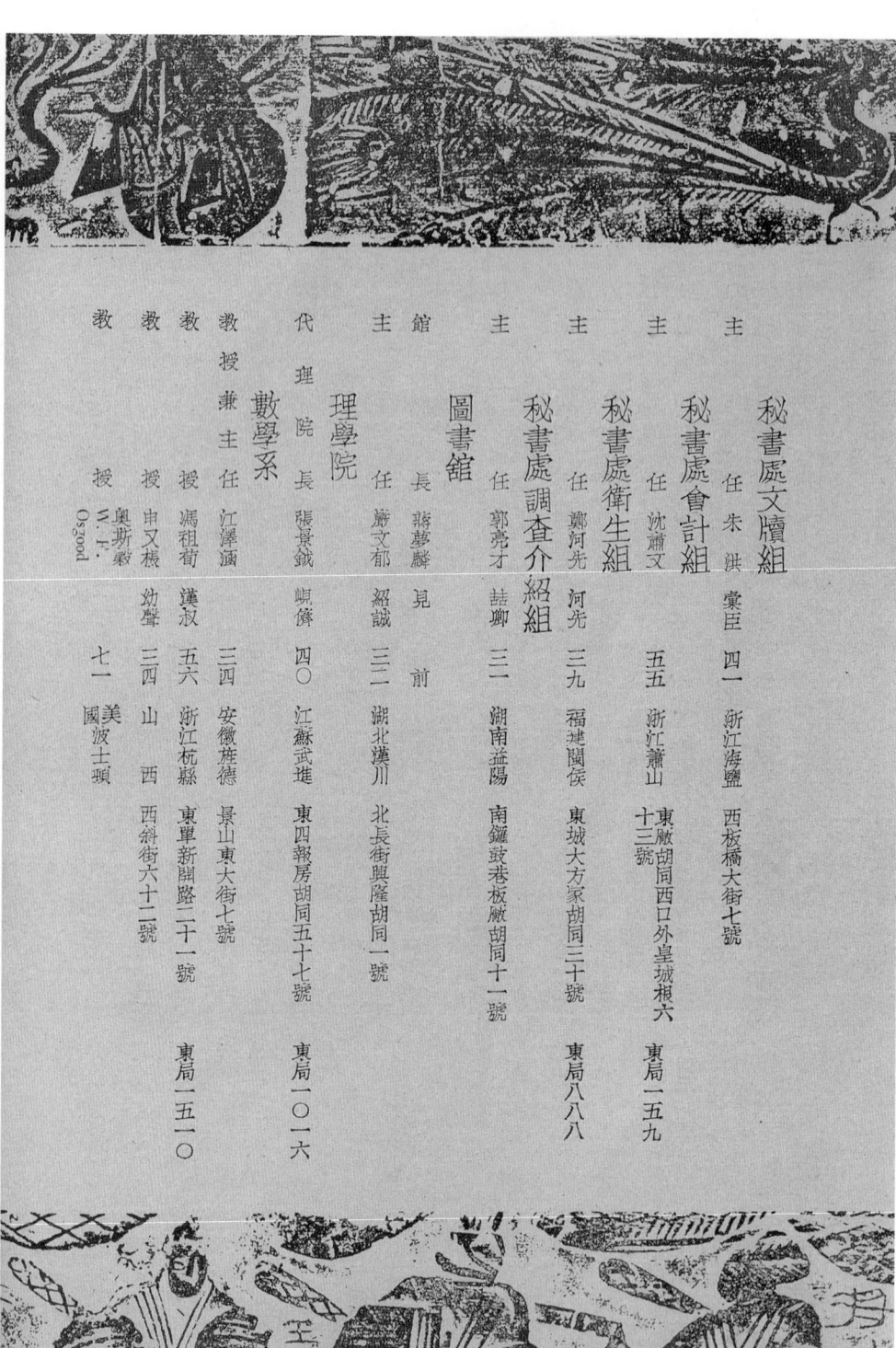

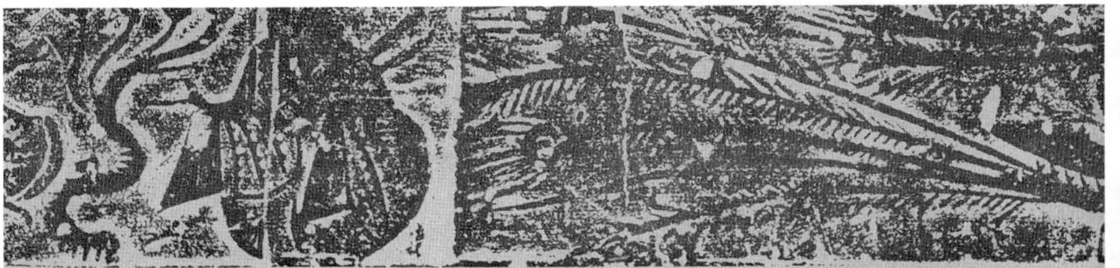

副教授 趙 淞 雨秋 四〇 四川閬中 西城北溝沿揀果廠二號
講師 劉洇濱 景芳 三四 河南淇縣 東城小取燈胡同六號

物理學系

教授兼主任 饒毓泰 樹人 江西臨川 小石作十號 東局一三六九
教授 朱物華 三五 江蘇江都 北池子沙灘三十號
教授 周同慶 二七 江蘇崑山 東四報房胡同五十七號 東局三五九八
教授 張宗蠡 少墨 三二 江蘇宿遷 東板橋酒醋局胡同十三號
教授 吳大猷 二八 廣東高要 本校新宿舍 東局二一一三
副教授 龍際雲 摶霄 四三 江西萬載 東四炒麵胡同二十六號

化學系

教授兼主任 曾昭掄 叔偉 三六 湖南湘鄉 三眼井橫柵欄二號 東局三〇一一
教授 劉雲浦 三〇 江蘇泰縣 東單西觀音寺甲八十三號 東局三三一九〇
教授 錢思亮 惠疇 二七 浙江杭縣 橫柵欄四號
教授 孫承諤 二四 山東濟寧 東單洋溢胡同十二號張宅
名譽教授 李麟玉 聖章 四七 河北天津 地內東板橋火神廟七號 東局四六七一
講師 高崇熙 仲明 三五 河北 西四受璧胡同三十八號 西局五四四三
講師 黃子卿 碧帆 廣東梅縣 清華大學
講師 李續祖 見前

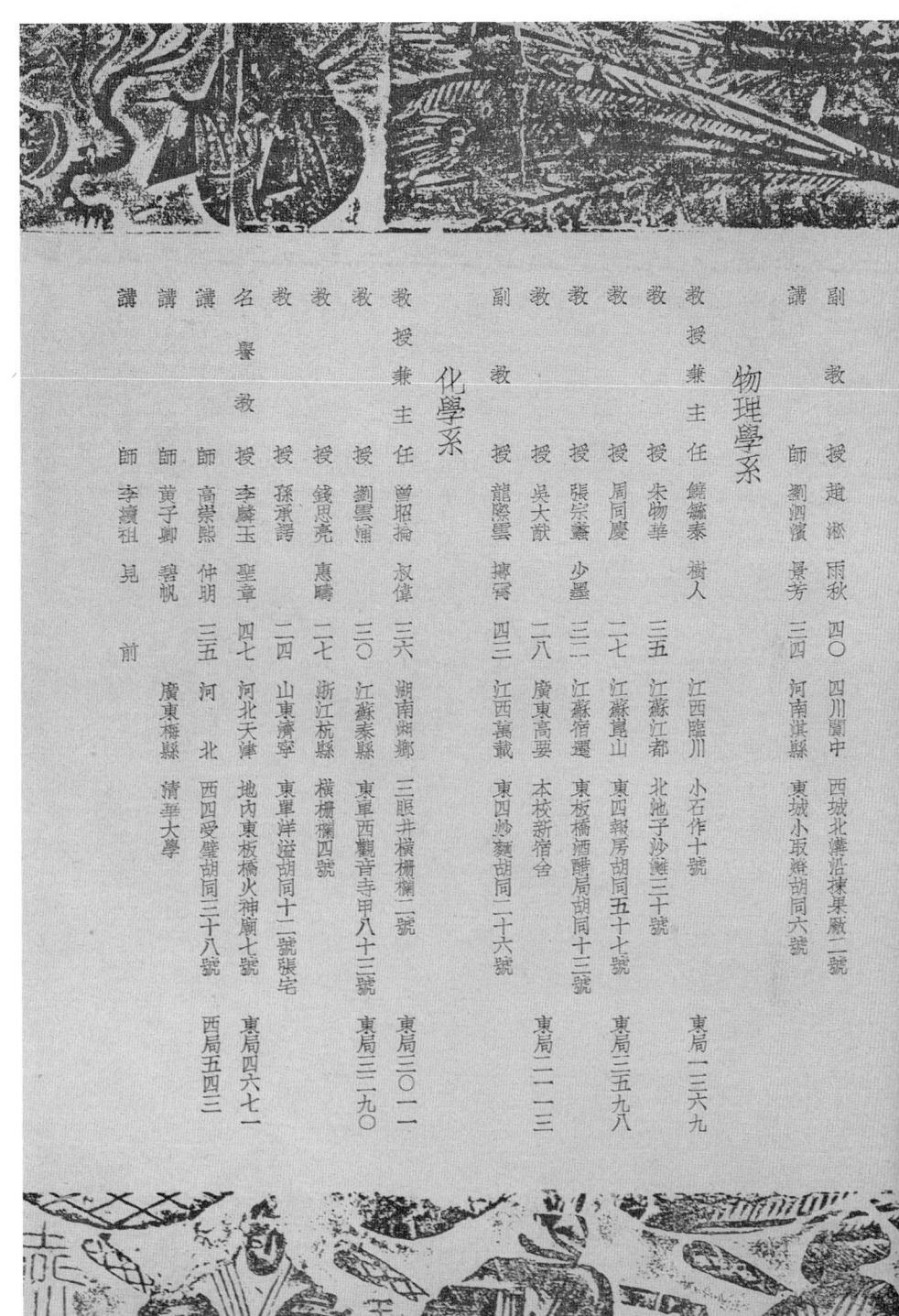

地質學系

教授兼主任	李四光	仲揆		湖　北	景山東大街八號	
教授	謝家榮	季驊	三八	江蘇上海	西城豐盛胡同甲二十二號	西局九六六
教授	葛利普 A. W. Grabau		六四	美　國	西城豆芽菜胡同五號	西局一七六一
教授	王　烈	霖之	四七	浙江蕭山	東四箭廠胡同十二號	東局二九五一
教授	孫雲鑄	鐵仙	三九	江蘇高郵	北海東小石作十號	東局一三六九
教授	斯行健		三五	浙江諸暨	清華同學會	東局三八七八
名譽教授	翁文灝	詠霓		浙　江	地質調查所	南局二一九八〇
專任講師	何作霖	雨民	三六	河北蠡縣	西城二道柵欄甲五號	
講師	楊鍾健	克強	三八	陝西華縣	西四石老娘胡同十五號	
講師	衛梓松	筱赤	四四	廣東台山	小草廠二號	

生物學系

教授兼主任	張景鉞	見前			
教授	雍克昌	克昌	三八	四川成都	東城象鼻子後坑二十七號
教授	沈嘉瑞		三一	浙江嘉興	東城史家胡同二十一號
名譽教授	秉　志	農山		河南開封	靜生生物調查所
名譽教授	胡先驌	步曾	四二	江西新建	西什庫東夾道八號
講師	崔之蘭		三一	安徽太平	東四報房胡同五十七號

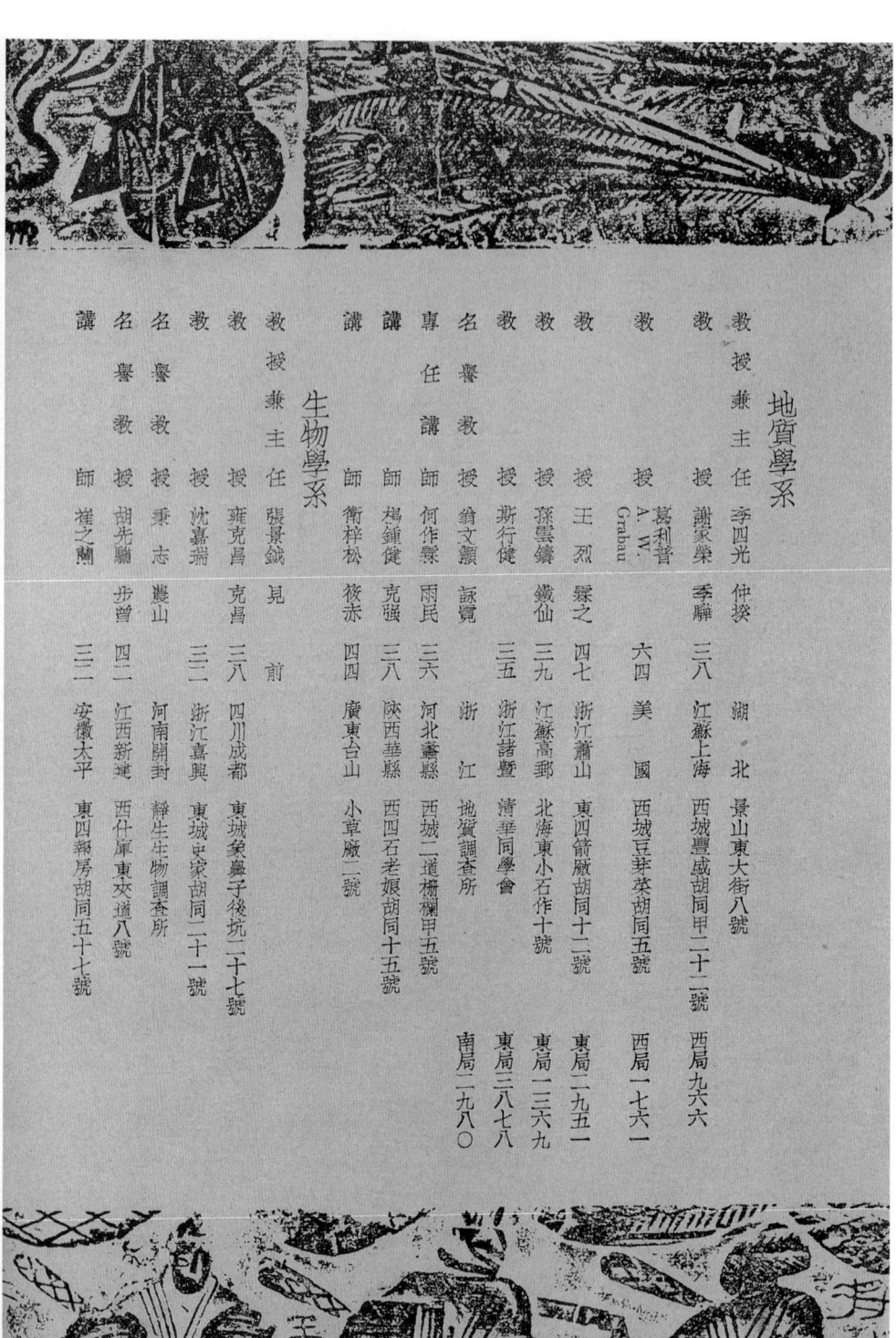

講師　李良慶　敬菴　三三　貴州貴陽　西城府右街石板房二條二號　西局二八五九
講師　陳楨　席山　四二　江西鉛山　清華大學
講師　張春霖　震東　三九　河南開封　西城報子胡同二十六號

文學院

院長　胡適　適之　四五　安徽　後門內米糧庫四號　東局二五一一

哲學系

教授兼主任　湯用彤　錫予　四三　湖北黃梅　南池子緞庫前巷六號
教授　張頤　眞如　四八　四川敘永　東單西觀音寺甲八十三號　東局三三一九〇
教授　馬敘倫　夷初　五一　浙江杭縣　東皇城根雙輦胡同十二號
名譽教授　徐炳昶　旭生　四八　河南唐河　西皇城根十二號　西局一四九六
副教授　賀麟　自昭　三三　四川金堂　後門三眼井橫柵欄一號
專任講師　鄭昕　汝珍　三一　安徽廬江　東四三條一號
講師　熊十力　子眞　五一　湖北黃岡　後門內二道橋二號
講師　周叔迦　三七　安徽至德　和平門內下窪子一號　南局一九四五
講師　容肇祖　元胎　三九　廣東東莞　景山東大街二號
講師　李西祿（原名錫祿）Miss L. Lichnowsky　二九　德國　東交民巷公使館飯店　南局一八五六
講師　林宰平　宰平　五六　福建　宣外大井胡同五號　南局二〇

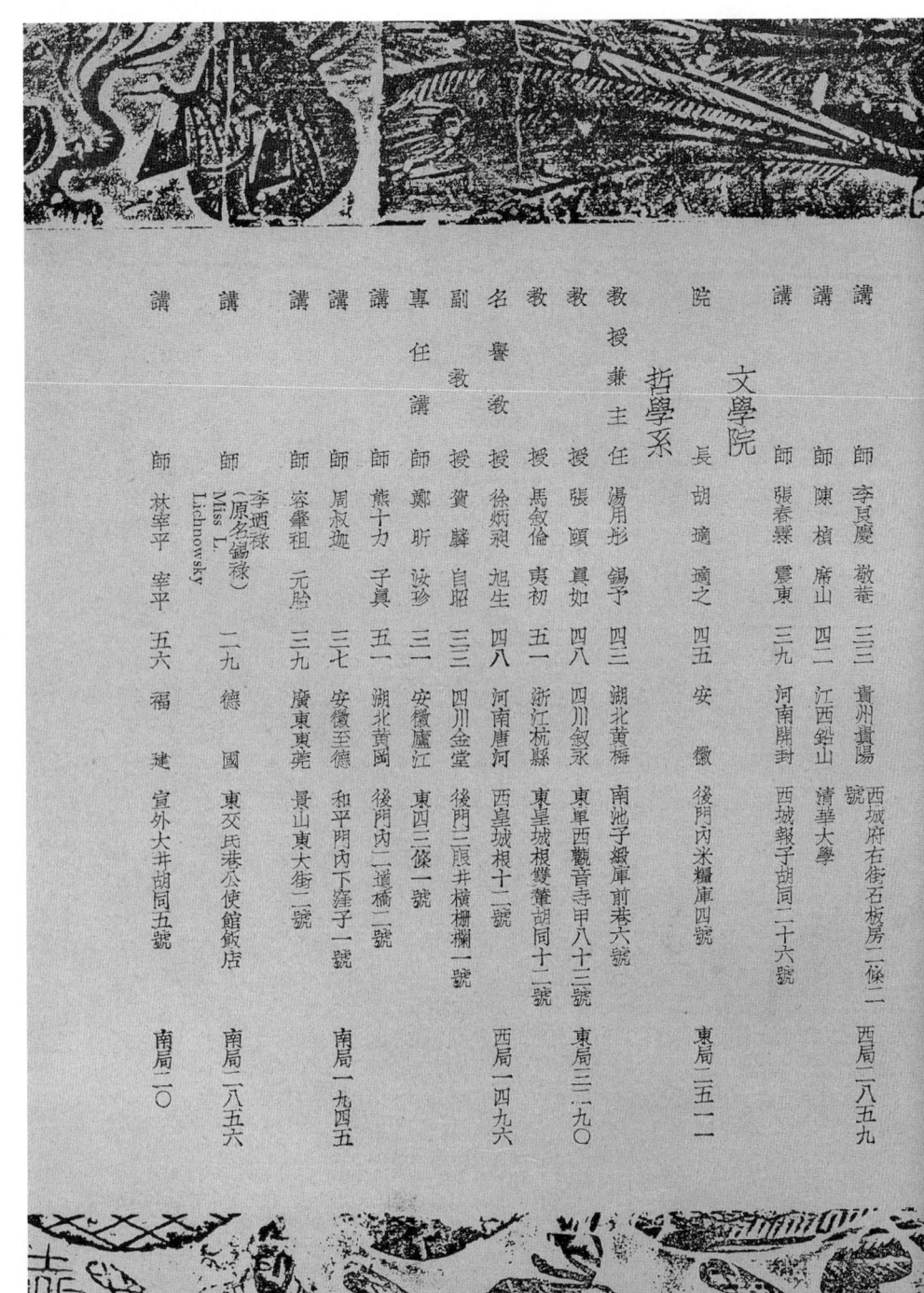

教育學系

教授兼主任	吳俊升		三五	江蘇如皋	東四報房胡同五十七號	東局三三五九八
教授	樊際昌	見前				東局二三一六
教授	邱椿	大年	三八	江西寧都	西城報子街路北十六號	
教授	尙仲衣		三三	河南羅山	東四報房胡同五十七號	東局三三五九八
教授	潘淵	企莘	四三	浙江紹興	東城外交部街東口大羊宜賓胡同二十一號	
教授	陳雪屏	雪屏	三六	江蘇宜興	北池子五十八號	東局一四七三
名譽教授	汪敬熙	緝齋	三八	山東濟南	中央硏究院心理硏究所	
名譽教授	林可勝		三八	福建	東總布胡同六十三號	東局二七四
講師	劉吳卓生		四二	浙江永嘉	燕京大學燕南園五十一號	
講師	倪亮	朗若	三四	南京	東四報房胡同五十七號	東局三三五九八
講師	余景陶	景陶	三八	湖北黃陂	西交民巷大來飯店	南局九七二
講師	王西徵	伯諦	三四	遼寧瀋陽	石駙馬大街八十四號	

中國文學系

教授兼主任	胡適	見前				
教授	馬裕藻	幼漁	五六	浙江鄞縣	西板橋甲二號	東局一五七一
教授	羅常培	莘田	三七	北平	北河沿北箭亭一號	東局一六三
教授	羅庸	膺中	三六	江蘇江都	大學夾道甲十二號	東局一三一九
教授	鄭奠	石君	四一	浙江諸暨		

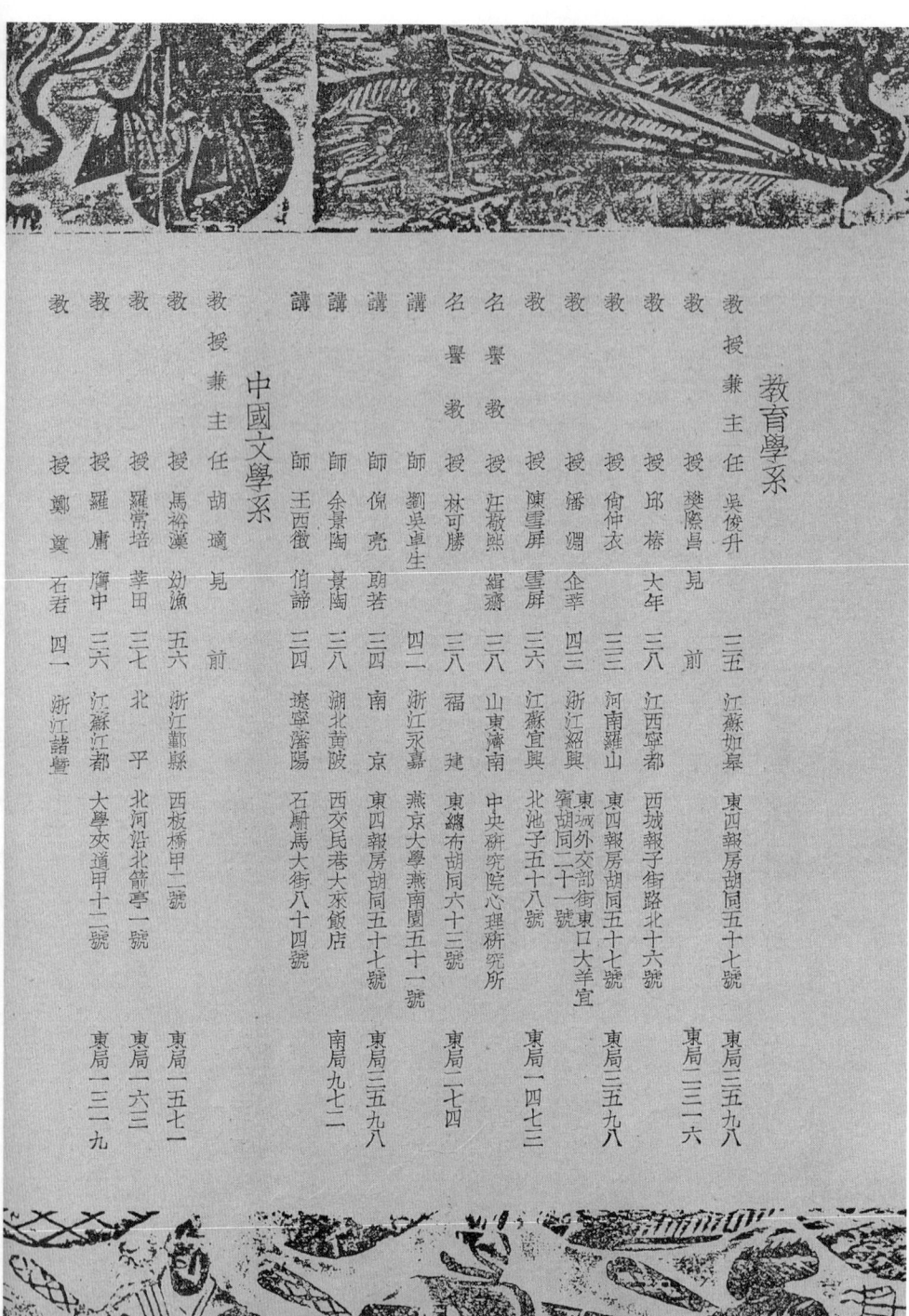

名譽教授	傅斯年	孟眞	二七	山東聊城	後門外前鐵匠營二號	西局二七三七
名譽教授	沈兼士	兼士		浙江吳興	沙灘二十九號	東局三八〇
名譽教授	錢玄同	疑古	四九	浙江吳興	東華門大街孔德學校	東局二四七〇
名譽教授	沈尹默	尹默	五三	浙江吳興	崇內鈴鐺胡同大紅門	東局八九五
副教授	魏建功		三四	江蘇如皐	朝陽門內大街八十三號	東局一五三八
副教授	鄭天挺	毅生	三七	福建長樂	西四小將坊胡同二十三號	西局二五三六
講師	馮文炳	廢名	三五	湖北黄梅	東華門內北河沿甲十號	
講師	聞一多		三七	湖北蘄水	清華大學西院四十六號	
講師	顧隨	羨季	三九	河北清河	東四四條一號西院	
講師	唐蘭	立厂	三六	浙江嘉興	東城外交部街甲二號	
講師	趙蔭棠	憩之	四三	河南鞏縣	後門內後局大院甲二十號	
講師	孫楷第	子書	三四	河北滄縣	石老娘胡同六號	借西局八二三
講師	余嘉錫	季豫	五二	湖南常德	東高房三號	
講師	沈啓无		三四	江蘇淮陰	東城甘雨胡同六號	東局二三六四
講師	何容	談易	三三	河北深澤	府右街運料門內中國大辭典編纂處	西局二五〇六

外國語文學系

教授兼主任	梁實秋		三四	北平	內務部街二十二號	
教授	朱光潛	孟實	三九	安徽桐城	地內慈慧殿三號	東局一七一三
教授	邵可侶 F. Reclus		四二	法國	後門內小石作七號	東局三三四〇

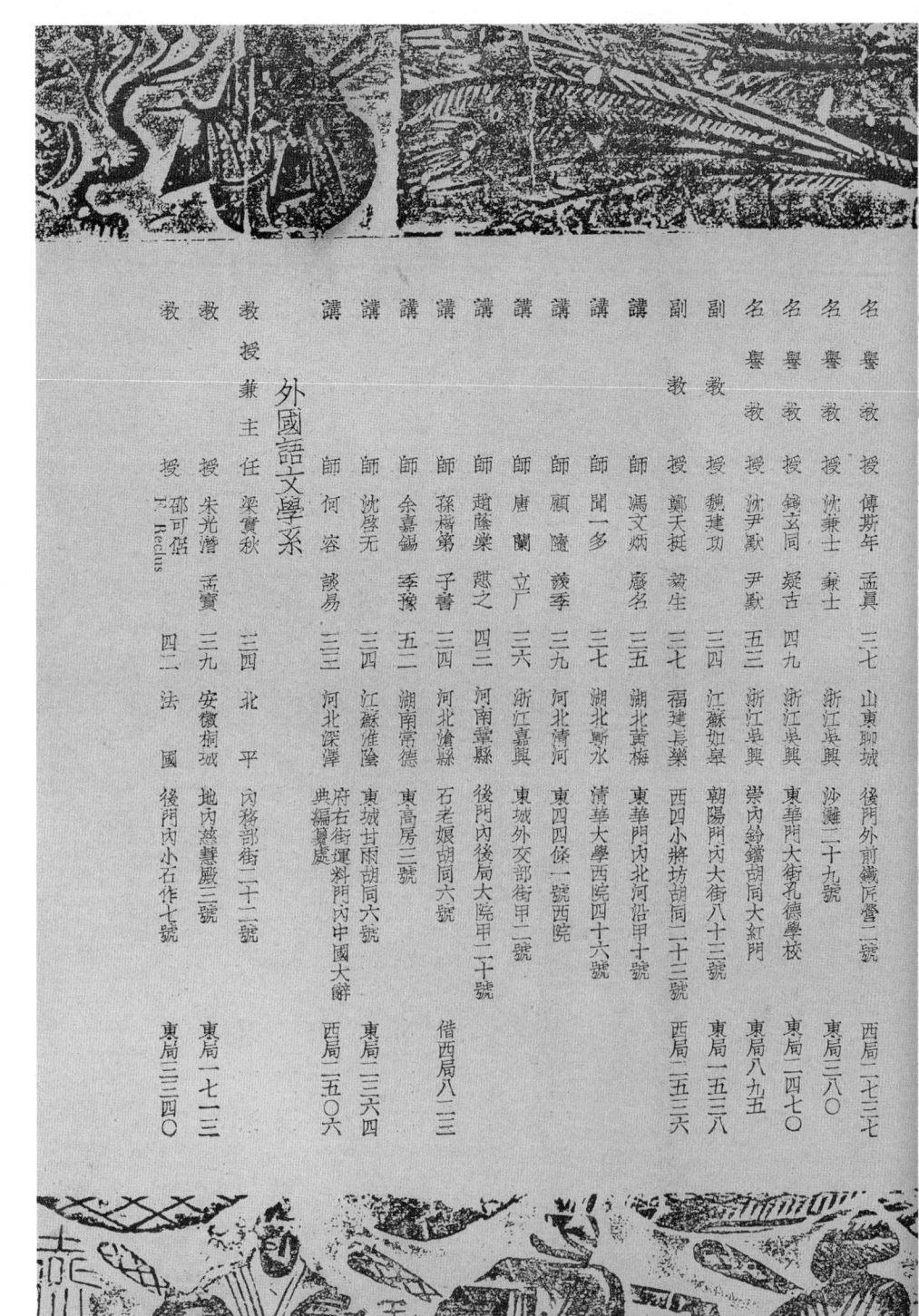

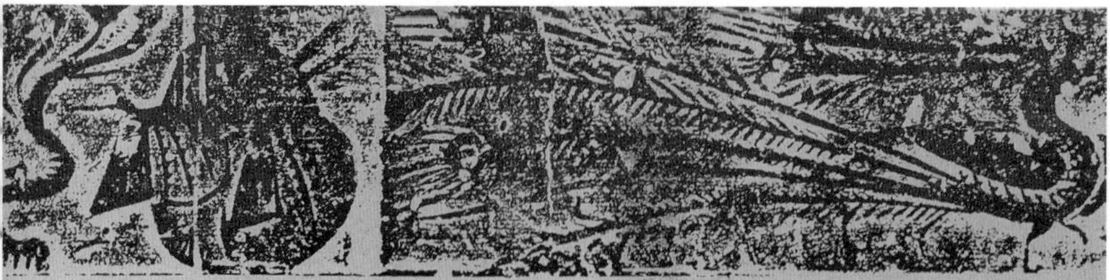

教授	洪濤生 Uincenz Hundhausen		五六	德國	廣安門外南河泡子二十七號	
教授	周作人	啓明	五一	浙江紹興	新街口八道灣十一號	西局二八二六
教授	徐祖正	耀辰	四〇	江蘇崑山	東城祿米倉甲二十六號	西局二八二六
副教授	應誼		三八	浙江杭縣	外交部街二十八號	
副教授	潘家洵	介泉	四〇	江蘇吳縣	東城大佛寺西大街二十六號	
副教授	黃國璁	少榆	四二	廣東中山	東單新開路小土地廟六號	東局二五八七
副教授	趙詔熊		三一	江蘇武進	清華同學會	東局三八七八
副教授	陳欽仁		三五	四川崇慶	東城內務部街甲四十六號	
講師	佘坤珊		三〇	江蘇上元	東城無量大人胡同三號	
講師	楊子餘	子餘	四七	河北武清	前內小四眼井十號	借南局二三
講師	傅仲濤		四〇	江西南昌	地安門外西煤廠十三號	
講師	聞家駟		三一	湖北浠水	清華大學西院聞宅	
講師	衛德明 Wererm		三〇	德國	遂安伯胡同七號	東局一九〇八
講師	陳綿	伯早	三六	福建閩侯	西皇城根二十二號	西局一〇〇四
講師	葉公超	公超	三六	廣東番禺	清華大學	
講師	李華德 Lebenthal		四九	德國柏林	舊鼓樓大街小石橋十七號	
講師	房仲民		三〇	安徽桐城	東四三條一號	
講師	盧愛知		三三	湖南邵陽	宣內石駙馬大街〇一三號	

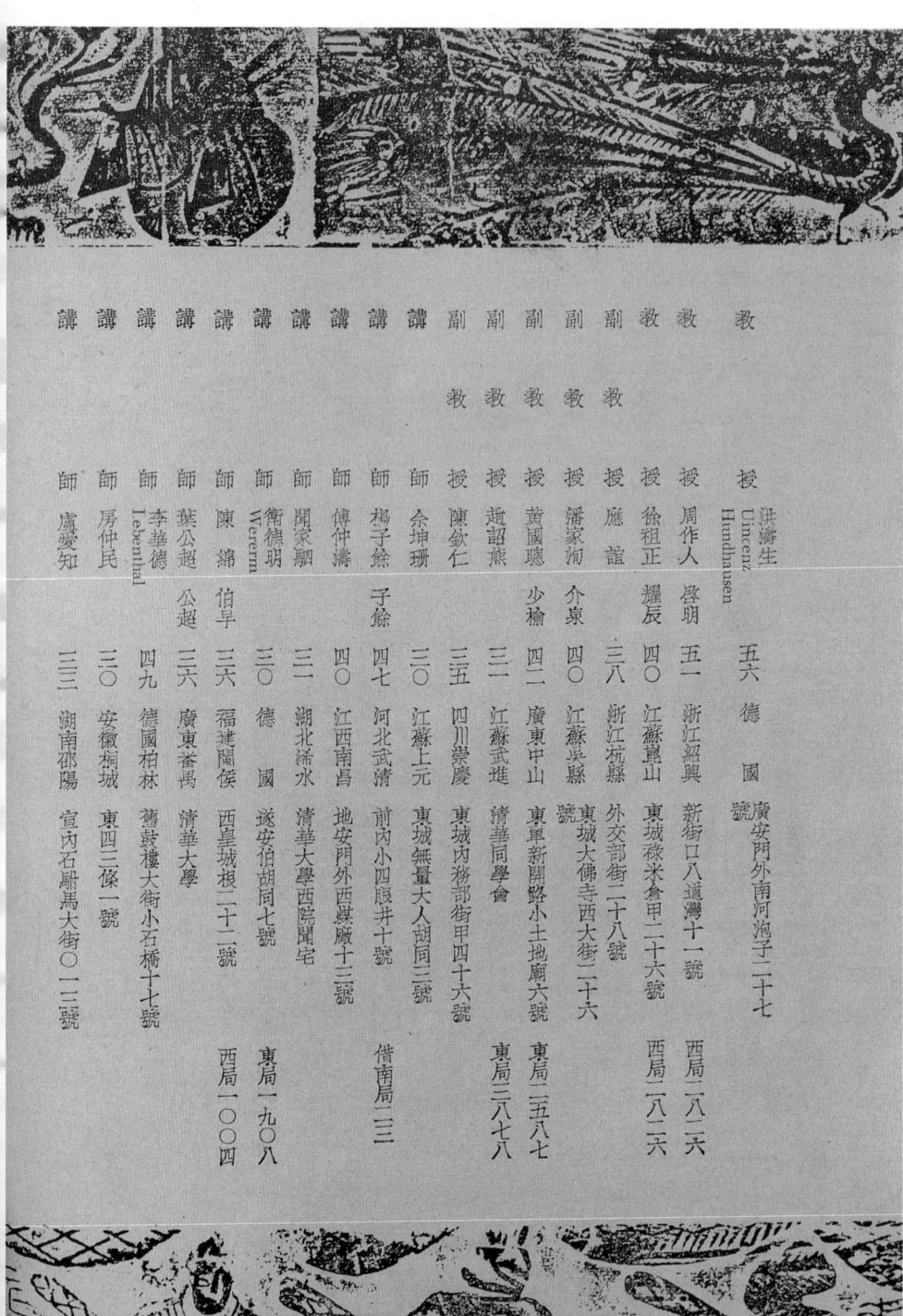

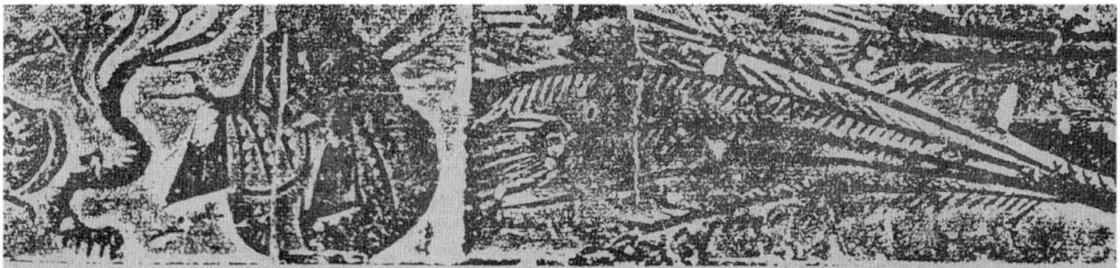

講師	柏烈偉 Emonue skerner	卿況	四九	俄國烏克蘭	東單喜雀胡同甲二號	
講師	吳益泰	仲甌	三五	河北大興	東單二條五號(東門)	

史學系

教授兼主任	陳受頤	受頤	三六	廣東番禺	小石橋甲十六號	東局二三三六
教授	姚士鰲	從吾	四二	河南襄城	東城萬曆橋二號	借東局九八五
教授	孟森	心史	六九	江蘇武進	馬園胡同三號	
教授	錢穆	賓四		江蘇無錫	東四馬大人胡同甲十二號	
教授	毛準	子水	四二	浙江江山	安內寬街三號	東局三八六九
名譽教授	陳垣	援菴		廣東	米糧庫二號	東局五五三
名譽教授	馬衡	叔平	五五	浙江鄞縣	小雅寶胡同四十八號	東局二七六九
名譽教授	朱希祖	逷先	五七	浙江海鹽	德內草廠大坑二十一號	
名譽教授	鋼和泰 Baron A. Von steel-Holstein		五九	埃細尼亞國	東交民巷奧使館	
副教授	皮名舉		二八	湖南長沙	清華同學會	東局三八七八
講師	聶西生	西生	三四	河北大名	西城羣花街十二號	
講師	馮家昇	伯平	三二	山西孝義	海甸成府後羅鍋胡同四號	
講師	王謨	獻芻	四一	四川儀隴	西城石板房二十二號	西局一八二二
講師	劉崇鋐	壽民	三八	福建閩侯	清華大學	
講師	張星烺	亮塵	四九	江蘇泗陽	地安門外方磚廠二十三號	

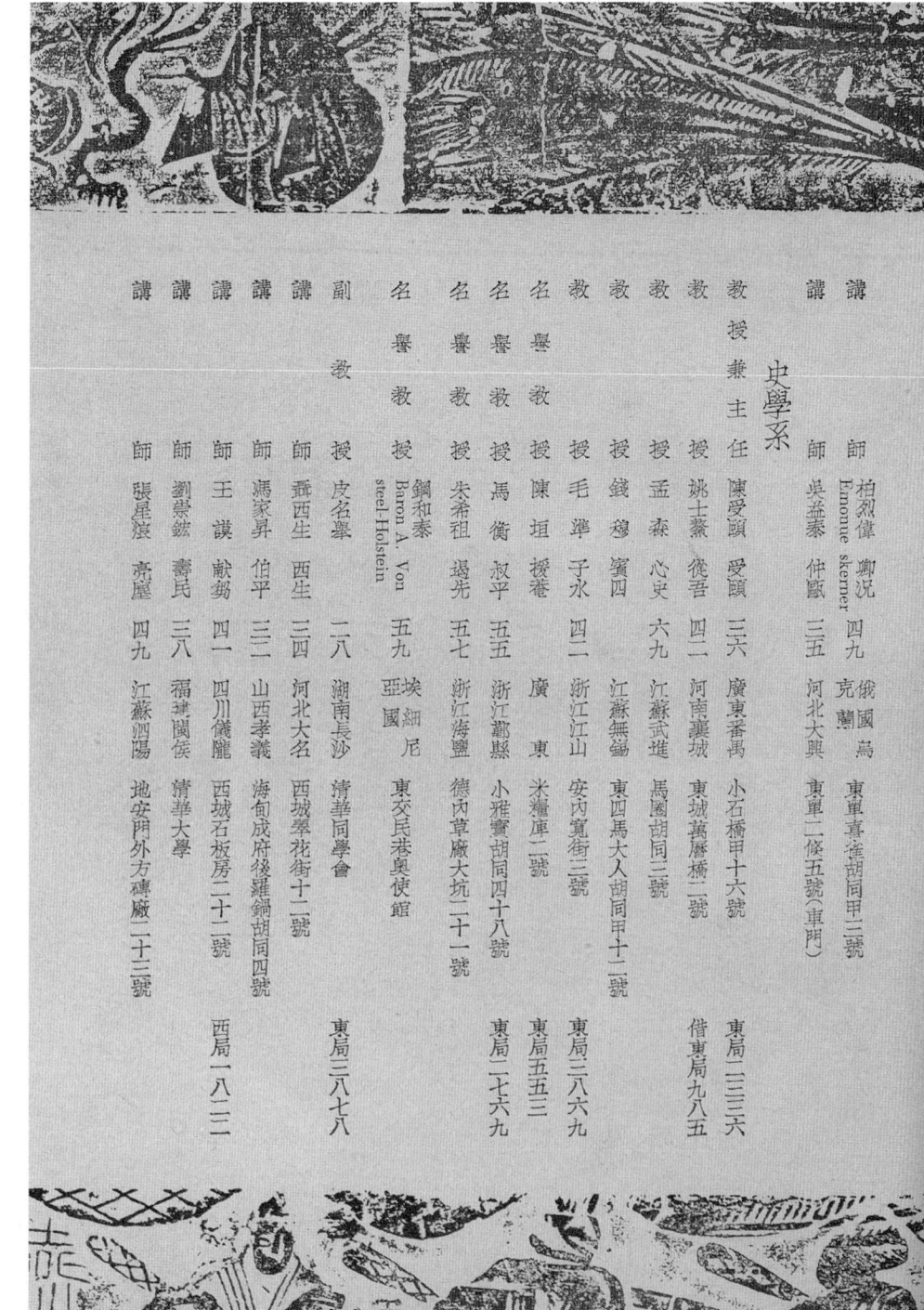

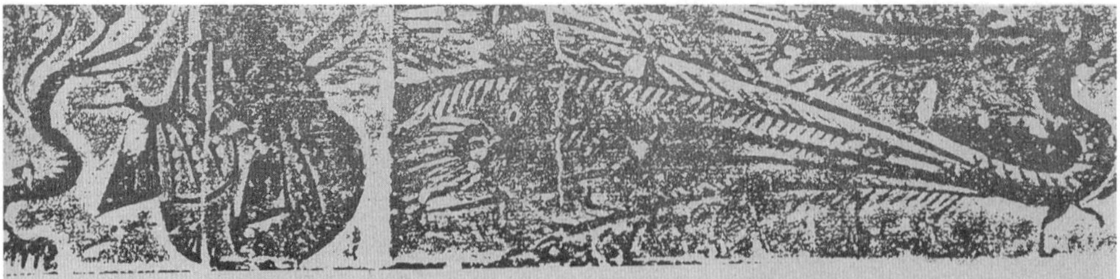

講師	顧頡剛		四二	江蘇吳縣	西城大院胡同一號	
講師	趙蕙里	斐雲	三一	浙江海寧	陟山門大街七號	東局二〇五〇
講師	齊思和	致中	二九	河北寧津	宣外西椿樹胡同三十六號	
講師	羅念生		三〇	四川	東城椿樹胡同一號	
講師	柯昌泗	燕舲	三七	山東膠縣	阜內王府倉十六號	
講師	王輯五		三六	河北雄縣	琉璃廠東北園六十四號	
講師	勞幹	貞一	二九	湖南長沙	地安安外方磚廠下窪子路西十二號	

法律學系

教授兼主任	戴修瓚	君亮	四七	湖南常德	宣內槐抱椿樹菴四號	西局七三九
教授	劉志敭	抱愿	五〇	江蘇武進	西城錦什坊街扁担胡同四	西局二八一六
教授	陳瑾昆			湖南	東四北汪芝蔴胡同八號	
教授	燕樹棠	召亭	四四	河北定縣	後門內碾兒胡同十八號	東局一八六三
教授	董康	授經	六九	江蘇武進	宣外西磚胡同甲九號	南局五六八陶
副教授	李麐壽	麐壽	三九	湖南祁陽	海甸成府喜半胡同十三號	
副教授	張映南	光燦	四三	湖北江陵	納福胡同二十六號	
講師	王覲	漱蘋	四六	湖南瀏陽	西四北前車胡同二十號	西局二五二
講師	王家駒	維白	五八	江蘇丹徒	邱祖胡同二十五號	西局三九一
講師	黃得中	覺非	四一	江西武寧	東城蔴線胡同三十一號	
講師	于光熙	梅僧	四二	山東蓬萊	東城馬市大街四十號	

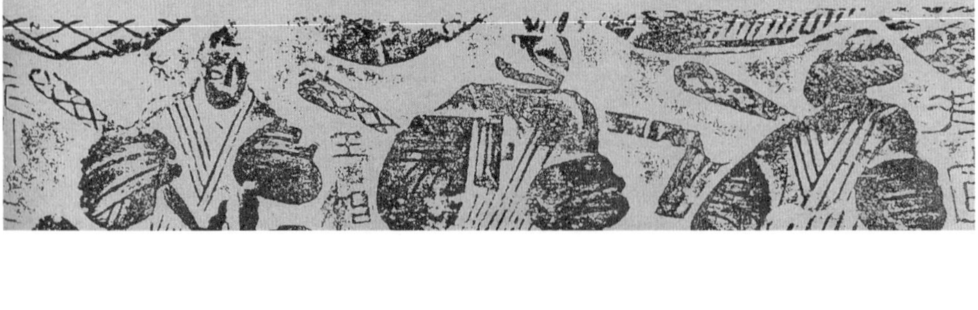

講師	張叔龍		四二	江蘇東臺	宣內浸水河丁二十四號	
講師	蔡樞衡	誘哀	三一	江西永修	王府井大街大紗帽胡同尙賢公寓	
講師	趙鳳喈	鳴岐	三八	安徽和縣	清華大學北院十四號	
講師	石志泉	友儒	一五	湖北孝感	西長安街大栅欄二十七號	西局五五五六
講師	王治燾	聰彝	四二	湖北黃陂	廠西門東椿樹胡同二號	

政治學系

教授兼主任	張忠紱	子纓	三四	湖北武昌	東城內務部街四十四號	
教授	陶希聖		三八	湖北黃岡	西城二龍路三十三號	西局一一一五
教授	許德珩	楚生	四二	江西九江	東城遂安伯胡同十四號	東局一四九五
名譽教授	陶孟和	孟和		河北天津	北新橋小三條十五號	東局六五
副教授	陳受康		三三	廣東番禺	南池子飛龍橋二十號	東局三〇七五
講師	張佛泉		二七	河　北	天津大公報轉和內舊簾子胡同二十七號	南局四〇三〇
講師	蕭公權	公權	三八	江西泰和	清華大學	
講師	章友江		三四	江西南昌	定阜大街二號	西局一三八四
講師	張奚若		四六	陝西朝邑	朝陽門大街三百八十號	
講師	嚴鶴齡	侶琴		浙江餘姚	北河沿五十九號	東局三八九七

經濟學系

教授兼主任	趙迺摶	廉澄	三九	浙江杭縣	西四小院胡同一號	西局七九六
教授	周炳琳	見前				

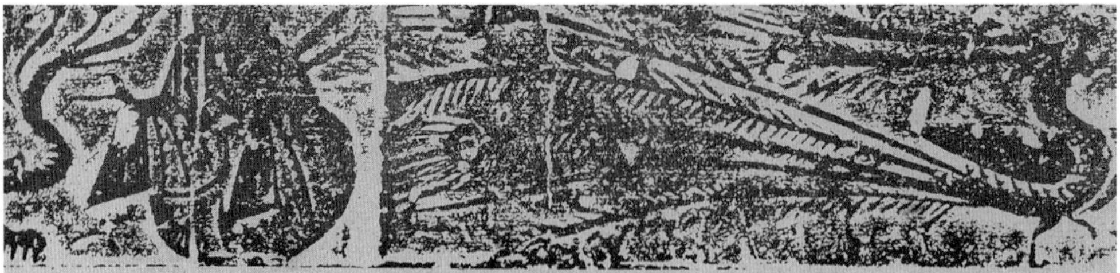

教授	周作仁	濯生	四一	蘇江淮安	黃化門䋲把胡同四號	
教授	秦瓚	縝略	三九	河南固始	西城闢才胡同二條九號	西局二九九〇
副教授	卓宜來		三一	福建閩縣	東四十二條王駙馬胡同四號	東局三三三三
講師	盧郁文		三五	河北	西城成方街四十四號	
講師	何作霖	沛然	三六	廣東東莞	宣外上斜街東莞新館	南局一一三一
講師	李濬	靜波	五一	河北磁縣	後門外東皇城根甲三號	東局四四七七
講師	胡謙之	謙之	六五	湖北沔陽	西安門內酒醋局九號	西局二五七七
講師	薩德成	德成	三二	福建仙遊	後門內三眼井橫柵欄一號	
講師	趙人儁	守愚	三八	浙江蘭谿	清華大學	
講師	千家駒	家駒	二六	浙江武義	社會調查所	西局一一三四
講師	楊宜春		三一	安徽懷寧	東單西觀音寺甲八十二號	東局三三九〇

通習

黨義講師	王宣	德齋	四七	河北薊縣	護國寺西巷十二號

研究院

院長	蔣夢麟	見前
理科研究所主任	張景鉞	見前
文科研究所主任	胡適	見前
法科研究所主任	周炳琳	見前

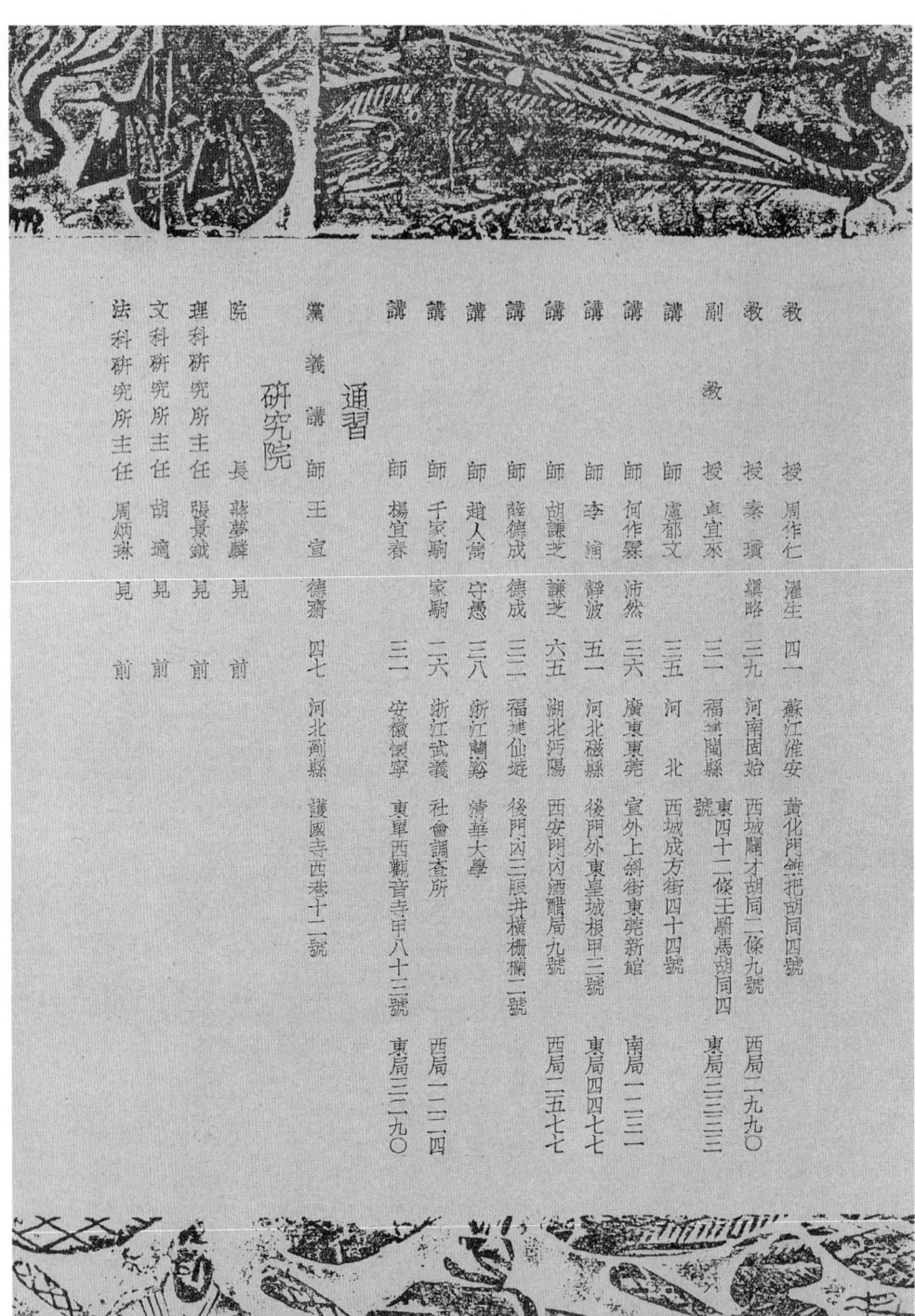

歷屆畢業同學錄

歷屆畢業同學錄

歷屆畢業同學錄

光緒三十三年畢業學生

優級師範科 廖道傳 王松壽 吳鼎新 孫昌烜 于洪起 蕭承弼 李樹滋 顧宗棻 戴丹誠

關賡昭 李登選 關慶麟 李榮轍 任重 吳景濂 封汝諤 劉式訓 鄒應憲

韓述祖 由雲龍 鮑誠毅 李恩瀛 胡鱗汝 謝塤麒 梁兆璜 程祖彝 潘敬

貴恆 段廷珪 杜福堃 王榮官 黃尙毅 張灝 夏壽同 朱兆莘 吳燮梅

祁傑 葉開寅 張家駒 姚梓芳 陳伯瀾 楊錕鋙 王廷珪 孫鼎烜 曹冕

王澤闓 胡祥麟 劉盥訓 余敏時 盧崇恩 田士懿 瞿士勳 王道元 向同鎏

倫明 念梅蔭 丁嘉乃 柯璜 倫叙 胡璧城 何焱森 時經訓 姚雲

高纘頤 盧榮光 張達琛 倫鑑 陳繼鵬 李慶銘 鄒大鏞 賀司慶 張紹言

陳嗣光 黃嵩齡 阮志道 黃甫衣 增普 董鳳華 王世窩 曾戴幬 張熙敬

朱廷佐 段以修 丁作燊 張東烈 廣源 張伯塤 張鉅源 貞澤 盧時立

陳鑠 劉湛燊 周爾璧 孫鴻烜 穆璽齡 松照 馬象雍 朱應奎 呂志貞

伍作楫

宣統元年畢業學生

優級師範科 許維翰 海清 史鼐 周九齡 唐仰樾 張秀升 田尙志 陳與廉 俞鍾珽

宋鳳純 吳彤錫 吳沂 王鳳昌 蘇世樟 高培元 劉宗同 石山僩 史樹璋

楊協元 張士麟 裴學曾 張景江 趙晉汾 高元溥 金兆棪 魏紹周 蔡錫保

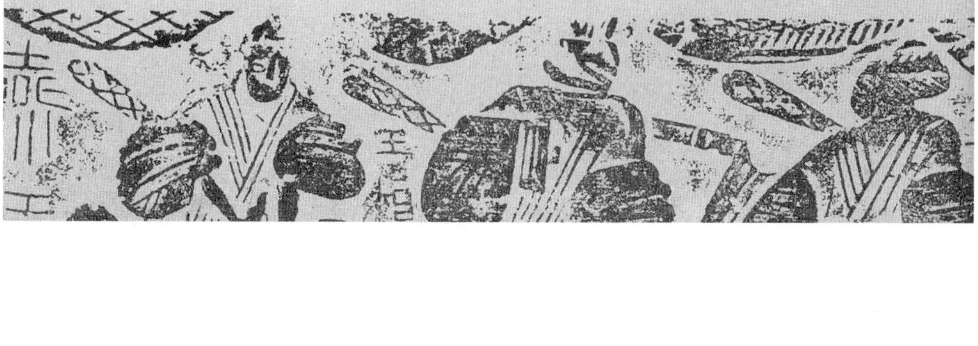

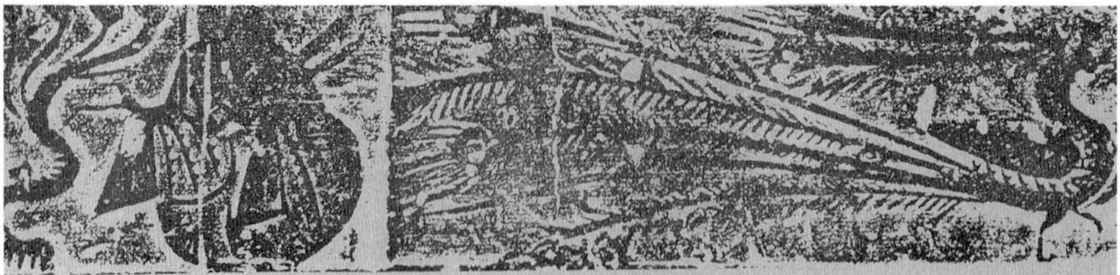

齊文書 辛際周 吳　簡 李日垓 毛齊煥 沈宗元 王希曾 李九華 符定一
王恩第 劉福祥 桂汝劼 陸海望 金光斗 蕭秉廉 王多輔 蔣襄清 繆承金
陳與椿 梅鎮涵 祝廷棻 吳奎璧 維　堃 錢　瑗 程兆元 劉　彬 邢　騏
馬其則 張鎰炯 黃文濬 王念劬 孫　夔 金　聲 楊士京 李連炳 李　棠
譚崇光 方敦素 洪百庚 段吉常 施文垚 章擷華 方元庚 錢雲鵬 王光烈
陳昭卓 方觀洛 曾楚珩 周　清 鄭萬瞻 張　洽 高茂楙 周蔚生 胡光璧
隆　彬 張國琛 段世徵 馬汝鄴 何廣槃 周明珂 周錫齡 銖　昬 時經銓
朱崚嶒 邱志岳 錢詩楨 張鴻翼 毛鶱文 陶樂甄 葆　謙 鍾頌亙 馮學壹
李與勇 陸　鋆 文啟驫 王燕晉 鍾　啟 張國棣 丁其彥 吳天徽 孫光宇
易國馨 宗傚琦 周揚峻 柯與耀 王葆初 何師富 張啓聰 徐鍾藩 王之棣
張鼎治 解名發 楊緒昌 湯葆光 郁振域 淵從極 唐春鍌 管堃清 鄒學伊
王汝炤 馮啓豫 畢培仁 余欽羲 郭丹成 常堉蕙 陳錫琨 伍思樂 何　良
鄧　宗 張　炯 徐國炯 謝廷昌 孫鼎元 高鼎文 靳瀛旭 李　華 崔學材
夏肆寅 李堯勷 劉善寀 李彩章 秦銘光 李文鼎 陳去非 笛永年 楊風穆
劉應嵩 成　林 夏緯璟 王道濟 劉瀚文 王黻燦 張鴻楷 鴻　鑫 蕭秉元
定　林 李鳴鐸 俞　燮 吳克昌 譚家臨 譚凌雲 向玉階 桂　芳 黃枝欣
彰觀圭 鄭滋蕃 陳文炳 張樹基 袁世霖 德　斌 張星耀 查振聲 張壬林
倫　綽 劉　勷 德　成 楊湛霖 李鍾英 李應謙 汪步霄 侯寅亮 馬效淵
錫　康 杜師收 張國威 闞黻鈞 姚守文 加克恭 趙黻華 劉傳純 楊昌銘

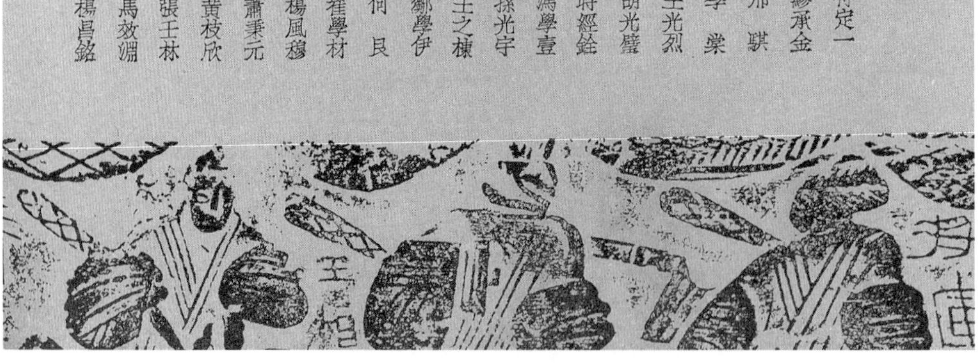

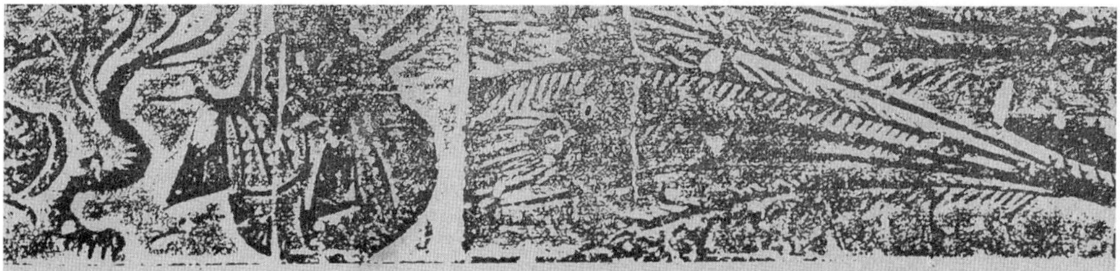

預備科

周端琦 張厚璋 葉浩章 朱崇理 黃必芳

周昌壽 廖福同 王烈 陳其瑗 屠敏恒 焦發第 葉秉良 陳培源 張樞

李文瓛 區宗洛 胡宗楷 諶祖恩 秦炳漢 陳頌芬 林建倫 盧頌芳 區國著

孫信 毛恩旭 孫時勳 鄭君醴 陳廷瑩 溫鴻達 顧寶琎 林斯高 方彥忱

陳季玉 王祖訓 吳友蘧 區宗濂 李經腴 李逢宸 李協 韓進之 雷豫

曹數宗 秦汝欽 陳叔玉 伍大光 朱聯沅 秉志 麥棠 李景言 梁鴻志

陳為銚 蔣夢桃 劉鎮中 沈覲冕 陳器 張宗元 馮寶璀 陳昭令 錢家瀚

梁光照 張其真 闞定波 吳肇麟 羅忠懋 蔡洵 高琁 孫祖昌 周運鈞

趙策安 陳祥翰 崔慶鈞 崇文 湯龍驤 司徒衍 梁程 段硯田 李景堃

曹允江 何其樞 林典 范期顯 徐咸泰 陳兆焜 高普燁 喻寶幹 張鑑哲

顧立仁 莊澤崴 馮有林 謝鏡第 婁璥 路晋纓 徐惕祥 姚國楨 馮士光

黃詠麟 王超 王斌 周翰 司徒穎 毓滄 鄭彤雯 彭紹祖 劉國鈞

張積誠 李鈞寰 何璿先 李崇業 鍾啓賢 姚人鑑 李博 李鍾珩 孫炳元

陳紹虞 劉祖蔭 冼繼樸 黎惠中 胡宗模 陸是元 陳麟書 袁炯 喻品衡

吳定邦 劉毓瑤 劉星楠 汪桀 鄔友能 彭繩祖 常國綸 趙乾年 陳電祥

劉瀠 董嘉會

民國元年畢業學生

預科一類

王鳳儀 陸俊 周維華 張江霖 東士方 潘雲路 安貞祥 徐東藩 郝名儒

孫啓震 孫守謨 李敬思 汪翔 張寶泰 劉崇涵 錢昌穀 王綱 萬兆芷

蕭純錦 謝鴻勳 馬志淵 楊宗炯 葉祺 張樹珊 毛雲鶚 洪瀀祖 吳蔭樾
李克岐 林以和 陳器勳 姚文澤 陳斌 陳蕙康 張鴻恩 吳熙恒 孫炳文
賈在淇 范鐙 關紹棨 李敬修 任玉麟 陳世俊 廖賡喜 陳宏裕 張廷贊
胡紹寅 張承嘉 張世傑 袁異慶 王朝琮 李明威 汪國垣 涂藻 余啓鴻
徐繼陵 張金壽 高天策 項衡方 瞿常 陸樹棠 陳鉅 姜漢澄 朱鶴皐
劉靖中 汪啓疆 李世桂 丁鴻賓 黄恩蔡 江鍾麟 吳鍾璧 陳慶祥 姜景暄
高天樞

預科二類 陳寅 金兆梓 周廷襄 徐國垣 汪國鎮 夏際艮 祝紀藩 葉光第 曹福鈞
朱型 吳紹藩 胡昌熾 趙元貞 張庶鑣 黎鵬翰 許兆駿 陳斌 葉可樟
馮家樂 王興義 徐學培 關紹棠 葛震卿 瞿祖輝 袁琦慶 趙璧 鄧鍠鈞
溫論薰 陳維 沈恩祉 陳伯文 馮振鋆 國光 魏錫賡 魏國珽 唐景和
何永譽 鮑光照 嚴家幹 郭相宸 高錫九 胡之琦 陳葆貞 王景文 陳桂祥
羅絢 許震寰 蔣式瑨 熊大垣 曾國麟 李萃 李藻 林傳樹 張丕型
蕭文祜

民國二年畢業學生

文科史學門 陳漢章 史鼐 袁其梭 倫敘 劉鵾書 胡靖 馮肅恭 鄭恆慶 殷珍
蔣乃曾 田世謙 郭步瀛 李雲錦 張達琛 高鳳岐 李寶賢 梁鼎元 閔孟麒
閔欽辰 楊桂山 韓路卿 葛會灃 張煥文 齊國棨 李濬瀛 韓友澤 田艮顯
萬錫璋 張彭賢

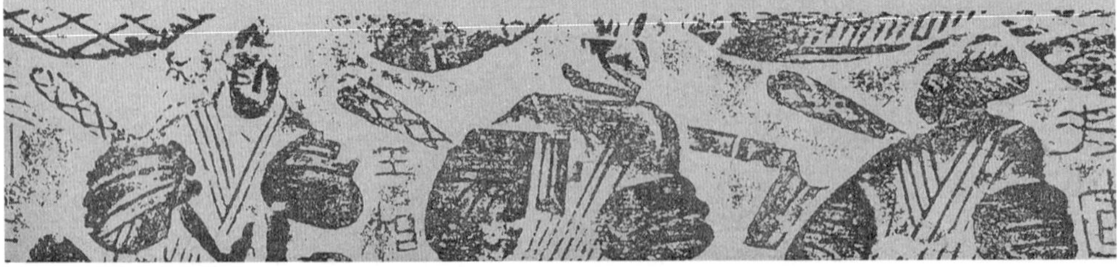

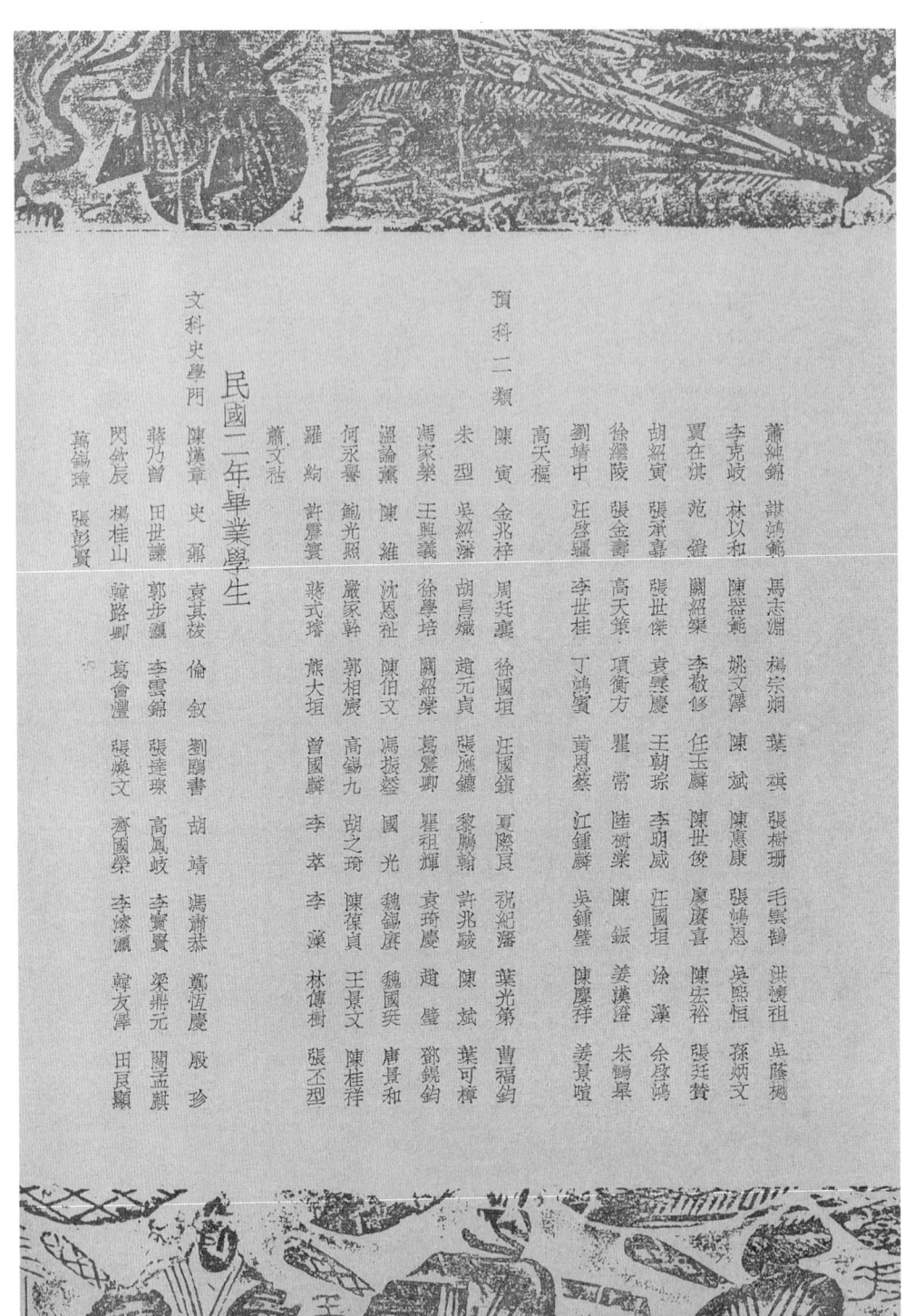

文科文學門　姚梓芳　繆承金　余　謇　韓彝章　劉詠溱　劉傳純　孫百英　章廷華　鄧　翟
劉　哲　鄭滋蕃　高翀漢　童德禧　劉詹曾　張同書　王　峻　侯治平　林梗楠
孫孝宗　蔡　璐　李蓉舫　王家鶴　周鉅煒　唐宗郭　孫其湛　方敦素　呂　崇
曾載濤　李鍾英　馬楓楨　陳鴻藻　王樹屏　賴　機
文科經學毛詩門　管　鍇　常贊春　譚滂雲　蘇繼武　李毓岱　黃澤義　蒙啓勳　趙贊元　陶士麟
陳作霖　蘇德廣　鄒鎮治　萬青選
文科經學左傳門　張念祖　劉際熙　段　洙　廖昺文　朱奉閑　張叙藩　馮汝驤　陳鑑周　陳長鏃
麥棠熺　竇維藩　何壽謙　陸大中　王士靄　莊厚澤
文科經學周禮門　黃步瓊　劉復禮　黃式漁　盧兆清　陳　瀛　李桐音　徐道政
理科地質門　婁　傑　鄔友能
法科法律學門　劉鎮中　朱文黻　趙策安　區宗濂　鄭彤雯　沈文傑　何璿先　馮士光　浦　武
章　烱　王　斌　王治熹　婁　璥
法科政治學門　錢天任　張輝曾　謝宗陶　張振海　劉秉鑑　陳恩普　燕毓麟　黃文濬　彭望鄴
倫哲同　張承樞　王廷勳
商科銀行學門　王　瑛　王敬禮　茹養源　吳　簡　沈　明　韓嘉樹　董瑞熙　張景耀　張爲章
武延賢　俞侃如　邢棨華　毛得信　侯兆星　孫培滋　高茂棻　李道同　趙煥章
王錫章　邵錦林　趙棨幹　何佩瑹　楊震華　吳彥清　宗俊琦　劉福珩　張鶴鳴
張錦堂　鄭祖康
農科農學門　王之棟　邢　騏　周　清　何師富　白鳳岐　葉浩章　徐瑩石　孫鼎元　赫　巖

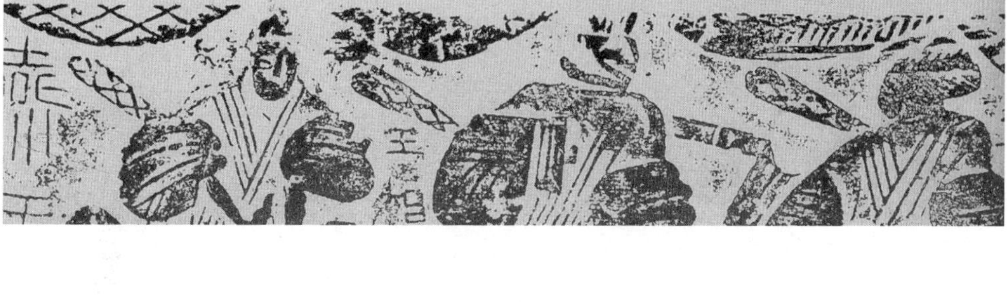

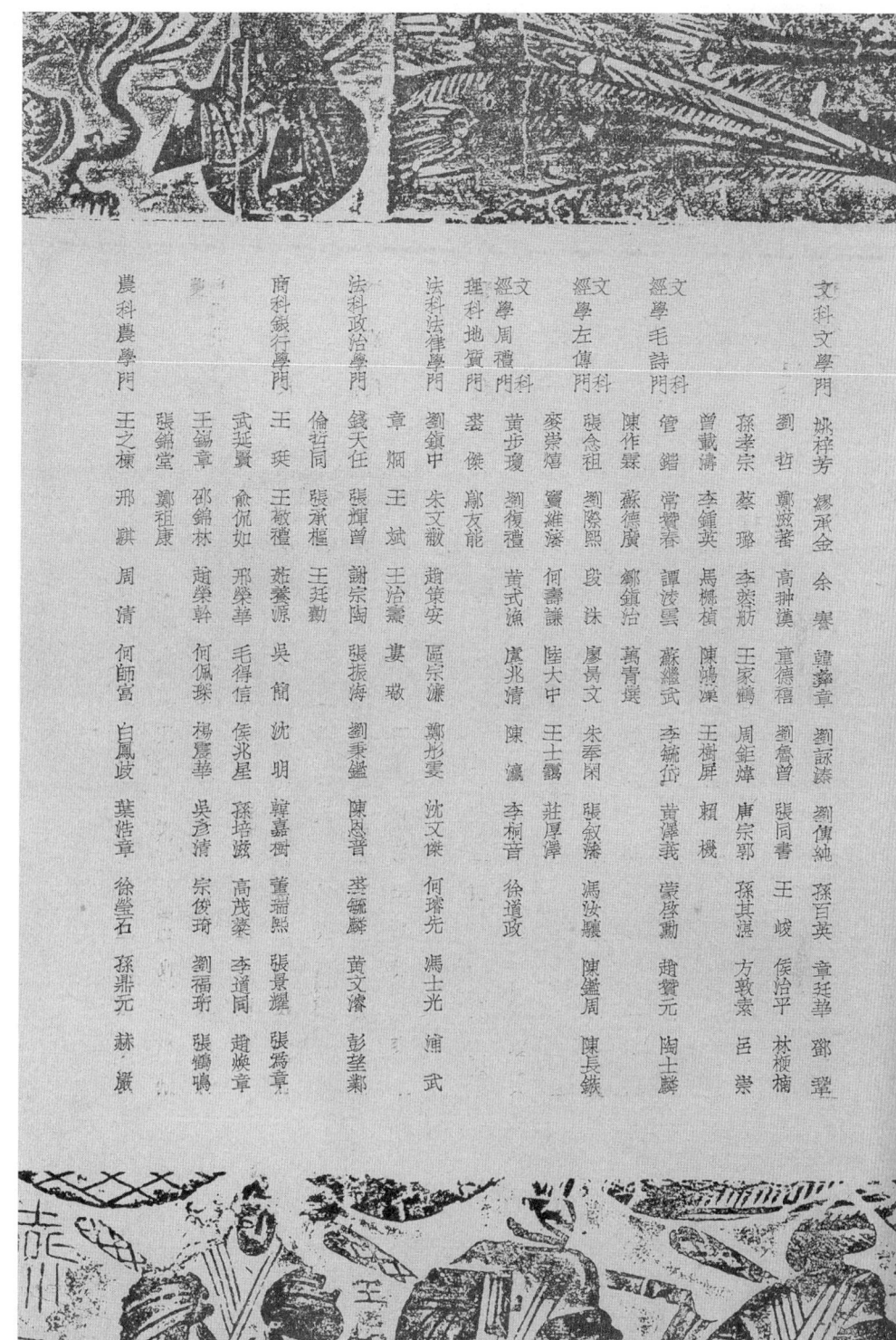

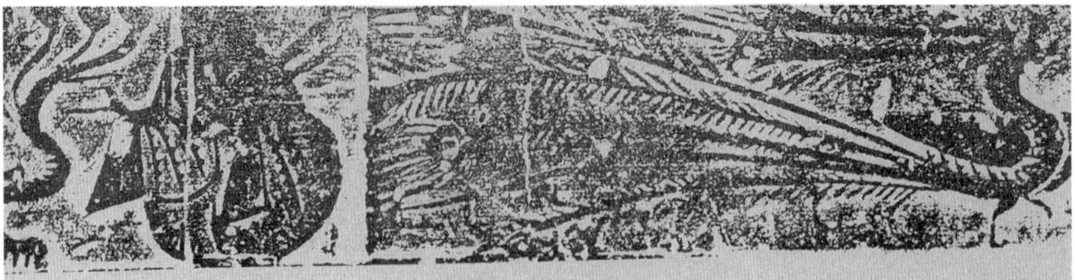

陳臨之　朱培桂　張浩之　徐鍾藩　劉樹三　鄒學伊　賈其桓　吳天徹　封汝謨
呂冀壁　倫　鑑　任季芳　李書斌　劉善案　王振岳　徐國楨　高元溥　陳文炳

農科
農藝化學門

季閎概　史樹璋　許維翰　錢樹霖　盛建勛　王穆如　張厚璋　陸海望　馮啓豫
宋文耕　黃成章　杜福堃　祝廷蓁　崔學材　郝書隆　胡光璧　張　闓

工科土木門

夏昌熾　李文瀻　林建倫　方　强　陳頌芬　區國著　吳　鵬　陳長鉞　葉永保
張祥基　顧麒昌　萬承珪　陳季玉　徐仁錦　劉　澐　喻哲文　孟慶福

工科
採礦冶金門

錢家瀚　李伯賢　方彥沈　李楓岑　吳　鑛　盧頌芳　陳叔玉　戴德馨　孫　信
孫　淦　袁承厚　蔣夢桃　梁　程　王鑑清　司徒衍　王　冶　蔣　奎　麥　棠
陳其瑗　向　肅

預科

程家桐　楊奎明　郭定保　謝如蘭　陳紫星　劉承奎　顧翊辰　鍾家驤　劉承第
甘均道　張幼艮　饒文龍　甘　露　劉　碩　程　耿　傅元善　周蔚猨　鄭訓寅
梅光鉞　黃軔青　羅　震　林肇汾　吳斯美　蕭　毅　林肇烈　鄒任方　袁　龢
姜景煦　梁世勛　徐　淵　史美燚　張其棫　宣　杲　龍沐棠　馮瀚澄　周　炎
趙家駒　葛敬中　莫潤薰　呂慶銓　李　端　陳　蓁　王瑞麟　黃有書　李　鉞
容祖誥　潘　鑫　鄒嘉誼　黃有易　王　猷　曹浩然　潘聰元　廖仁閣　彭善倓
游漢光　廖鴻猷　丁緒寶　岳豫先　曾鴻昌　劉嗣勛　李寶琮　李昌久　任家豐
胡燿湘　王瑾光　王永仁　程體乾

民國二年畢業學生

預科一類　楊健霄　吳　琪　解鴻潤　朱韻彬　王　嵩　劉　彬　段大成　崔進升　朱詩正

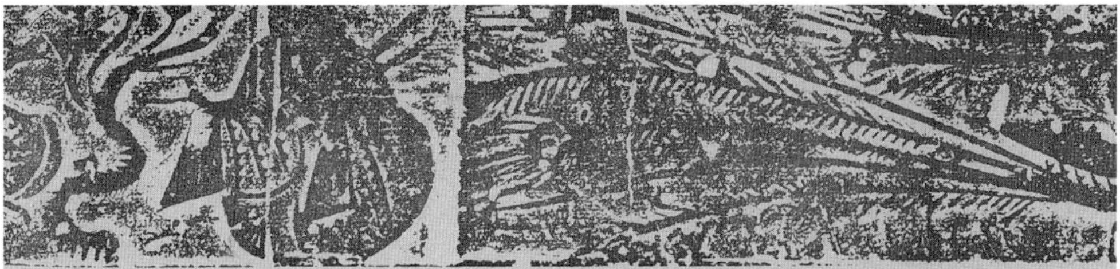

單　壎　袁祚祥　楊書林　李宏增　姚祖訓　吳炯章　楊士元　賀牧西　秦詠畬
佘則惠　任家亨　盧肇炳　顧兆駿　龍沐光　龔　霦　陳凱華　倘其江
預科二類　程式玉　婁定禮　林士模　楊立人　唐鳴皋　孫同人　周　翔　許世璿　孫葆瑋
胡榮銓　江祖蒓　王宗魁　吳爾敏　唐宗寅　黄肇修　沈光瀾　蔡孝肅　夏宗淮
張慶勳　姚祖詒　恩　喜　郝振達　方鎮江　黄濟濬　閻應徵　劉錫彤　李步墀
沈壽椿　王利暉　朱宗畬　梁　棟　虞葆初　馮　澽　袁葆吉　董文甲

民國四年畢業學生

預科第二部　王顯謨　沈　沅　張厚載　籍孝箴　池兆佳　郭壽彰　龔千文　梁兆琛

民國五年畢業學生

文　科　金毓紱　袁丕鈞　楊晉源　馬廞夫　聶鐙澤　劉紹衣　孫初超　趙鶴年　曹　繡
周緯星　王商熊　紀恒源　范春潭　曹育麟　胡培元　徐鏡瀛　閻永輝
理　科　孫國封　丁緒寶　鄭振壎　劉彭翊　陳鳳池　葉　志　商契衡　張澤垚　閻道元
何永譽　李兆灝　陶懷琳　黄德溥　王兆同　朱文稚　季順昌　顧德珍
工　科　趙家騶　衛梓松　顧　鼎　李　鉞　陳湛恩　周大經　楊倬聲　周士毅　廖鴻猷
朱柱勳　程干雲　李學海　齊占一　王瑞麟　劉賓瓚　鍾　英　李熙春　陳樹棠
陳　蓁　王守正　葛敬鈞　莫潤薰　呂慶銓　嚴宏淮　程廷煦　安文瀾　鄭　鈞
龔文凱　沈淵儒　范治淮　陳國士　王家彝
預科第一部　王　修　江永一　陳　愿　黄　中　牛金粟　吳蔭光　趙世祿　沈紹昌　張在田
傅斯年　譚壽祺　周炳琳　吳　澄　傅天啓　郭金章　徐贊化　張海觀　毛以亨

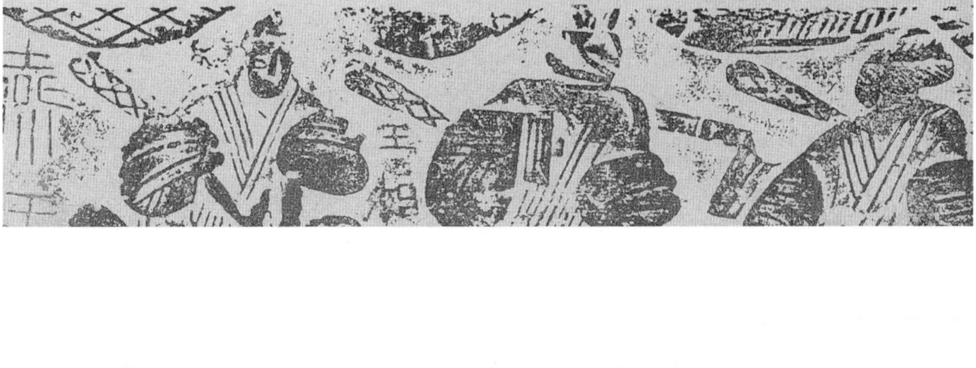

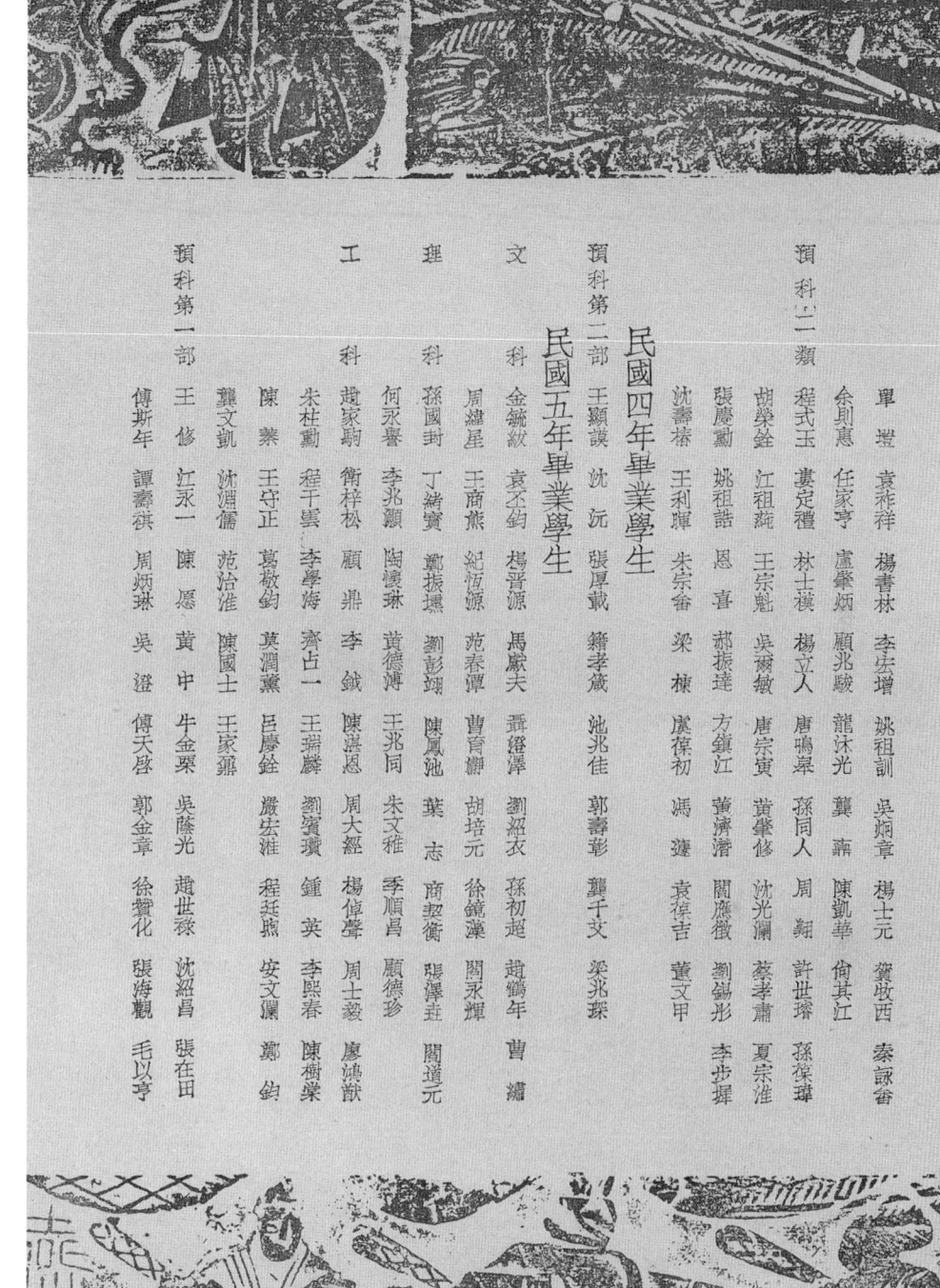

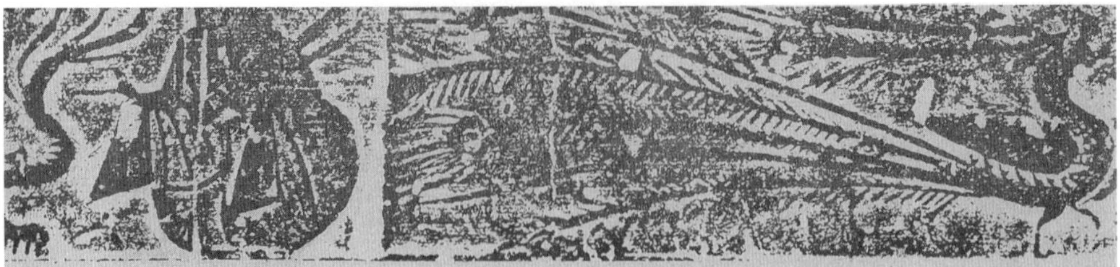

袁同禮 馬洪煥 黃輝鼎 項鎮藩 史渝美 張慶開 沈熏懿 韓壽晉 劉紹寵
沈德鴻 梁焯章 何佩芬 黃壽鼎 蘇華棟 王毓琦 吳忠元 揭葆貞 金長祉
趙鴻業 劉顯周 李四杰 郭景誼 薛宗周 莊汝霖 陳治策 朱一鶚 李潤身
胡維鵬 徐 倞 李舜欽 張鳳韋 黃章甫 張葆貞 何德奎 徐延慶 徐恭典
趙蘊琦 王毓桂 馬漢之 保君建 蔣蕊闢 張雲鶴 侯會亭 高鴻南 郭振唐
王新民 張贊勛 王 綸 高恩濤 馮中鉽 張鵬飛 涂 彊 張繼良 吳 勃
賈德章 陸善焜 張毓俊 樓雲漢 陶應霖 董毓蕙 彭繼盛 張書田 胡慶頤
陳桂芬 陳毓秀 曹安良 賈永鑑 郭文光 陳閎儒 陳祖蔭 邢玉書 譚 驥
張步高 張濾祖

預科第二部

梁敬錞 吳家象 王保光 張國堯 李 冰 靳鍾麟 龔開平 陳寶書 俞九恆
闞家騏 譚聲丙 張澤熙 趙春江 王守則 顧步瀛 劉兆璸 侯 簡 李澄寰
呂佐賢 牟振飛 湯沛清 閻鴻勳 吳景祺 崔錫霖 蕭 衡 齊昌掾 楊鶴瑞
李芳桂 蔣書鳳 賈懷珍 茹鑾永 闞景新 佟潤田 錢煒宸 嚴 爽 張振祚
彭壽人 齊汝璜 劉翼章 廖國器 朱 城 馮湛耀 李寶書 舒壯懷 車指南
程訪源 曹寶善 吳 弼 馮 烜 郭金鼐 李玉珍 陳邦濟 慈德顯 張興華
張爾敬 張光璧 鄭業彝 谷 風 左 仲 楊 鐸 齊汝泉 王正己 龍至公
邵元濟 徐繼勉 劉榮槐 梁國常 藍 芬 尹元勳 胡哲謀 任殿元 高煥慶
高墨林 邵福畏 譚聲傳 陳登淮 黃岫生 袁永熙 邢允龢 王志果 孟慶綸
趙世忠 陳培澤 鄧振先 孟憲章 畢榮光 張爲舫 徐萊瀛 張 傑 李 逵

張毓麟　姚淙　龍承爔　蒙徵　王治熙　易梗基　徐棫

民國六年畢業學生

文科　黃建中　陳鐘凡　楊其蘇　李光宇　盧鍇　宋壽椿　魏鑑　姜紹祖　梁國棟
趙曾佑　張祖模　楊宗震　朱詩正　王義梓　龔詠　萬應春　戴嶽　趙崎
李際和　嚴毅　何新甫　趙緯　葉廷元　楊眞江　吳書勳　楊葆那　張文樹
陳慶棋　范文瀾　楊偉績　孔傳一　童第德　劉曉　曾緘　甯鳴元　王士瑨
呂志鏘　袁丕佑　周希賢　張寔　楊楨　羅世澤　屠新林　陳建風　黃悅亨
李子厚　林建勳　方季博　劉琳　鍾駿臣　廖廣英　陳繩威　龍沐光　李澤
陳正德　孫樂氏　李鈞生　王競優　關文淵　殷士奎　譚日巽　黃德中　伍恩博

理科　王之楫　鄧廷偉　孫葆瑋　許世璿　李續祖　馮家樂　梁棟　汪煥章

法科　梁敬錞　姜景喧　楊鑾煩　羅懷　薛汝銑　宣杲　胡賓麟　蕭毅　趙鴻翥
馮瀚澄　許景邵　程樂祥　梁宥　馬宗鄭　陳鵬程　關廣譽　葉國章　阮志華
戴景槐　謝非　嚴彭齡　朱卓　駱鳴鑾　江鍾麟　周達仁　趙源逢　姜其師
譚澄　許灼芳　趙嘉任　袁祖黃　馮啓韶　陳器範　伍宗衍　龍沐棠　王緒周
杜靈俊　任玉麐　羅子蘭　林維亞　吳炯昭　楊彝臣　姜景煦　王杰　張幼喪
朱寶銘　陳寶騏　章瑗　曹鎏　甘均道　周蔚馥　賈錦　陳宮煦　田澤樹
王容川　梁之梅　宋慶常　劉士傑　盛世熤　余國楨　梁元芳　尹克任　陶贊兆
崔允恭　盧起烱　吳景超　吳景堯　馮中璺　范鎧　蕭秉良　趙之秋　胡富振
朱錫詒　錢應瑛　劉光頤　稽儲英　李芳　何文鐸　劉秉麟　安貞祥　邵哲民

朱方 薛篤烈 林本中 李漁澧 李蔭民 張受均 馬家驥 楊權 李克歧
郝名儒 劉慶萇 闞棨 李本清 富維驥 王競存 蔣震龍 李振寰 王衍慶

工科

趙履祺 孫同人 婁定禮 楊立人 王詩城 程式玉 王寶樞 周翔 朱宗畬
李榮先 虞葆初 王宗魁 陳傑 劉錫彤 李步墀 董文甲 張慶勳 沈壽椿
蔡孝肅 高禮鈞 林士模 余名鈺 馮家驥 魯邦瞻 周文燮 江祖蕤 程經境
傅九臯 戴燮生 方鎮江 黃肇修 王猷 姚祖詒 孫雲濤

預科第一部

楊淦保 徐廷彥 李濟淮 孫達方 袁慧炘 王楷 朱光沐 譚宗培 陳繩毅
周學祖 周嘉瀚 穆成華 馬德祥 郝德 張抗 鄺馨 孟慶學 張崇墉
婁學熙 何世枚 王守謙 何世楨 陳與瀚 方豪 呂冕南 梁文瀚 穆瑞璋
汪俊 高迺濟 陸雪塘 袁增緒 陳毅 陳萬鎧 張鴻儒 劉永潛 吳障東
雷國能 胡家駿 闞賡龍 趙毓英 李振忠 李義忠 楊振武 耿釗彤 孫發孝
閔孫奭 孫振甲 闞侅 紀鉅紹 陳薦驤 吳植棪 張濟民 邢桂芬 鄭璜
朱耀西 楊海清 劉秉憲 張鵬陞 楊濟華 翟俊千 蘇甲榮 龔自知 曹頌彬
徐光廉 劉書鈢 李良弼 王宸章 夏之時 嚴建章 池澤匯 敖啓凱 賈應璞
何謙 胡孔安 譚建之 趙保奭 黃浚 高鳴勳 李建中 龔寶銓 楊志清
姜達 袁讓 何錫瑤 韓樹人 佟廣慎 李德臨 喻玉田 胡景豐 于連孝
郝俊 梁醴泉 鮑貞 韓樹棟 楊昭恕 陳杲 張愼鎔 張大華 王恩榮
呂日奎 吳政 鄧恭海 朱履中

預科第二部

張漢威 施仁培 張爲政 江家政 王起元 游嘉德 黃祖謀 許名杰 張馨

江成標 彭道仁 王自治 張景春 湯傳圻 楊 梯 俞誠鎬 袁嵩瑞 趙慶麟
張釗和 韓嘉樸 郝祖齡 賈振雄 吳新楏 毛 準 謝壁文 賀聖謨 高恩元
王 鎮 王拓洲 張正塏 于樂瀅 董成襄 胡 定 陳廷紀 吳福和 齊鼎晋
潘 文 齊植棨 劉書芳 許有益 何祖瀛 夏道澍 李長春 李餘慶 董秉銓
陳儒魁 劉昌景 潘元耿 孫雲鑄 李蔭之 齊經堂 孫發端 楊錦篆 王若怡
鄭 智 段毓靈 王紹文 董慎方 李澤乾 齊國樸 段維泰 季步鼇 陳泮嶺
左廷序 朱士鏞 戴博蔭 彭蔭堂 黎 楠 劉崇謹 曹繩武 易光祜 張守順
紀鉅紋 楊能睿 王鏡清 唐 虞 洪壽彭 陳亮中 段烈文 黃德剛 黎樾廷
許寅威 姚士杰 張世俊 李敷文

民國七年畢業學生

文本科中國哲學門

孫本文 馮友蘭 謝基夏 谷源瑞 嵇 明 朱之章 黃文弼 胡鳴盛 于登瀛
李相因 陸 燠 唐 偉 陸達節

文本科中國文學門

劉光震 李錫禔 駱鴻凱 查釗忠 顧 名 胡吉甫 古懋維 錢王倬 李宗裕
陳于玆 周 信 唐 英 許 照 顧德啓 陳建勳 麥朝樞 柯昌泗 孔祥遇
曾鴻鑄 曹 侃 傅世銘 麥 秀 姜 奎 趙祖武

文本科英文學門

涂允檀 李 季 丁履觀 袁振英 王警宇 沈 仁 蕭裕生 范 融 段 頤
歐本鵬 沈 義 曾繁昌

文預科

周從政 何思源 孫希榘 佘光宗 楊 勛 施學齊 蔣希曾 李 健 劉濟邦

理本科數學門

許光福 高維嶽

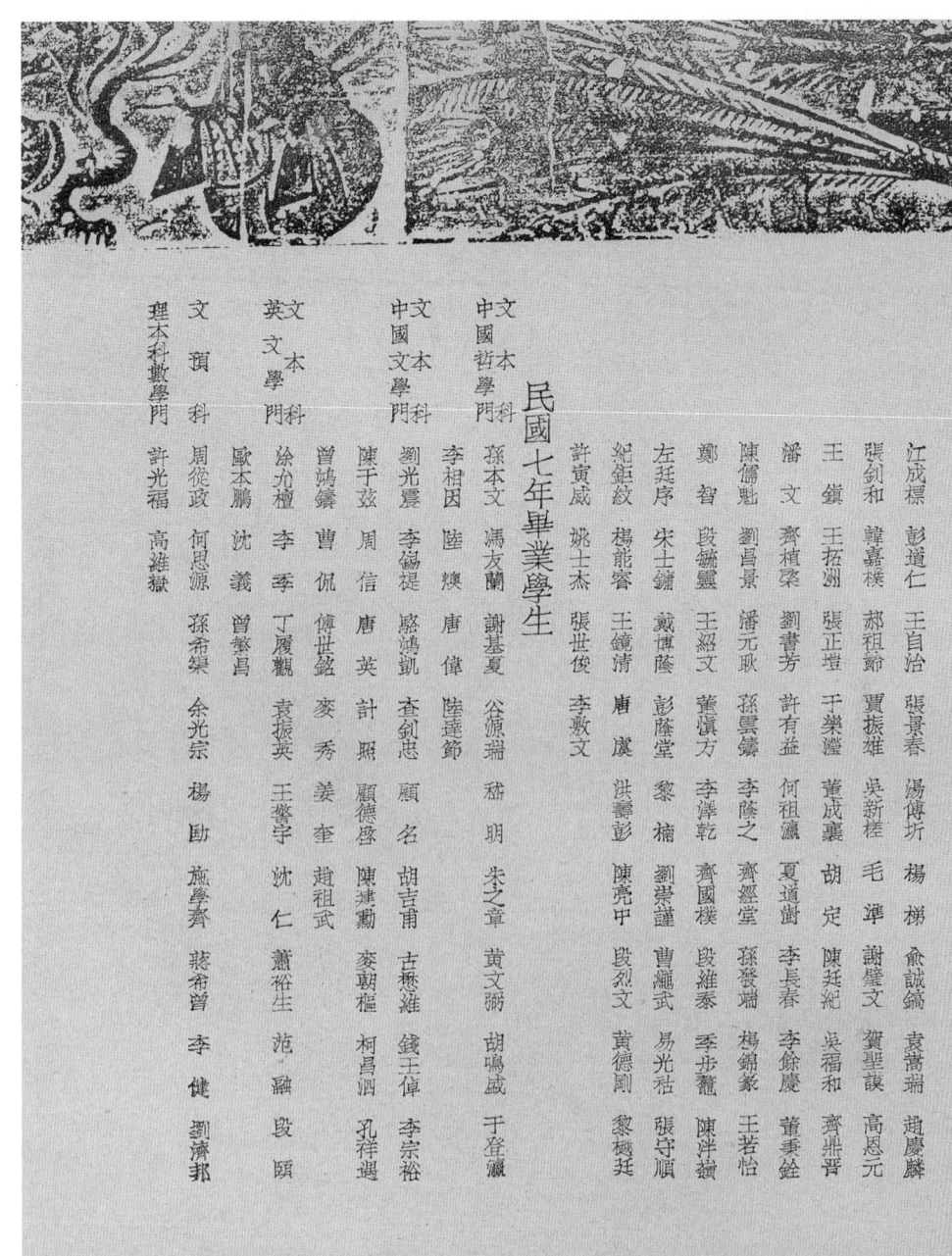

理本科物理學門

唐鴻志　汪爾孝　袁鎮圭

理本科化學門

趙廷炳　汪寶珊　馬頌武　趙仁鑄　賈念曾　周增奎　陳悅釋

理預科

石志仁　姚文林　張廣鴻　馬　澧　王保黃　瞿文琳　朱廷中　宋毓璞　蔡鎮瀛
高崇煥　于樹樟　劉增祺　韓厚基　何德芳　高廷桂　王繼曾　張有本　何傳社
夏安倫　陶述曾　郭紹宗　王文翰　鍾茂均　李鏡濤　李之常　吳家彬　張　鑄
吉永祺　易克嶷　吳勝荊　王秉義　趙炳南　金彭年　熊公哲　施伯侯　汪元超
汪　蕿　許樹墀　夏　韶　俞物恆　孫焯鄂　張宗鎏　張會若　鄭　廣　吳前模
崔振權　陳學普　俞人廷　楊士俊　徐楷書　許麟紱　吳憲祖　陳育人　梅啓明
林　曉　張繼曾　林榮向　張　鎬　吳中傑　孔憲文　周忠忠　邱益祥　蘇昌烈
崔　桐　樊培基　曾昭德　華啓秀　薛鳳樓　闞始昌　王廷章　蘇繩惠　劉志謙
王培椿　胡衡華　胡策鰲　該樹科　晏才鐘　吳肇基

法本科法律學門

張泰永　劉　煌　余錫恩　曾劭勳　李之綱　陸　俊　黃　俊　陳宏裕　陳　鍼
張叔希　蕭勵成　陳佩璋　莫培元　解鴻潤　盧宗浮　邢允第　沈祥龍　楊書林
吳兆棟　程家桐　羅慶高　馮廷立　陳雲程　曲培書　闞紹棨　許繼康　陳觀永
楊宗炯　陳維崧　李昌久　張席慶　高日采　王顯忠　顧大徵　陳士熊　崔學齋
楊廷椿　任吉儒　金　鍊　吳宗泰　劉志和　陸嗣曾　陸承鈞　董鶴祥　袁襄翰
林　章　張世傑　龔　壽　王銘壽　蕭　惠　王鐸聲　梁冠方　劉長容　姚廣存
林秉章　胡燿湘　李世桂　祝廷節　孫從元　岳豫先　盧肇炳

法本科政治學門

劉　麗　廖青倉　劉耀洲　楊俊霄　孫維藩　徐文緯

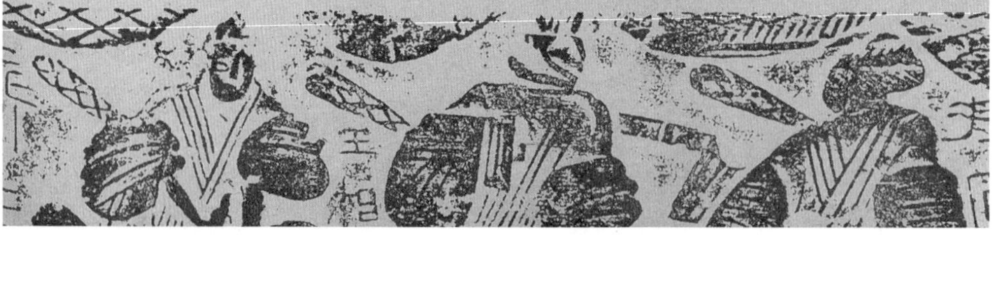

民國八年畢業學生

法本科經濟學門

蕭純錦 吳宗燾 陳其鹿 陳燊 葉淵 黃明謨 宋哲 孫熙文 陳善慶
張其煦 楊叙然 傅振烈 王少右 李宏增 王汝昌 陳卓然 吳炯章 李恭用

法預科

王文煌 胡浩憑 孫芳 蕭奮成 毛忠頤 陳綿 范恕 馮用之 王士魁
潘麟昌 廣宗潞 何維廉 郝瑞波 劉桂開 劉濬川 楊冠生 區嘉鑄 胡致
陳國棨 胡謙 傅振玉 周長憲 趙賡麟 李超凡 夏安修 于世秀 宋振寰
張書箴 秦光華 孫耀宗 許濩 馮維松 費秉鐸 陶彙曾 盧延甲 魏玉璜
楊懋昌 朱燧 孫曉峰 賈席珍 韓岡鳴 李錫恩 張旻 康石麟 黃恆浩
王文燦 吳宗屏 徐輔德 王毓英 韋翰荃 郭書捷 陳彰瑛 陳述昂 劉采文
張長庚 李世坊 佟錫祜 楊慶霖 齊鄉 臺孝寬 黎世蘅 齊德安 陸式蘅
范濟臣 孫樹森 趙迺摶 朱雲光 王伯玉 賓保尊 陶肇武 王漸磐 張鴻
潘燿德 鄭志熙 秦裕棨 王政 吳戴箴 邱家聰 何兆樟 陳慶椿 陳興霸
廖壽銎 樊淵溥 鄭全珂 孫書銘 聞溢寰 李銘綱 劉迺潛

工本科土木工學門

顧聖儀 沈實鑾 晏才英 李仲強 鄧咸儀 李大定 童恩炯 高君棟

工本科採礦冶金學門

湯紀漣 譚偉烈 胡榮銓 戴明之 陳維 王汝賢 戴臣永 彭善惔 石殿英

文本科哲學門

陳嘉藹 歐陽道達 黃瓖素 梅廷獻 繆天綬 廖迪嘉 楊立誠 吳光第 蕭顯特
狄福鼎 趙晋芬 周烈亞 黃祖蕙 趙健 詹慶藩 徐深

文本科國文學門

區文雄 傅斯年 楊振聲 俞平伯 張煊 王肇祥 王倬漢 許德珩 俞士鎮
孟壽椿 孫延杲 舒光寶 黃祥燚 黃輝鼎 崔龍文 羅常培 胡永聲 楊湜生

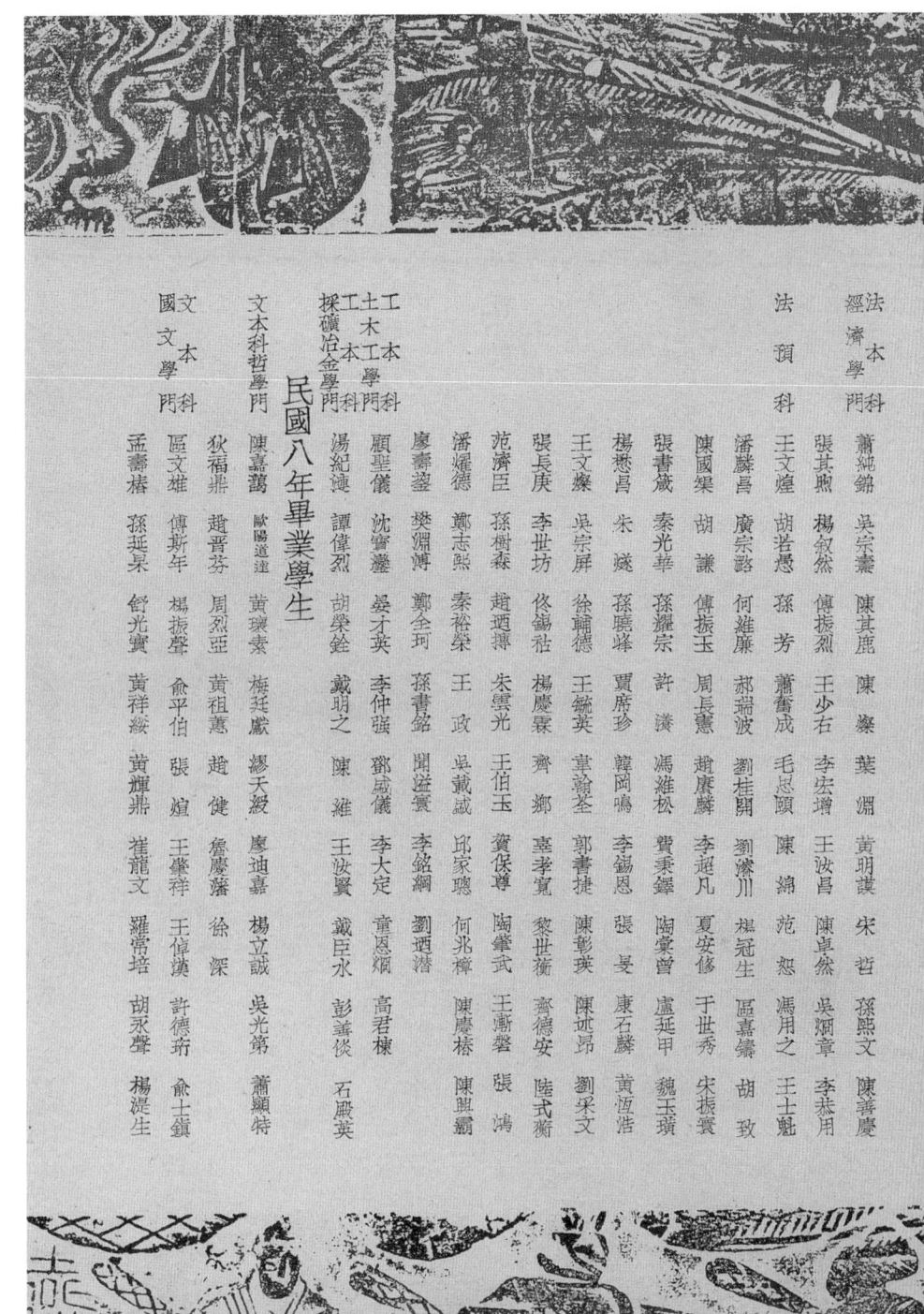

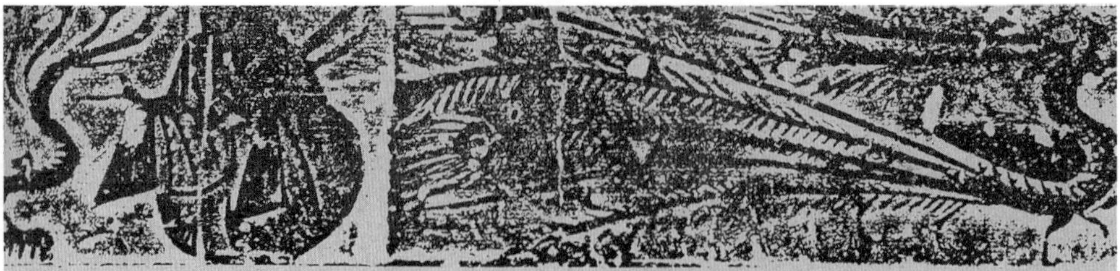

樓巍　伍一比　黎壽昌　馬志恆　羅正溥　董威　陳寶鍔　常庸　岳㠜

劉之墉　李錦疆　吳汝芳

文本科英文學門

趙承易　潘家洵　張修　趙儒珍　張廷濟　陳家騶　金家楨　李樹棠

文預科

劉焕　耿木正　陳登甲　胡錫杰　趙柿霖　張瑞圖　馬金濤

理本科數學門

吳維清　王志果　鄧振先

理本科物理學門

吳家彖　張燊雲　尹元勳　劉翼章　藍芬　車指南　張光璧

理本科化學門

龔開平　李冰　梁國棠　麻沃畬　邵福昺　俞九恆　陳登淮　譚聲傳　張國堯

何鎔　史淪美　陳兆畦　姚惠璋　查士鑑　吳鼐　吳景祺　齊昌豫　吳士麟

賈懷珍　張繼齡　吳永固

理預科

劉正經　王世毅　張金品　關承烈　林冠英　張德強　胡德潤　顧翊羣　趙冠

周以德　茴培成　邵興周　王世庠　陶勳　鹿家鼎　姚大海　謝家鈞　俞崇厚

劉毓琯　陳繼宏　崔鶴峰　高尙德　符孔遴　柴競天　酈家楨　李景華　鄒懷葛

潘祖述　唐文悌　李樹城　吳國賢　蔣志澄　劉炳耿　楊守信　卜繼芳　吳宣綱

劉介臣　胡家翽　趙濟乾　高兆麟　任葆恆　趙全功　陳慶椿　余季智　尹序蘭

羅瑆磷　曹奇山　趙國賓　劉同　陳彰琯　史洵美　王禮成　諶級詵　趙簡耀

陳穎春　劉秉中　林繼庸　王宅豐　周寶璇　王化新　張兆豐　王學彬　馬志駉

吳成澤　譚國藻　馬仕芬　吳祖銓　王寶貴　彭芝蕙　郭可詵　王振邦　楊國相

汪善繼　胡拿基　蕭學梅

法本科法律學門

林彬　錢政濬　何啓澧　宋啓宏　籍孝箴　孫澍　李言蹊　陳廣澧　謝湘

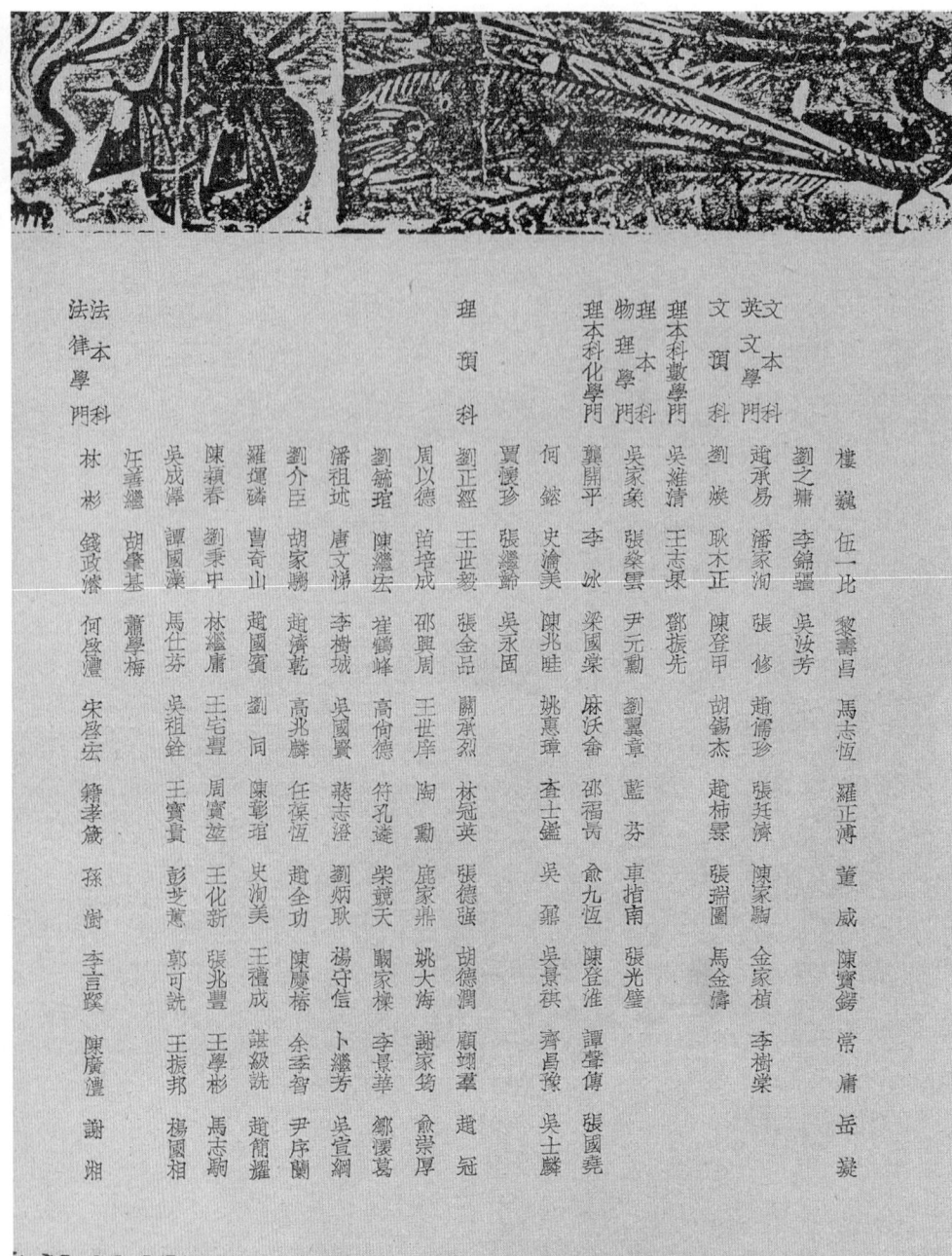

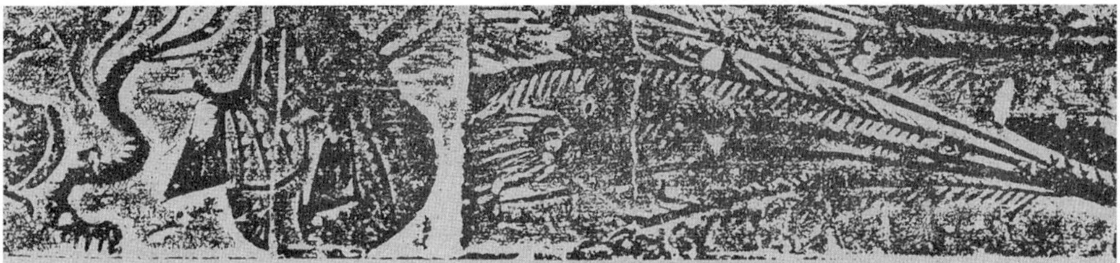

繆德渭　邱昭文　黃殿楨　徐士豪　段班級　歐鍾瑞　陳毓汾　洪　聲　何培心
潘振揚　劉冠卿　王文斗　陳鍾英　黃有易　倘其江　郭大鳴　程體乾　徐思達
李建勛

法政本科法治學門

張　濤　陳達材　夏治範　孫學魯　楊景汶　段大成

法本科經濟學門

孫士愷　孫智輿　周作仁　王顯謨　曾廣懷　杜廷績　冷廷昌　李壽祺　劉子亞
安奠磐　程德驥　楊育森　余宗達　劉春宮　喻程九　張鳳肅　王　桐　池兆佳

法本科商業學門

喻　鑑　譚壽祺　王孝通　王　修　徐贊化　李光忠　王煥培　徐受深　王毓桂
高恩濤　楊　琦　蘇錫昌　陸徵麟　劉紹寵　鄭祖義　何佩芳　杜　岑　江永一
王長曜　王希祐　賈士彥　段錫朋　賈德章　胡慶傳　陳　齡　周邦新　朱　明
劉鍾崑　黃章甫　沈紹昌　時相曾　席德燿　孫克家　莫國士　曾　恕　張毓佼
藍廷俊　吳邦彥　李潤身　張　翩　褚承業　張法祖　蔣懋闕　劉啓庠　黃　中
張廷衡　張贊勛　牛金粟　胡文豹　李宗駿　張在田　夏宗淮　李鼎銘　龔積慈
吳蔭光　張鳳岐　祝鳳岐　吳觀瓿　袁志恆　沈秉銓　張建寅　郭士秀

法預科

向　景　胡如仁　袁紹祖　王淩霄　佟寶鈞　陳　紀　熙　清　章遠适　陳中立
陳　偉　陳俊卿　郭文景　張　祜　陳　信　彭　鈞　蔣洞同　郝萬鎰　廖德珍
趙德峻　高熙臨　郭樹桂　許時行　黃克綸　歐陽淑　梁廷獻　李艮驥　張思銘
趙明高　王開化　梅祖芬　張　強　陳顧遠　張春恩　梁煦章　王廷襄　萬壽堃
魏錦標　韓硯田　李沐恩　佟粟田　李芳田　林福山　呂永坤　史　明　趙鎮坤
田益祿　韓增輝　陳　沙　趙翰春　魏　綸　梁輝堂　馮　玢　史鑑年　黎國材

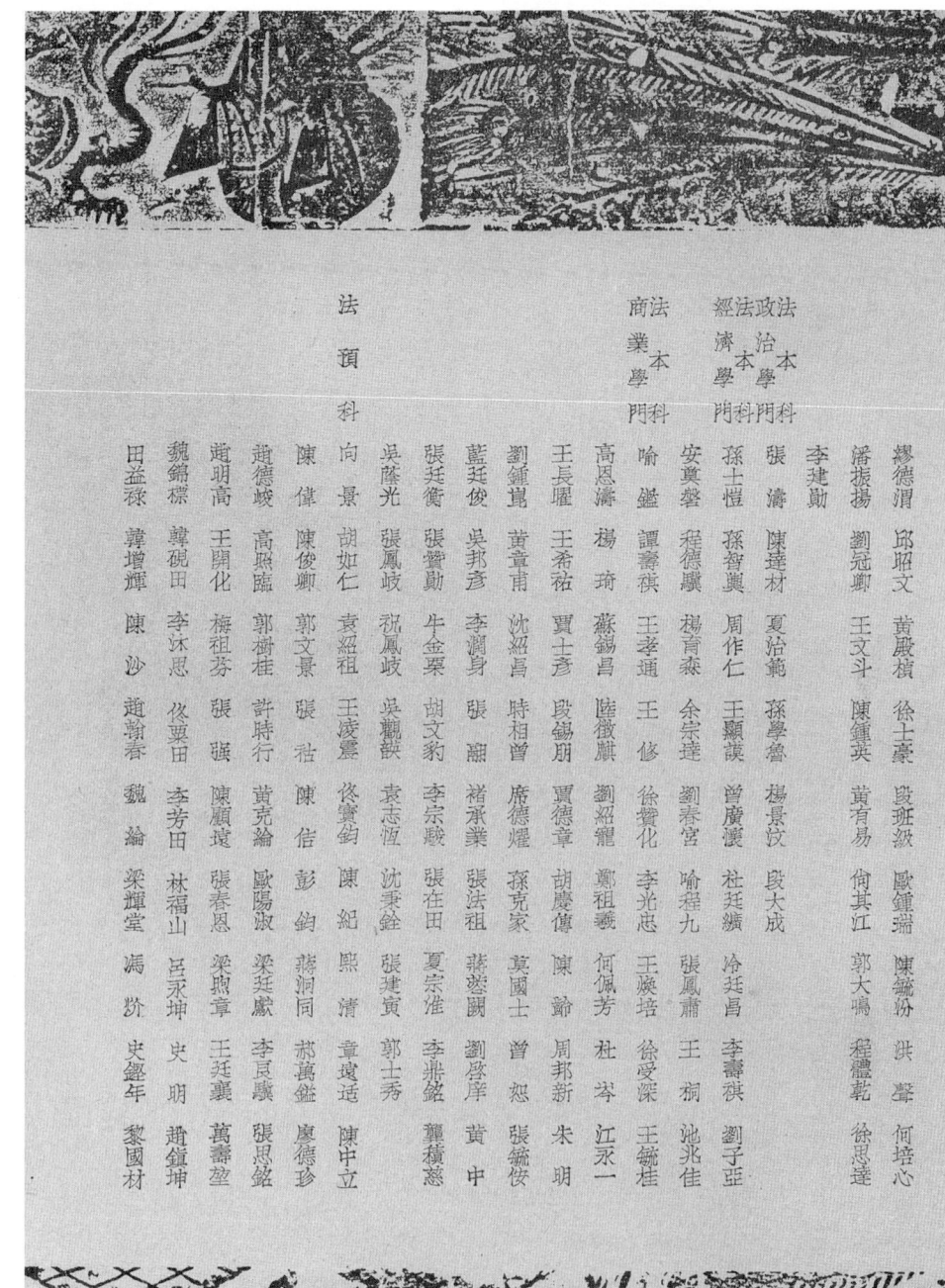

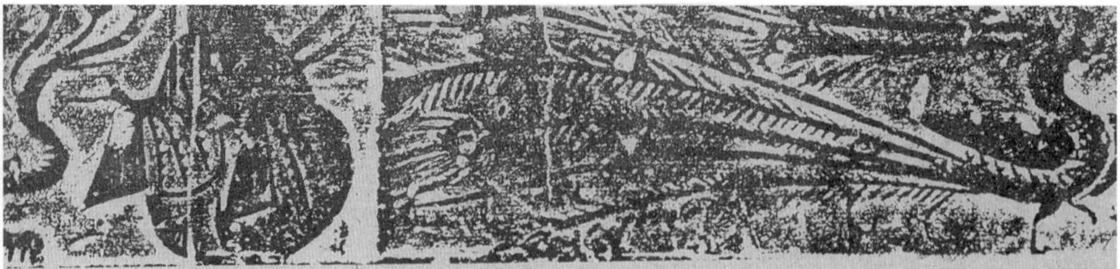

民國九年畢業學生

工本科 土木工學門

馬伯城 潘恩垣 梁民武 石景賢 傅毓庚 章韞貽 李增澤 趙慶凱 馬成功
鈕家洛 孟自成 趙學漢 姜景華 周鼎 劉振東 許錫國 郭錫璋 毛臬坤
陳時琳 唐鳳岐 王鍾夔 周顯政 吳殿樞 葉林海 榮珩 汪信臣 張超
孫明鑑 曾同春 王金鑑 曹宗周 王宗德 林飛熊 蘇欣 朱忠存 王朝綱
劉陟 王葆光 張澤熙 陳曾植 舒壯懷 邢允莼 廖國器 曹實善 鍾巍
王國英 呂佐賢 馮湛耀 崔錫霖 沈光瀾 趙世忠 閻鴻勳 程訪源 劉兆璜
秦元澄 李芳桂 陳培澤 蒙諮徵 陳君慧 李超 王廷翰 陳宗堯 何灼樞

工本科 採礦冶金學門

嚴爽 張振祚 張鑄 錢輝宸 趙春江 侯館 慈德顯 劉榮槐 楊鐸
陳寶書 李寶書 王守則 牟振飛 湯沛清 李澄寰 朱城 張傑 顧步瀛
邵元濟 張興華 熊淩 龍承熾 湊書鳳 畢榮光 李仲蕃 徐繼勉 王治熙
何澤 魏福緜 楊鶴瑞

數學系 施仁培 倪道鴻 靳鍾麟 齊汝璜 毛準 桂步驤 胡定 陳錫 萬允元
郝祖齡

物理學系 江成標 張爲政 蘇紹章 龍石強 孟慶綸 王自治 楊錦篆

化學系 呂冕南 游嘉德 李長春 齊國樸 虞宏正 江家正 袁嵩瑞 劉景昆 金濬
齊經堂 嚴學通 齊鼎晉 張釗和 潘元耿 劉書芳 黃祖謀 賈振雄 謝家杞
謝璧文 董慎芳 陳本鐸

地質學系 黃蚰生 王紹文 孫雲鑄 王若怡 張鵬舉 錢聲駿 董成襄 曹繩武

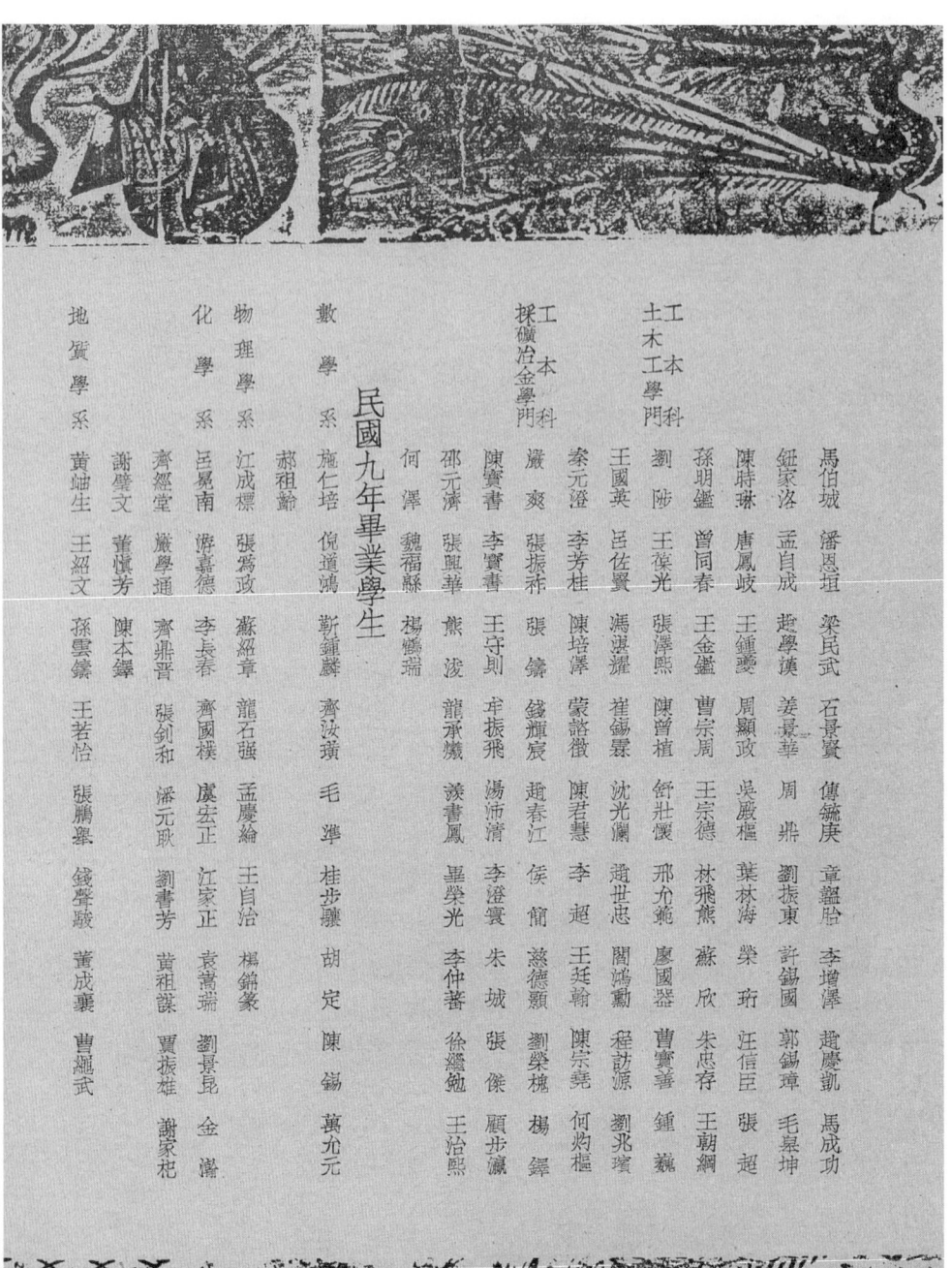

哲學系 田培林 譚　浣 陳公博 朱自清 蘇甲榮 吳　康 潘　淑 汪國庠 張恩明
譚鳴謙 顧頡剛 華　超 楊興棟 徐彥之 晁蔭昌 金　搏 康白情 許振甲
李蔭峯 張明道 徐元堃 龔李濟民 竇銓 倘　中 朱耀西 區聲白 溫錫鋭
王祥輝 李濂鏜 楊昭恕

國文學系 鄭　奠 彭仲鐸 鄧　康 羅　庸 張　煦 羅汝榮 許本裕 王友顒 崔智泉
夏承棟 李錫余 陳伯朏 劉紹欽 楊亮功 龍蘊化 吳　甌 魏應鵬 黃　璆
黃炳照 韓樹棟 蕭寘原 許寶駒 任乃訥 陶明濬 詹靜淵 龍沐仁 夏　載
徐世鎬 鄭天挺 雲倬章 陳泮藻

英國文學系 楊亦曾 羅家倫 楊文冕 陳光普 陳兆疇 唐書源 陳治策 鄭　璜 宗增矩
薛宗周 賴紹周 李景飛 張庭英 劉　滙 王維東 顧寶隨 于連孝 蔡邕賢

史學系 胡之德 陳　琳 劉　敵 張价麻 李濟淮 姚士鰲 雷遇春 陸鉅恩 丘耀芳
吳希伯 蕭鳴籟 賴心鏡 于濟澤 鄒樹椿 王紹尼 闞達權 葉世良 夏鏡澄
程煥琮 胡　瓊 晁傍昌 譚植棠 夏鍾秀 周　屏 滕統音 林應運 夏昌治
蕭鳴皋 黃　欣 應天纘 桂　山 劉翰章 梁穎文 李士賢 陳綜彬 高書升

經濟學系 吳　澄 徐延慶 周炳琳 馬漢之 崔鴻元 金長社 趙鴻業 徐　倞 李澤彰
張鵬飛 莊汝霖 揭葆貞 王毓琦 沈熏懿 曹安良 陸善焜 李四杰 胡維鵬
金蓮治 陶應霖 楊濟元 林佑昌

政治學系 韓壽晋 馮中鉞 張慶開 曲宗邦 胡慶頤 宋肇修 張雲鵬 張葵山 趙其昌

法律學系 包榮第 雲為霖 曾秉衡 歐陽孟博 關兆鳳 涂鳳元 林正煒 李舜欽 李敷文

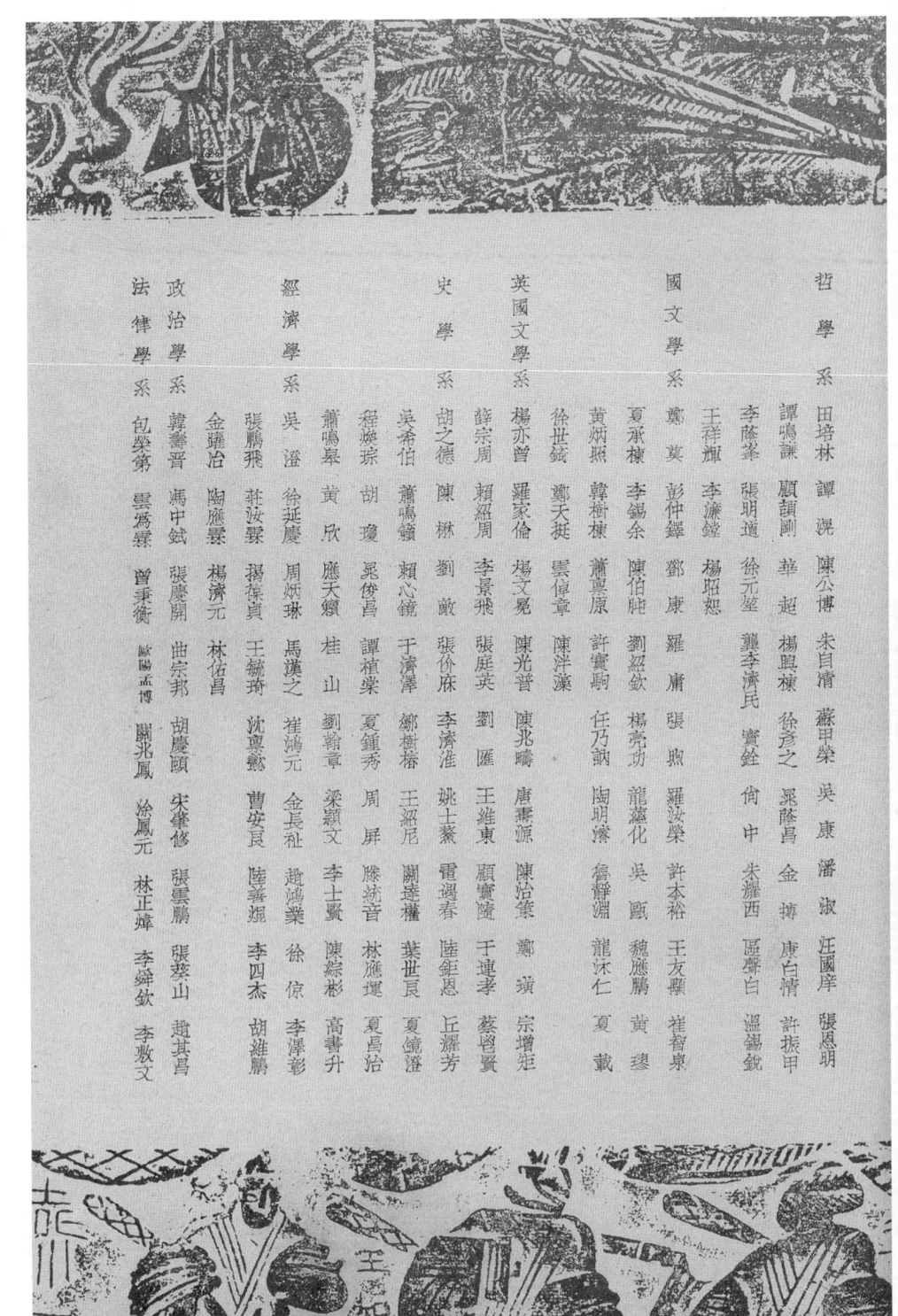

王文典　朱耀東　胡家燊　江學全　埜　羣　陳乃憲　莊允升　白　銘　袁傳枚
岳蓮峰　魏金銘　馬　龍　宗　培　賈永鑑　陳　中　張廷珍　徐延年　董毓蕙
張毓芬　張書田　吳　勃　郭景誼　張海觀　黃壽鼎　呂　咸　張鳳翬　梁焯章
劉國權　高家炤　朱尙瑞　鄧邦言　劉景任　邢玉書　劉顯周　張葆眞

民國十年畢業學生

數學系　夏　韶　周　培　張廣鴻　吳勝荊　羅　柄　張宗鎏　段烈文　黃德剛　鍾茂均
王保黃
物理學系　馬　澧　朱毓璞　林　曉　盧晏海　吳增濤　于樹樟　張爾敬　黎樾廷　何德芳
何傳祉　高紹珠　胡思源
化學系　吳前模　姚文林　崔振權　邱益祥　汪　選　徐楷書　張玉瑎　何錫瑤　于樂灃
關始昌　黎　楠　施伯侯　李正翰　鄭　廣　陳育人　高紹璧　蔡鎭瀛　金彭年
魯士毅　胡衛華
地質學系　王培椿　王廷章　洪壽彭　王文翰　張　鑄　劉志謙　薛鳳棲　蘇蘊惠
哲學系　葉　麐　張嘉祿　李英楨　黃天俊　周從政　胡永浩　吳繼奎
國文學系　黎時造　江恆源　陳祖同　成　平　熊公哲　吳　靚　傅冠雄　孫希榘　林雁峰
覃懷林　張煥墀　朱　毅　孫福源　周　澍　王義槃　凌家澌
英文學系　胡哲謀　高廷梓　李光灼　蕭　贛　李均邦　袁毓堃　易道尊　蔣希曾　蔡光黃
陳　森　余上沅　成　詠　李春曙　陳良猷　沈大璸　朱紀章
法文學系　張其濤　趙祖欣　張達德　陳　綿　王士魁　何維廉　張達權　韓萊如　潘麟昌

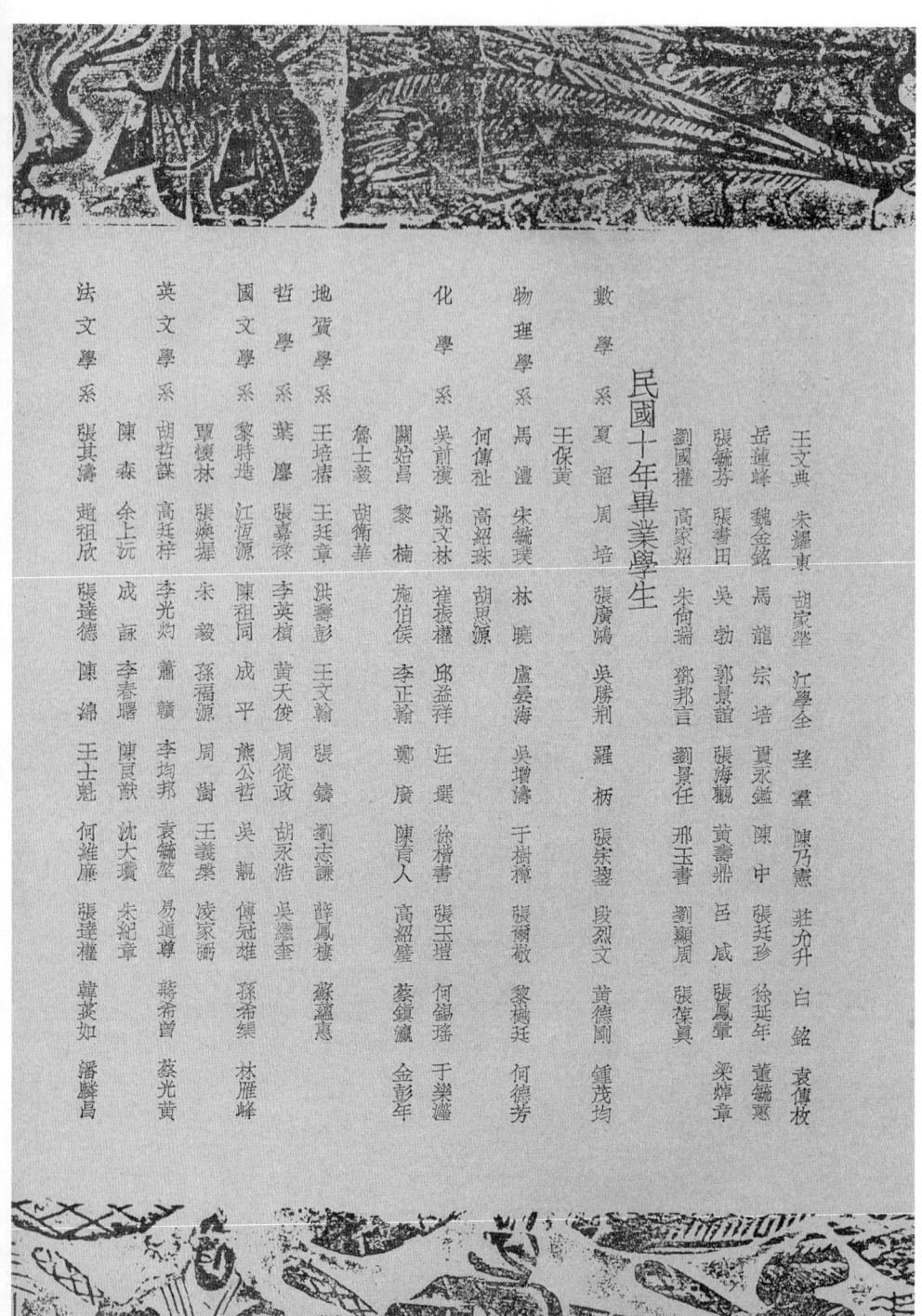

雷永祜　楊寶三　茹　和

史學系　王光瑋　施學齊　張希家　余誠武

法律學系　馬義述　楊淦保　徐毓果　陳　毅　李枝森　袁增緒　吳忠元　李逸羣　曹　傑

張　煊　胡家駿　譚建之　常宗起　吳障東　朱履中　王文琳　趙　任　穆瑞璋

崔桂生　何　謙　汪張驥　金　宸　張蘭曾　劉　琳　劉書鉢　李致祥　呂日奎

陳萬鎧　鍾寶圖　周先覺　賈應璞　孔繁梗　郝　德　夏之時　佟廣愼　線崇甫

王　鎬　郝　俊　周學祖　鄔　馨　成憲孟　韓樹人　張愼鄂　吳　政　郭啓泰

翁瑞徵　陳繩毅　孟慶學　商鳴勤　謝紹敏　汪　俊　胡　彥　張　抗　申　燾

張承轍　楊定瀛　敖啓凱

政治學系　方　豪　王守謙　梁文瀚　李裕基　婁學熙　翟俊千　季鸞洲　徐光廉　黃秉禮

嚴建章　楊振武　鄧恭海　池澤匯　婁光漢　王宸章　劉寶智　李艮弼　蔡毓岱

李經畬　梁醴泉

經濟學系　陳與潞　高迺濟　劉文淯　趙保爽　曹頌彬　張彭陞　李德臨　李振忠　李建中

李羲忠　胡世琮　孫發萃　陳　杲　秦忠壽　袁　讜　聯　善　張宗恍　喻玉田

紀鉅紹　劉君翼　陳蕎驤　胡煥章　張性杏　張文華

採冶門　張　鎬　陳廷紀　張守訓　杜其保　許麟紱　孫毓麟　楊能睿　李之常　吳福和

陳學普　孫煒鄂　崔　桐　許寅威　高廷桂

土木門　瞿文琳　韓厚基　段毓靈　夏安倫　孫發緒　許樹墀　俞人珏　陳泮嶺　陶述曾

張有本　劉增祺　王正已　樊培基　湯傳圻　紀鉅紋　孔憲文

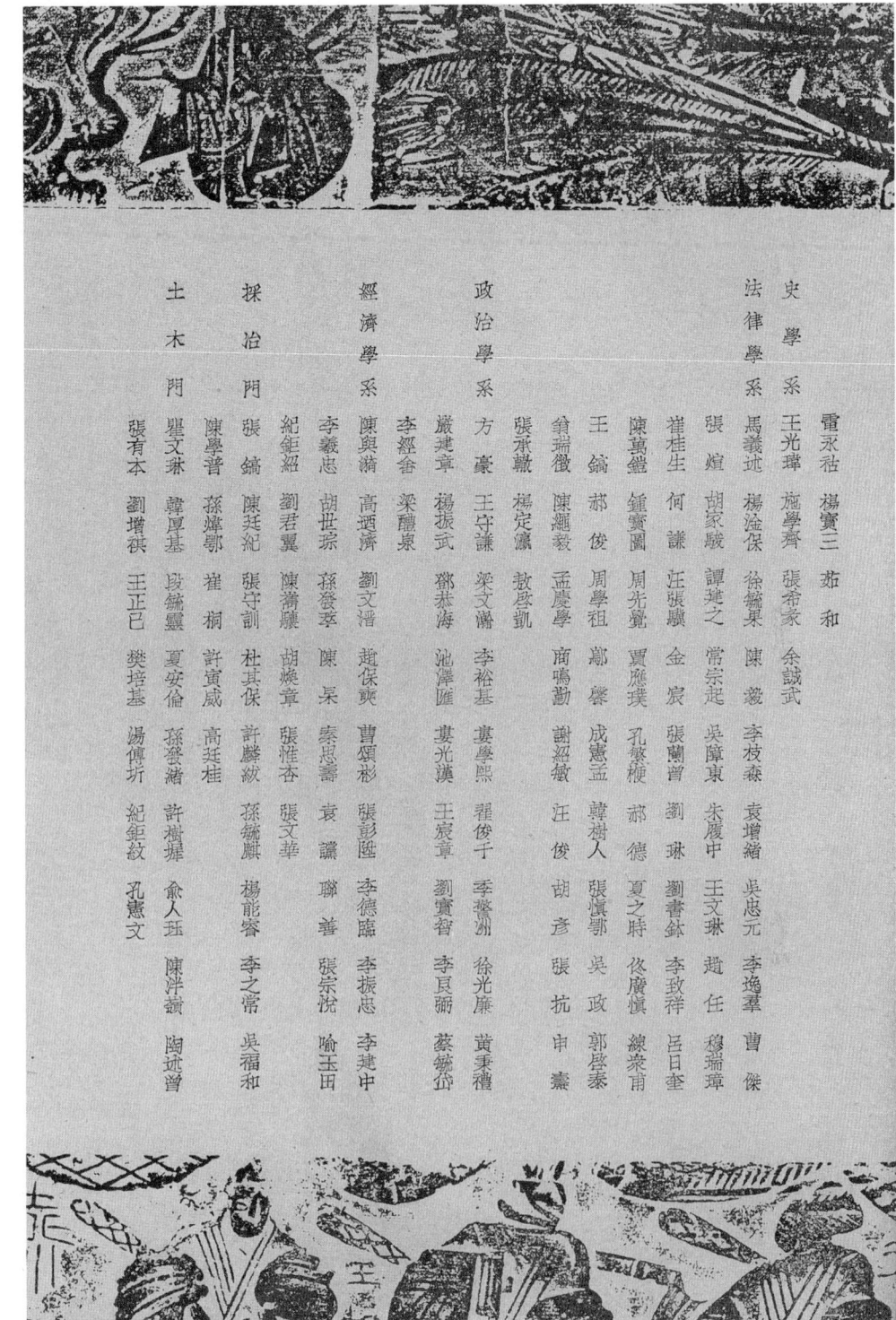

民國十一年畢業學生

數學系　武周緒　劉正經　李進賢　王世毅　趙冠　曹奇山　張維斆　郭裕源　梁永泰

物理學系　潘祖述　關承烈　張德强　陳顯春

化學系　林文杰　吳家彬　吳成澤　王禮成　張佩琇　蕭學梅　姚大海　羡樹科　李鍾秀
楊國相　言永禖　張國鑄　趙濂　劉同

地質學系　劉秉中　劉炳耿　王化新　周寶堃　郭可銑　謝家鈞　闞家樑　李光賓　閻佩箴
姚丕顯　張兆豐　胡肇基　胡家驦　鹿家鼎　柴競天　熊冲　劉毓瑄　俞崇厚
諶象天

中國文學系　王德林　章維燮　卑濂　程龍驤

英國文學系　張毓桂　潘偉烈　胡錫杰

法國文學系　吳益泰

德國文學系　許震宸

哲學系　趙守耿　陳政　章廷謙　耿木正　龐子珍　劉煥　賀維融　姜達　馬金濤
白映星　郭際枚　羅榮　原培蘭　王叔仁

史學系　許時行　李正奮　郭樹桂　張瑞圖　李春蘭

政治學系　陳國檠　吳載盛　徐輔德　石維瓊　費秉鐸　鄭志熙　王伯玉　辜孝寬　任錫祜
勞士英　黃時傑　陳瓊憲　陶肇武　范濟臣　馮嗣賢　韋翰荃　李士坊　郭書捷

法律學系　張書箴　朱雲光　周長憲　孫守成　楊慶林　胡致　趙慶麟　何兆樟　朱燧
齊鄉　賈珍席　葉增榮　陶彙曾　陳興霸　劉采文　楊冠生　廖壽鋆　張贊堯

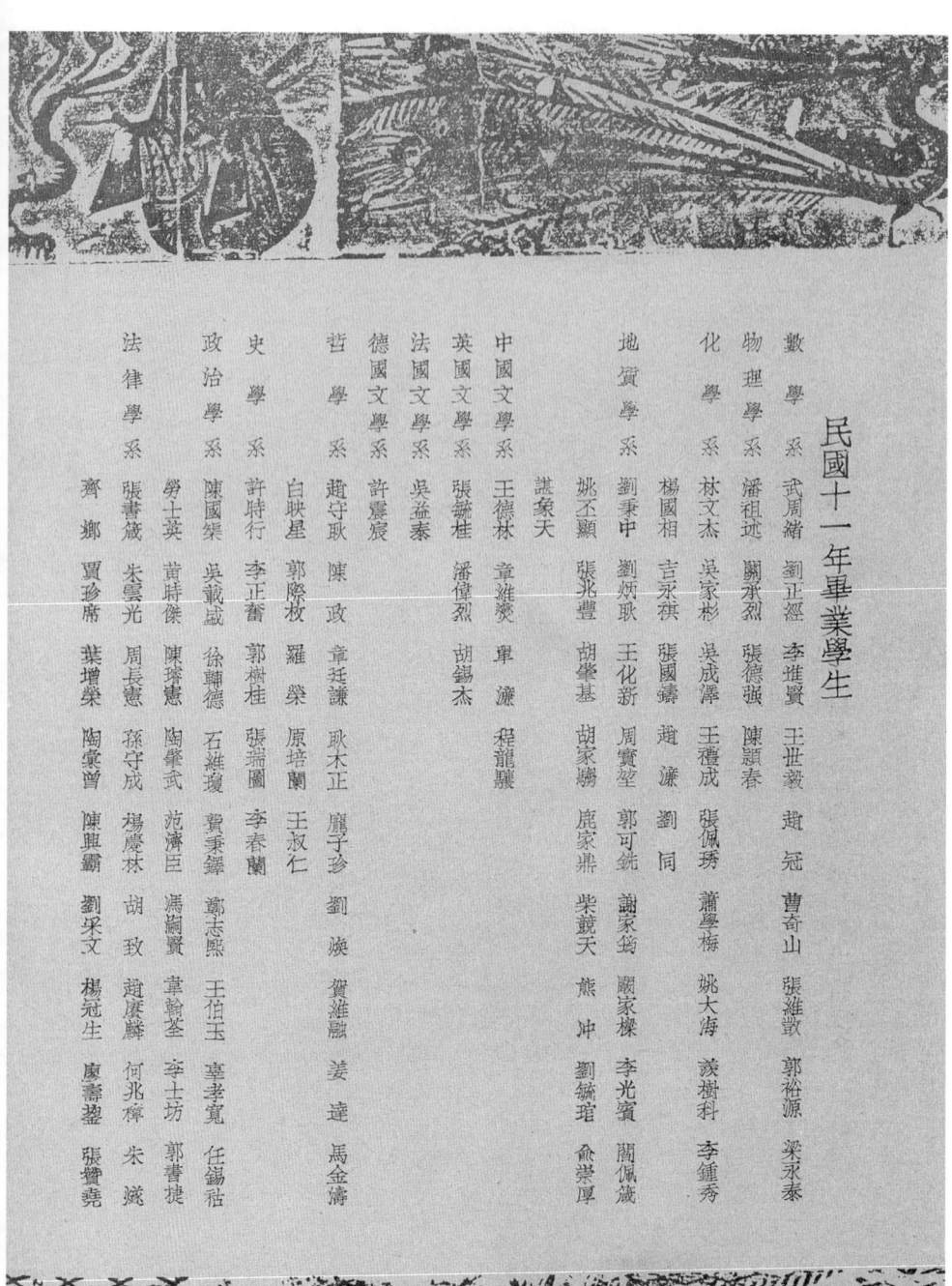

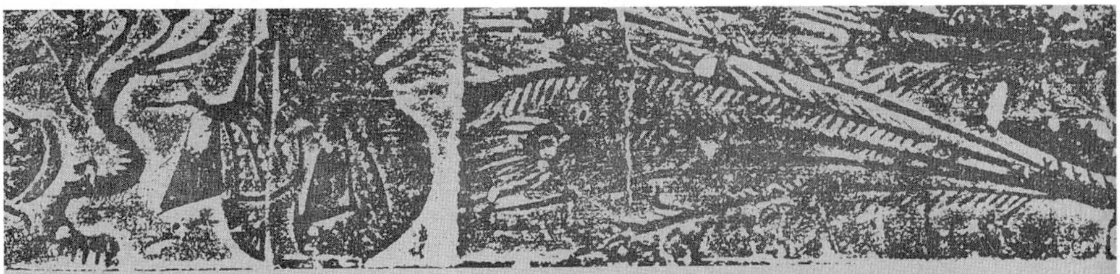

馮用之 李超凡 楊應吉 李　健 孫　芳 張　鴻 邢桂芬 許　瀁 陳慶椿
張祖齡 王傳鼎 馮維棪 張鴻儒 郝瑞波 黃恆浩 楊懋昌 陳憲章 朱光沐
王文爕 張長庚 康宗潞 倪振華 胡　謙 孫書銘 劉迺濬 賀保尊 胡若愚
趙汝康 孫樹森 文學成 齊德安 甄敬儔 王競宜 李　顯 何　博 秦裕榮
李銘綱 傅世銘 王之乾

經濟學系 胡善恆 劉濬川 王漸磐 趙迺摶 夏道漳 陳彰瑛 張　旻 傅振玉 區嘉鑄
鄢祥禔 王　政 孫耀宗 邱家驄 郭振唐 陳述昂 吳宗屏 盧延甲 李文湝
江增瑞 紀　華 張　韓 潘耀德

土木工學門 唐文悌 曹安禮 張金品 崔鶴峯 張海平 李樹城 王學彬 陳彰瑄 陳慶萱
譚國藻 劉介臣 陳繼宏 蘇昌烈 吳祖銓 趙炳南

採鑛冶金學門 吳國賢 王世庠 李慶深 趙國賓 陶　勳 曾欽英 卜繼芳 李芳洲 劉耀翔
趙全功 羅運磷 邵與周 馬仕芬 吳壽華 苗培成 任葆恆 蔣志澄 趙濟乾
彭芝蕙 周以德 汪善繼 馬志駧 華啓秀 尹序蘭

民國十二年畢業學生

數學系 趙　淞 闞鐍詵 饒泰讓 龍成章 楊東昇 龍樹霖 王士倜 張國光 李樓鵬
黃　箴 王達業 劉維漢 謝馥南

物理學系 張佩瑚 龍際雲 聞　詩 李　壎 白子玉 田永謙 蕭濟時 呼靄霳

化學系 呂炳水 韓覺民 彭萬泉 胡顯仁 童蒙吉 樊振琦 裴元隆 楊步瀛 馬玉銘
葛毓桂 熊　翔 韓光斗 朱世忱 黃懷信 蘇明德 李經道 易敬泉

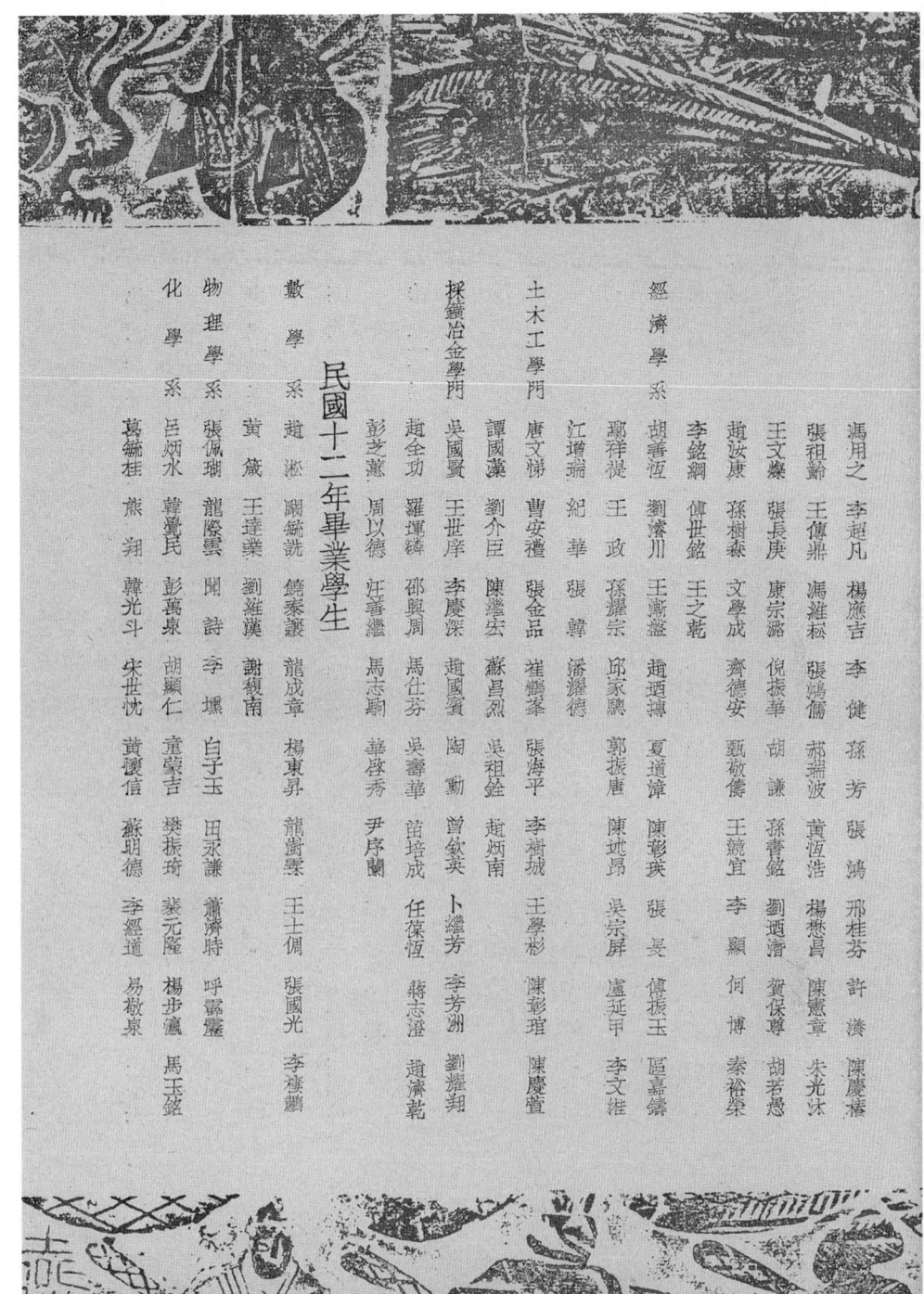

地質學系 胡殿士 趙亞曾 陳太恆 何亮 田奇㻪 侯德封 陳兆楹 王恭睦 張席禔
蔡堡 楊鐘健 陳沛京 吳應福 華贊廷 王春閣 張文成 張延譽 徐鎮冀
佘瀾 李廣績 吳方樓 湯炳榮 魏中谷 胡魁弼 鄭震 韓慶文 閻楷
中國文學系 楊偉業 戴君仁 王煥猷 劉嘉鎔 劉慰曾 閔孫奭 黃琴 張崇善 李瀛
黃顯榮 郭堉愷 李宜瀚
英國文學系 熊訓啓 胡光廷 奚湞 洪維晟 李蘭昌 郭智石 張政一 巫啓瑞 周茂開
徐士毅 張之綱 衛肇源 吳傑 梁耀奇 馮景星 李鯤 吳咸
法國文學系 蔡芳籌 龐保蔭 徐永源
德國文學系 唐性天 張傳普 薄芝畬 王有德 李慰祖 王維新 王德隆 陳樹棨 呂夢彪
張式夫 沈熹 光秉鍾 劉鈞 張纘祖
哲學系 黃啓華 李榮第 梁棟材 舒啓元 傅貴雲 王汝璵 田炯錦 丁樹屏 李登瀛
汪毅 陳正謨 蘇清卓 張鳳閣 魏延齡 夏承柱 何文灝 張鵬翹 毛升達
洪克任 麥應昌 李清林 李名園 孟廣誥 尹邦翰 楊北有 華以慎 劉大智
王佐才 石皓 王則禹
史學系 張愛松 郭懷璋 韓樹謨 袁慶清 姚揖讓 汪榮蔭 張國威 陳友揆 張紹詠
政治學系 陳顧遠 鄒德高 李邦寅 郭懋治 郭弼藩 熊保豐 梅祖芬 王和暢 黃平輿
陶漢 賈桂林 詹天覺 孫九錄 許文國 鄧鴻業 王鍾夔 姚仰璜 蘇錫齡
張立彬 武建康 申保三 要繼志 陳國棟 魏灼華 尙鴻墀 余文銑 呂永坤
王金鑑 劉培智 劉振漢 榮珩 趙慶凱 戴巖 畢星垣 許瑞鋆 陳應寶

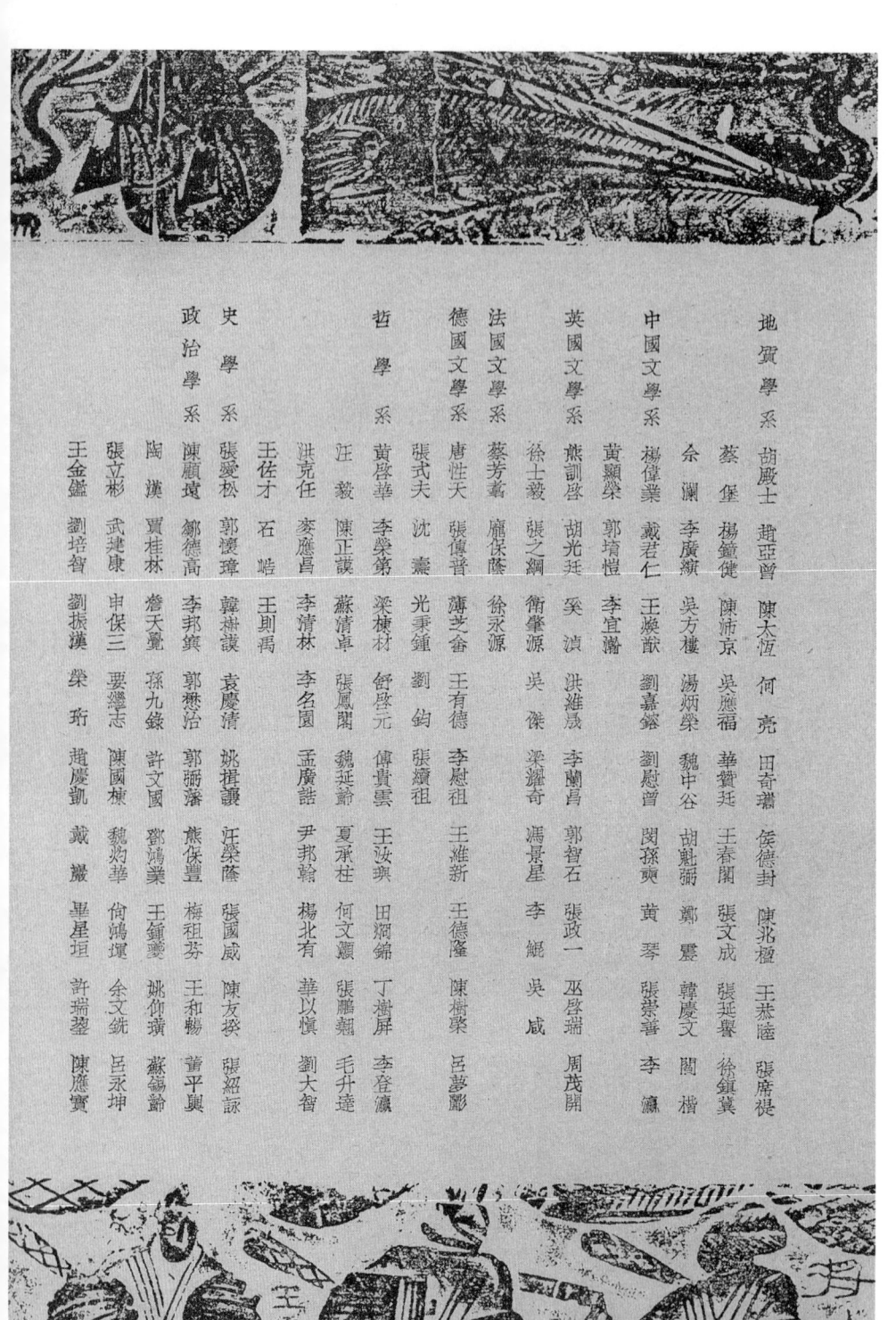

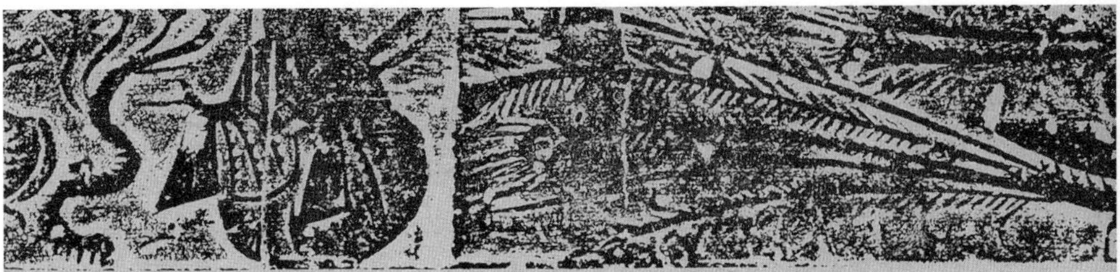

張金聲

法律學系

毛皋坤 陳迪光 王凌震 王德本 陳秉翰 傅承濬 王開化 范復誠 李秀秋
蔡景雲 趙翰春 彭　鈞 陳履森 張希濂 龍　文 潘恩垣 徐埜之 周怡然
佟玉墀 汪義崇 李紹康 繆清釗 章　劍 李復昌 周　鼎 向　景 趙栐槑
胡偉然 佟寶鈞 趙　瑜 李樹範 吳嘉猷 常焜彝 徐家鈺 趙毓藻 蕭湛恩
徐其湘 黃雲章 陳　偉 閻佩書 王嘉銘 陳俊卿 姜守權 李德音 孫世昌
王清晨 吳大同 范復光 鄭　智 趙鎮坤 林紹文 李嘉第 吳君俠 陳栢森
許文華 張　灝 邊振聲 王孚鎏 劉熾昌 光秉鏐 葛爲蓁 馮　玠 郭振唐
李英敏 喬長洋 鍾　瑛 趙德峻 高鳴謙 施鍾祿 熙　清 邢世義 崔學曾
吳　濬 廖肇維 高崇煥 左鳳周 田景振 李增澤 陳慶粹 龐毓申 薛祚鴻
張輔銓 黃克倫 傅世璋 王之棟 洪承德 林福山 閻振傑 趙潤浦 余在泗
劉德周 王文田 閻在田 馬恒武 車乃光 王式典 汪康民 袁　澤 張葆誠
劉君厚 李受恒 馬炳亮 盧祥桂 許　瀚 吳迪昇 蕭奮成 郭文景 于道平
郝萬鎰 王文煌 周寶鈞 趙宗奎 張　祐 吳道晨 李之果 劉樹藩 翁玉麟
范　恕 倪汝發 李鏡濤 李良驥 任文祥 吉　增 姜景華 袁雲翔 徐秉義
廖德珍 曾靖聖 李樹勛 郭鴻逵 徐希輝 馬應桐

經濟學系

徐兆蓀 沈藻墀 龐蔭璞 顧廷琮 梁民武 陳時琳 張世茂 唐　綬 王宗侯
陳　儆 陳元復 鄒延芳 裴乃徵 閔之寅 陳綬章 韓硯田 趙銘西 齊樹芸
張　强 趙學漢 李崙華 萬壽堃 劉紹炎 胡國鼎 許懋椿 魏　綸 陶熙孫

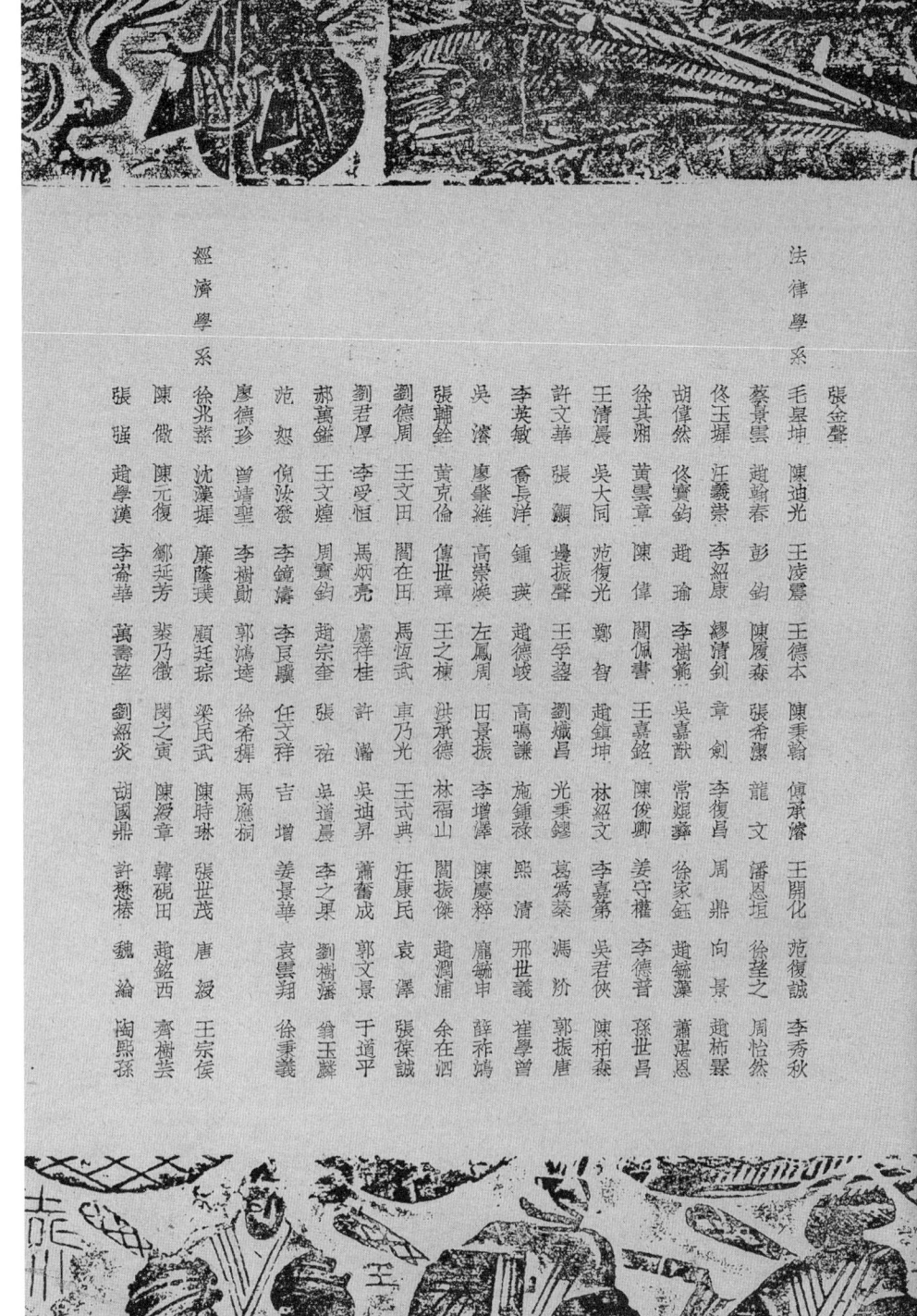

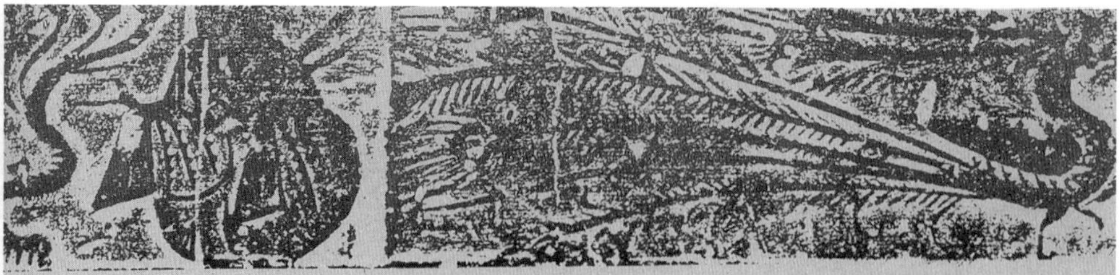

杜邦紀　蕭　庸　田元魁　顧世雄　彭宗庭　王炳璽　史經年　屈慈仁　倪汝明

陳永夔　翟瑞元　劉善授　邢世芳　季徵艮　趙鴻勳　石晏賢　陳雁渠　高占春

張　超　劉寶境　曹宗周　麥　華　史　明　孫明鑑　趙春霖　陳國澧　王宗德

余宗鈺　吳殿樞

採礦冶金學系　蕭家駉　宋作梅　李中安　李濬三　錢　江　吳君懋　張子韶　周鵬境　江增輿

姚鴻達　臧家祐　王秉義　蔡春元　王　徽　朱漢章

民國十二年畢業學生

數學系　武崇林　施啓明　茹恩楓　崔頌殷　黃祝三　趙國昌　劉繼烯　繆啓梧　韓萬禧

蘇繼業

物理學系　李銓衡　何錫藩　沈　倫　唐永昶　祝慰黎　張仲桂　黃宜家　黃恒珍　馮兆麟

楊兆楨　鄧　傳　羅宗煒　藍續業

化學系　尹致中　王鐵柱　石錫璋　牟　謨　邸國幹　祁恩彤　李嘉琛　周　恕　周洪範

周順山　姚毓鵬　宣國榮　陳煥新　郭繼熙　唐本明　凌歐美　時錫箴　張宗海

張燮友　曹福保　程廷璋　童永慶　楊重熙　葉　嶠　葉風虎　黎　英　趙文翥

趙延麟　鄭　澂　劉雲漢　潘龍驤　賴法元　韓克溫　韓珍彝

地質學系　王炳章　王慶昌　王嘉猷　白景澂　李希程　宋錫聲　俞建章　陳延炘　孫復哲

馬敬夫　袁熙綬　張子明　張永壽　張毓擇　盛紹齡　舒文博　趙保大　劉元斗

樂森璕　韓修德

哲學系　方克誠　王文彬　王顯珠　田潤驤　白宗璋　申保華　李　溶　李在恂　李在謙

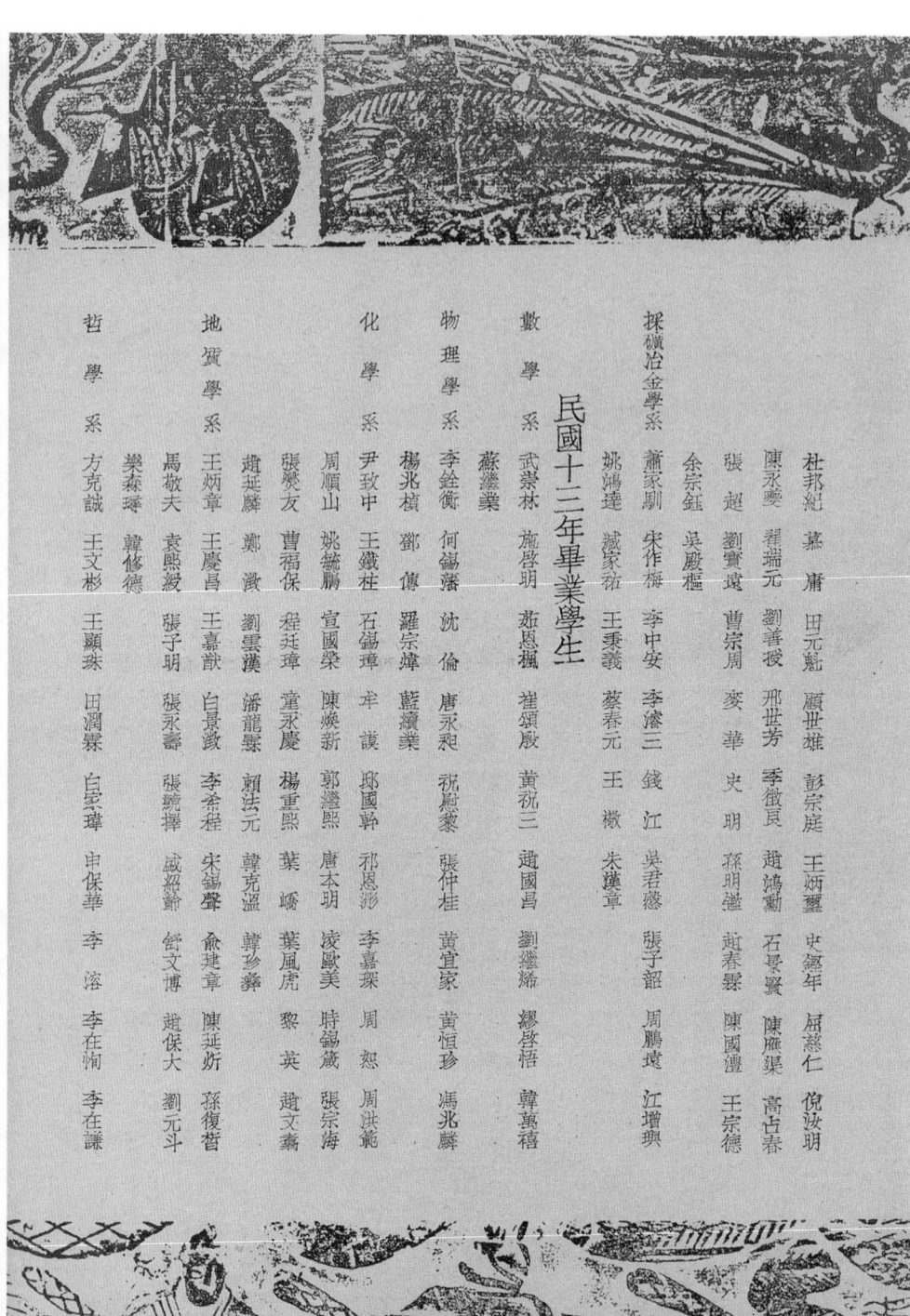

吳泰安　周原純　林振環　金公亮　胡明柏　姚　鋆　姚華尊　陳雲階　馬振濤
郭向都　袁汝驥　陶玉貴　陸炳經　陸雲龍　張彥升　張硯農　莊尙巖　隋星源
黃　坣　黃繼文　舒楚乾　鄭兼三　劉　奇　劉同鼎　蔣復璁　臧玉淦　盧逮曾
蕭世鄉　蕭逢蔚　羅璈階　羅鎮濬　譚克敏　郝士傑

中國文學系　任　昶　安文溥　李炳垿　李海濱　李漢聲　郝立權　班興文　張世崇　張其偉
張鴻端　許詣端　彭霖圖　楊樹南　劉錫五　瞿玉厚　蕭學睿　聶從鐸

英國文學系　王道全　李方玉　李有度　李書堂　李鍾賢　汪開模　周　冕　陳用才　高鴻譜
馬廣達　張書紳　張慰廷　崔培仁　董德芳　聶思敬　戴有昌

法國文學系　王業釗　王覲光　李漢勳　吳宗周　吳郁文　郝培基　南尙文　陳懷珍　高緒懋
郭慶全　時鴻儒　常　惠　曹天頤　黃德澄　萬紹衣　靳思洵　翟受之　劉季達
劉德澤　潘德霖　衛景周　韓　薰

德國文學系　邢藻棠　商承祖

俄國文學系　任國楨　李芳華　胡　斅

史學系　王嘉珍　邢壽彭　安作武　李振鄭　何　允　李道桓　韋奮鷹　郭　瑾　秦樹棠
張步武　張庚乾　張松濤　馮文啓　楊東澤　趙維楨　劉　濂　劉儒林

法律學系　丁效禹　牛煥辰　王汝毅　王宗曦　王秉陽　王第春　石毓松　朱國屛　邱念祖
李重華　李紹華　李藩維　吳　洵　吳世晉　吳獻琛　何錫珍　周爾愷　金平淼
武靖洲　季忠豚　來煥章　姜紹謨　范炳文　郝立輿　施宜忠　陳必陖　陳占甲
陳桓永　陳樹倫　馬龍章　鄧天錫　張文燦　張丹珍　張在鏡　張保盈　張振岳

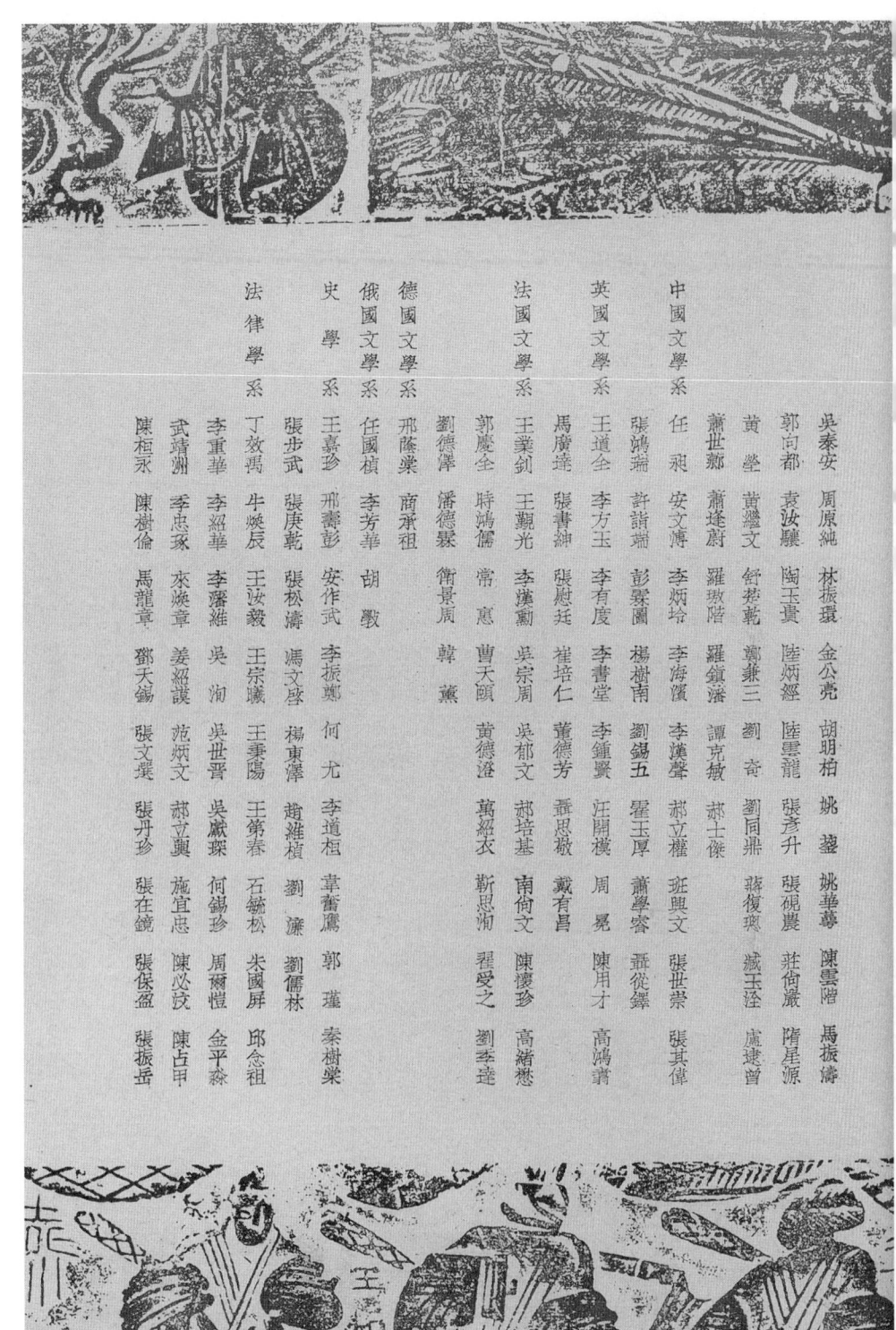

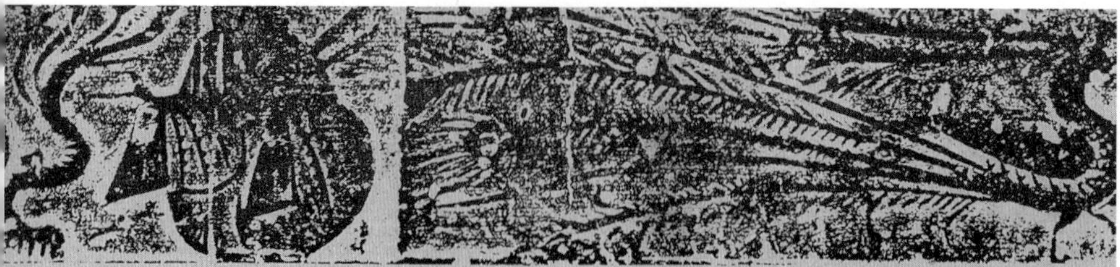

張榮勳　張耀先　康殿藩　梅璧新　麥恭允　魚鳳池　傅廉臣　單德元　楊文通
賈公任　賈裕堃　葛棣青　趙思讓　趙炳文　趙時雍　趙學淵　鄧國泰　壽振夏
劉光銳　劉東膠　劉郁周　劉榮文　劉榮陞　劉德華　閻寶蓀　蔡石瑜　蔡孝寬
潘昌試　盧金章　盧鴻藻　戴祥驥　顧德涵　顧謹詒　欒維垣　羅守頤　朱　澤

政治學系　王　玳　白濯漢　史記言　何作霖　李椿齡　周雲溪　周義章　林國棠　段　灝
容天量　徐美煌　孫萬釗　張志俊　張法權　張拔超　張熙競　崔學信　傅馥桂
楊蔭潭　趙宗雲　趙冠青　趙蘊琦　鄧維華　鄭鶴年　劉正亨　劉承祚　劉振雄
劉廣鈞　樊希智　潘　桃　潘景周　歐宗祐

經濟學系　王世鍾　王汝楠　王清政　左其龍　李啓源　吴士瑜　何炳序　沈瑣齡　周鈞舉
林湘北　金秉鈞　金崇俊　孟　津　姚道洪　禹成美　陳鍾毓　陳麟堂　孫成彦
孫爲霆　孫樹棠　郭毓霖　袁鐘琪　夏廷正　淩　晋　陸家馴　梁煦章　張振鈞
張學翰　畦　侃　莊頌聲　劉崇年　閻奎麟　鍾延樞　鍾公弼　馮振亞　顧紹炎
羅象翥　魏鍾璽　郭懷璞　傅如鐵　董鹿年　羅宗孟

民國十四年畢業學生

數學系　萬文生　張桂叢　范時訓　李光彦　章宗振　張宗和　應餘慶　王蔭槐　李循惠
高佩玉

物理學系　原景德　敖弘德　邢壽椿　許錫清　關崇寅　劉淑泰　楊承燕　温鳳韶　楊榮久
吴安仁　張大文　齊榮爵　任永珍

化學系　黄叔寅　周泰嶽　李逢時　許熙生　伍傳新　杜運樞　楊守珍　鍾彛耀　郝錫齡

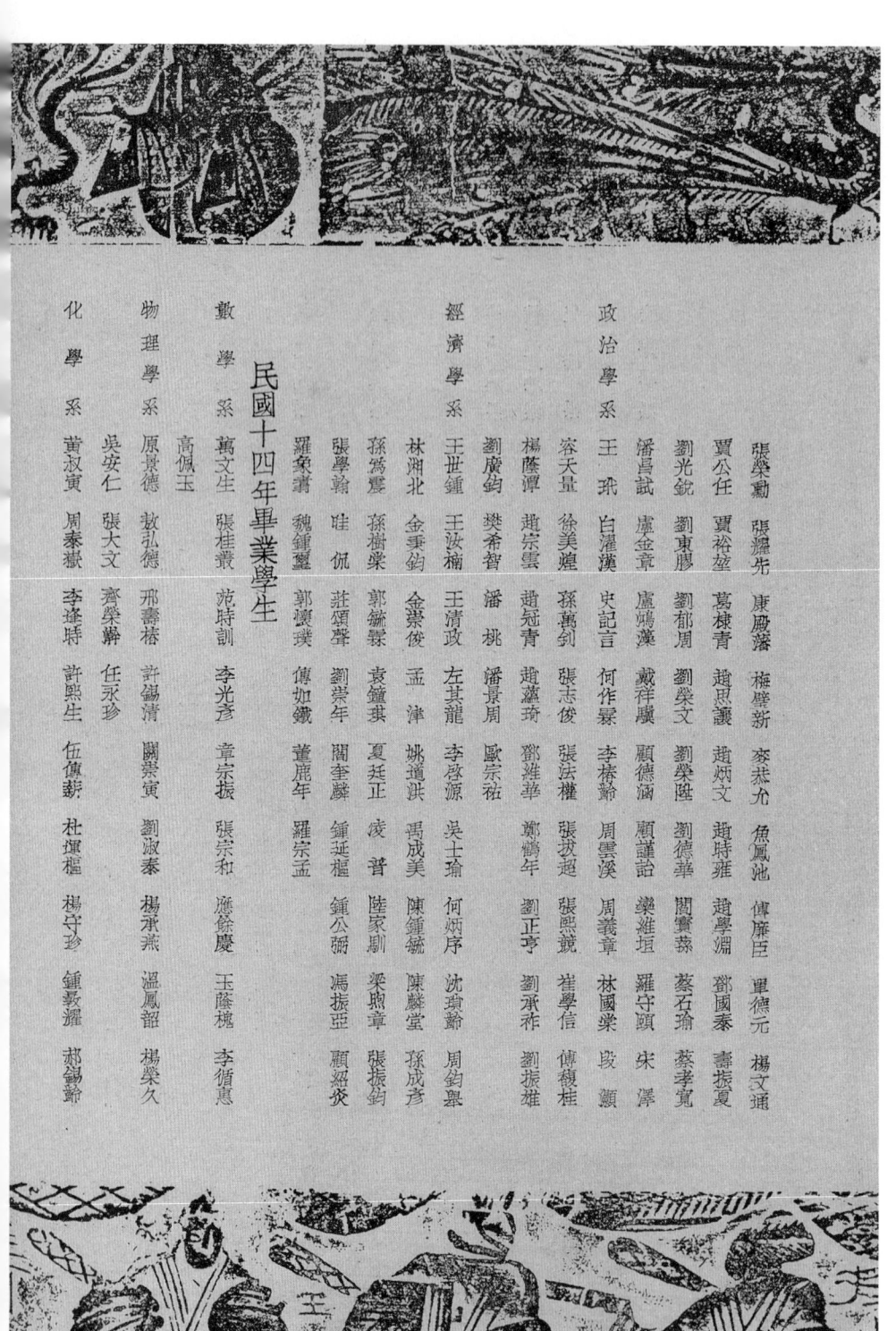

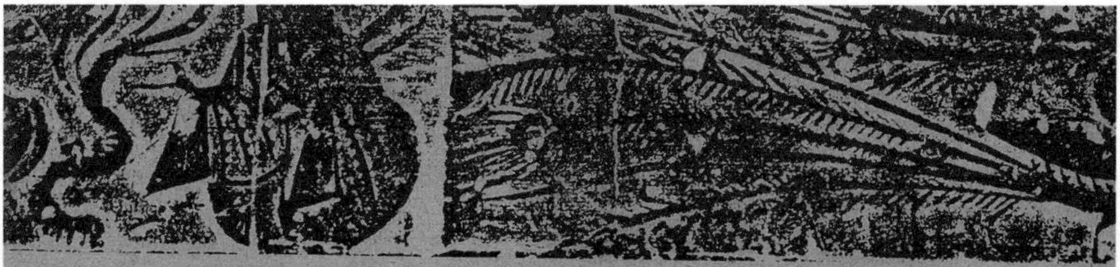

（續上頁）

楊　亮　張琮庭　孟廣淇　龔理哲　俞崇智　傅邦俊　王治焯　周維新　唐名棣
江世炘　朱德韜　柳克植　辛廣淵　李　璜　唐紹宗　周存聚　奏越士　楊　澤

地質學系　陳　旭　王恒升　廖友仁　許　傑　徐光熙　郁士元　方　謙　秦萬瑞　羅繩武
莫迺炎　孫錫琨　王　震　余新都　葉向榮　居耀松　丁　同　蔡化民　貢子湘
葉汝幹　章廣田　張國祥　廖鴻基　林陳麟　許原道　殷振聲　李家弼　吳耀先
劉鳳岐　王貽琛

哲學系　張炳翼　馮炳奎　羅倬漢　楊　廉　楊世清　程　鉉　牟震西　鍾爾強　張永善
吳璜明　謝星朗　焦士亨　王鼎甲　張德耀　趙憑鐸　周梅羹　胡秉乾　李德鑑
張世箴　陳寬蔭　宋孔顯　王保合

中國文學系　魏建功　張在寬　劉澤逵　錢聳基　葉　震　鍾喜賡　王榮佳　張元亨　張　毅
臧實瑞　吳德榮　張應志　陳志仁　劉運禎　楊尙禔　張　辛　王寶龢　張　皜
何宗寅　王昭鐸　程　衡　陳宏濟　孫維嶽　陳　捷　李汝驥　繆廷梁　李　維
朱炳鑑　張守綱　宋祖培　張閑第　劉德成　周恒甡　任泰池　張兆瑞　馬瑞徵
陳世勛　王東一　劉世昌

英國文學系　許式已　王培德　唐賢軾　潘敬所　梁鏡堯　畢榮淮　梁冠球　湯珙眞　梁耀堂
李貫英　傅榮海　安　超　余　椿　周命新　趙玉崑　劉　綱　張餘汾　文家賢
李會瀛　賈建功　張席祚　黃紹谷　苑金吾　劉愷悌　秦嶠士　宋我眞　丁重三
田鍾秀　白受采　李毓鎏　黃日葵

法國文學系　章駿錡　王海鏡

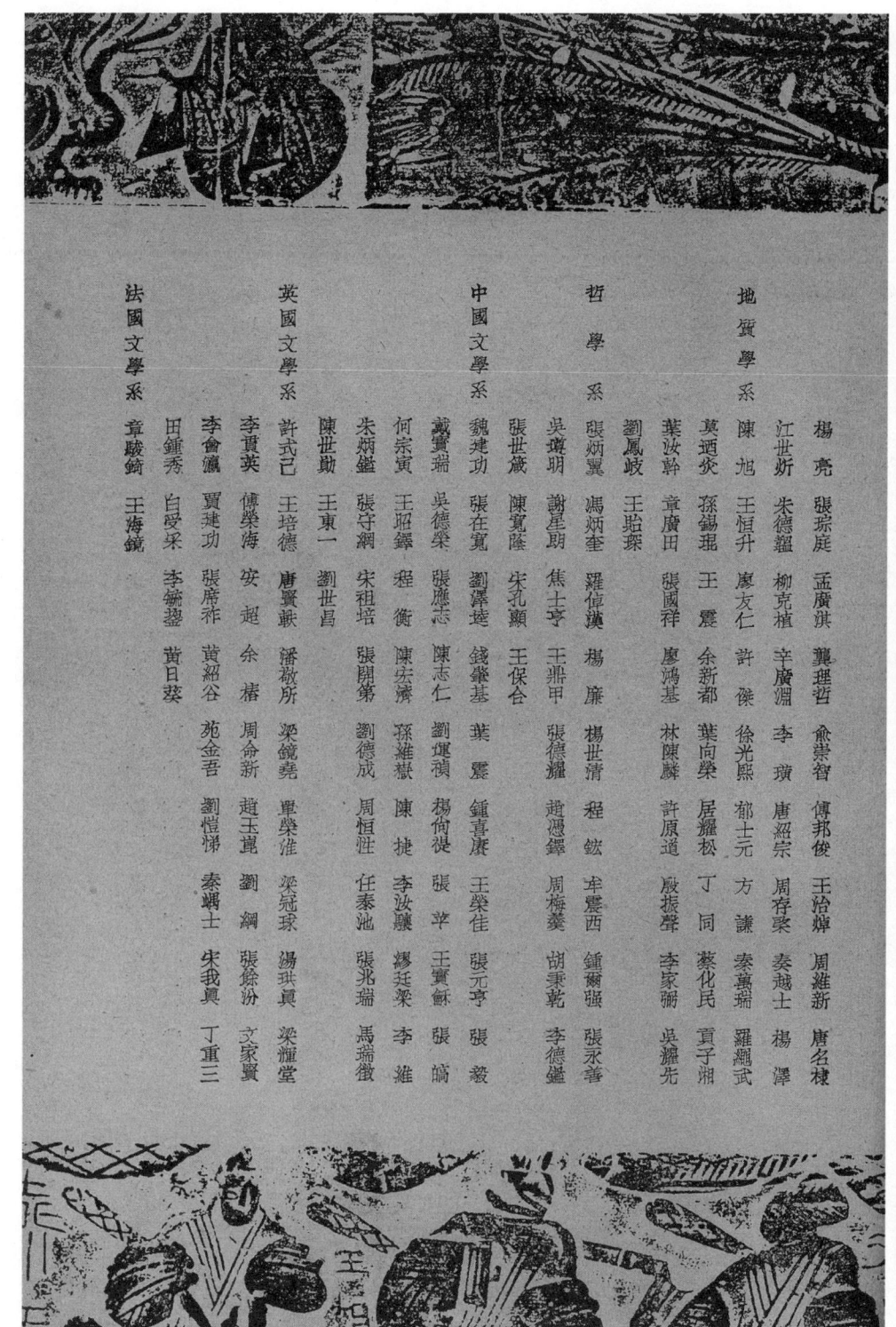

德國文學系 周光達 王文俊 童光熒 王治孚 錢鳴鋏 楊豐沛 吳鶴雲 盧政鑑 秦志壬
王祝慶 王師曾 孫惟全 王作賓 許　治 常守信 魏江楓 安世徵 黃金銘
李丕讓

法律學系 趙鳳喈 汪紹功 何家麟 黃　亮 李祖勳 陸啓炤 黎翼墀 鄉桂五 朱廣信
馬培陽 許進賢 何郁第 張鳳來 邵文純 伍渠源 張屋民 祝華封 孫景雲
唐萃芳 金　式 鄭　煊 毛紹儒 張天傑 袁剛毅 闕迪忱 余瑞瑜 李錦銘
邱福卿 范春生 江輔勳 司生麟 辛崇業 劉　試 蘇天命 馮吉揚 祝存照
王紹虞 郭佐唐 張由繹 李樹燦 張維東 見　琴 楊毅民 申振先 陳紹賡
夏守埜 洪熾昌 孫明禮 蔣宇宗 奚紹廣 吳遠昭 田鴻賓 潘傳霖 孫文炳
王自隆 張功蔡 張曰軫 傅掄元 章維理 王　騰 邱錦棠 任朝徵 楊汝霖
沈兆銘 劉清晨 洪怡賢 黃應麟 鍾顯椿 鍾　鳴 伍耀徵 馬鳳林 綦玏石
張達昌 蔣奉章 李富春 陶紹先 李　卓 劉重慶 胡實琛 赫貴國 朱永利
李卜五 吳景林 吳振鐸 黃　泮 何　欽 李振中 何紹周 潘麟祥 倪品眞
何恩樞

政治學系 樊　弘 羅郭偉 徐燦生 蕭桂森 馬昌民 梁朝霖 楊展雲 謝祥椿 信　綱
劉國增 蘇蔭棠 劉占元 趙玉法 郜家珏 秦秉剛 戴　郁 賈葄蓀 余　旭
金寶時 延瑞琪 張阜源 李世璋 楊兆甲 陳　長 范用餘 賀　慶 竇鶴翔
田樹勳 楊道基 葛之莖 林振聲 王鳳桐 夏興武 龔至仁 喬國章 袁世斌
車興富 譚樹樧 李天惠 戴朝震 韓樹森 李雲章 于慶均 周傑人 閻書紳

秦位鏞　余明尊　高逢泰　陳恒仁　賀廷珊　王來科　陳勉雲　謝先庚　劉　恒
翟景卓　周國隆　王道彬　伍齊益　徐政勤　鄧和禮　陳贊豪　崔玉成　黃有志
張翼謨　廖廷鍔　侯慕彝　趙元愷　梁炳麟

經濟學系

陳寶麟　蔣睦修　王士鐸　胡　澤　邵純熙　于岡桐　黃玉潤　孔慶宗　周　澤
譚聯鑣　馬春猷　安永瑞　張文祺　王鴻鈞　丁鴻順　鄧飛黃　沈淮棟　朱務善
趙　烈　蔣元新　李敬儒　成應舉　廖維藩　張泰會　羅從豫　陳文清　張　褳
何增譜　許炳漢　吳毓江　黃文燦　許緒鑑　鮑靜庵　張其昌　王雙鳳　申伯純
楊興漢　鄭　年　蘇耿羣　徐霈藩　王聯恒　曹國卿　王　昉　方聲乃　陳啟泰
任渠成　劉冠明　黃慶中　張振聲　郭衍盈　趙文華　謝壽鵬　金國珍　席啟騏
倘建槐　張寶珂　何仲純　劉憲朋　林海澄　蕭永凱　劉　琨　王開寬　賈祝年
王競實　王貽垤　周　純　楊方震　張兆甲　吳至恭　朱明良　沈良佐　蕭貞昌
李樹爵　黎汝璇　朱樹基　陳友琴　韓　醇　陳汝棠　王永新　王德宣　高賢潔
吳時中　張矩準　吳文津　王培鈞　全　鐸　張克琨　姚大朋　葉洪熙　徐文鑒
張之淼　梁景琪　班繼良　蘇　芬　周承麟　汪叔年　俞汝良　張國正　李國瑄
李慶成　王　宜　馮永寬　李　泳　徐先登　王　綽　卞廷泉　閻　塘　王世欽
馮其炳　車誠善　王耀宗　李滋大　吳克禮　張倬陵　梁綸才　周毓仲　許　綸
侯鴻業　高懋勳　郭定榮　左祖珂　李常穠

民國十五年畢業學生

數學系

周鳳甸　宋振渠　謝汝鎮　樊威芹　萬物貞

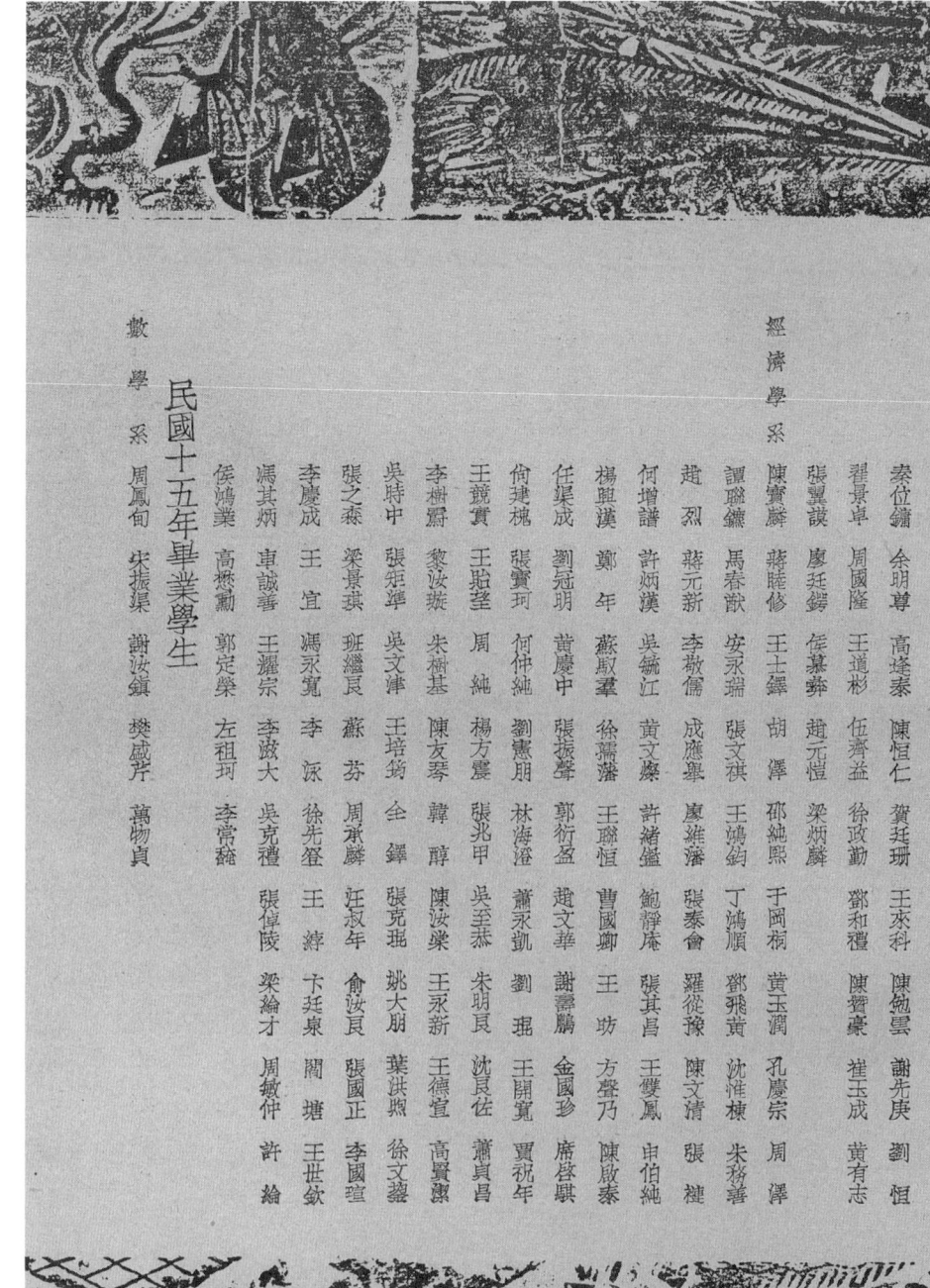

物理學系　易曾錫　林昭信　杜金銘　周其棠　馮樹勳　婁元亮　紀紹綱　鄭畬斯　楊汝楫
劉聲繹　解九箴

化學系　符學仕　婁恩後　吳寶鎔　朱適孝　林　昂　李裕光　王裕熤　李　毅　李迪新
李　淑　楊清桂

地質學系　何作霖　潘丹杰　斯行健　朱鑑堂　李逢源　何成鑾　陳宗圻　伍廷琛　丁道恒
李慶源　黃競生　郭嘉惠　虞育芳　粟顯倈　佟玉潤　陳向榮　夏開楨　張咸鎬

哲學系　孫　照　容肇祖　張昌圻　張蔭棠　韓靜遠　包鷺賓　陳　鑄　周　用　劉桂成
孟廣厚　林樹松　陳居璽　溫祥發　徐瑞祿　王震東　劉懋勳　蘇廷銓　李鳴和
李維新　黃家聲　李海樓　楊中偉　盧宗濩　賴振聲　李若岩　張安禔　徐其明

教育學系　王九思　胡自益

中國文學系　甘大文　游國恩　朱世芬　吳鶴齡　陸侃如　吳德遠　舒耀宗　蕭謚輝　李開先
陶有柏　宮維翰　狄　俊　蔣致中　劉重修　張春暉　李鼎彝　張　鏞　冉昭吏
王文德　張聯莊　楊文海　張　瑜　林之棠　周憲章　馮士造　王醒舟　許星箕
蕭咸凝

英國文學系　夏廷棟　許孝炎　張清華　鮑文蔚　褚保時　韓國泰　羅芳垌　吳幹斌　徐　澤
高佩琅　何聯奎　王振綱　王仲堅　岳凌洲　姚宇光　易　貞　盧紹坤　丁家光
王秉珪　鄂　佐　孫永年　車汝達　張錫恩　譚廷英　張樹猷　王嗣順　張文明
孫德中　張義端

法國文學系　黃福握　郭春濤　谷源增　鍾生瑞

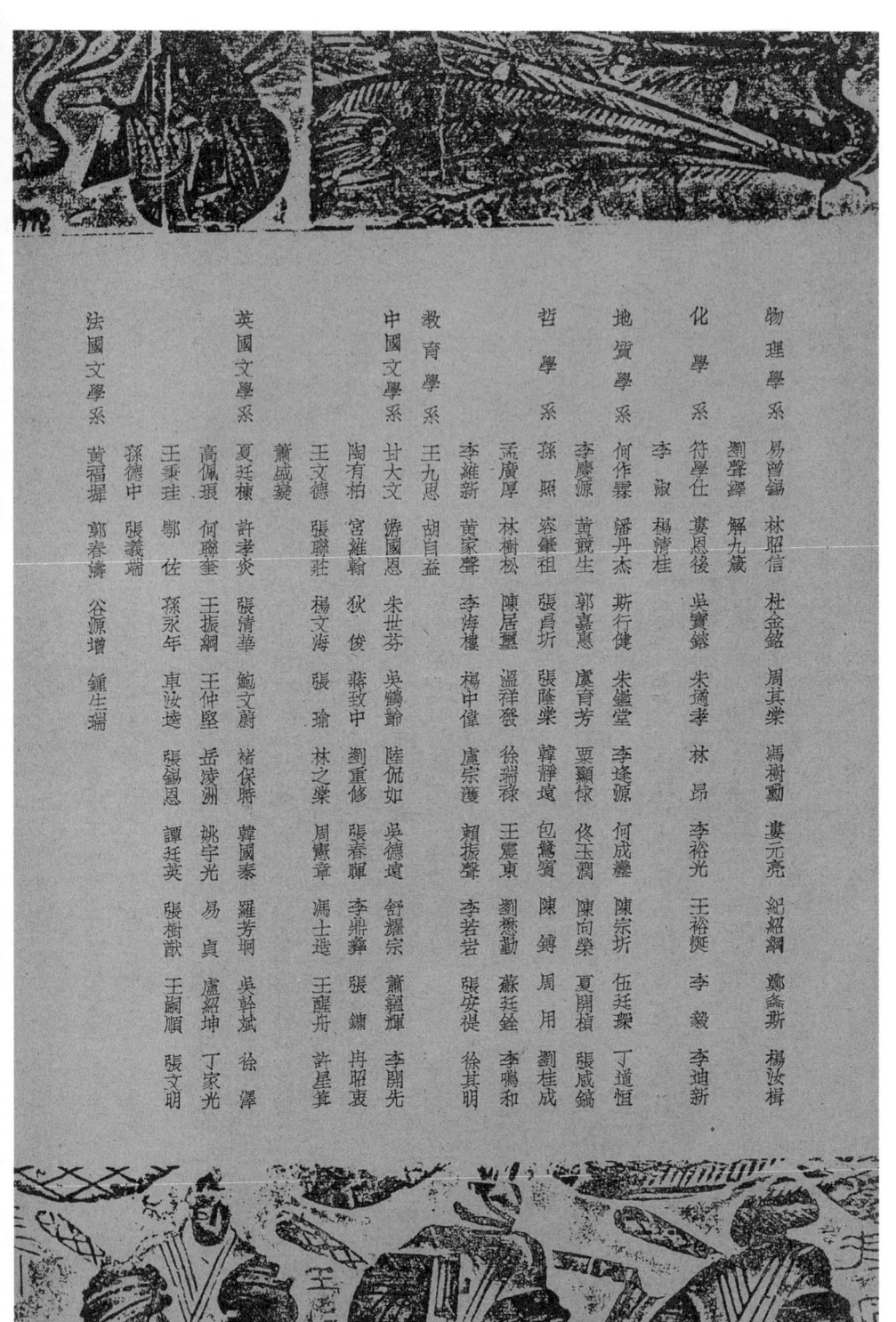

德國文學系　劉　健

俄國文學系　劉德榮　趙自成　高世華　呂樹槑　張全祿　丁文安　蘇文德　仵瑞典

史　學　系　伍家宥　舒傳軾　靳作梅　王鴻德　劉慶瑄　夏德儀　趙仲濱　李振聲　鄭振夏
聶開維　朱相堯　王之綸　李世傳

法律學系　葛揚煥　吳祥麟　余天民　賈永年　劉裕學　左其鵬　裴錫晋　劉兆麟　程　璜
方善徵　翟宗心　郎得昌　黃實實　陳宗海　劉天倪　柳壽慈　岳濬川　謝承炯
趙特夫　王炳彥　黨慶華　周起豐　梁寶羅　周可從　田家杰　刁家仁　蕭滌吾
吳廷贊　鄭仁賢　胡　錟　王鍾文　張家鼎　周承恩　楊文林　謝　詩　陰毓珍
韓鳳池　姚肇封　趙守和　陳泰權　馬忠蔚　葛　琨　喻遂生　汪學韓　李葆恩
黃恩輝　傅連珍　董和棠　譚　坤　黃鈞祥　鍾繼璜　梁贊文　周士欽　胡賢瑞
孫淮陽　程啓泰　鍾資富　趙懷昌　鍾之瑛　劉樹杞　尹懷珍

政治學系　張榮福　李昌仁　彭宗海　李富善　何道智　龍文治　吳江鍾　朱予覺　黃爲俊
王本乾　劉掄英　黃利貞　黃　琛　陳兆彬　羅紹徽　曹倘毅　薛保恒　劉廣洽
桑義彰　嚴繼畬　殷　鉞　孟慶祚　趙勤畬　邵光銓

經濟學系　曲殿元　王清斌　李壽雍　甯自禮　王克宥　徐連印　陳忠範　宋邦俊　林翰傑
李文駿　吳融春　黃毓芳　粟顯運　李　俊　程元斟　鄧　介　林嘉駿　粟德斌
徐振廖　方銘竹　崔毓珍　童　璋　周履直　張蘭汀　魏運純　麥　騫　王鴻訓
謝承煊　喻德輝　潘世燊　張佳玖　邱致澤　宋全恭　李如漢　劉文機　姜靖昌
閔文蔚　戴景雲　徐汝南　趙啓焜　李善餘　呂世鼐　鄺鴻逵　徐炳勛　左宗彝

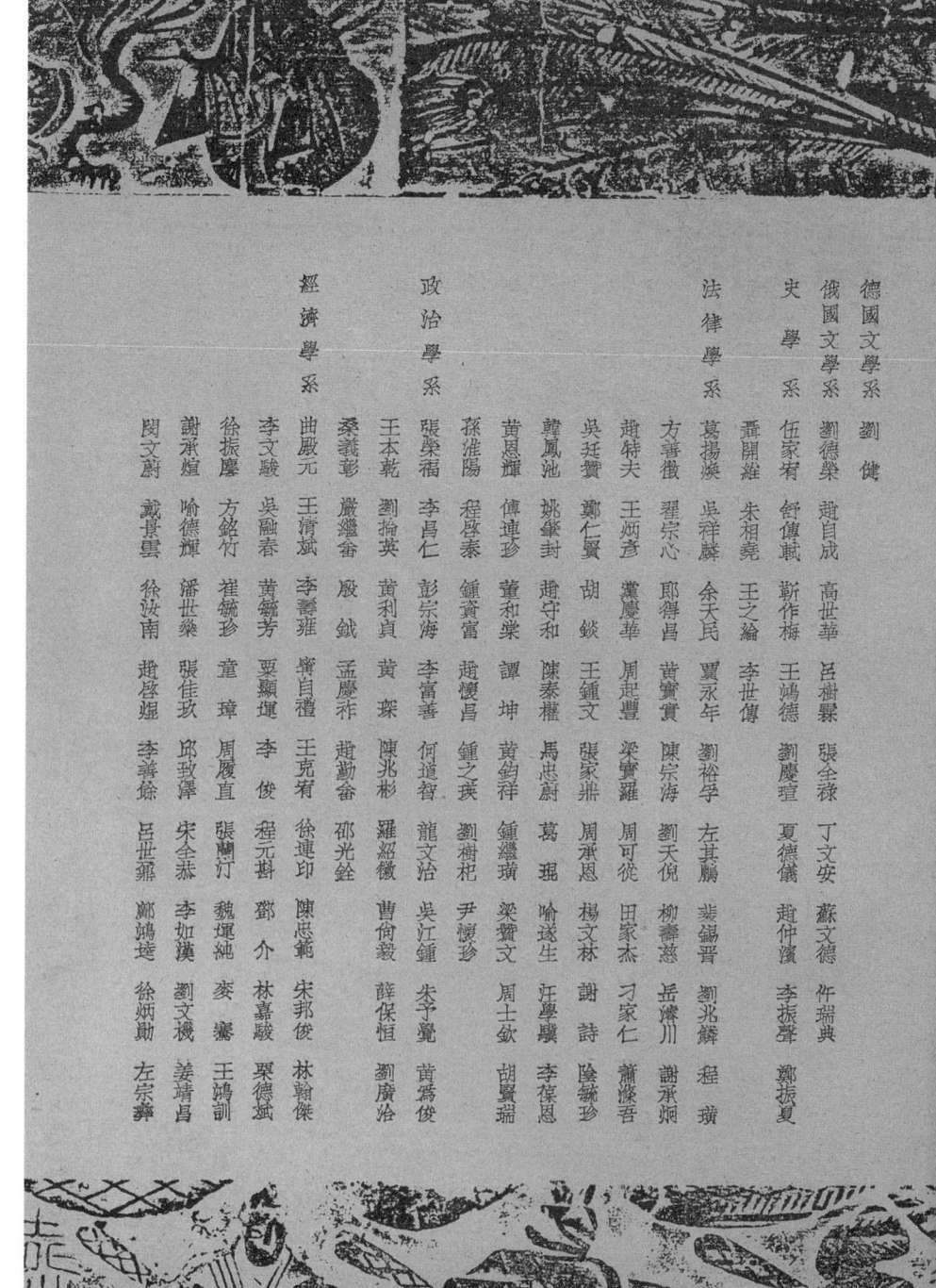

王滌文　王燮　但永治　陶端模　徐敏壽　王盛緒　李超雄　蔡正梗　林道純
張之程　張廷芳　張桐實　葛琛　林常盛　張振翮　畢倘瑩　張遵孟　曾濟時
毛嘉麟　李兆福　黃泰理　王世榮　陸紹郇　楊順方　陳實琨　鄧鈞輔　王溯喬
林飛熊　杜廷纘　李經印　楊修彥　何樹潘　劉禮瓊　金蘊嶠　胡士輿　胡宗治
曹敬義　陸培艮　耶樞尉　胡遵法

民國十六年畢業學生

數學系　唐頴犀　程綸　黃守中　劉顯熾　王清正　王墨羲
物理學系　葉桂華　顏慶倬　張嘉訓　周壽銘
化學系　馮式權　吳憲祖　羅振福　靳士林
地質學系　李殿臣　裴文中　丘捷　耿廷尉　劉祖彝　李乙星　劉誼壽
哲學系　賴道純　曹建　梁佩袞　余文偉　趙鴻猷　楊代馥　劉韞山　臧玉海　張伯根
教育學系　張博文　馬復
中國文學系　王建輿　湯濟川　彭大本　張瑞鸞　楊景崑　張泰森　可應聘　張復貴　續玉琥
鄭續　陳殿璋　談其煊
英國文學系　陳煒謨　楊錫茂　王琴懋　楊化坤　孫志好　朱文會　葉孟安　李盛齡　胡作敬
法國文學系　范任　黃鵬基
德國文學系　馮承植
史學系　凌杏明　羅廷蕡　王煒　王遵義
法律學系　曾如柏　張磐石　裴錫豫　王振鄴　吳德瑩　金鼎新　高陽春　何錫純　王述曾

劉鴻遠　趙清寰　曾國光　閻　朴　張守豫　黃守正　李芝香　劉中棠　佟粟田
謝其湘　王祖達　陳謙吉　趙殿鵬
政治學系　盧　翊　劉正華　王則鼎　索春霖　康㨗宜　王振武　劉仁鉞　余維一　王名泗
吳誠頤　姚光世　曾集熙　張克昌
經濟學系　沈　文　韓國治　張皓明　高學海　喬榮堂　董　翰　周達時　潘墨卿　葛之萃
陳　濬　徐義衡　徐崇爵　李效揚　黃鐵錚　劉崇正　袁蔭庭　桂心達　謝賡明
翟作堂　萬榮斌　高景彤　張維周　留錫銘　彭百朋　王成三　劉汝昌　張紹琦
王永建　連蔭元　陳天民　舒道明　盧振英　孔令琪

民國十七年畢業學生

數學系　齊植家　程象濬　馬文元　石永志　杜金銘　金式斌　麥第榮
物理學系　李光濤　王　普　岳劻恒　何肇華　郭貽誠　王書莊　郭元義
化學系　汪元起　陳顯銘　李友泰　梁士夔　首聯球　榮　琛　劉光祖　曾和羹　王世模
戴錫社　洪　韻
地質學系　黃汲清　朱　森　李春昱　楊曾威
哲學系　溫壽鏈　烏以鋒　劉　軼　柯樹屏　蘇維霖　吳振球　楊　良　范雲岫　李守謙
崔國政　蕭汝綸　齊瀰周　徐憲邦　劉策安　游祥耀　徐瑞祥
教育學系　黃新運　歐陽蘭　裘友椿　程宗頤　胡勸業　張錫辰　陸梅舲　張瑞英　劉曉玉
中國文學系　楊晶華　符邦寧　劉獻功　李永佶　劉錫愈　賀翊新　黃優仕　陳　敏　陸宗達
余世沅　葉含華　朱家濟　賀青蓮　張　瑜　李梓敬　李鏡涵　高蘭芝

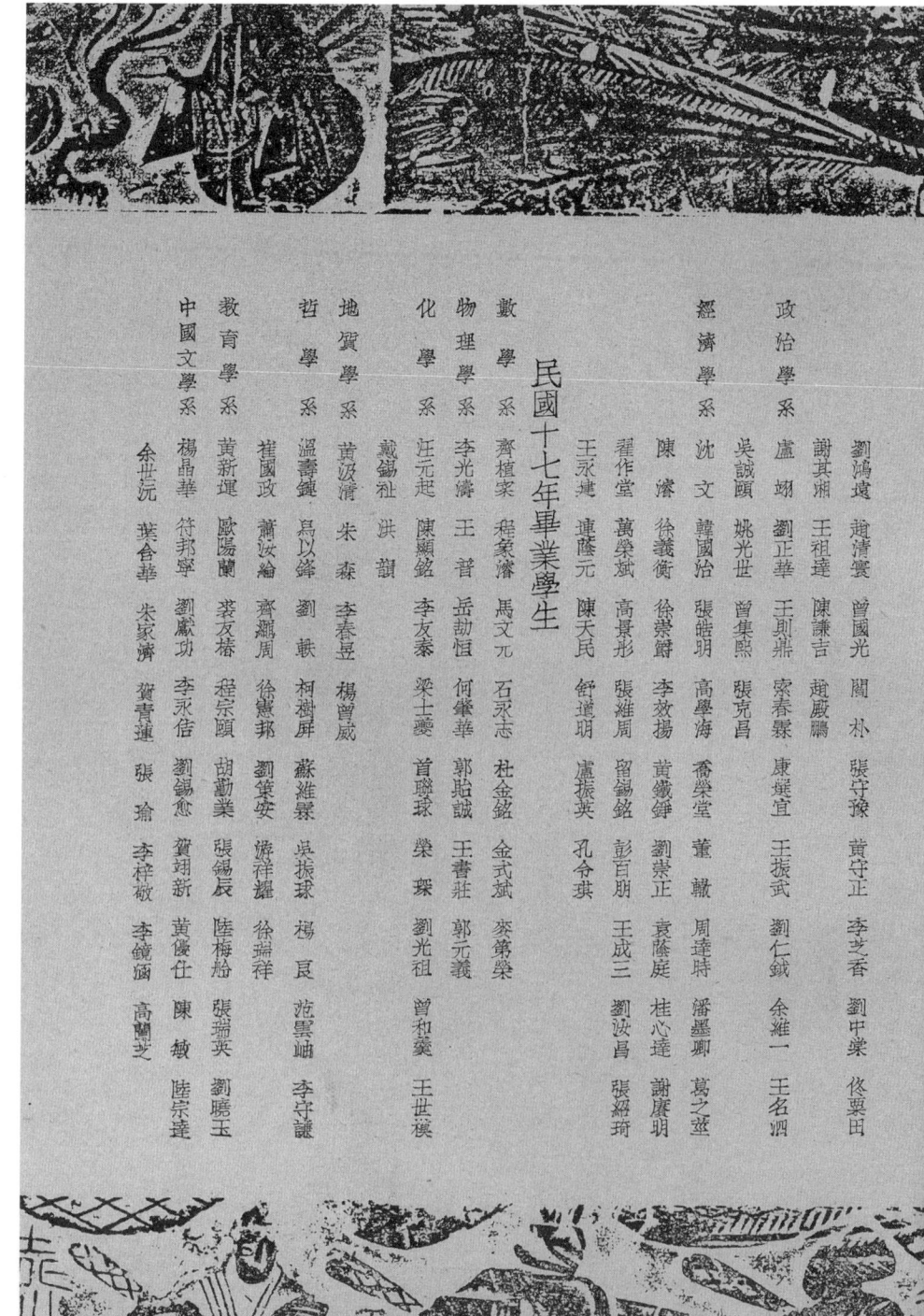

英國文學系　梁遇春　許汝驥　龐善守　吳太仁　石　民　張增義　彭績澍　修春泰
法國文學系　陳繼賢
德國文學系　常錫光
史　學　系　李　謙　胡應連　傅世璵　陳元柱
法律學系　王宗旦　程人傑　吳風清　張翼詒　吳寶桂　周　琛　秦樹勛　張朝雍　江楚善
　　　　　　崔學閔　傅常瑞　陳煥彩　劉亦瑛　葉滿水
政治學系　曾令行　謝邦鐵　熊貴義　張景春　張環玉　周名瑄　王威治　王必壽　沈作乾
　　　　　　林炳坤　李世尊
經濟學系　王昌熯　余肇純　門啓昌　張樹齡　黃仲琪　賈志雲　李貞泰　張寰海　申春元
　　　　　　伍堅志　梁廷位　何　炎　李　英

民國十八年畢業學生

數　學　系　王丕拯　蔣圭貞　王得蘭　遲浚鍷
物理學系　謝起鵬　朱德堅　申祖訓　王洪濤　陳志強　王成椿　張作梅　周　喆
化　學　系　吳祥龍　周良翰　黎書常　崔礪崑　王成柏　婁和亮　徐賢恭
地質學系　司徒得　張子烈　喻得淵　王有中
哲　學　系　毛　坤　劉紹蒼　冀桂馥　張家鼎　劉元璉　晁慶昌　原孝友　郭樹楠
心理學系　魏春芝　馮定境　蕭從方　潘文生
教育學系　石廷瑜　吳汝雷　褚保權　劉世棻　洪　標　卜錫珺　黃　鏡　謝祚茝　謝卿璽
　　　　　　沈昌威　蕭忠貞　齊泮林　周　遊

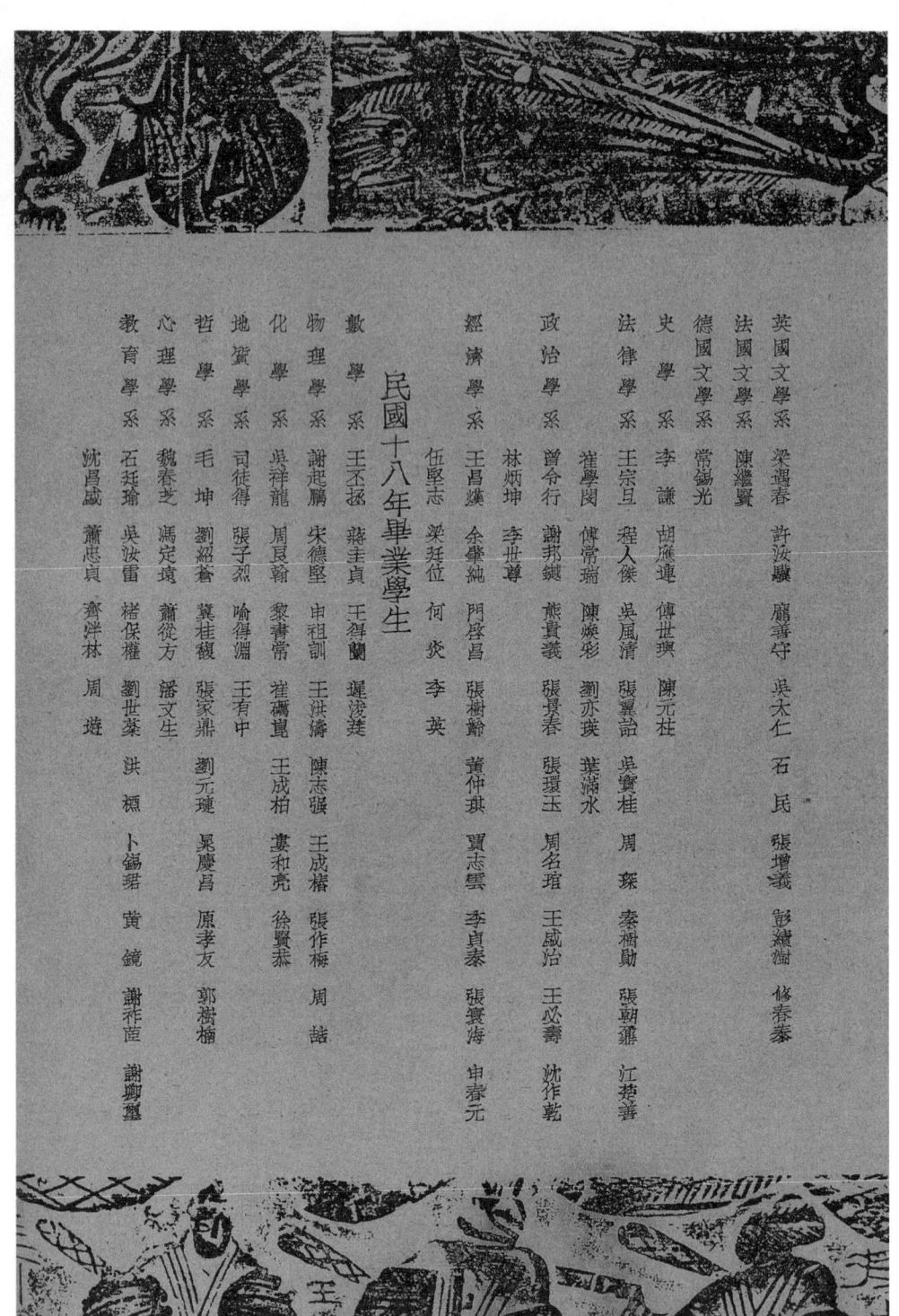

中國文學系 戴明揚 王振球 龔墨山 吳經章 許文玉 修 垣 李述禮 王文傑 杜則堯
張爲騏 趙瑞生 賀祖羲 楊從雲 徐闓瑞 胡 致 張崇禮 郭承瑞
英國文學系 葉 維 鍾作猷 曲廣鈞 張宗愷 張明旭 董秋芳 蔡奇峯 周光普 馮文炳
法國文學系 張德昌 李國魁
史 學 系 錢卓升 傅振倫 曹景烈 武 鎬 翟承烈 阮德鐏 蘇康甲 石恩波 孫芳芩
李松生 王遴績 陳紹虞
法律學系 郭延齡 吳仁光 陸炳勛 高鳳樓 何恩寬 侯澤麟 丁國瑞
政治學系 朱 俁 陳一雲 羅詩珍 張錫彤 張明時 佘維明 佘坦先 王以義 巫啓壓
趙子懋 賀楚強 李相顯 吳祥春 王德明 楊登綱 徐公輔 溫思恭 佘 哲
焦嘉朋 楊湘毓 梁 渡 傅啓學 李蔚唐
經濟學系 陸鼎升 馬樹之 熊訓禮 郭耀清 姚永璜 顧曾宏 孫鳴九 王 庚 蔣國炎
王樹聲 郭藩寰 陳偉縣 黃大庸 李之恩 伍榮遠 江振明 牛佩珊

民國十八年度畢業學生

數學系 高揚芝 石法仁 崔銘琪 王秉和 陳積驊 鍾 正 蘇德煌 梅祖蔭 李叔熙
馬立功 傅元乃
物理系 鍾盛標 林樹棠 趙廣增 李炳芳 蔡陸星 周相元
化學系 張道政 張聯聖 楊鳳岐
地質系 計榮森 常慶隆 李 陶
心理系 王德崇

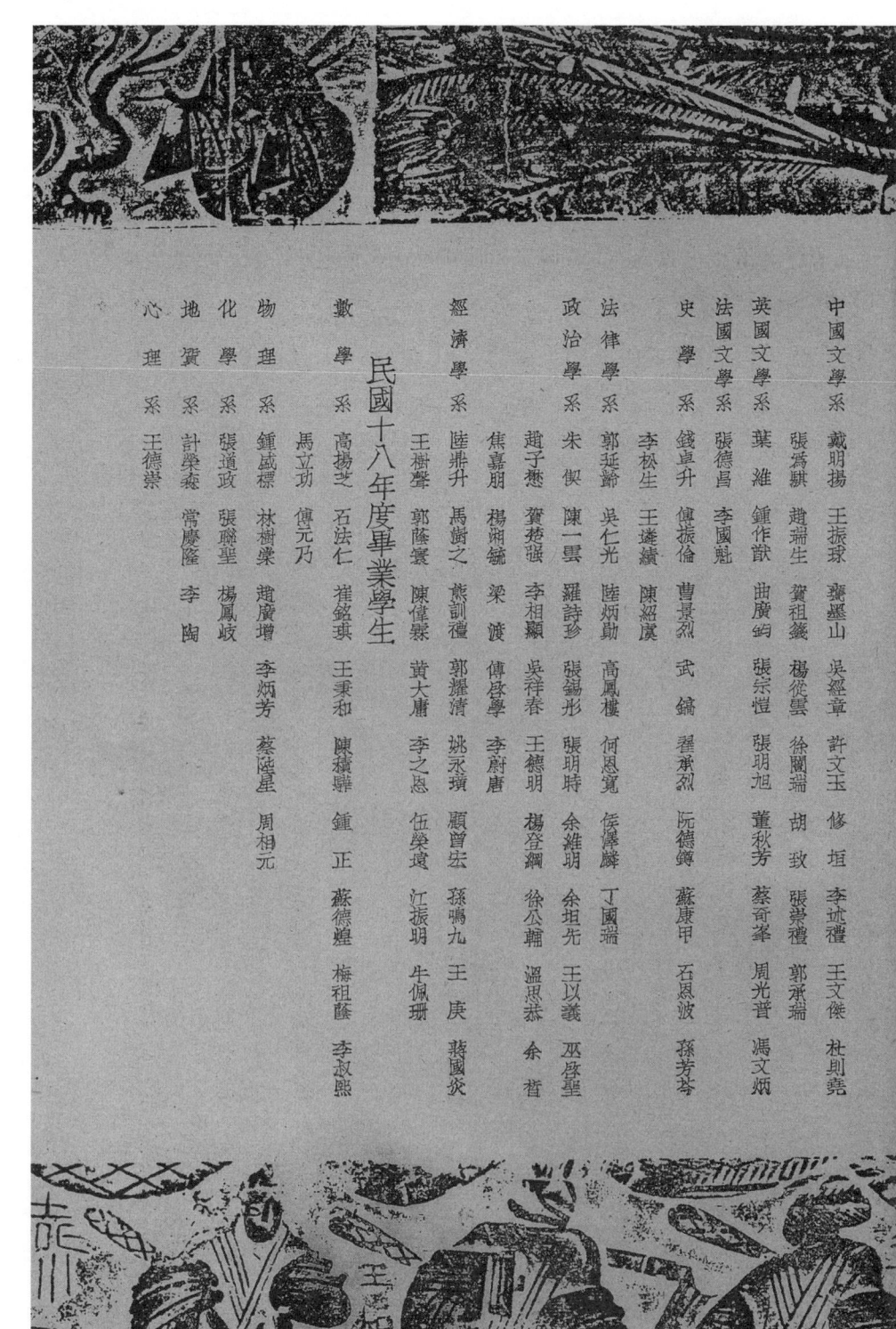

哲學系 張桂芳 韓儒林 王蘭生 楊振福 李鷹僊 張常春 蕭而敬 蔣倉意
教育系 詹昭清 李榮蔭 李幸之 程星齡 秦槐士 黃佛 黃繼植
國文系 白鎮瀛 韓壽萱 王煥斗 敖士英 胡孝灝 劉體仁 傅鏞洛 吳守誠 侯植忠
高崟 胡榮身 周復
英文組 張恩裕 袁家驊 顧綬昌 關其侗 蘇宗岳 馬永禎 戴敦智 何兆熊 韋昌懸
陳永祥 馮永陞
法文組 鄒文熙 吳家明 鄧琳
史學系 余遜 陳宗仗 許預甲 王桂
法律系 王金鏞 蔣觀津 劉璟 胡廷玉 王耀漳 楊鍇 潘英芳 王寶成 沈國光
周新枏 李毓民 馬之嵩 張可衡 張書翰 傅尚文 梁洪睿 藺傳珊
政治系 繆培基 劉玉田 林昌恒 李英 譚啓愷 徐靖 陳啓昌 俞雲飛 袁文蔚
馬鴻綱 陳肇文 張開瓊 閻國瑞 苗華雲 孟勵瑞 解聚奎 鄧堯佐 衛萍叔
熊傳寶 陳德新 陳如日 李秉時 甯光江 張家範 楊副時 顏景瓚 朱啓明
林德懿
經濟系 易鐵尹 沙啓濂 鄭合成 馬寶珍 宋文瑞 雷輯輝 錢家驥 趙文選 黃鏡銘
秦嶧 鄭侃 陳家芷 張廷選 馮良輔
哲學系 孟繁偉
政治系 胡進吾
經濟系 陳乃華

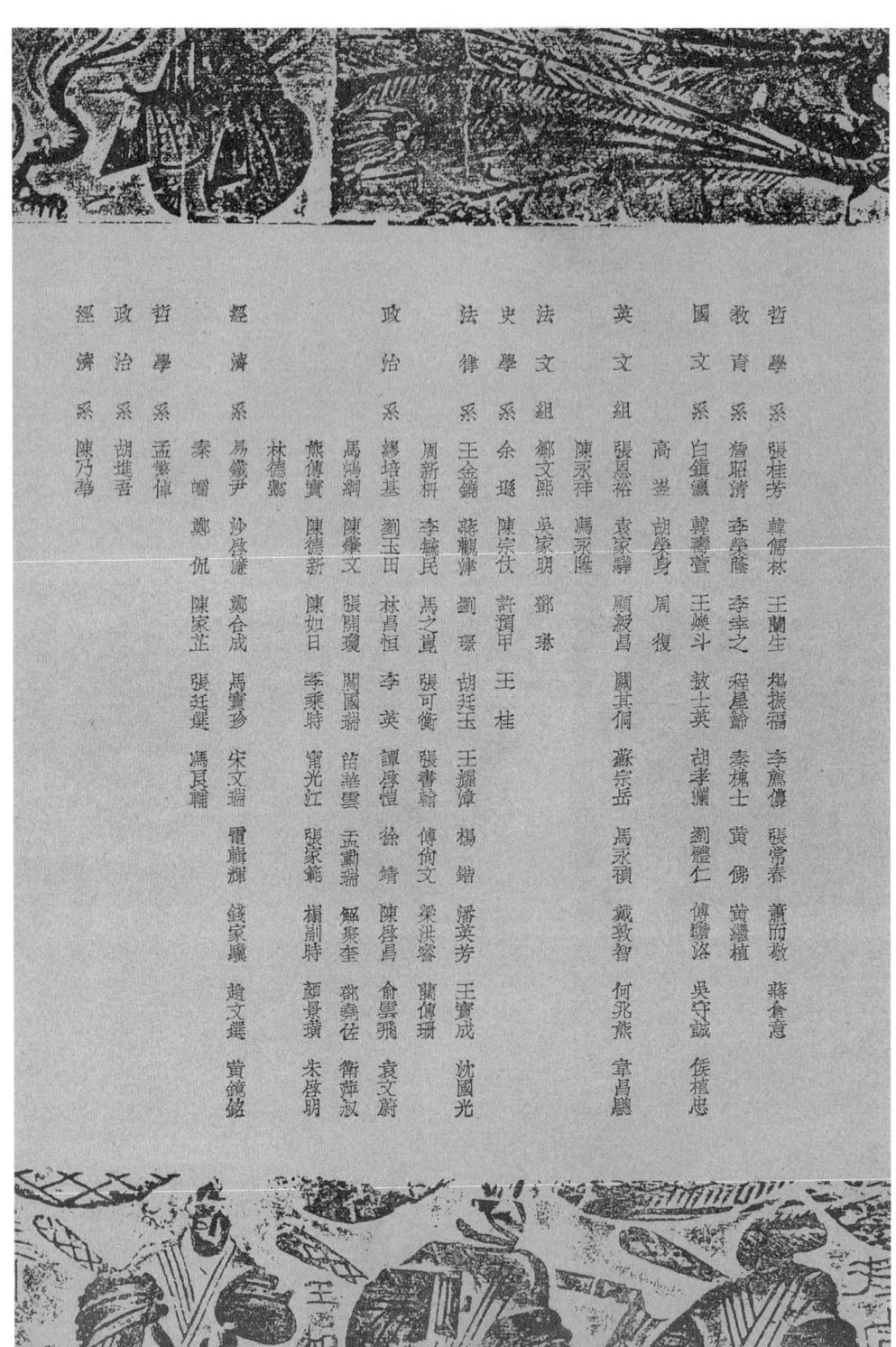

民國十九年度畢業生

數學系 繆玉源 陳清祿 杜宏遠 李恭任 樊懷義 管竹 唐慶英 吳秀 郭新棨
蘇道榮

物理系 薛兆旺 張崇年 賈國永 張明示 崔璘

化學系 莫堉乾 郭東㬥 樊富民 劉紹宗

地質系 高振西 胡伯素 李賢誠 潘鍾祥

生物系 石原皋 郝景盛 張鳳瀛

哲學系 李相殷 余錫嘏 楊慎修 趙家楨 徐伯訏 馮翰 溫錫增 劉韶華 薛星奎
朱庭祜 章志杰 許濟航 姜萃儉 王斌 賀仲蓮

教育系 李鍾灝 鄒湘 高秉然 王懷璟 李樂佽 張蘭堂 王履嵘 崔心泰 江銳
高立 孟際豐 王友凡 蒲敏政 王冠英 解溫涵 黃德鈞 李完 王如南
張世銓

國文系 趙啓雍 呂仰周 楊儁之 王克仁 劉國平 蔣經邦 王國銓 蕭璋 莊紀澤
劉振岳 王鴻裁 馬志龍 許森 張玉佩 楊緒吉 趙春庚 胡榮桂 韓易田
陳其才 周世香 許蕙芬 金福佑 趙景賢 燕壬培 徐培蓮

英文系 張秉禮 高昌運 魏華灼 丁百山 王蔭梓 和春煦 王傳禮 劉麟 馬立勛
李秀桂 徐權 鍾汝中 倪中立 房勤 劉序功 孫永顯 余勷章 高宗禹
張文通 高鳳朝 李玉禎 陳和律 甘師禹 余紹彰 劉光埜 呂如铨 孔慶咸
鄭遠瑜

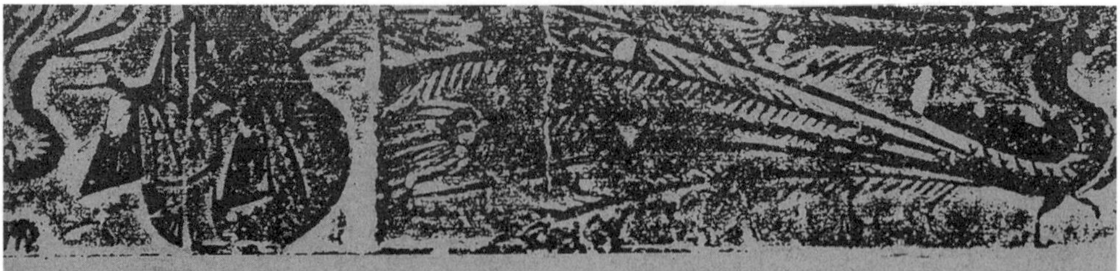

德文系　胡庭芳

史學系　勞榦　戴匡平　師茂材　王鑑藻　周光頤　申慶桂　單紹良　謝與堯　施忠義
方定一　楊守智　趙守勤　劉官諤　文藝陶　楊華雲　呂慶鐸　詹琨

法律系　張矩準　婁德墉　張守正　覃念聰　楊錕　易峻　吳祖剛　翟佩琦　李雲山
孫鳳樓　雷振鋆　劉培栽　陳天祿　朱德武　繆精琦　蔡賓王　李光緯　劉琛興
張清澍　秦道堉

政治系　李夏雲　李炯之　彭樹鑫　徐萬軍　紀清漪　吳英荃　徐實梯　趙隆文　鄧海籌
王洪絜　佘國屏　夏次叔　謝汝昌　戴鴻佐　何鍾靈　王寶華　黃鈞培　周光湯
孫博　朱德明　周佩蘅　張紳　姜信　尹文德　彭勳武　王日新　郭亮才
郭登龍　詹文　龍雲　李品衣　龔良健　齊爾恂　孫靜淵　羅彬　瞿樹棫
楊安宅

經濟系　何家驥　劉玉田　王立箴　林伯雅　徐才熾　李福雙　梁建章　崔金詔　王德芳
張天民　藍端祿　杜廣洙　尹彤墀　詹昌文　宮天民　王詩毓　蔣良棟　楊庭桂
王肇嘉

民國二十年度畢業生

數學系　孫丕顯　趙子璉　丁壽田　范傳波　劉從謙　羅維翰　趙麟喜　冷蜀德　党季川
向大公　楊炎和　胡仁魁

物理系　趙隆浩　任自立　鄭維城　賈善珍　劉璋　方克誠　張欽　林拱辰　唐實圖
武毓環　李伯倫　張徵祥　黃光弼　俞光德　范道鵬　王篤

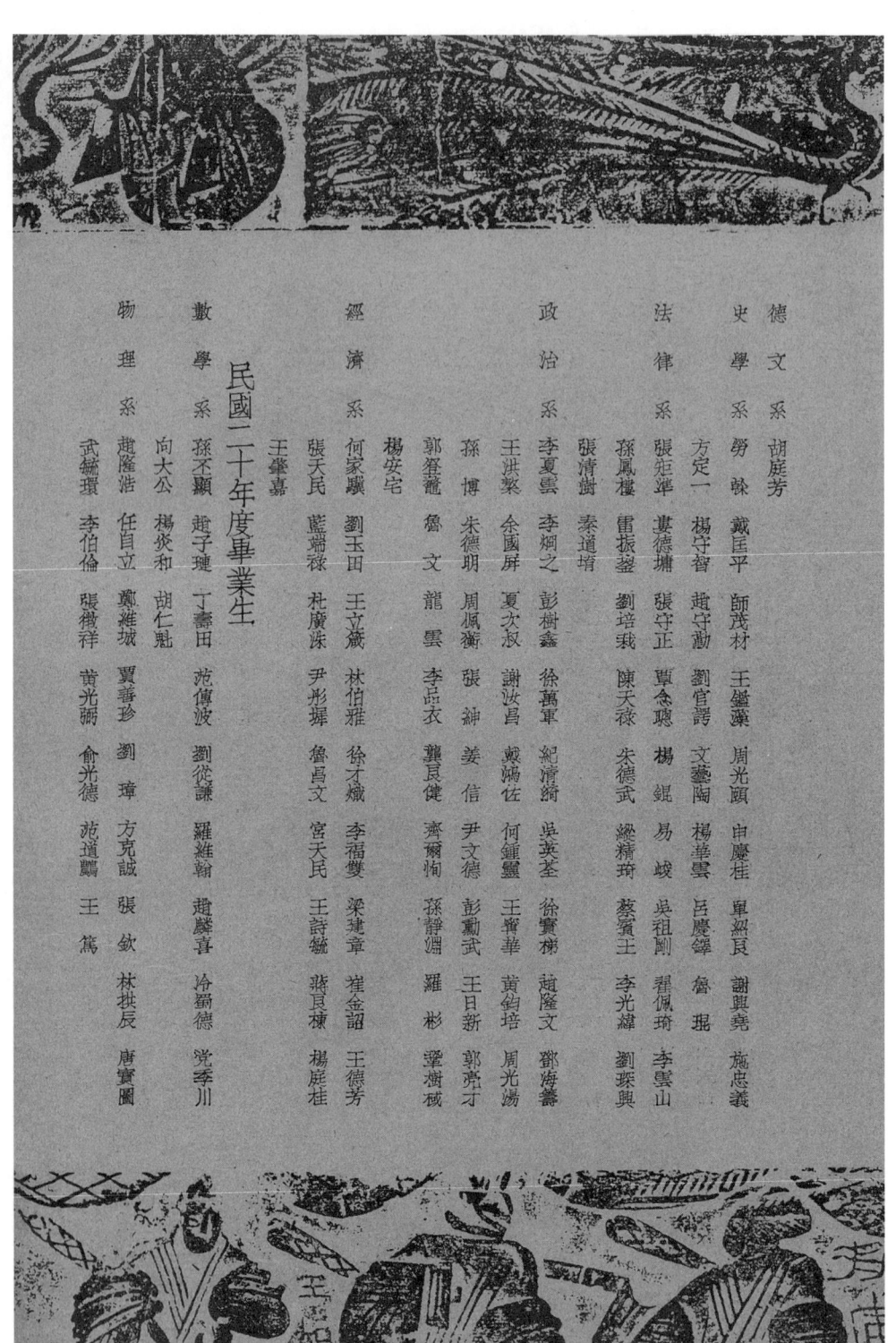

經濟系 范景和 傅金耀 易光禩 梁驥 穆文富 柳志清 喬光鑑 吳曼陽
李䧅兆 蒲雅南 楊宜春 艾和薰 滕鴻凱 王衍禮 劉炳信 尹樹藩 賀昌英
郭琳天 高志濤 張百川 譚象乾 李鴻逵 齊國琳 陳銓 王振綱 吳珣
郭琦 趙家驊 李廣綵 千家駒 袁承德 楊爾璜 王國障 胡勤上 延家駿
錢枚生 蕭芳瑞 麗永福 張雩 張莫亞 彭康 黃希濂 王守禮 宗敬珩
張宗羣 張清麗 王正俊 李景源 李宏讓 李季燕 申立超 陳澤恩 宋文魁
蔡瑆輝 趙中傑 徐世澄 楊天理 楊文炤 包緘三 朱微白 王俊讓 張東初
劉家銘 劉文衡 趙作霖 呂經緯

民國二十一年度畢業生

數學系 汪全義 孟昭廩 石祚琦 嘉康佐
物理系 江安才 周昌壽 尹以瑩 沈壽春
化學系 胡美 符綏璽 李芳之 孫典禮
地質系 王鈺 周宗浚 靳古訓
生物系 熊懋楨 顧東岳
心理系 張香桐
哲學系 熊偉 鄧深 牟宗三 錢秉雄 劉向仁 王浩
教育系 莫國康 滕大春 李玉堂 李鳳岐 余尊三 王培祚 鄧炤 李文瀾 張書堂
葉藩 李紹孟 龔瑞霖 段振綱 韓友璋
國文系 魏紹謙 王孔武 李長山 劉芳勳 朱楨華 崔新民 李滋華 呂存心 侯宗魯

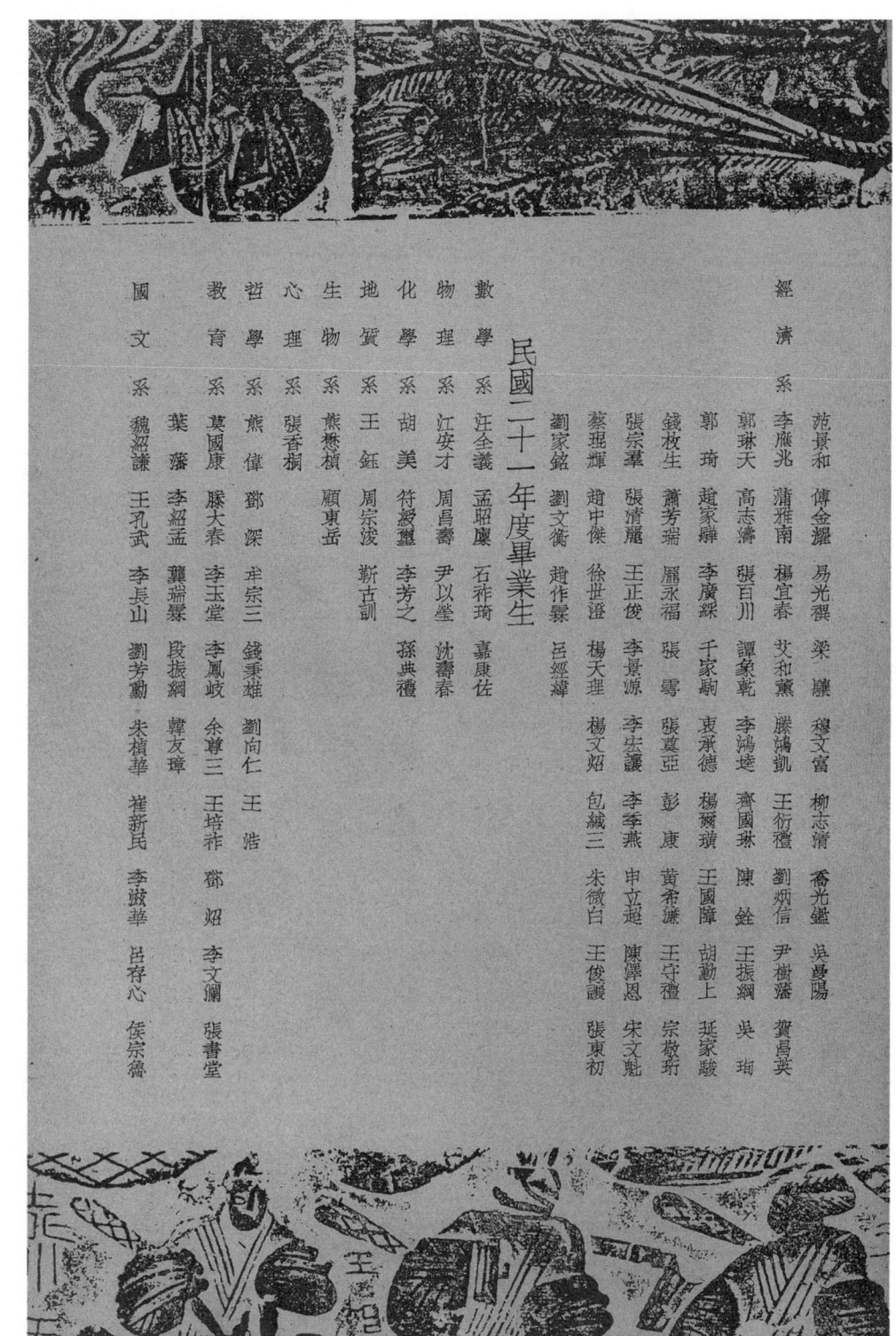

化學系　富艮澟　何德森　蔣日度　徐日昇　李樂元　楊錫印　衛超偉　孫錫洪　馬潤德

地質系　金耀華　趙金科　高　平　熊永先　陳　愷　何　璿　胡希廉　周　光　吳燕生

生物系　顧光中　蔡　譚　王鳳振

心理系　岳增瑜

哲學系　王維誠　焦步青　蘇叔升　郝瑞桓　郭海清

教育系　葉審之　劉樹楠　王之法　章震南　張玉池　易　楷　程坤一　曾祥寬　朱世蘭
　　　　張晉仁　任傳鼎　劉顯焜　孫祺藩　周若度　顧長毓　夏宗錦　陳秉公　全國體

國文系　丁聲樹　楊伯峻　許道遜　劉延濤　陶賢棣　姚新民　梁　崑　張孝仁　魏光榮
　　　　張應麟　周　樞　李崇金　翟永坤　龔祖亮　劉書堂　劉昌模　童經立　湯際亨

英文系　俞　榮　左浴蘭　劉蔚君　慈連淇　宋仲濂　闞　紓　黃季珧　王躬硯　盧蘊蘭
　　　　崔殿魁　馬觀海　林純如　劉怡曾　蔣　熊　李仁聚　周景襄　周文郁　徐廣德

法文組　張宗孟　張景博

德文組　牛存善

史學系　張漢升　趙君勝　胡先晉　王榮俊　吳玉麟　瞿起楧　薛致乾　張基立　李崇德
　　　　高業茂　高維辰　楊　鍇　王玉璋　閻煥廷　張效籍

法律系　劉生濬　張開瓊　陳錫朋　趙峻峰　高楊馨　張世麟　劉　霜　李潤瀾　沈成勳
　　　　張潔身　朱鄉魁　王煥斗

政治系　李金愷　何鳳書　萬　昊　黃維齊　桑毓英　聶思坤　許文奇　翟吉喆　朱顯曾
　　　　周嗣孟　李威廉　岳希文　張鴻濟　屈震寰　潘永楨　熊　績　羅世告　繆紹頤

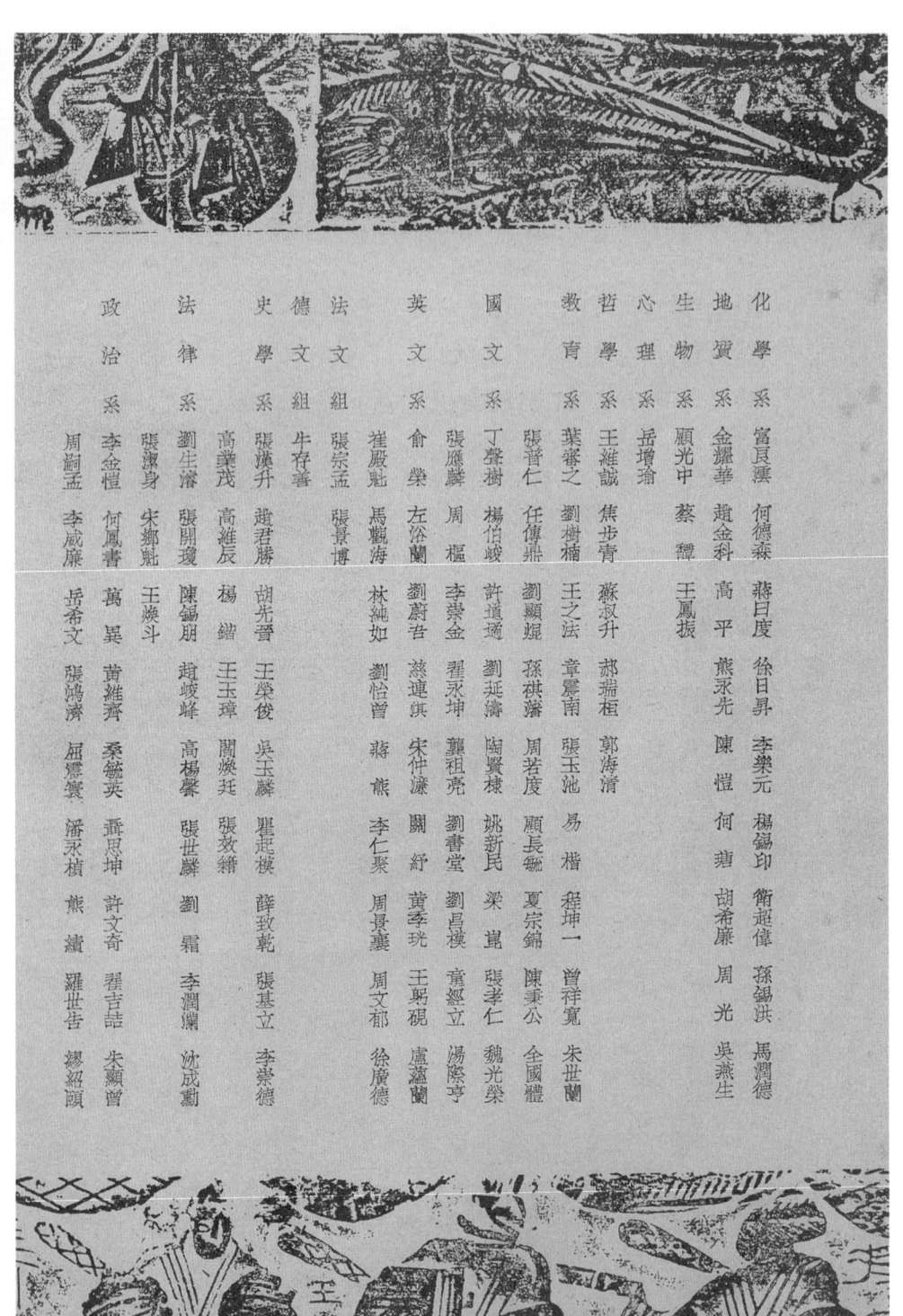

華連圖　王輝曾　郭光華　潘先桐　任今才　趙士煒　彭荼棠　朱滋萃　劉廣鈞
金　鵬　王炎生
英　文　組　卞之琳　張建中　王　翔　古伯年　劉仁椿　于傳曾　馬樹楨　莽俊魁　孔憲書
趙衛邦　黃訪夷　王耕田
法　文　組　張箕亞　劉崇德
史　學　系　白維翰　焦藴棡　劉荃堂　白進彩　章駿儀　張聯元　李樹新
法　律　系　紀　元　史家祺　王元昌　彭啓周　王秉鋏　陸天民　王三權　林志泉　葛世傑
段道遯　劉紹武　夏竹林　周聚瀛　趙景森　劉鴻業　宋治威
政　治　系　王龍興　高祖傳　羅盛堯　任發濤　葉　昂　韓愼樞　張國瀋　賈世權　黎保民
陳洪範　吳省勤　饒撝伯　孫寶源　晏鴻雪　吳尙惠　張藝林
經　濟　系　陳鎭原　由毓森　唐玉成　趙育麟　張硯田　劉炳若　劉淯泗　陳其柯　孟尊德
王嘉謨　李嘉典　徐嘉敬　郝　綸　賈維棨　趙六生　盧承烈　李善豐　閻子桂
劉景翔

民國二十二年度畢業生

數　學　系　沈儒全　王俊奎　李德英　傅超寰　李　毅　王聯榜　崔垂虹　毛士蓮　梁繼武
吳英東　許瀛甲
物　理　系　蔣經武　荆奎章　李寶成　李志健　許炳南　毛宗海　閻克明
化　學　系　王孟鍾　狄　瑋　劉亦璡　祁俊德　李士豪　張文佑　張壽常　路兆洽　蔣艮俊
白士偶　孫天民

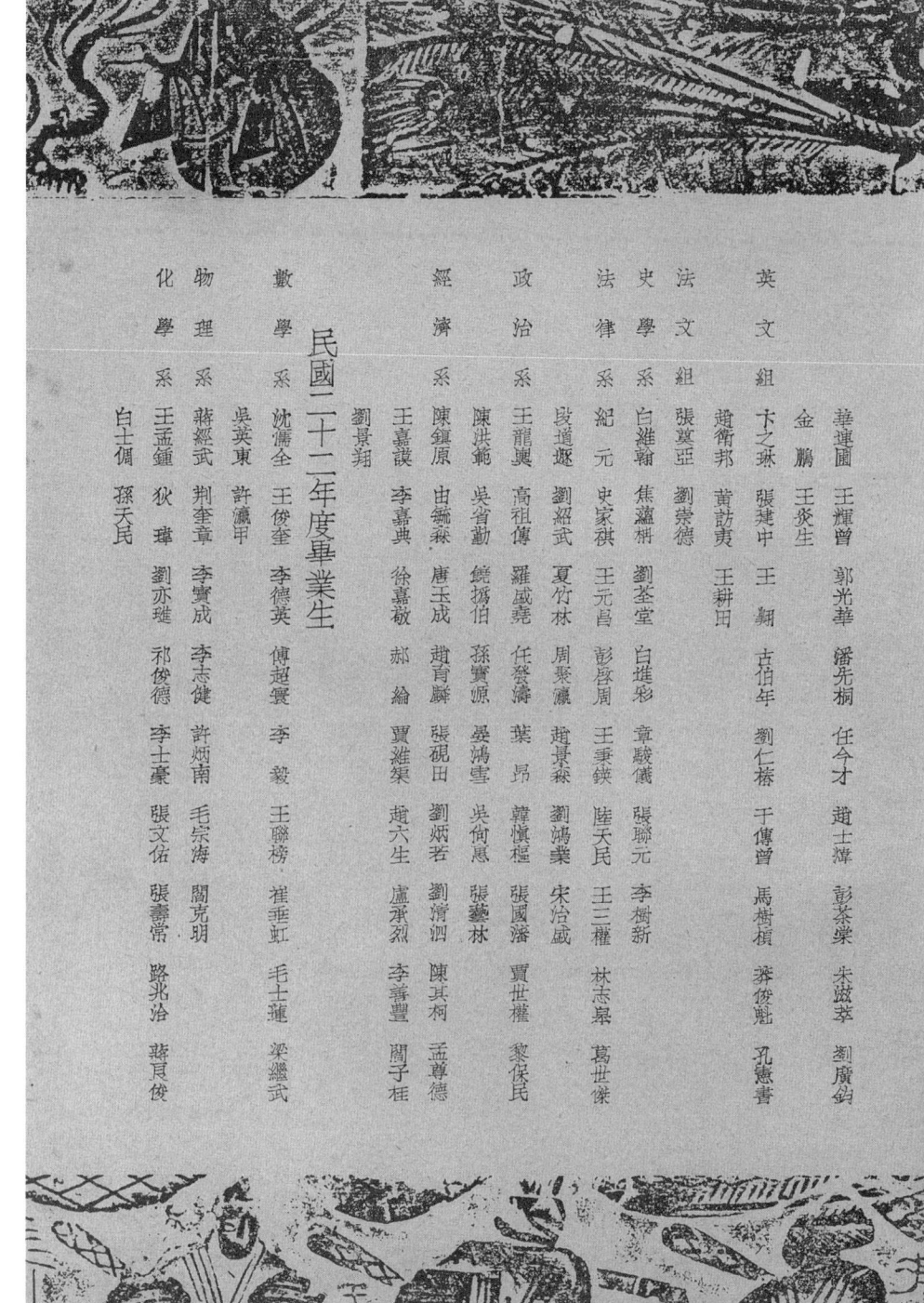

生物系　石振亞

心理系　鄧國才　溫紀鈁　侯恩釗

哲學系　陳召培　王希曾　王碧書　王榮棠　鄒科書

教育系　王國香　劉國芳　國培之　何壽昌　孫長元　金嶺峙　史凱元　楊榮貞　丁錫魁
倘士毅　覃濬玄　潘成義　王先進　王維純　吳建屏　朱銀山　孫鳳鳴　任霈霖

國文系　呂宗賓　袁鍾姒　葉幼泉　傅庚生　曹曾保　王心平　王才偉　顧茂基　張德明
汪紹楹　趙燕孫　楊喜齡　姬應運　韓士傑　杜士林　劉重慶　劉緝熙　鄭文華
鄂裕綿　白　澗　田春霖　池興貴　徐夢麟　田金生　羅逢讓　續庭模　劉昌星

英文組　宮興讓　李旭威　王象咸　孫德先　張以楨　李化棠　何樹棠　蕭道恕

德文組　崔承訓　張富歲

法文組　王靄芬　韓蕙連　周慶陶　王覺民　包乾元

史學系　梁茂修　胡福林　陳東旭　汪濂泉　錢萬燦　劉善繼　王存學　劉晉義　姚廷芳
陳象萃　陳喜生　劉玉德　曹樹瑶　王永安　張壽同　王玉林　王錫祥　蕭家駒
陳　智　黃淑懿　劉　樞　馮家藩　孫求實　李方晨　陳鴻賓　王振洲　馬寶珠
侯俊德　夏　時

法律系　趙　允　王毅君　陳巽廣　張國楨　蔣恩澎　鞠成寬

政治系　劉恩愛　趙沐愷　王秉文　張元美　鄭輔固　秦喜麟　郎依山　亢　仁　苑覺民
高倘仁　葉祖灝　劉育五　劉茂恒　任秉鈞　倪繼文

經濟系　邵德厚　賴興治　桑毓森　張志運　趙恩綸　籍孝存　李秀華　劉　鉞　任培元

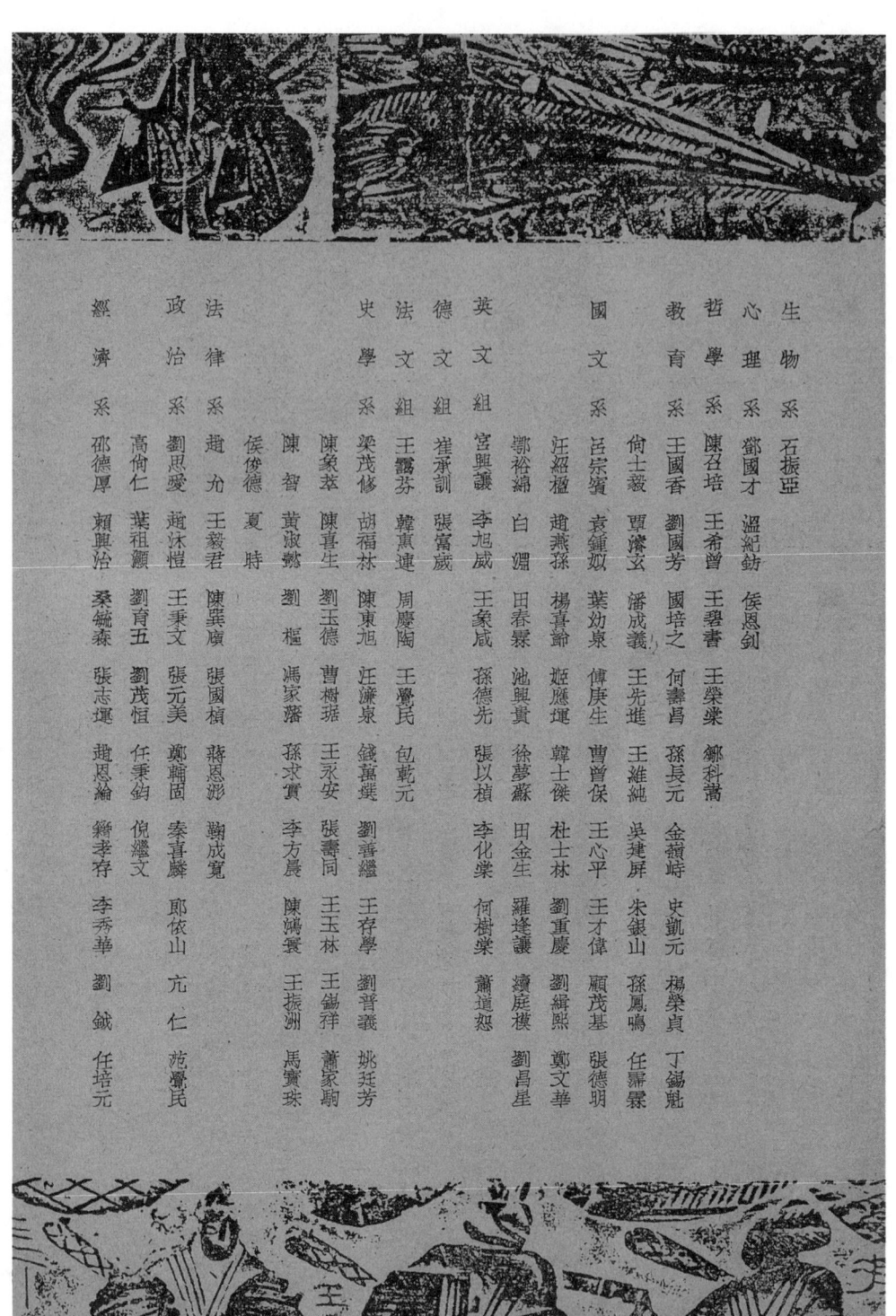

朱僑 李孔昭 齊聯科 喬鴻瑞 韓毅 劉杲 齊廣華 吳宗永 李登霄
田濱 邵之榆 馬慶瑞 牛福田 陳列 單鴻圖

民國廿三年度畢業學生

數學系 于闓彥 向大支 梁春恩 馮連泉 張禾瑞 孫樹本 陸德慧 斯雅珊 楊彤雲
趙叔玉 熊民旦 蘇士德 龔貴縣

物理學系 于寶璿 王瑛 王建都 沈琳慶 呂鳳書 李漢光 吳若愚 卓勵 宋錫祺
胡玉芬 胡健農 徐玉蓮 高佩理 唐家振 馬仕俊 陳樹勳 張紹康 曹學勤
郭永懷 楊維民 趙晉謙 薛琴訪 劉文周 穆庚寅 魏景昌 韓德聚

化學系 王恩澤 朱頌曾 任騰閣 徐仁美 施慶龢 孫蘭生 程道腴 張震旦 張忍龍
張桐 崔文治 賈秉德 靳佩瑛 劉鈞 劉全福 蔣明謙 魏文德 魏惟誠

地質學系 王嘉蔭 阮維周 李悅言 崔克信 張紹璞 孫殿卿 劉清香 劉海蓬

生物學系 李中憲 陳華癸

哲學系 王錦第 王森 杜毓澐 何其芳 周季鞱 胡子華 黃廣生 陸隱我 解迺熤
劉杜 蘇信宸

史學系 王祖澄 王樹民 孔廣昌 孔慶邦 全漢昇 何茲全 佟本仁 李樹桐 李蔭生
李夢華 呂亨義 周信 周志遠 武鶴飛 施壽慶 高去尋 陳廣樸 常自乾
許道齡 姬勤謹 張致恭 張秉禮 孫家驤 孫媛貞 程維新 楊向奎 楊效曾
楊啓哲 齊國樑 榮華甫 葛承緒 趙振江 暴繩武 劉慶榮

中國文學系 丁賢書 王秀桂 安樹德 李少忱 李景白 李廷璿 李覲高 李耀宗 宋江水

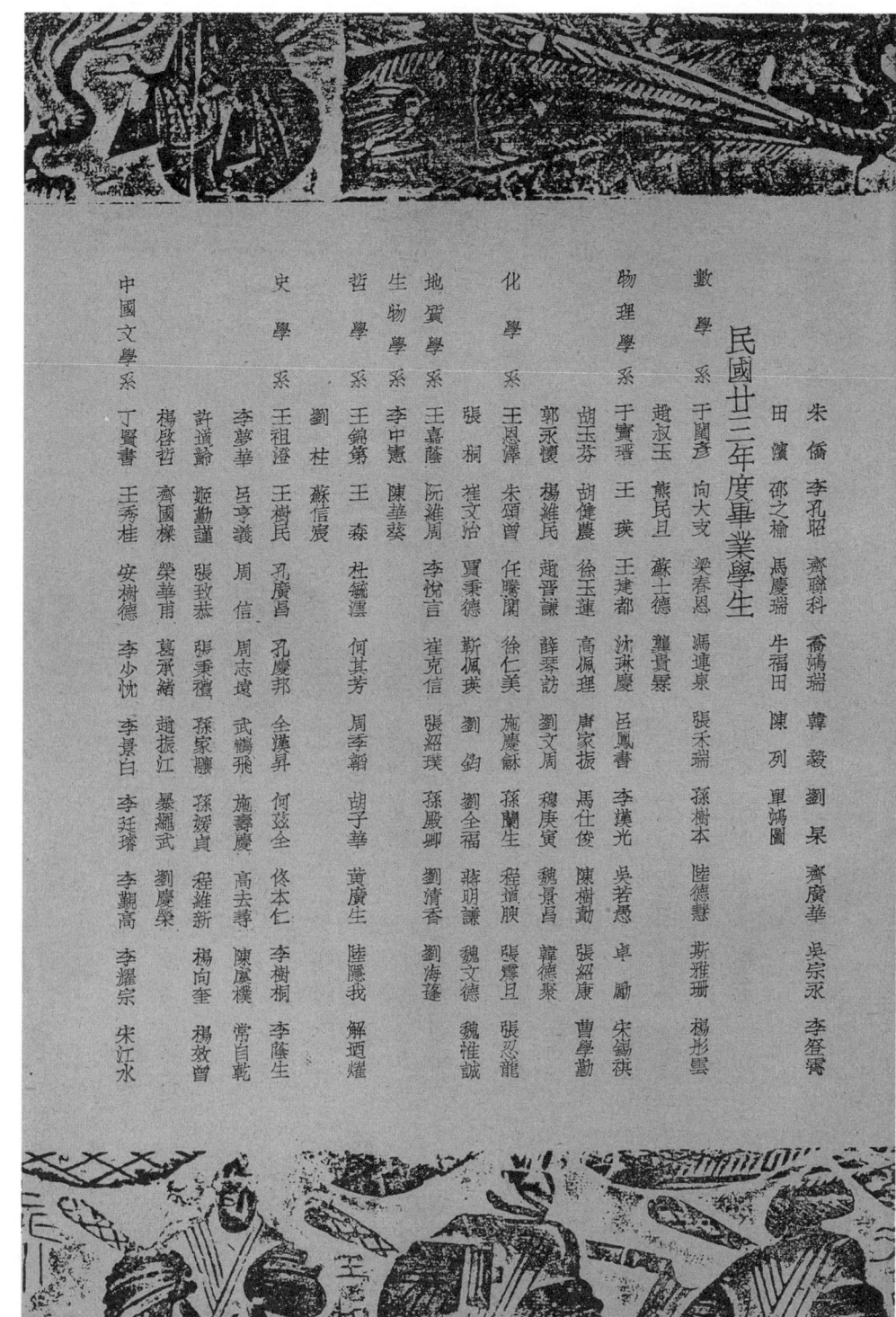

吳執中 吳封祥 胡愼賢 徐 芳 徐錫九 郝彬煜 許文超 許叙典 常乃慰
姬清波 陶維多 郭慶斌 張 璿 張保聚 孫震奇 趙培五 廖衡勝 劉仲武
劉蔭仁 劉榮熙 蕭賓垣 魏際昌 羅震寰

外國語文學系 王 基 王學曾 左明徹 安愷元 李廣田 李宗甎 李樹桐 姜足新 夏元江
陳世驥 張東曉 廖六如 廖晨樵 蔣炳賢 謝厚民 蘇震奚 魏敷訓 龔澤銑

教育學系 王光漢 王金愍 王春祥 王煥勛 李允蘽 李德成 李樹聲 李福瀛 岳永孝
馬汝鄰 胡振繼 徐秉經 常積仁 郭世璋 唐景崧 孫長佑 張孟休 彭慶和
趙炳漢 廖鴻恩 劉 埩 劉文秀 繆振鵬 闞成章

法律學系 任德㬎 李士彤 吳宗愷 邱祖桐 馬 琰 梁念曾 郝廷柱 郝樹棨 曹振川
張懷生 蔡懋官 闞世楨

政治學系 王建邦 王德昌 王威溥 王志義 田文奎 朱兆蘭 李保謙 沈秉鉞 谷韜璠
宋復殷 林炳康 孟有功 范敬賢 周文林 徐運元 張金綬 張世昌 喬鵬書
孫麟生 管敦僑 趙在田 趙永銘 劉壯武 韓榮德 顧承鐸

經濟學系 孔慶銘 王世鑑 王殿魁 方濟霈 朱孟祥 匡 球 吳士賢 吳柏齡 李潤生
李芳譜 呂點春 馬識若 范蔭桐 耶甚一 徐鶴齡 陳大誼 陳憲璇 傅慶隆
陶繼侃 常榮德 婁壽昌 溫世勳 郭 垣 張國權 舒萬鍾 褚尊榮 楊 增
葛延敬 趙希哲 趙希賢 趙鑑湖 滕永林 劉宏若 劉雲章 顧麟生

民國廿四年度畢業學生

數學系 田長和 李威華 胡堯齡 徐叙瑛 傅紀元 趙文炳 廖健仁 樊 瓛 劉開祥

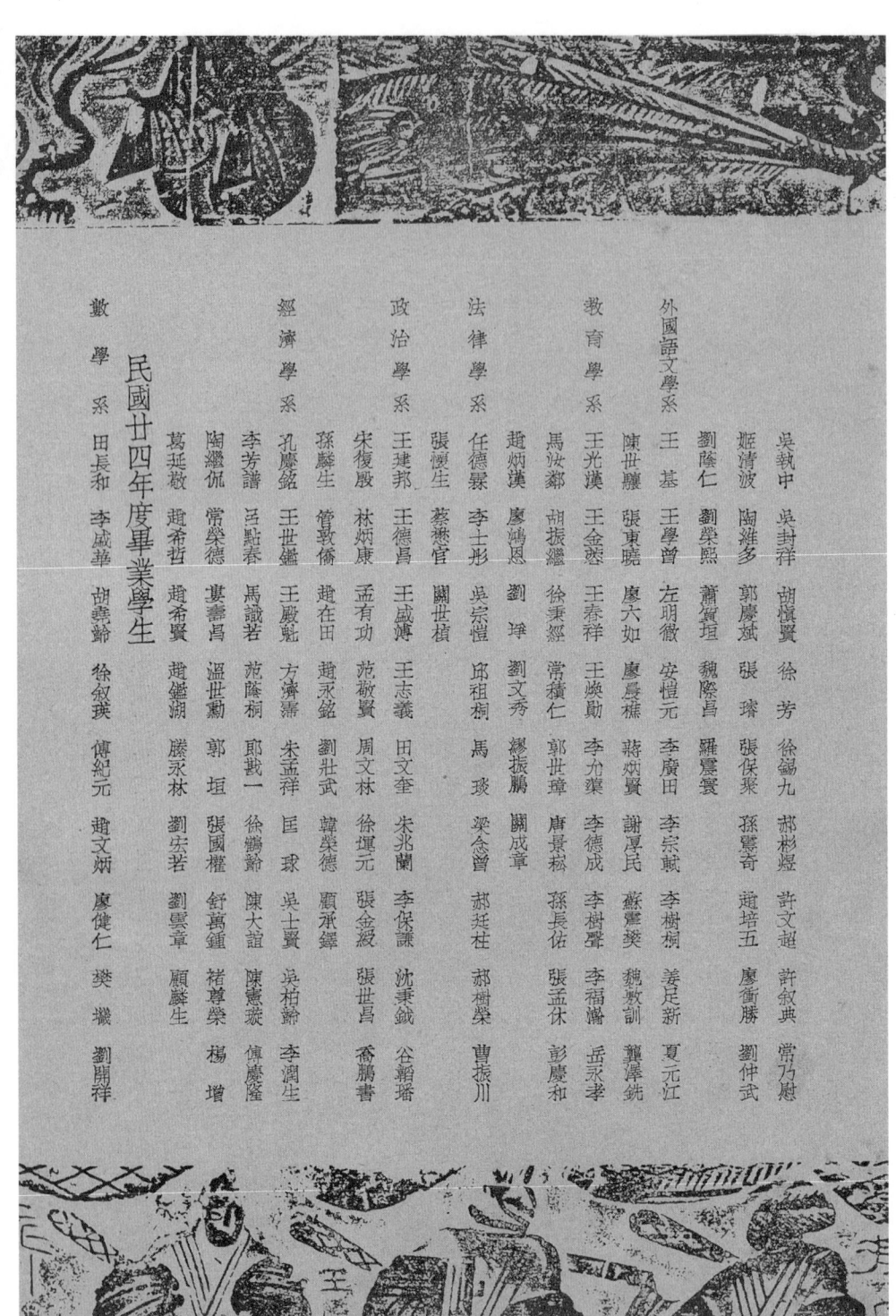

鄭增祥　蕭允明

物理學系　王棟　王瑞秋　王樹楓　古妙　生貝堂　宋儒森　沈廷榮　侖崇訓　馬大猷

高著賢　索國棟　張之謙　張毅銓　陳仰韓　黃克純　葉蘊相　管恕　蔡陛蘇

劉瑞　劉預忠　劉鴻賓　虞福春　顧兆豐　吳柏鴻

化學系　么樹芳　王琳　杜紹甫　李元會　周從礪　段錕　施文溶　徐集燊　高為炎

凌大琦　張順　張麒　張臨池　張志誠　陳初堯　陳茂椿　黃灼人　曹述堯

彭華秀　賈樹槐　趙宗彝　蔡恩璁　黎開源　魏璠　魏天驥　鍾煥邦　關鶴田

龔文昌

地質學系　王作賓　任績　周德忠　何功俊　張紹璞　劉國昌　瞿世誠　蕭有鈞　韓影山

邊兆祥

生物學系　牛滿江　石文吉　曹毓傑

哲學系　胡金鉞　張天麟　謝昇　韓鏡清　龐景仁

史學系　王造年　王崇武　王樹民　王瑞芝　王毓銓　王毅齋　白壽瑾　向志民　李夢英

李得峯　李惟棄　吳慶辰　吳瀾濱　杜呈祥　范振聲　武鏞　孟廣第　胡毓瑞

張公量　張政烺　張履坤　郭漢三　曹玉芳　常承德　崔得清　溫雁影　傅成鏞

傅樂煥　程百讓　楊鈺　廖世雄　劉金章　劉斗魁　劉紹閔　鄧廣銘　蘇迪

中國文學系　王智清　王志毅　王廷麟　田英魁　石蘊華　申錯　周祖謨　胡德執　曾謇

楊有奇　羅季光　嚴懋垣

外國語文學系　于寶榘　王一華　王章樹　王錫祿　王毓瑛　田价人　李如桐　李宜夔　李繼昌

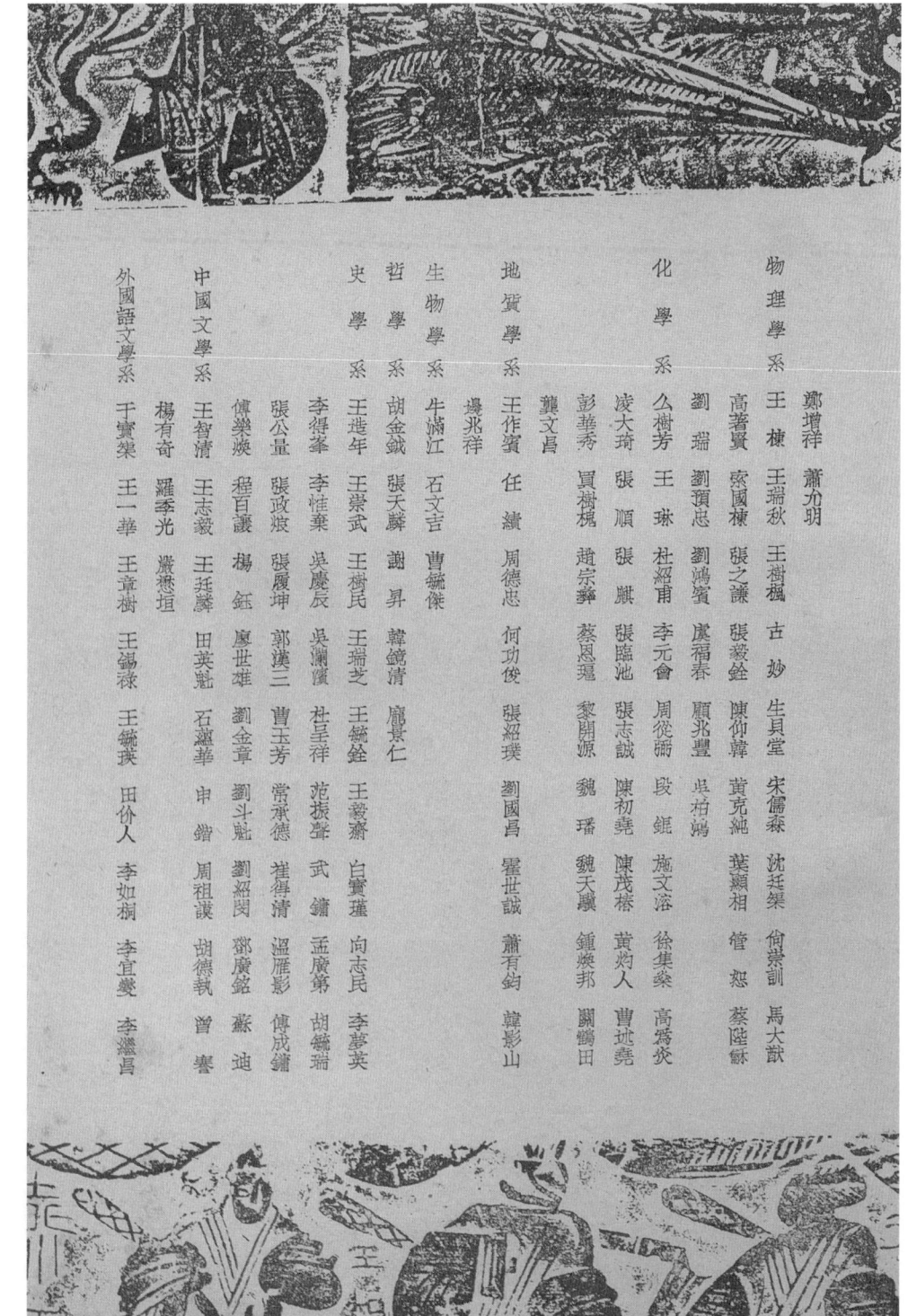

吳　愷　杜文成　金　石　馬善慶　袁英傑　趙守封　趙燊晉　潘　嶠　謝厚民
蘇瑞成

教育學系　丁敬貞　于　卓　牛九霄　李景安　周仲甫　周樹楷　胡祖徵　殷石麟　張占魁
梁國弼　曹延亭　傅永泰　龍程銓　邊振芳　蘇世鐸

法律學系　王紹曾　王恭璐　朱友艮　李克昌　吳芳亭　汪　瑄　徐炳璋　耿宗祥　倪克寬
郎志鶴　趙祿祥　劉會文　劉仲瑜　鄺護華

政治學系　孔憲潭　江之源　李啓元　沈其道　周乾濚　姜林飛　徐　澤　高占鐸　張慎德
董鴻文　劉東哲　魏十篇　薩師炯

經濟學系　王克生　王統偉　田文彬　甘漢生　吳沛蒼　吳有謙　沈大政　周克誠　孫　璹
高自新　張錫瑞　趙海桂　劉松雲　鄭長民　嚴家理　歐陽卓

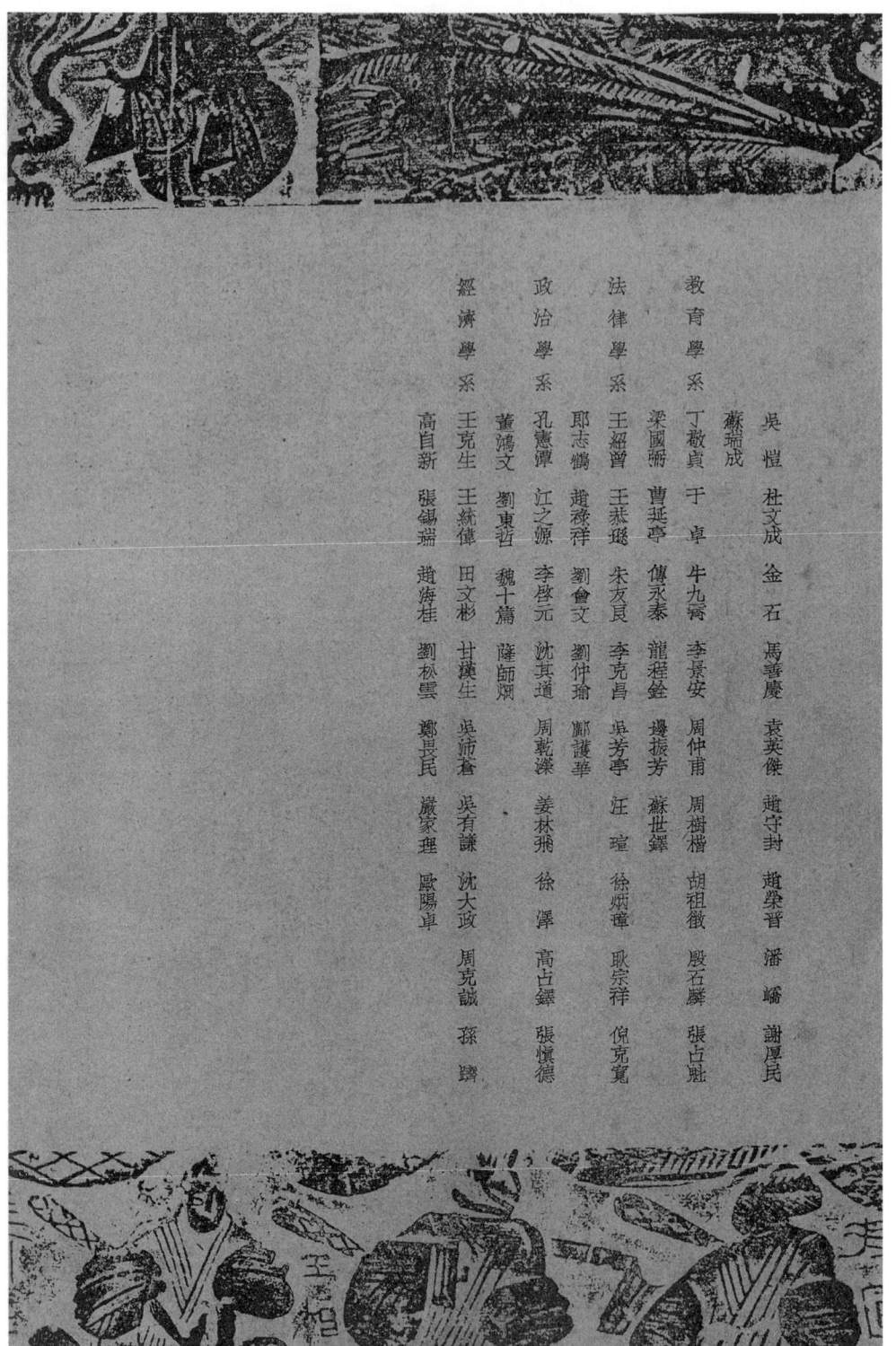

編輯後言

本屆畢業同學錄因籌備過晚，一部分教職員及同學之玉照未能徵得刊入；且因照相製版費時過多，故遲至今日始得出版；編者於此敬致歉意！

承蔣校長，胡院長，馬叙倫先生爲同學錄書簽題字謹此致謝！

本屆畢業同學錄負責籌備人姓名謹開列於下：

牛滿江　白寶瑾　向志民

朱友亘　汪　瑄　李夢瑛

李盛華　周乾灤　胡堯齡

徐敍瑛　殷石麟　傅紀元

黃克純　鄭增祥　劉開祥

鄺護華　韓鏡清　趙文炳

國立北京大學出版組印

國立北京大學一九三七級畢業同學録（一九三七）

本册内同樣有蔣夢麟校長題寫的書名：「民國廿六年級國立北京大學畢業同學録」。據以往書名常例，可定名爲「國立北京大學民國廿六年畢業同學録」。

本册在開本裝訂方面與 1931、1934、1936 年相同，封面左上角印有北京大學校徽，與 1934 年相同，只是顔色不同。在裝幀設計與編排方面，本册與之前的 1934 年、1936 年的風格相似，只是不再有漢磚畫裝飾的頁眉、頁脚。據本册「編輯後言」，本册插頁圖案由熊聖敬繪製。

本册刊載的内容，在最近幾年的基礎上略有補充調整，據目録，主要包括：校旗、題字、校景、沿革、教職員、畢業生、團體、生活、北平風光、教職員録、本届畢業同學録、在校同學録、歷届畢業同學録。較上年增加了北平風光、本届畢業同學録、在校同學録。此外，在編排順序上，將校景和沿革提前至教職員之前，與《燕大年刊》有的年份相似。

據本册「編輯後言」，本册畢業同學録編輯的動議在 1936 年秋開學之際，正式籌備已是 1937 年春三月中旬，三月底才成立籌備會。因繳費照相、收集材料等原因，本册出版時已是暑假。1937 年 7 月 7 日，盧溝橋事變爆發，因此，本册能够出版也算幸運之事。此後北京大學與清華大學、南開大學南遷長沙，再遷昆明，直到抗戰勝利後才於 1946 年復員北平。而據北京大學圖書館所藏北京大學畢業紀念册的情況看，1937 年的畢業同學録爲民國時期的最後一册，這大概是編輯本册的北大 1937 年畢業生所未料到的。

本年的畢業同學録請校長蔣夢麟、文學院院長胡適、體育組副主任白雄遠、外國語系教授周作人、國文系名譽教授沈兼士題詞。胡適的的題詞是他很有名的格言：「有一分證據，説一分話。」周作人的題詞則抄録藹理斯的一段意味深長的話：「我們手裏持炬，沿着道路奔向前去，不久就要有人從後面來，追上我們。我們所要的技巧便在於怎樣的將那光明固定的炬火遞在他的手内，我們自己就隱没到黑暗裏去。」

「校景」部分，不僅編排新穎，而且多爲新拍攝的照片，比較可貴。

「沿革」部分，與 1936 年所載内容完全一致，主要從大事記、設備和經費三方面記載北京大學從京師大學堂到 1935 年的主要發展歷程，其中包含了不少珍貴的數據和史實。

「教職員」部分，與往年相同，主要刊登校長、各院長、各組主任、各系主任及教員的照片。與 1936 年相比，可以發現一些機構人事方面的小的調整，如課業長改爲教務長，仍由樊際昌擔任，鄭天挺由秘書長改爲校長辦公室秘書，饒毓泰任理學院院長。白雄遠由軍事訓練組主任改爲體育組副主任，軍事訓練組似已取消，而刊載多年的「學生軍」内容已連續兩年未見。本年刊登的講師以上教員照片僅 48 張，爲歷年最少。

「畢業生」部分，仍按理、文、法三院順序排列，只是各院之下不再按系分排，而是直接按姓氏筆畫排列，名字下注明所在系。本部分刊登畢業生照片，理學院 66 人，文學院 40 人，法學院 17 人，共計 123 人，也是最近數年中最少的。據本册後面的「本届畢業同學録」，數學系 24 人，物理學系 29 人，化學系 27 人，地質學系 17 人，生物學系 2 人，哲學系 5 人，史學系 28 人，中國文學系 22 人，外國語文學系 34 人，教育學系 10 人，法律學系 7 人，政治學系 12 人，經濟學系 20 人。總計 237 人。可見本年未交照片的畢業生很多。此外，與往年相比，我們可以發現，法學院政、經、法三系畢業生人數呈下降趨勢，文學院的歷史和國文兩系畢業生人數呈上升趨勢。此外，哲學系畢業生人數也呈下降趨勢，此變化或與時任北大文學院院長的胡適對於哲學系的認識有關，他在1931年的《北大二十年級同學録》中説：「一個大學裏，哲學系應該是最不時髦的一系，人數應該最少。」

「團體」部分，實際上是各系畢業生與教師合影，也有全系歡送畢業生的合影，收録合影的系有：數學系、物理系、化學系、地質學系、史學系、外國語文學系、中國文學系、教育學系、政治學系。缺人數最少的三系：生物學系、哲學系、法律學系，另缺經濟學系。

「生活」部分，爲歷年畢業同學録中最豐富多彩者，包括學生體育活動，第一届體育普及運動會、「五四」十八週年紀念之軍訓檢閲、綏遠抗戰前綫視察、郊游、教育系濟南青島參觀、全校師生遊園會、紀念死難烈士、話劇社演出、地質旅行、理學院實驗室等内容。

新增的「北平風光」欄目，收録一組北平著名景點的攝影作品，包括玉泉山、八達嶺、故宫、北海、德勝門、正陽門。其中玉泉山佛塔是難得一見的近景照片。

本年教職員録與上年收録範圍相同，僅收録教員和主要職員。

「本届畢業同學録」是本年新增的内容，可補前面所刊畢業生照片不全之不足。主要畢業生信息包括姓名、别號、性别、年歲、籍貫、經過學校、在平通訊處、永久通訊處等信息，各系之下按姓氏筆畫排列，爲後來者查找本年畢業生基本信息提供了方便。

「在校同學一覽」，也是本年新增内容，雖僅列名單，仍爲考察抗戰全面爆發前北大在校學生提供了資料綫索。

本册仍延續上年，刊登「歷届畢業同學録」，排版方式與上年相同，補充了上年畢業同學名單。

本册最後是「一九三七級畢業同學録籌備委員合影」。

目次

校旗

目次

校醫校警校畢業本年團鑑
　畢業
　平鄉畢業同業畢業
　園員同學同發
萬字氣事員士體系光發發發發言

校基

校旗圖說

蔡元培

各國的國旗，雖然也有采用天象，動物，王冠等等圖案，但是用色彩作符號的占多數，法國三色旗，說是自由，平等，博愛三大主義的符號，是最彰明較著的。……我們現在所定的國旗，右邊是橫列的紅藍黃三色，左邊是縱列的白色，又於白色中間綴點黑色的北大兩篆文並一圈，這是借作科學哲學玄學的符號。

我們都知道：各種色彩，都可用日光七色中幾色化成的，我們又都知道：日光中七色，又可用三種主要色化成的；現在通行三色印刷術，就是應用這個原理。科學界的關係，也是如是。世界事務，雖然複雜，總可以用科學說明他們；科學的名目，雖然也很複雜，總可以用三類包舉他們。那三類呢？第一，是現象的科學，如物理，化學等等；第二，是發生的科學，如歷史學，生物進化學等等；第三，是系統的科學，如植物，動物，生物學等等。我們現在用紅藍黃三色，作這三類科學的符號。

我們都知道：白是七色的總和，自然也就是三色的總和了。我們又都知道：有一種哲學，把種種自然科學的公例貫串起來，演成普遍的原理，叫作自然哲學。我們又都知道：有幾派哲學，把自然科學的原理，應用到精神科學，又把各方面的原理，統統貫串起來；如英國斯賓塞爾氏的綜合哲學，法國孔德氏的實證哲學就是。這種哲學，可以算是科學的總和；我們現在用總和七色的白來表示他。

但是人類求知的慾望，決不能以綜合哲學與實證哲學為滿足；必要侵入玄學的範圍。但看法國當實證哲學盛行以後，還有別格遜的玄學，很受歡迎；就可算最顯的例證了。玄學的對象，叔本華叫他作「沒有理解的意志」；斯賓塞爾叫他作「不可知」；哈特曼叫他作「無意識」；道家叫作「玄」；釋家叫作「涅槃」；總之，不能用科學的概念證明，全要用玄學的直覺照到的就是了。所以我們用沒有顏色的黑來代表他。

大學是包容各種學問的機關，我們固然要研究各種科學，但不能就此滿足，所以研究融貫科學的哲學；但也不能就此滿足，所以又研究根據科學而又超絕科學的玄學。科學的範圍最廣；哲學是窄一點兒；玄學更窄一點兒。就分門研究說：研究科學的人最多；其次哲學；其次玄學。就一人經歷說：研究科學的時間最多；其次哲學；其次玄學。所以校旗上面，紅藍黃三色所占的面積最大；白次之；黑又次之。

這就是國立北京大學校旗所以用這幾種色，而這幾種色所佔的面積又不相同的緣故。

題字

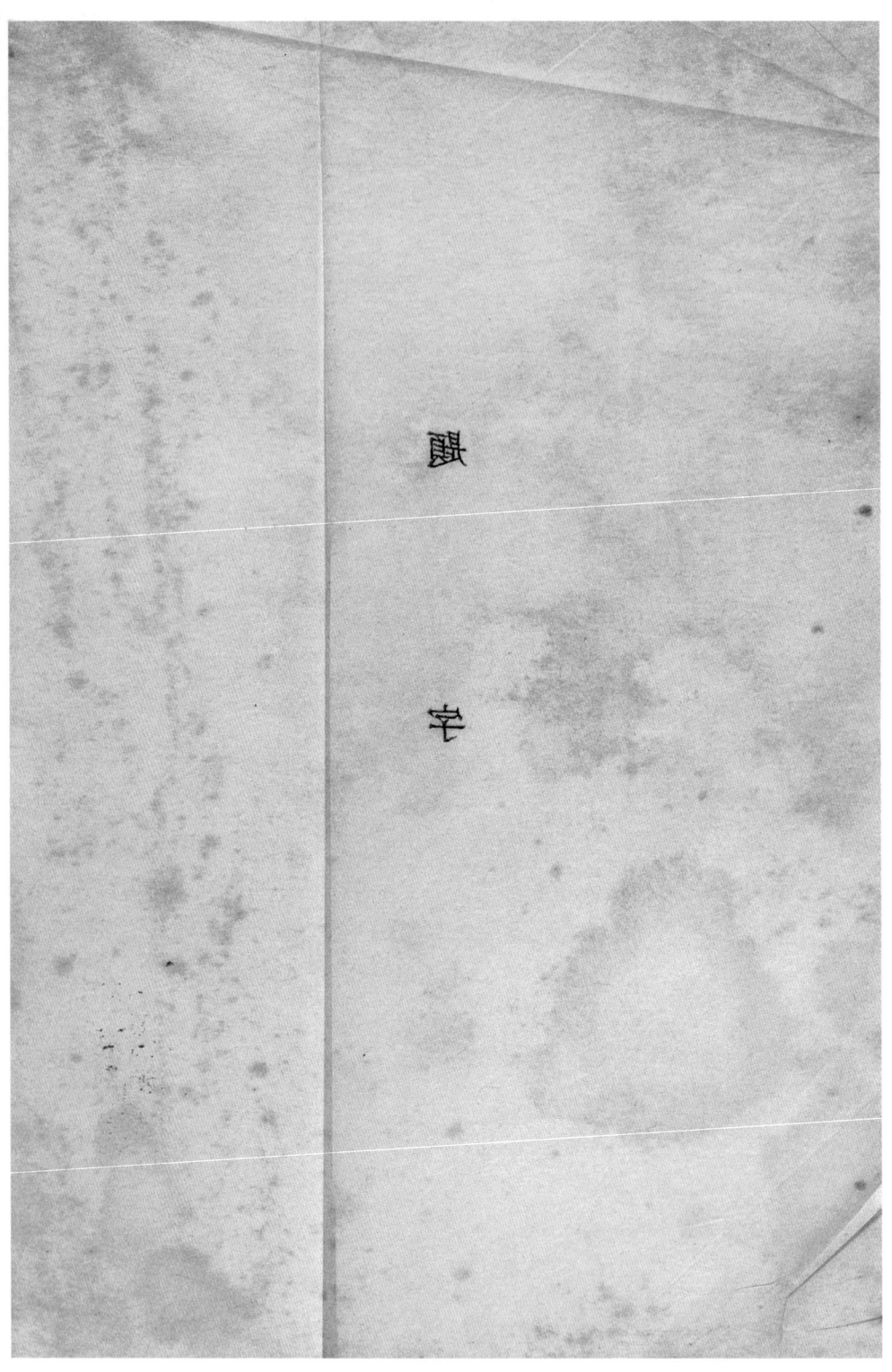

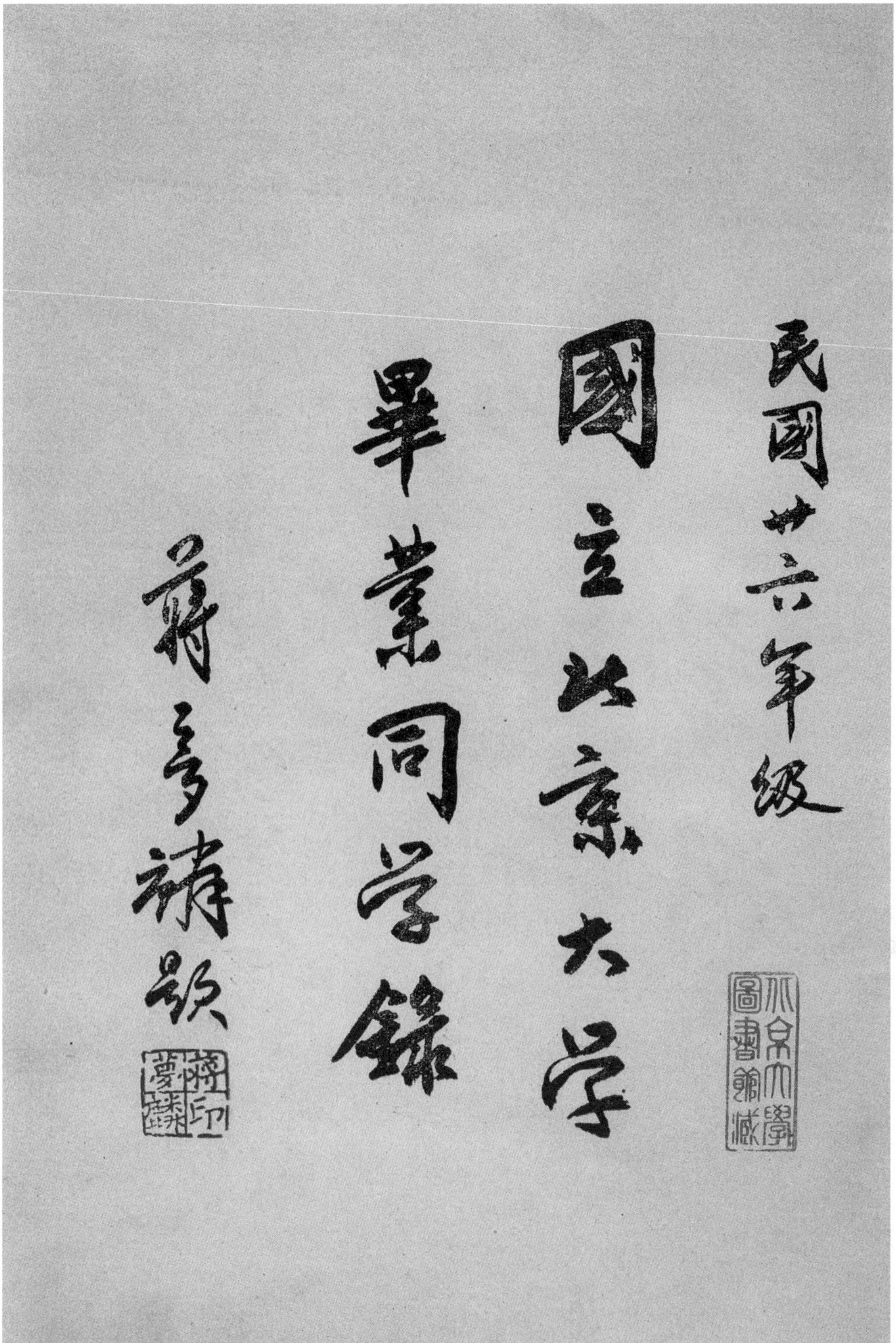
民國廿六年級
國立北京大學
畢業同學錄
蔣夢麟題
蔣夢麟印

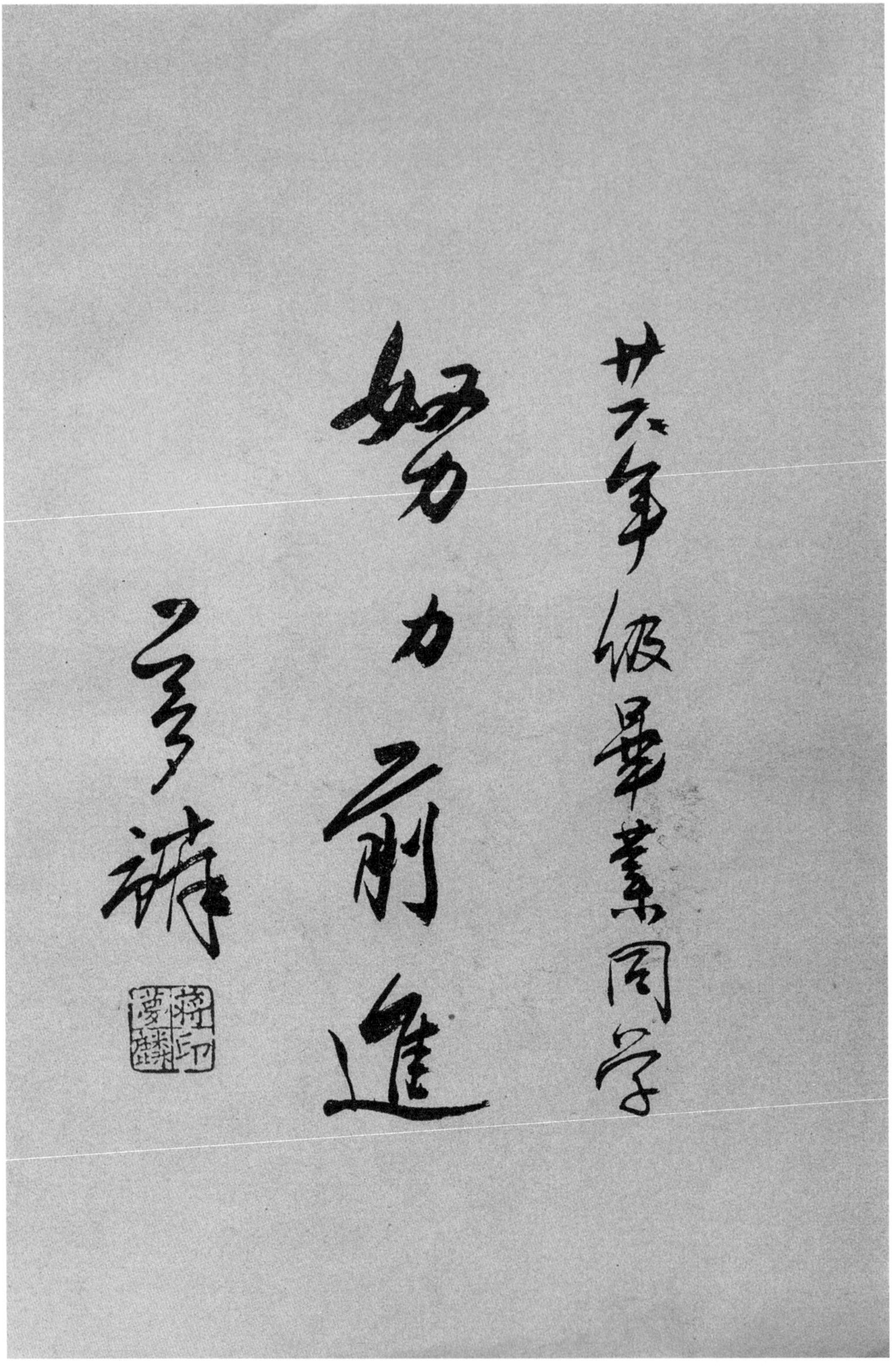

廿六年級畢業同學

努力前進

蔣夢麟

蔣印夢麟

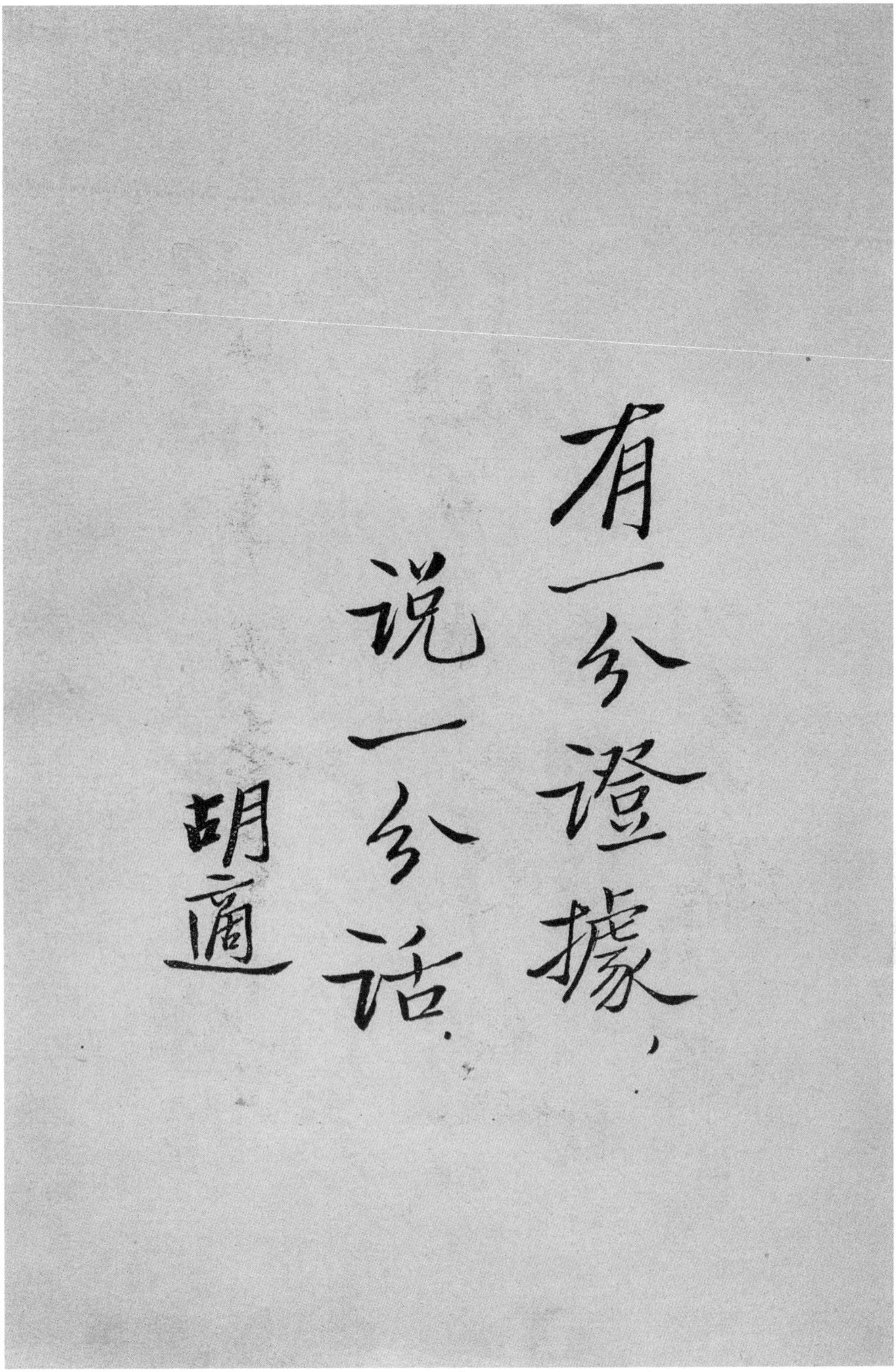
有一分證據，
説一分話。
胡適

認清時代立住脚根
要準備偉大之脩養
須先忍受一切努力
一切進而創造一切

白雄遠敬題

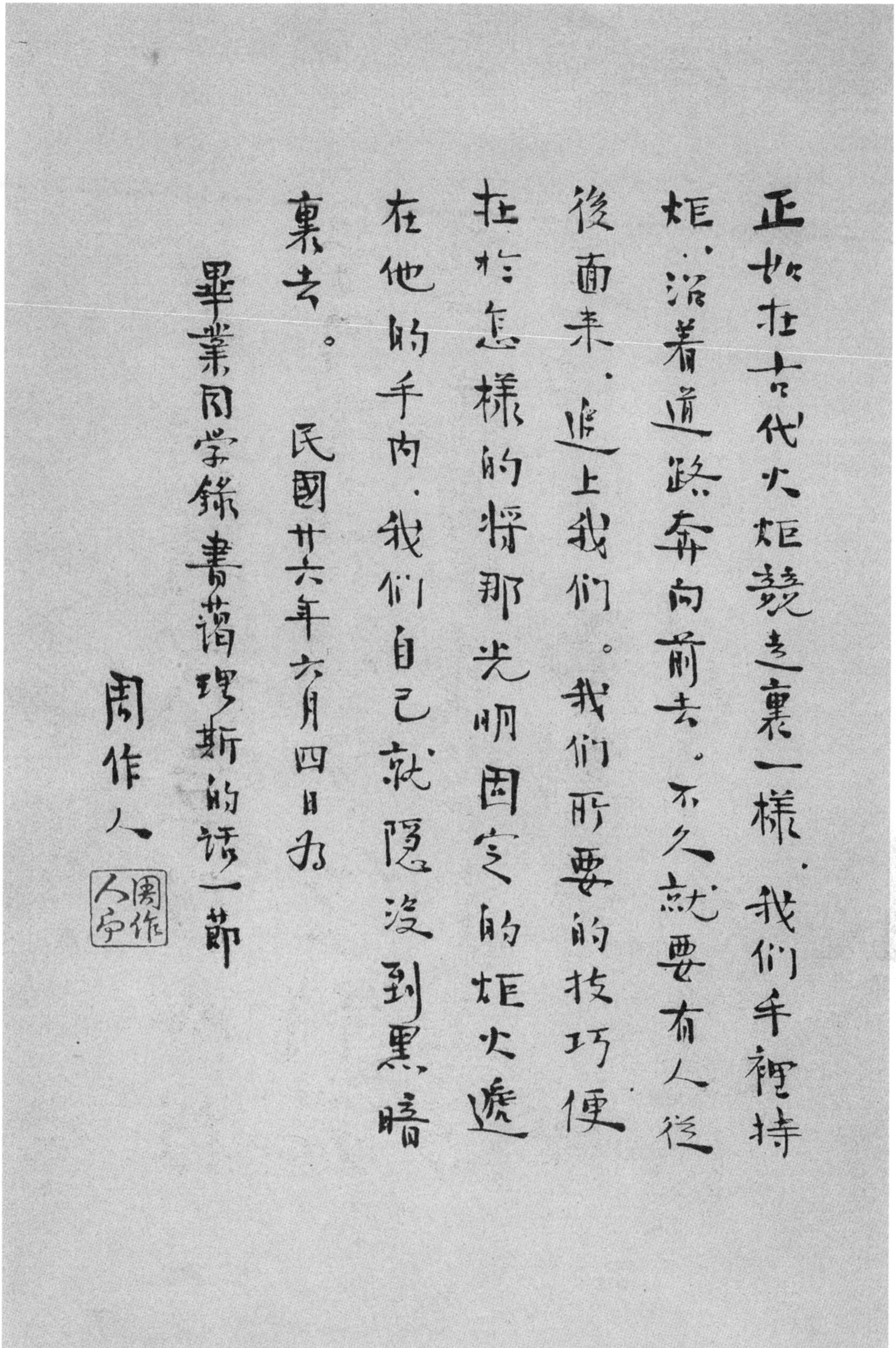

正如在古代火炬競走裏一樣，我們手裡持炬，沿着道路奔向前去。不久就要有人從後面來，追上我們。我們所要的技巧便在於怎樣的將那光明固定的炬火遞在他的手內，我們自己就隱沒到黑暗裏去。

民國廿六年六月四日書

畢業同学錄書藹理斯的話一節

周作人

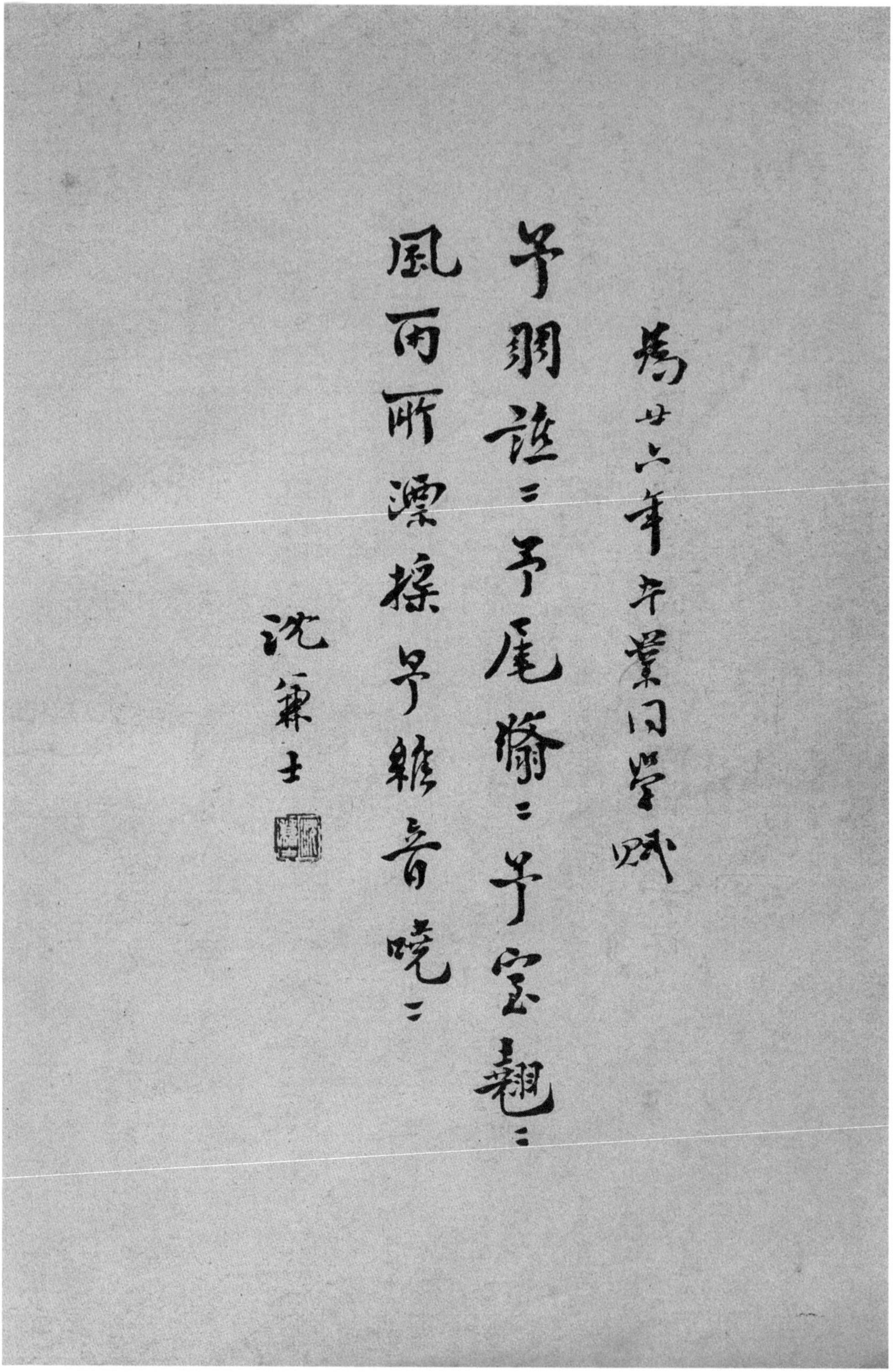

為廿六年卒業同學賦

予羽譙譙予尾翛翛予室翹翹風雨所漂搖予維音嘵嘵

沈兼士

校景

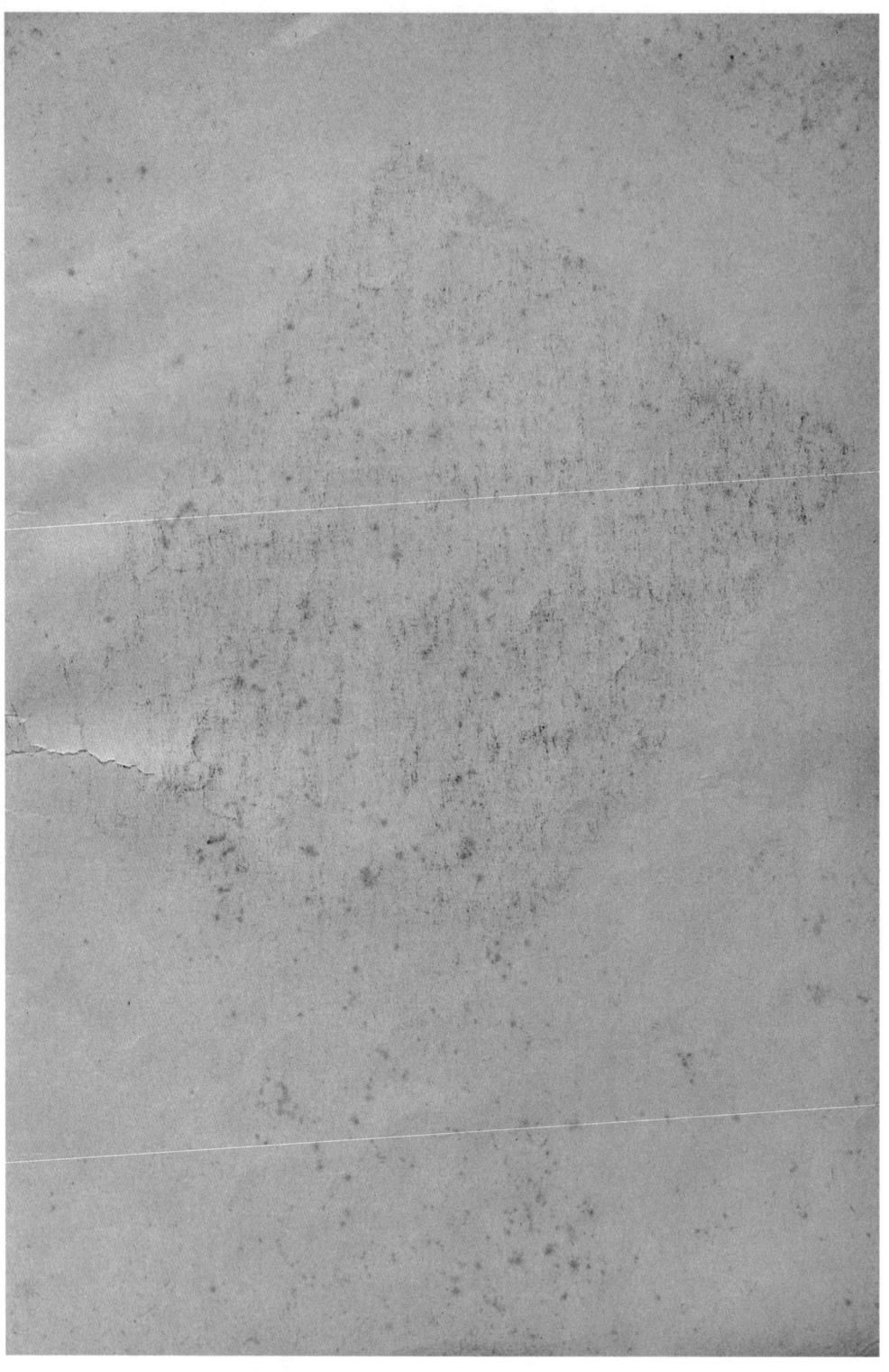

國立北京大

•圖 書 館•

•第一院•

•四齋過道•

•地 質 館•

•四齋•

•一院紅樓•

●二院荷花池●

第三院宿舍

三院大門

生物實驗園

北大河

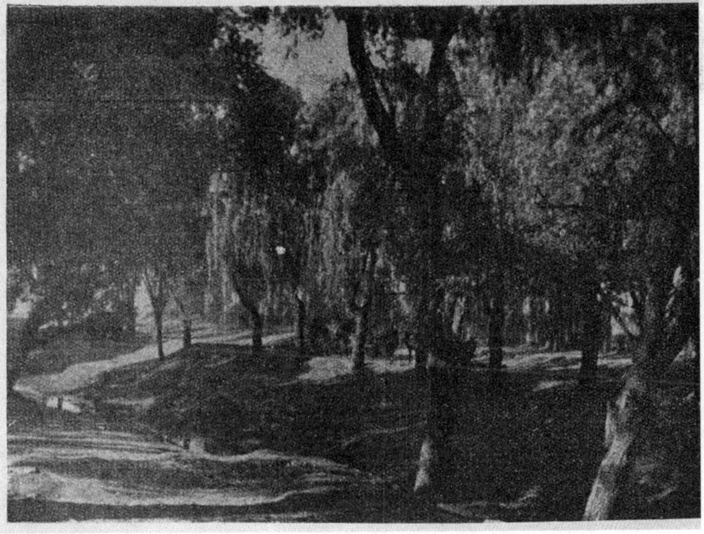

• 第四宿舍 •

• 三院宿舍 •

• 三院水塔 •

三院學生宿舍

三院

三一八紀念碑

二院生物館

二院之二門

二院生物館

沿革

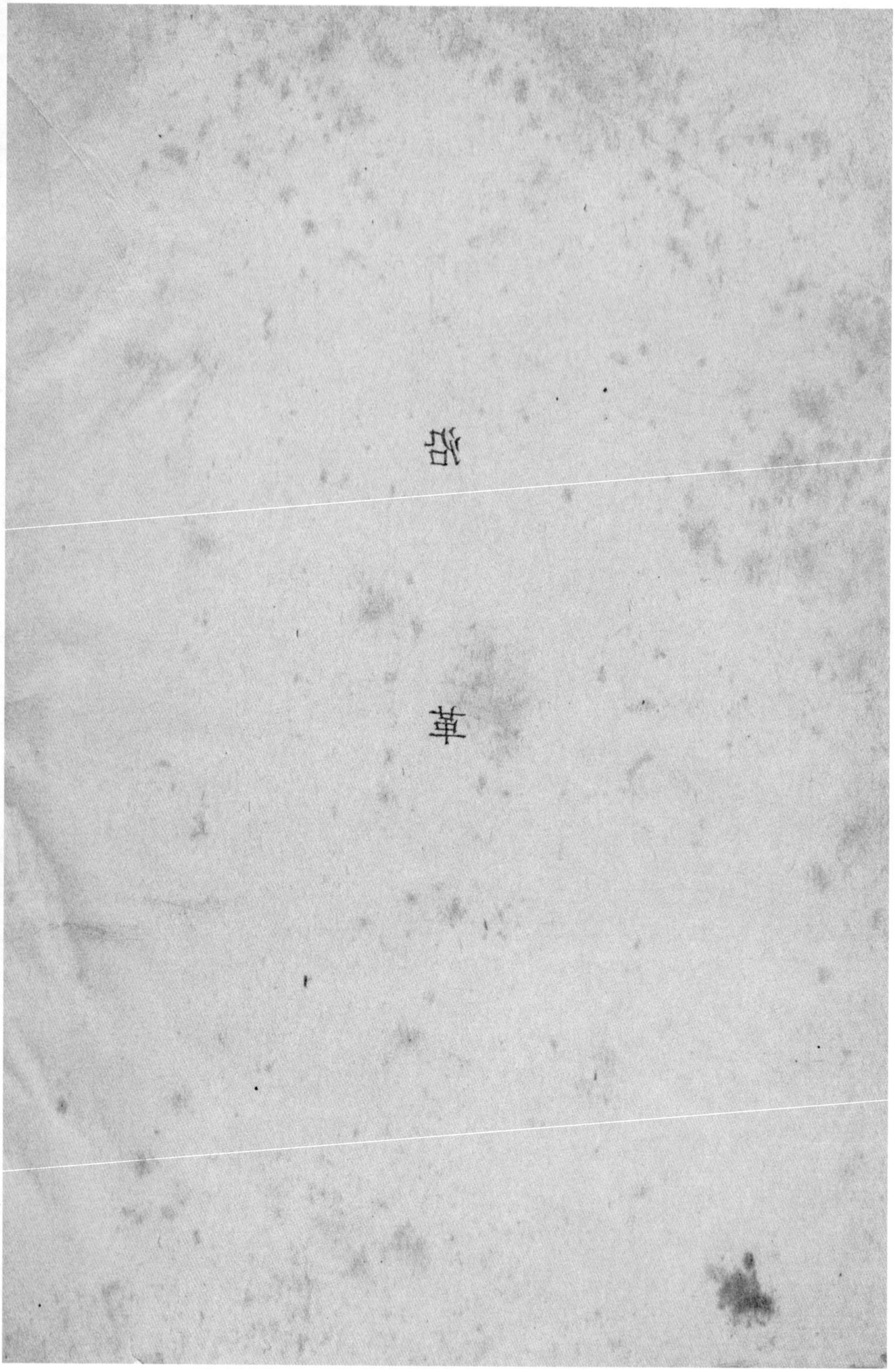

沿革

（一）大事記

清德宗光緒二十一年，（一八九五）康有爲、梁啓超等設强學會於京師，購置圖書儀器，資衆研討，講學而外，兼議朝政。時風氣閉塞，聞者震驚。設未多時，遂遭封禁。二十二年（一八九六）正月，清廷就强學會改設官書局，選譯書報，兼授西學。其年，刑部左侍郎李端棻疏請立大學於京師，得旨允行。終以樞臣阻厄，遷延未辦。二十四年（一八九八）五月，始詔立京師大學堂，將官書局及新辦之譯書局併歸管理。派吏部尚書孫家鼐爲管學大臣，余誠格爲總辦，許景澄爲總教習，美教士丁韙良爲西總教習，朱祖謀，李家駒爲提調。學生分三種：凡進士，舉人出身之七品以上京官，稱仕學院學生；凡舉，貢，生，監，未登仕版，年在二十以上者，通稱學生；年不滿二十，則稱小學生。二十六年（一九〇〇）春，改派許景澄爲管學大臣，會拳禍作，人心皇皇，六月，景澄奏請暫停大學。未幾，景澄以極諫清廷勿信拳衆遭寃殺。七月，聯軍入京，俄兵入駐大學，我校因是停辦者二年有餘。圖書儀器，蕩然無存。二十七年（一九〇一）冬，詔復興大學，令同文館併歸管理。派張百熙爲管學大臣，吳汝綸爲總教習，汪詒書，蔣式瑆三多，榮勳，紹英等爲提調，嚴復爲譯書局總辦。二十八年，（一九〇二）百熙以復興大學，『非徒整頓所能見功，實賴開拓以爲要務，』因設預備，速成二科。預備科分政藝二科；速成科分仕學師範二館。所併同文館學生，則爲設英俄法德日五國語言文字專科。時宗室覺羅八旗官學改爲中小學堂，亦歸管學大臣辦理。二十九年（一九〇三）春，清廷以百熙喜用新進，有奏請增設滿大臣，隱爲監督者；乃命榮慶同爲管學大臣。五月，命榮慶，百熙會同張之洞釐定大學章程。

七月，增辦譯學館及醫學實業館。譯學館分授英俄法德日五國語言文字，令前辦之專科學生入館學習，醫學館兼施醫，嗣與施醫局合併，今北平大學醫學院肇基於此。十一月，張之洞等奏行大學堂章程。初，大學所設管學大臣，兼統全國學務。至是，始專設學務處，置總理學務大臣任其事。另置大學堂總監督，專辦大學。派孫家鼐爲總理學務大臣，張亨嘉爲大學堂總監督。三十年（一九〇四）四月，併仕學館於新辦之教習進士館辦理，不歸大學管轄；惟屆畢業時仍由大學給憑。是年，改學務處爲學部，設尚書，侍郎等官，比於餘部。三十二年（一九〇六）正月初七日，張亨嘉辭職，以曹廣權代理大學堂事務。二十二日派李家駒繼任總監督。六月，併入進士館之仕學館生畢業。八月，就進士館堂舍改設法政學堂；今北平大學法學院所自始也。十一月，醫學實業館生畢業，館即停辦。三十三年（一九〇七）六月，李家駒辭職，改派朱益藩爲總監督。至是，總監督始改實缺，秩視左右丞。七月，設博物品實習簡易科，教授製造標本模型圖畫。十一月，朱益藩辭，劉廷琛繼。宣統元年（一九〇九）三月，改預備科爲高等學堂。時師範館生已畢業，改設優級師範，不歸大學管轄；今北平師範大學所自始也。五月，籌辦分科大學，設經文法政醫格致農工商等科。以柯劭忞爲經科監督，孫雄爲文科監督，林棨爲法政科監督，屈永秋爲醫科監督，汪鳳藻爲格致科監督，羅振玉爲農科監督，何燏時爲工科監督，權量爲商科監督。二年（一九一〇）二月二十一日，分科舉行開學典禮；時惟醫科未能辦。八月，劉廷琛去京，以柯劭忞署其職。三年（一九一一）十月，派勞乃宣爲大學堂總監督。十二月，乃宣請假，命劉經繹代。時革命軍聲勢日盛，京師震恐，大學學務停頓。民國元年（一九一二）三月，改學部爲教育部，任蔡元培爲教育總長，嚴復爲大學堂總監督。五月，命改京師大學堂爲北京大學，嗣冠以『國立』二字，又改總監督爲大學校長，改分科監督爲各科學長，裁撤各科教務提調；復高等學堂爲大學預科，合經文二科爲文科，改致格科爲理科。嚴復以總監督繼任大學校長。十月，復離京，以章士釗繼。士釗未能到校，派馬良代理。十一月，士釗與良相率辭。改派何燏時爲校長。二年（一九一三）六月，譯學館停辦。十一月，燏時辭，以胡仁源繼。時教育總長汪大燮，屢欲併本校於北洋大學，卒未果行。三年，（一九一四）改農科爲農業專門學校，離本校而獨立；即今北平大學農學院也。四年（一九一五）十一月，設大學評議會，爲商決校政最高機關。五年（一九一六）十二月，仁源辭，派蔡元培爲大學校長。以陳獨秀，夏元瑮，王建祖，溫宗禹分任文，理，法，工四科學長。六年（一九一七）一月，教育部改訂學制，定大學修業期預科二年，本科四年。其前，本，預科各三年也。六月，附設國史編纂處成立。十一月，改定各科課程。文科增中國史學門，理科增地質門。廢預科學長，以文理法工預科事務分歸各本科學長管理。是月十六日，『北京大學日刊』第一期出。七年，（一九一八）國文，英文，法文，德文，哲學，史學，數學，物理，化學，地質，法律，政治，經濟，商業各系教授會先後成立，又增設各門研究所，於所中附設編譯處。八年（一九一九）一月，『北京大學月刊』第一期出。三月，廢年級制，採選科制，又廢各科學長，設教務長，由各系主任中公推一人任之。五月四日，發生『五四運動』，校長蔡元培以政府壓抑輿情。深恐事件擴大，危及我校，遂於其月九日，離職出京。校務由評議會，教授會合組委員會維護。時學生運動，日趨激昂。六月三日，政府大捕學生千餘衆，囚禁於本校第三院者三日。七月，校長蔡元培以各方挽勸，仍允回校；先派蔣夢麟來校代行職務。九月，元培到校。設組織委員會，協助校長策畫全校組織。置總務長，以蔣夢麟任其事。移附設之國史編纂處歸國務院辦理。裁撤工科，併入北洋大學辦理。九年（一九二〇）二月，招收女生爲旁聽生，嗣改招正科生。九月，添設俄文學系。十月，元培爲策畫里昂中法大學事赴法，委總務長蔣夢麟代理校務。十年（一九二一）一月，設國文及普通補習科，爲華僑子弟入學之先階。九月。元培回校。十一月，硏究所國學門成立，以沈兼士爲主任。所內分設編輯室，考古硏究室，歌謠硏究會，風俗調查會，明清檔案整理會，方言調查會。十一年（一九二二）七月，附設音樂傳習所成立，以蕭友梅爲主任。十一月『社會科學季刊』第一期出。十二年（一九二三）一月，國學季刊第一期出。時蔡校長請假遊歐；再派蔣夢麟代理校務。七月，增設經濟記錄室。十三年（一九二四）七月，增設教育學系。十四年（一九二五）七月，增設生物學系及植物學實驗室。九月，國文學系增設語音樂律實驗室。十五年（一九二六）三月十八日，發生『三一八』慘案；本校學生死者三人，傷者五人。代理校長蔣夢麟離京；以總務長余文燦代理校務。是年，添設心理學系，及東方文學系。十六年（一九二七）六月，張作霖稱大元帥於北京，以劉哲爲教育總長。八月，併國立九校爲京師大學校，以本校文，理二科爲京師大學校文科理科，派胡仁源，秦汾爲之長。以法科爲京師大學校法科第二院，派林修竹爲之長。硏究所國學門改爲國學硏究館，直隸京師大學校，以葉恭綽爲館長。十七年（一九二八）六月，國民政府統一告成，本校學生遂組織復校委員會。以恢復本校原有之名稱『國立北京大學』及組織爲目的。時中央政府命改京師大學校爲國立中華大學，以大學院院長蔡元培兼任校長，派李煜瀛代理校務。未久，議定實行大學區制，並改北京地名爲北平，乃再改國立中華大學爲國立北平大學，任李煜瀛爲校長，李書華爲副校長。劃河北熱河兩省，及北平天津兩特別市，爲北平大學區。以本校文，理，法三科爲北平大學文學院，理學院，法學院；派張鳳舉，經利彬，謝瀛洲爲院長。又改硏究所國學門爲國學硏究所，直隸北平大學。所長之職視院長。本校學生以『國立北京大學』素有國際聲譽，不應銷滅其名稱，更改其組織，由復校委員會向政府力爭。十八年（一九二九）春，政府命改本校爲北大學院，隸國立北京大學；內部組織，恢復十六年八月以前之舊；對外亦仍用『國立北京大學』譯名（National University of Peking）以陳大齊爲院長。大齊不能常到校，以教務長何基鴻代其職。八月，中央議決取消大學區制，恢復本校『國立北京大學』名稱，離北平大學而獨立。本校復校工作，至此完成。九月，蔡元培復受命長本校，以方任中央研究院院長職，派陳大齊先行代理校務。十九年（一九三〇）冬，大齊辭，元培亦不能離中央研究院，改派蔣夢麟來長本校。二十年，（一九三一）遵照國民政府大學組織法，改評議會爲校務會議；分本校爲文，理，法三學院；以胡適，劉樹杞，周炳琳，爲院長。院長之職，在規定課程，延聘教習。其他學校行政，仍合三院爲一。又改文學院之英文，法文，德文，東方文四學系爲英，法，德，日文四組，合稱外國語文學系。各系主任，由校長就教授中聘任。自是年始，本校得中華文化教育基金董事會年助研究特款國幣二十萬元，爲增設研究教授講座，擴充設備，及設立獎學金助學金之資。先定五年期，專訂規章，設委員會處理之。八月，本校擬創編『國立北京大學志』，設校志編纂處，以劉復爲主纂。二十一年，（一九三二）設研究院，分三部：改研究所國學門爲文史部，以劉復爲主任；增設自然科學社會科學部，以丁文江，陶履恭爲主任。置課業處，以樊際昌爲課業長，司文理法三院學生學業上之均齊與考績。改總務處爲秘書處，以王烈爲秘書長。二十二年（一九三三）春，熱河失陷，平津危迫，國立各校及學術機關均有南遷之議，本校亦移重要圖書儀器於杭州國立浙江大學，暑假後遷回。二十三年（一九三四）四月十五日本校建築新圖書館開工。本校留校畢業同學發起，爲本校建築校舍募集捐款。六月十五日本校新建築地質館開工。六月十六日遵照教育部大學研究院暫行組織規程改組本校研究院，分文科，理科，法科三研究所，以各學院院長兼任所主任；校長兼任院長。二十四年五月一日本校新建學生宿舍開工。六月一日理學院院長劉樹杞因病請假，由張景鉞代理。

（一一）設備

A　校舍　光緒二十四年（一八九八），五月詔設大學，撥高宗額駙福康安故第馬神廟八公主府（四面周垣東西四十丈南北六十丈）充大學堂校舍（即今第二院）；另派奕劻許應騤籌辦擇地建築新校舍事務。二十六年（一九〇〇），拳禍作，外兵入京，以大學作營房，屋舍多毀。二十八年（一九〇二），大學復興，於京西瓦窰購地一千三百餘畝，擬建築校舍，未果；乃就舊址增築學舍百二十餘間。二十九年（一九〇三），開辦譯學館，就北河沿建築校舍。（即今第三院）三十年（一九〇四）二月，就大學西偏曠地營造齋舍（即今西齋）。八月，借撥內務府所屬漢花園（即沙灘舊址）空地南北二十一丈八尺，東西三十九丈，舊房十七間，改建操場。嗣即於此建築宿舍一百五十四間（即今東齋）。三十一年（一九〇五）十月，撥德勝門外舊操場東西四百八十丈，南北四百十四丈，以備建築大學法政，文，格致，工，各分科之用。三十四年，（一九〇八）十月，設立工程處，辦理測繪工程。宣統元年（一九〇九），就舊操場西南曠地。設窰造磚，興工建築，三年（一九一一），革命軍起，工停，民國元年（一九一二），於望海樓建築農科校舍，十一月落成（即今北平大學農學院）。五年（一九一六），呈政府請完成德勝門外新校舍，未允。乃於漢花園建築宿舍二百餘間，六年落成。七年二月，改新建宿舍為文科教室（即今第一院）。教室之北，為松公府空地，向其租得一部份以作操場。二十年（一九三一），將松公府房地全部購有。稍事修葺，將圖書館及研究所國學門移入辦理。二十三年（一九三四），就其西院空地建築圖書館。並於松公府祠堂內建築地質學館，二十四年五月就松公府東院北面建築學生宿舍一區。

B　儀器　大學設立之初原無實驗科學之設備；稍有儀器均譯書局所置。庚子之亂，同燬於兵。光緒二十八年（一九〇二），大學復興，課程中始有動植物，理化，地質等科，二十九年（一九〇三），派員赴上海採辦儀器。三十年（一九〇四），日籍教習服部宇之吉東歸，請其代向日商訂購儀器。嗣又請駐德，英，美，各國使臣，代向所駐國購買儀器。宣統元年（一九〇九），大學分科成立以後，各科需用儀器藥品，逐年向日本及歐美各國添購。民國元年（一九一二），大學資產統計表內，儀器標本一項估值銀九萬元。時僅設工科及化學儀器藥品室，以備工理二科及預科學生實驗之用。此後增購各科所需儀器，物理，化學，地質，生物，心理等系之實驗室，以次成立。十六年（一九二七）五月，創建煤氣廠於第二院之東。由是各實驗室皆使用煤氣。截至二十四年七月除實驗室煤氣廠建築費及消耗外，儀器標本藥品等項約值銀五十八萬二千五百六十九元五角五分。

C　圖書　光緒二十四年（一八九八），創立大學堂，稍購書籍，皆爲供給譯書局編纂之用。二十六年（一九〇〇），外兵入京，舊籍淪失殆盡。二十八年（一九〇二），大學復興，乃於校舍之後院（即今第二院之後院）設置藏書樓；調取江，浙，鄂，粵，贛，湘等省官書局所印各書，並向中西書店採購新舊圖籍，藏之以供衆覽。二十九年（一九〇三），派員赴南方廣購舊書。同時，巴陵方大登氏以所藏書籍見贈，約值銀一萬二千餘兩。其後日本阪谷男爵，駐日，駐俄公使館，及大學堂教授周慕西，亞當士，黃樹因等，先後捐贈中西文書籍。校中亦劃定經費，以爲逐年添置圖書之用。截至二十四年八月，共藏中文書籍十七萬零四百十五册。日文書籍一萬二千二百七十五册，西文書籍六萬七千六百零三册，中外文雜誌四百餘種，中西文報三十餘種。而文科研究所所藏大批清內閣大庫檔案，尚未列入。

D　古物　民國十二年（一九二三）五月，本校研究所國學門考古學會成立，即計畫古蹟古物之調查及發掘保存等事項。是年九月，派員調查河南新鄭，及孟津，二縣出土之周代銅器。十三年（一九二四）三月，調查平西大覺寺，大宮山古蹟及碧雲寺古蹟。八月，調查平西圓明園文源閣遺址。十四年（一九二五）二月，調查甘肅燉煌古蹟。凡調查所得各種古物，或由本校備價收買，或由當地公團贈送，皆歸研究所陳列，保存。截至是歲止，計收有金，石，甲骨，玉，磚，瓦，陶等類凡四千零八十七件。另金石拓本一萬二千五百五十三種。自此以後，時有增益。十八年（一九二九）十一月，研究所考古學會與北平研究院及古物保管委員會，合組燕下都考古團，發掘燕下都故址北之老姥台，計採集品二十六大木箱又二百零一麻袋。其中有燕代前之瓦片，銅鏃。燕代之殘明刀幣，瓦片，瓦當（皆半規），陶豆，欄干磚，井欄，銅片，……漢之半兩錢範，五銖錢，墓磚。及隋唐之五銖錢，陶盌，帶黃釉磁罐，鐵製農具……等。二十年（一九三一）冬，派員赴察哈爾懷來四疙疸坡調查漢墓；二十一年（一九三二）春，又赴洛陽調查故城，時即與各省府及當地人士商討發掘事件，並擬有計畫書，嗣以地方多故，未能實行。現正從事舊藏之整理。

E　體育　大學設立之初，原無體育科目。二十八年（一九〇二）冬，始由大學咨請湖廣總督送來兩湖書院所用操衣式樣，并請挑選學生中精於體操者二人來京，担任教習。三十年（一九〇四）春，咨請法國公使館選派兵官一員來堂教授體操。時，學生漠視體育，臨上操時，往往不到。民國初年，此風未改。後於預科，分科，先後設立技擊會，學生對此，始稍感興趣。六年（一九一七），設立體育會，由學生自行選舉幹事辦理之。內分各種球類及田徑賽。八年（一九一九）秋，實行新生入學體格檢查，學生漸知注重體育。九年（一九二〇），大學聘請體育導師二人，一任指導球術及田徑賽，一任指導騎術。體育設備，亦漸次擴充，十一年（一九二二）六月，添設軍事訓練，取名曰學生軍。聘請教練員二人。又議決組織體育委員會及體育部；規定軍事教育，柔軟體操，及各種球類，每週三小時，爲學生正式課程，與其他功課並重。然僅限於預科學生，本科學生則聽其自由選習。十八年（一九二九），遵照中央命令，本科男女學生均須受軍事訓練，每週三小時，不得任意缺席。二十年（一九三一），就新購之松公府空地開闢球場，並於每年冬季設冰場，學生運動，較前愈感便利。二十四年定體育爲必修科，改第三院大禮堂爲臨時健身房。

（二）經費

光緒二十四年（一八九八）五月，設立大學，時約計籌備經費銀三十五萬兩，常年經費銀十八萬八千六百三十兩。又譯書局開辦經費銀一萬兩，常年經費銀一萬二千兩。當由戶部奏請將向存於華俄道勝銀行之庫平銀五百萬兩，年息四釐合庫平銀二十萬兩，申合京平銀二十一萬二千兩，提出二十萬零六百三十兩，作大學堂及譯書局常年經費；籌備經費，卽將上年息銀全數撥充，不足者，由部庫正項內支給。二十八年（一九〇二），大學復興，將華俄銀行存款本息全數撥作大學經費；仍存該行生息，由大學直接向銀行結算。所有以前未曾用完之息銀，卽作大學開辦經費。另設常年補助經費一項，由各省分別籌解：大省每年籌解銀二萬兩，中省一萬兩，小省五千兩。三月，復辦譯書局，並增設上海譯書分局。二十九年（一九〇三），二月，開辦醫學實業館；十一月，資遣學生赴東西各國留學；凡此各項所需費用，皆由上列常年經費內支撥。三十年（一九〇四），大學經費及學生津貼均稟儲學務處，每月由校向該處支取。三十一年（一九〇五），改學務處爲學部，大學經費，亦改由學部管理。宣統三年冬，學款移作軍費，大學遂無形停辦。民國元年（一九一二）續辦大學，經費無的款，初由校長向華俄銀行借銀七萬兩，始得開學。自是厥後，每月經費，皆由教育部按照預算數目發給。並改兩爲元。八年（一九一九），確定大學每年經費爲七十九萬二千四百五十九元。至十三年（一九二四），無所增減。然以國庫支絀，雖有預算，不能照發。學校進展，遂多障礙。十四年（一九二五），按月增加經費八千元，乃定常年經費爲八十八萬八千四百五十九元。十六年（一九二七）八月，併國立九校爲京師大學校，逐月經費，皆大學辦公處分發各科。十八年（一九二九），恢復『國立北京大學』名稱，常年經費較十四年所定，每月增加九百六十元。二十年（一九三〇），大學與中華教育文化基金董事會訂定『合作研究特款』辦法，每年雙方各出國幣二十萬元，爲大學設立研究講座，及擴充圖書儀器，給發助學金與獎學金之用。以五年爲期。二十三年（一九三四）改爲本校二十萬元，中華教育文化基金董事會十萬元，並將期限延爲七年。

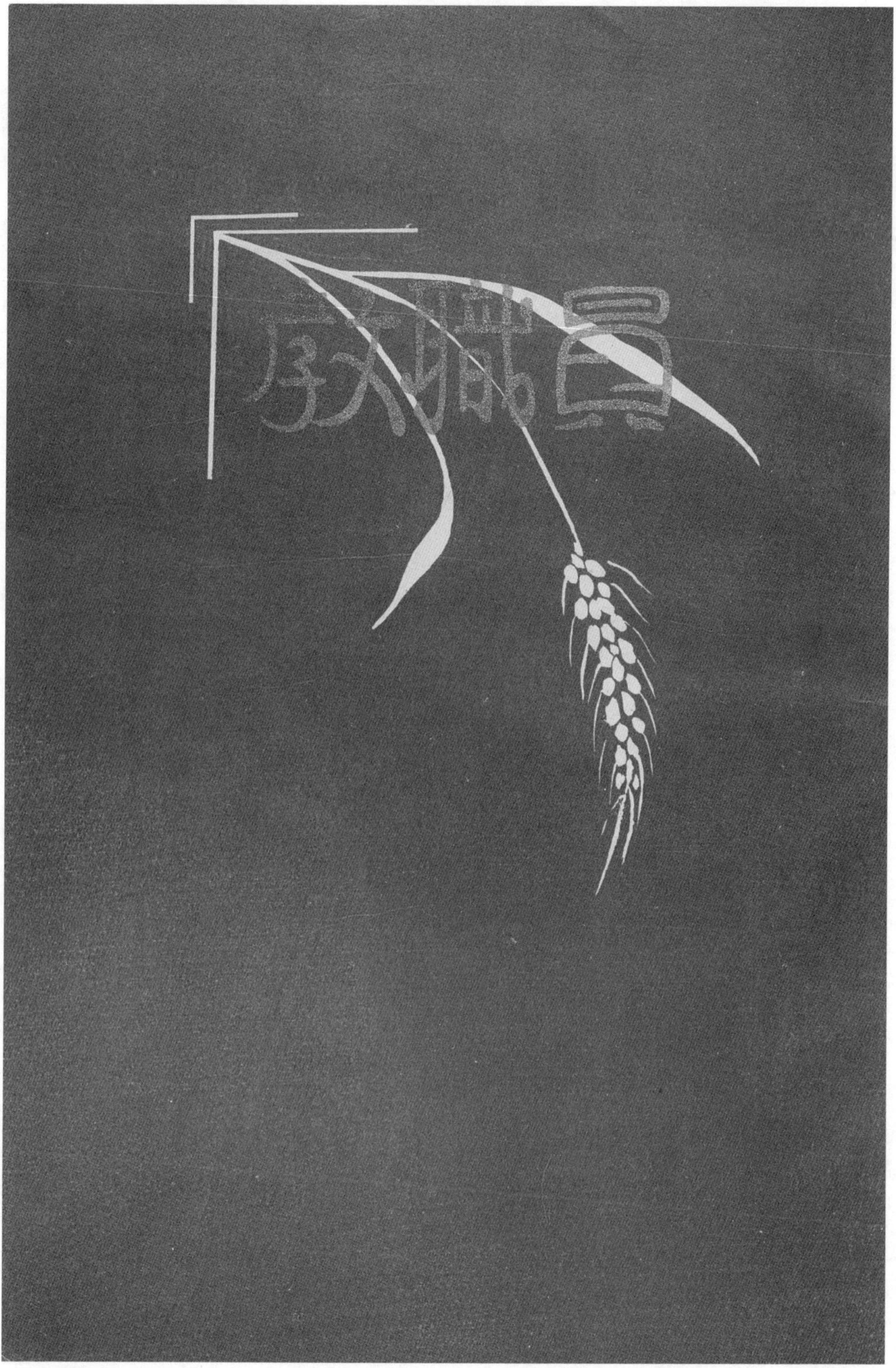
教職員

校　　長

蔣夢麟先生

THE NATIONAL UNIVERSITY OF PEKING 1937

1937 THE NATIONAL UNIVERSITY OF PEKING

樊際昌先生

教務長

兼註册組主任

鄭天挺先生

校長辦公室秘書

章廷謙先生

校長辦公室秘書

饒毓泰先生

理學院院長

兼物理系主任

胡適先生

文學院院長

兼中國文學系主任

周炳琳先生

法學院院長

THE NATIONAL UNIVERSITY OF PEKING 1937

1937 THE NATIONAL UNIVERSITY OF PEKING

THE NATIONAL UNIVERSITY OF PEKING 1937

1937 THE NATIONAL UNIVERSITY OF PEKING

江澤涵先生

數學系主任

曾昭掄先生

化學系主任

謝家榮先生

地質學系主任

張景鉞先生

生物學系主任

湯用彤先生

哲學系主任

吳俊升先生

教育學系主任

THE NATIONAL UNIVERSITY OF PEKING 1937

1937 THE NATIONAL UNIVERSITY OF PEKING

THE NATIONAL UNIVERSITY OF PEKING 1937

1937 THE NATIONAL UNIVERSITY OF PEKING

陳受頤先生

史學系主任

戴修瓚先生

法律學系主任

張忠紱先生

政治學系主任

THE NATIONAL UNIVERSITY OF PEKING 1937

1937 THE NATIONAL UNIVERSITY OF PEKING

趙迺摶先生

經濟學系主任

李仲三先生

體育組主任

白雄遠先生

體育組副主任

1937 THE NATIONAL UNIVERSITY OF PEKING

THE NATIONAL UNIVERSITY OF PEKING 1937

嚴文郁先生

圖書館主任

李續祖先生

出版室主任

鄭河先先生

校醫

馮祖荀先生

數學系教授兼代主任

趙淞先生

數學系教授

朱物華先生

物理學系教授

龍際雲先生

物理學系副教授

孫承諤先生

化學系教授

劉雲浦先生

化學系教授

錢思亮先生

化學系教授

王烈先生

地質學系教授

葛利普先生

地質學系教授

譚錫疇先生

地質學系教授

何作霖先生

地質學系專任講師

沈嘉瑞先生

生物學系教授

鄭昕先生

哲學系副教授

周叔迦先生

哲學系講師

倪亮先生

教育學系講師

劉吳卓生先生

教育學系講師

馬裕藻先生

中國文學系教授

羅常培先生

中國文學系教授

鄭奠先生

中國文學系教授

羅庸先生

中國文學系教授

沈兼士先生

中國文學系名譽教授兼講師

魏建功先生

中國文學系副教授

唐蘭先生

中國文學系講師

何容先生

中國文學系講師

朱光潛先生

外國語文學系教授

周作人先生

外國語文學系教授

洪濤生先生

外國語文學系教授

徐祖正先生

外國語文學系教授

衛德明先生

外國語文學系講師

姚從吾先生

史學系教授兼代主任

孟森先生

史學系教授

錢穆先生

史學系教授

陳垣先生

史學系名譽教授兼講師

皮名舉先生

史學系副教授

朱汝華先生

化學系副教授

劉崇鋐先生

史學系講師

劉志敭先生

法律學系教授

陳墐昆先生

法律學系教授

燕樹棠先生

法律學系教授

李祖蔭先生

法律學系教授

蔡樞衡先生

法律學系副教授

張叔龍先生

法律學系講師

周作仁先生

經濟學系教授

卓宜來先生

經濟學系副教授

胡謙芝先生

經濟學系講師

薛德成先生

經濟學系講師

莽俊魁先生

體育導師

張大昕先生

體育導師

畢業生

理學院

亓滋田

地質系

尹立榮

化學系

王光兆

數學系

牛權琯

物理系

王述平

地質系

王培桐

數學系

王湘浩

數學系

王鼎梅

化學系

史漢彥

物理系

白書元

物理系

朱元暉

數學系

回永和

化學系

李曉惠

物理系

江澤

數學系

李錫珍

化學系

李樹棠

物理系

吳景禎

地質系

李樹勳

地質系

李覲高

生物系

宋爾純

地質系

宋錫祺 物理系

沈修身 數學系

呂俞聲 地質系

谷樹楷 數學系

杜恩佑 化學系

封嘉義 數學系

佟常義 地質系

岳希新 地質系

姚昌學 化學系

金先杰 物理系

姚震江 化學系

高景善 數學系

徐家羆 化學系

施在敏 化學系

唐紹堯 化學系

秦文慈 數學系

秦自新 化學系

郭文魁 地質系

秦珣 數學系

黃令通 物理系

黄世知

物理系

曹吉豫

數學系

張亮

物理系

黄同琯

數學系

張力田

化學系

張有民 地質系

陳旭福 化學系

張森雲 物理系

陳恩霖 物理系

陳閱增 生物系

畢振德 化學系

楊曰周 地質系

楊延烈 化學系

隋永福 化學系

楊治洲 物理系

楊敬之 地質系

賈性甫 化學系

雷天壯 化學系

鄒國資 化學系

趙東安 數學系

趙家驤 地質系

趙殿舉 化學系

趙樹楷 數學系

趙留仙 物理系

靳鳳桐 地質系

聶繼昌

數學系

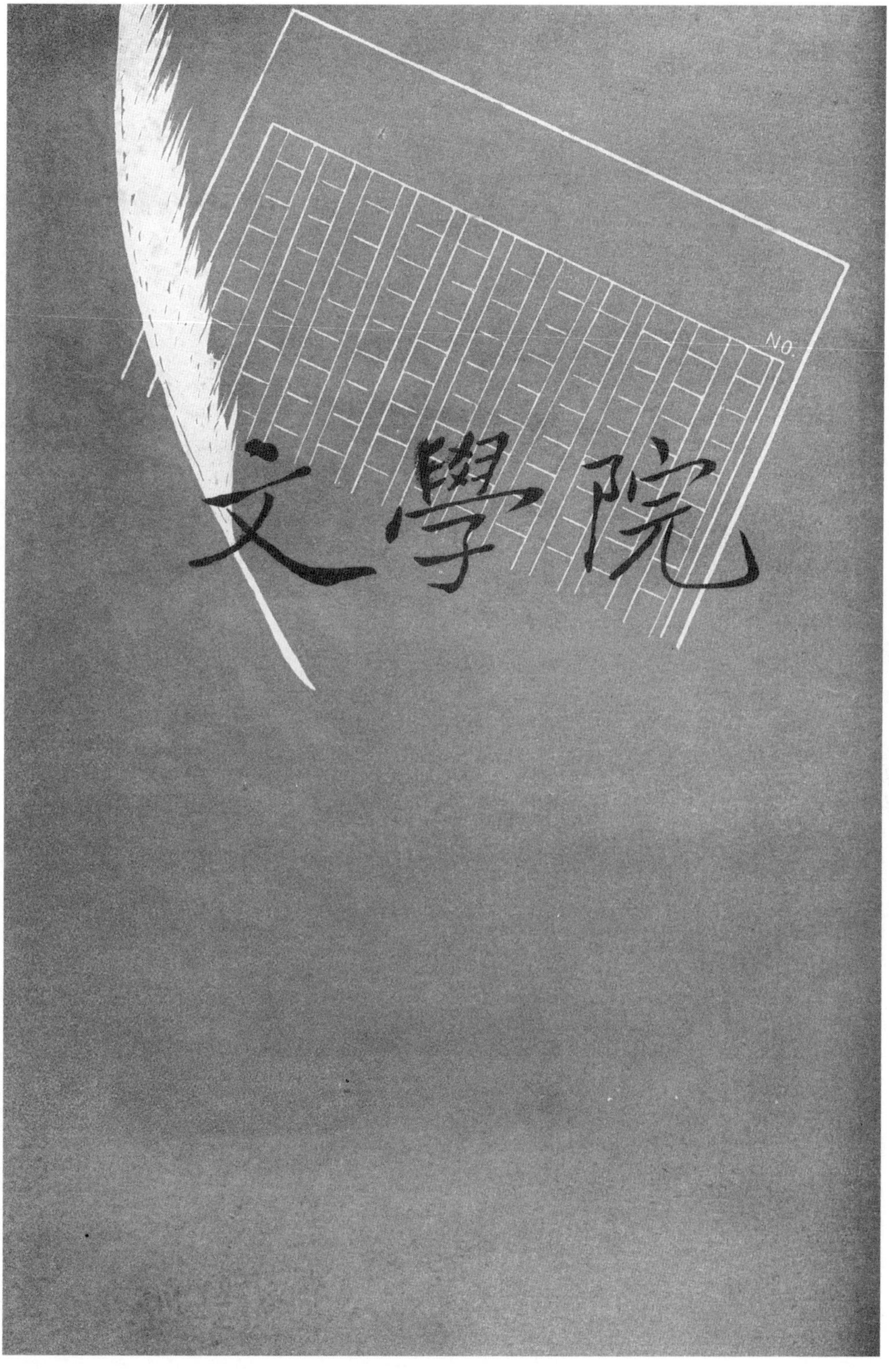
NO.
文學院

王明

國文系

王鑫章

外語系

任鈘

史學系

王之禎

哲學系

朱清瀾

教育系

李九魁
國文系

李長山
外語系

李子信
史學系

李光璧
國文系

李昌衡
外語系

李詠林

史學系

李蔭生

史學系

吳伯威

國文系

李鳳翔

教育系

吳相湘

史學系

杜高厚 國文系

林占鰲 史學系

杜運魁 外語系

周豊一 外語系

徐世勛 史學系

高福怡 史學系

張雍 外語系

張達 史學系

張深 外語系

張基瑞 史學系

曹鵬翔
教育系

葛惠芳
教育系

傅安華
史學系

喬維祺
史學系

賈光濤
外語系

葉佩華 教育系

齊良驥 哲學系

滿開誠 外語系

趙九成 史學系

劉煜 史學系

劉文林

外語系

薄懷奇

史學系

劉晉瑞

國文系

閻顧行

教育系

魏澤馨

教育系

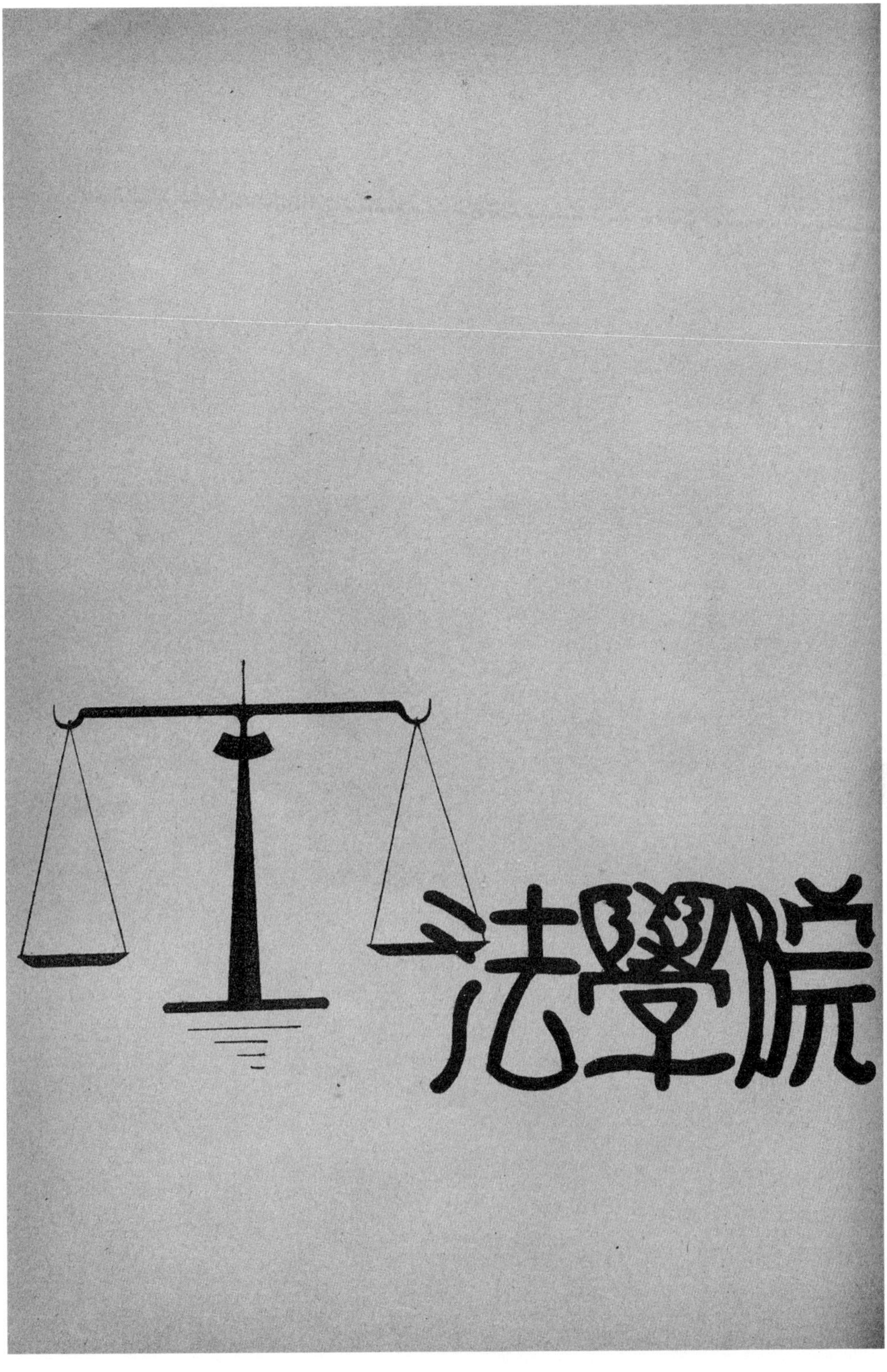
法學院

王適 經濟系

王洵禮 法律系

田廣成 政治系

王正武 經濟系

李守權 經濟系

林家璉

經濟系

孫高桂

法律系

馬士毅

經濟系

晏奉思

政治系

孫國常

法律系

張鑑墀

經濟系

雷宏濟

經濟系

劉鏘

政治系

楊振錩

政治系

劉仁德

政治系

謝世清 經濟系

譚菁華 政治系

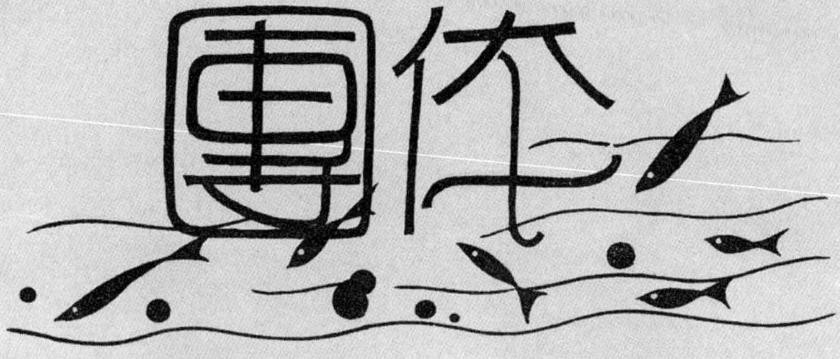
團体

數學系教授及畢業同學

物理學系教授及畢業同學

化學系教授及畢業同學

化學系全體歡送畢業同學

地質學系教授及畢業同學

史學系教授及畢業同學

外國語文學系教授及畢業同學

外國語文學系全體歡送畢業同學

中國文學系教授及畢業同學

教育學系教授及畢業同學

政治學系教授及畢業同學

SCHOOL LIFE

體育大檢閱

第一屆體育普及運動會

本校自李仲三先生就體育主任以來，對提倡體育，力求普及化。增闢球場，廢除選手制，在五大學運動會請假一年，專注意全體在校同學體格之一般鍛練。每晨增設健身操，分在一院三院同時舉行，參加者極夥。去秋曾舉行體育大檢閱一次，今春更舉行大規模之運動會，各項成績，皆甚優異。

五四十八週年紀念之軍訓檢閱

• 把我們的槍口
對準一個方向 •

軍訓

白雄遠題

·綏遠抗戰前線視察·

綏遠抗戰是祖國復興的起點，國軍英勇的抵抗，打破了敵人侵略的迷夢。去冬戰事激烈之時，化學系師生曾組織前線觀察團，前往協助軍事當局辦理防毒事宜，並對士兵講演防毒常識。

化學系施放烟幕

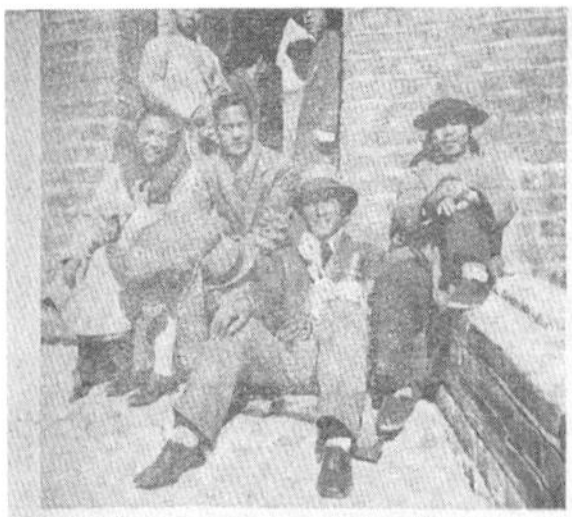
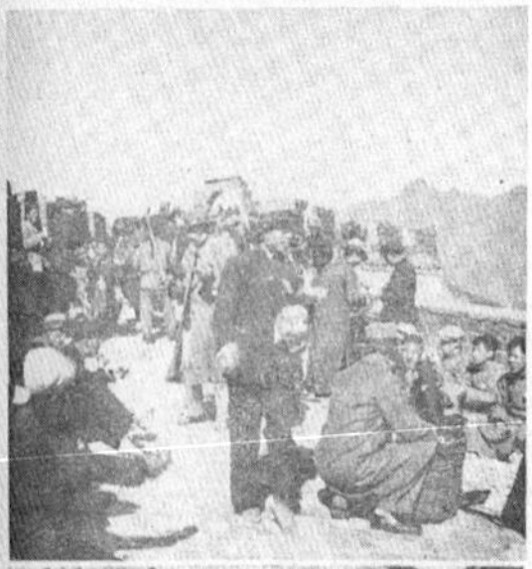
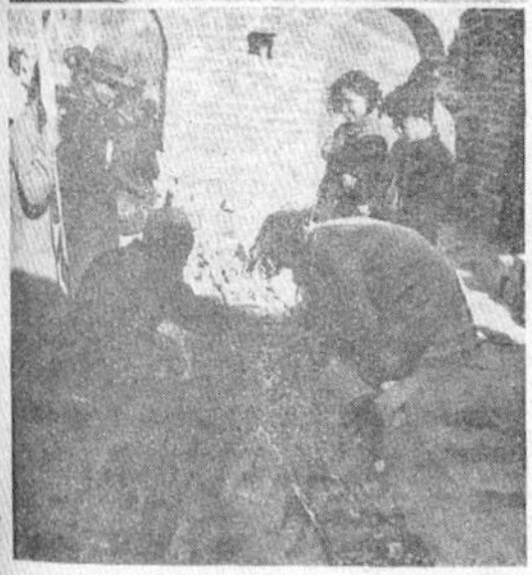
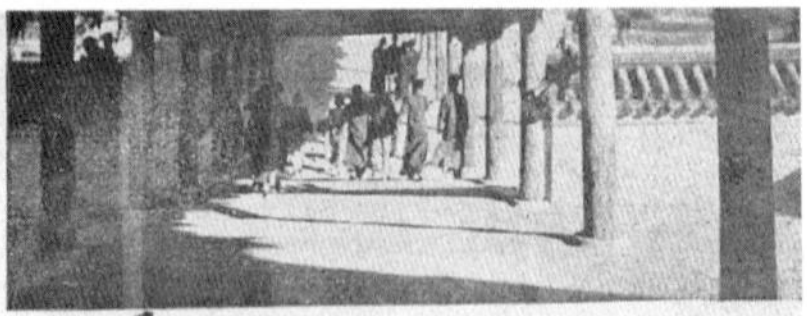

故都附近的名勝，古蹟，常是同學們春遊必至之地。

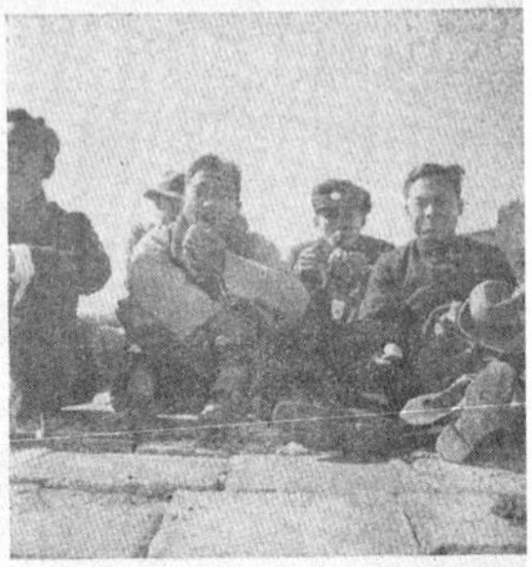
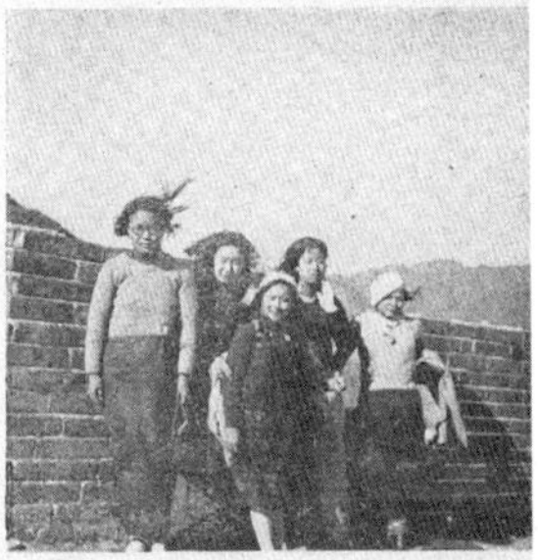
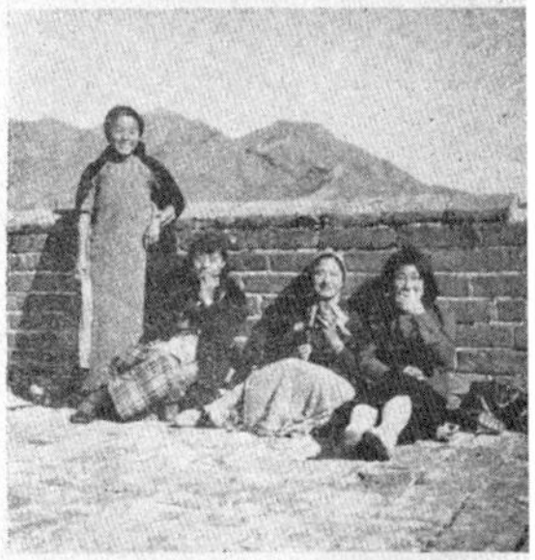
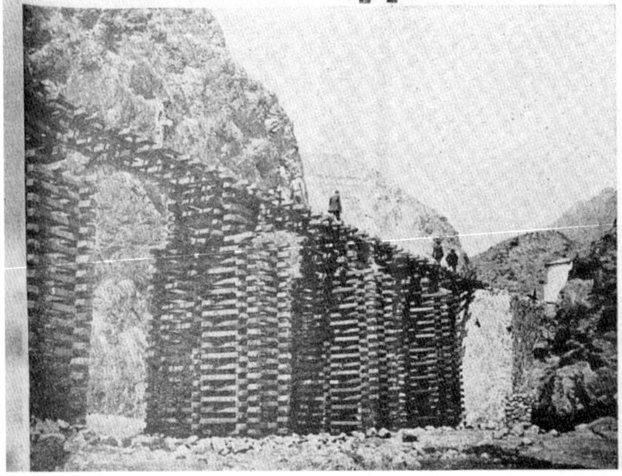
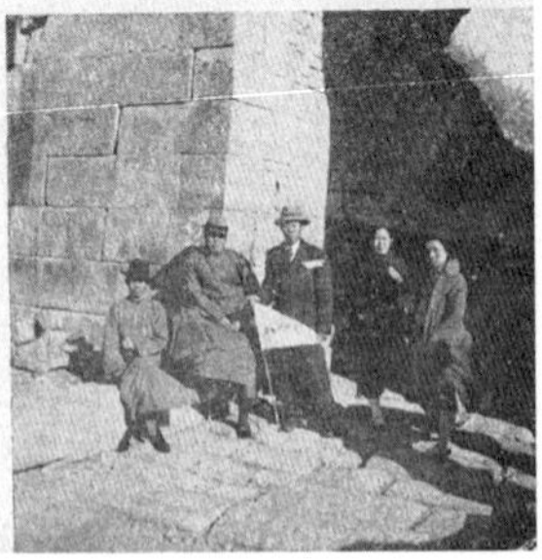

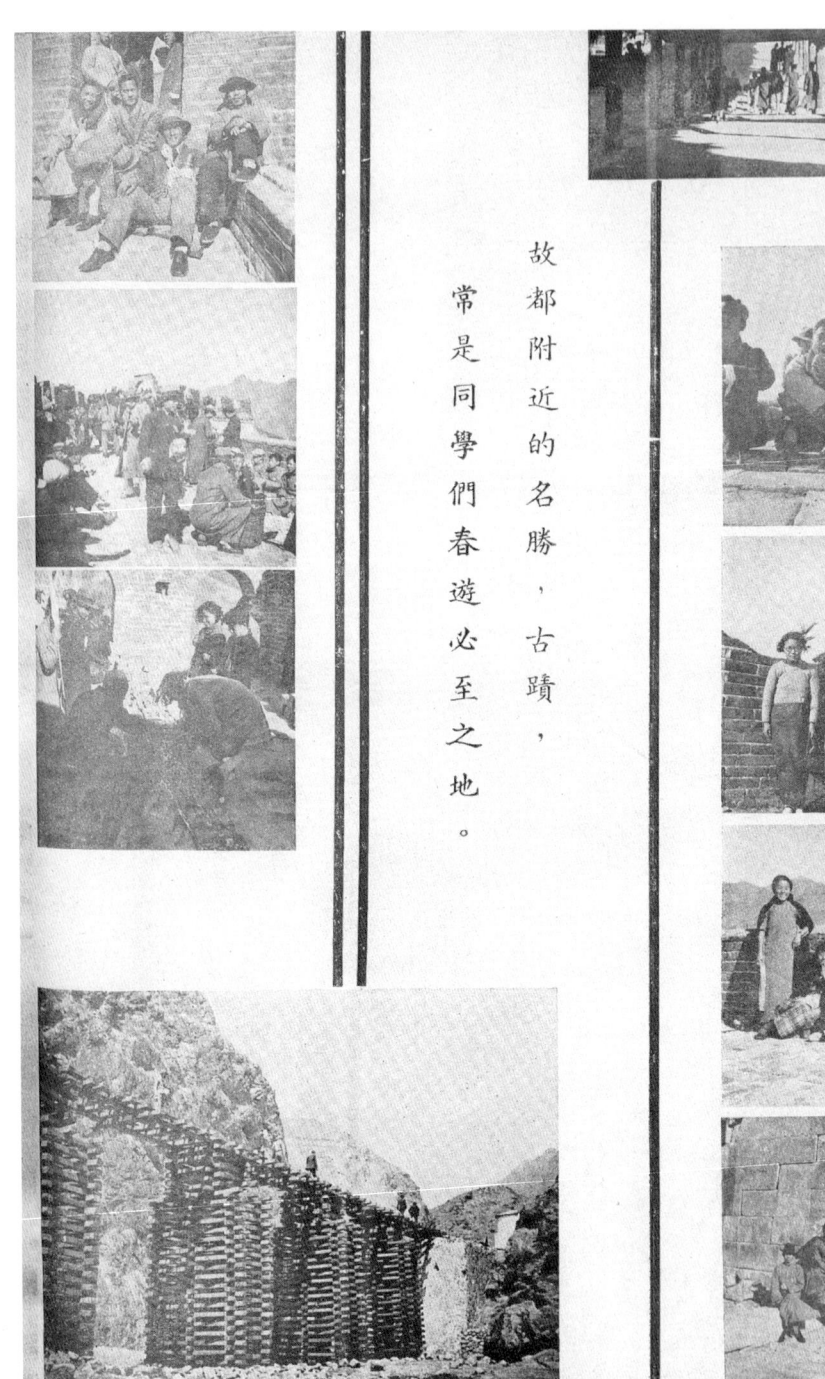

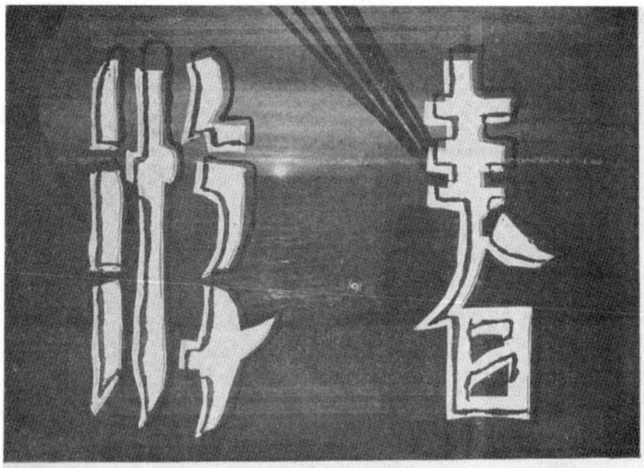

春天的活躍

…教育系參觀團在濟南青島…

·全校師生遊園會·

一九三七年春，全校師生在西直門外萬牲園舉行遊園會，参加師生八百餘人。是日在園野餐，並有遊藝，啦啦隊等。師生界限完全打破，樂聲沖天，北大不老矣。

•紀念與救亡•

1 北平市學聯在三院大禮堂舉行追悼死難烈士郭清大會。

2 募捐救災。

3 開會之前。

4 請願。

5 在廟會中表演救亡劇本：“放下你的鞭子”。

6 五四十八週年紀念夜間舉放營火。

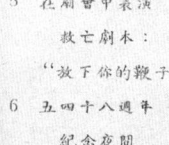

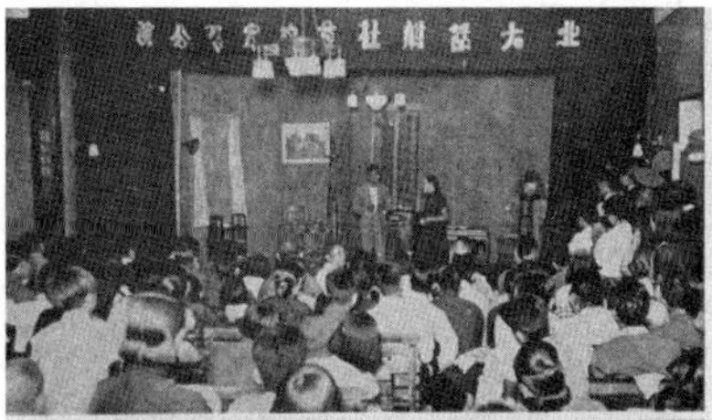

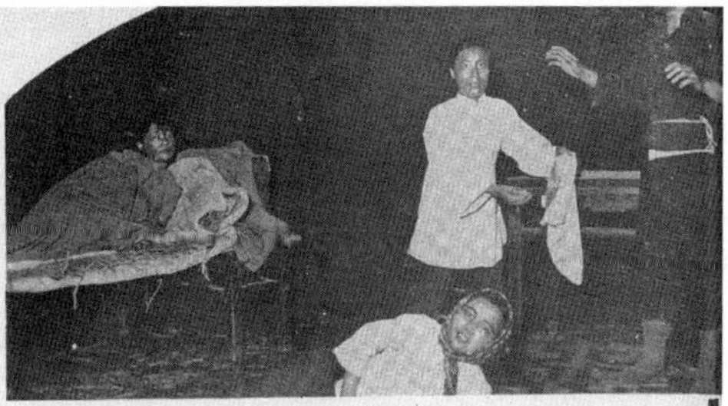

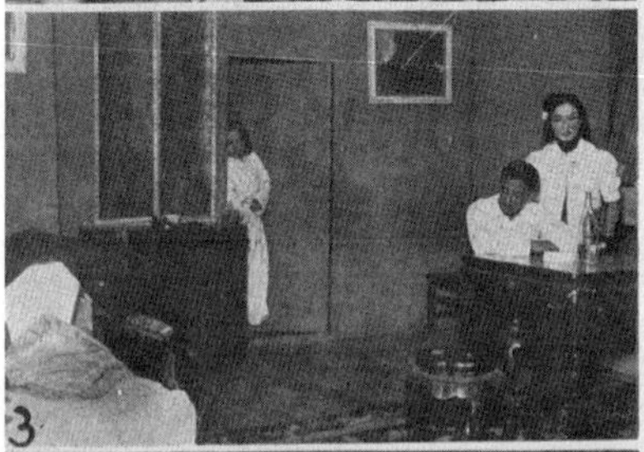

話劇社實習公演

1. “饑餓”之場面
2. 公演盛況
3. 5. 7. “幹嗎?”之場面
4. 話劇社全體合影
6. 話劇社之兩主角

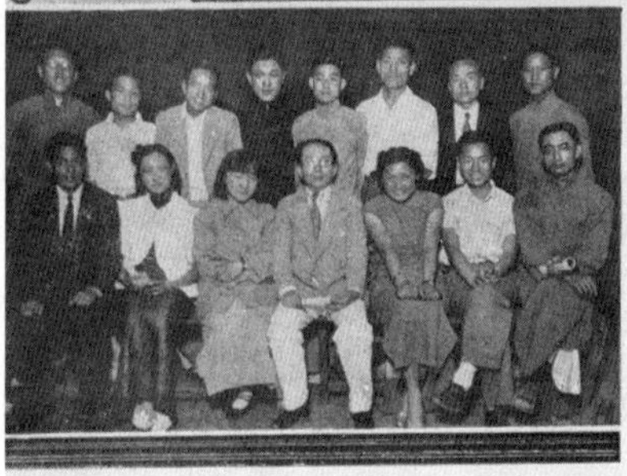

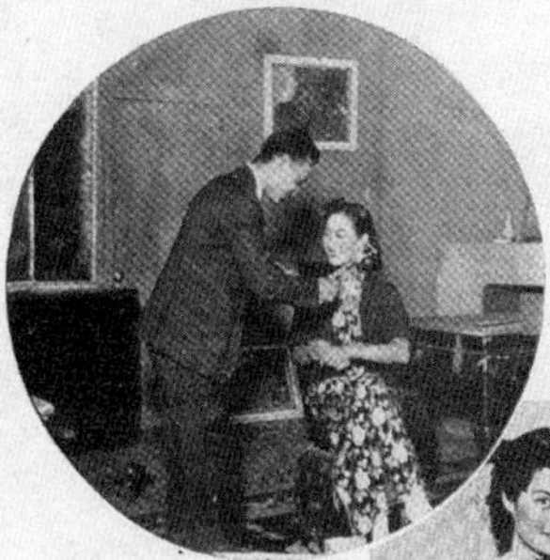

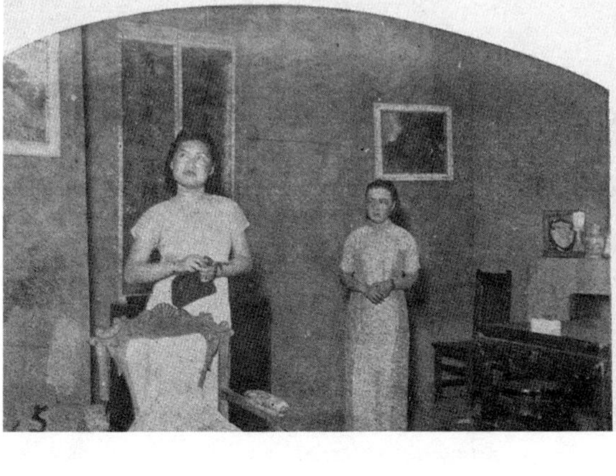

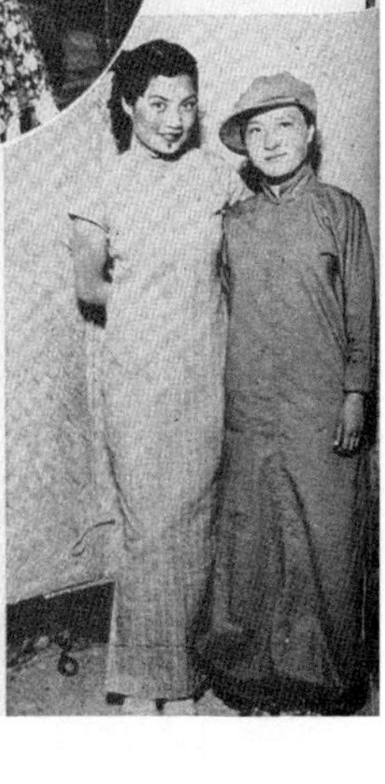

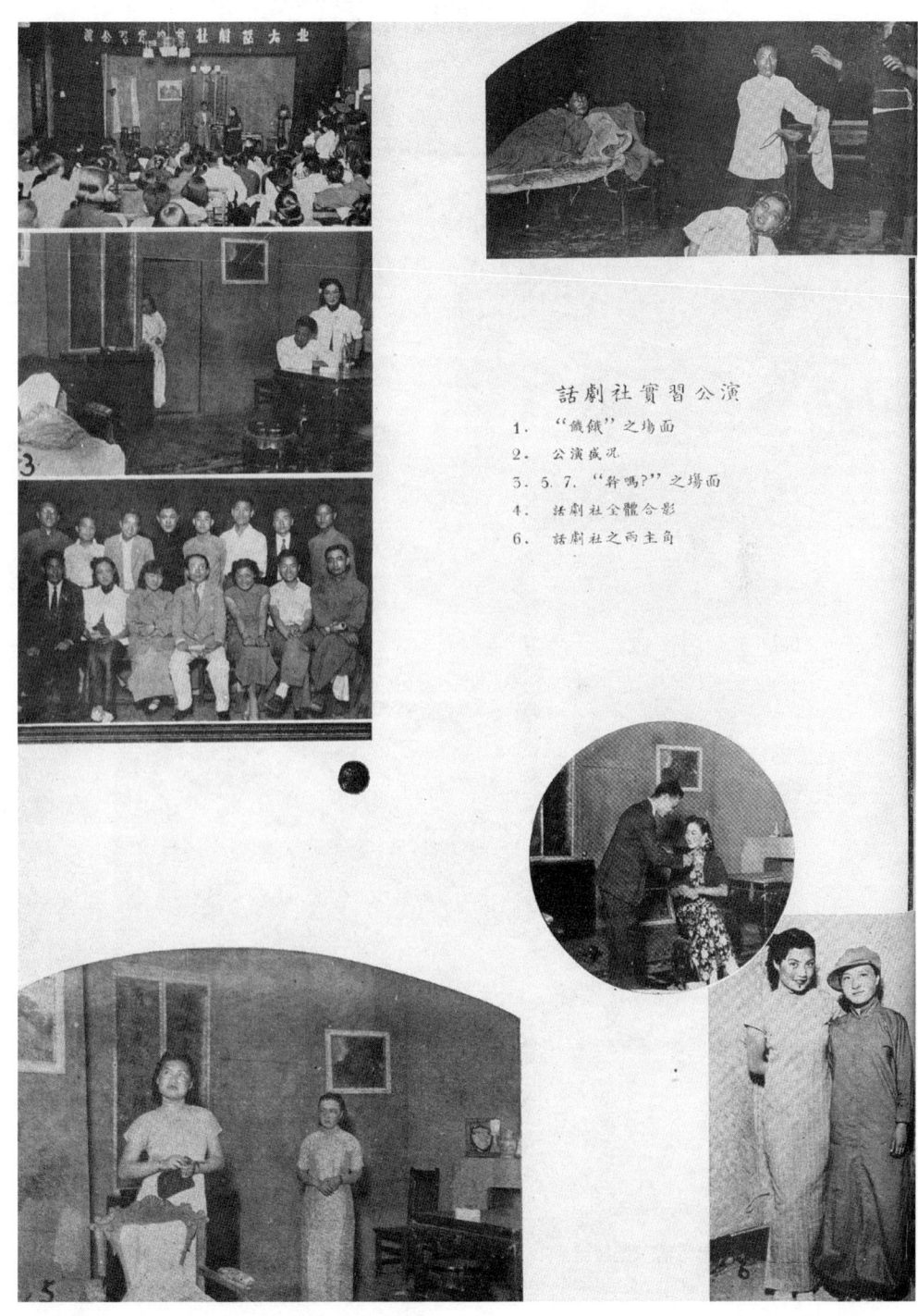

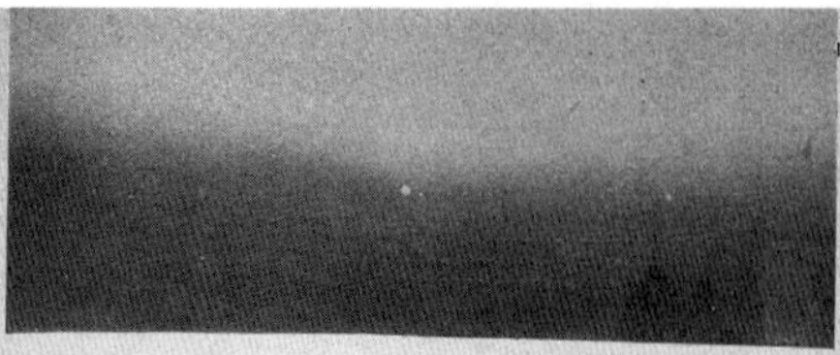

5　泰山觀日出

6　廬山神龍宮

7　山東博山西河

8　曲阜與衍聖公孔德成合影

9　往白石嘴去(江西)

10　西山三家店灰峪

11　泰山捨身崖

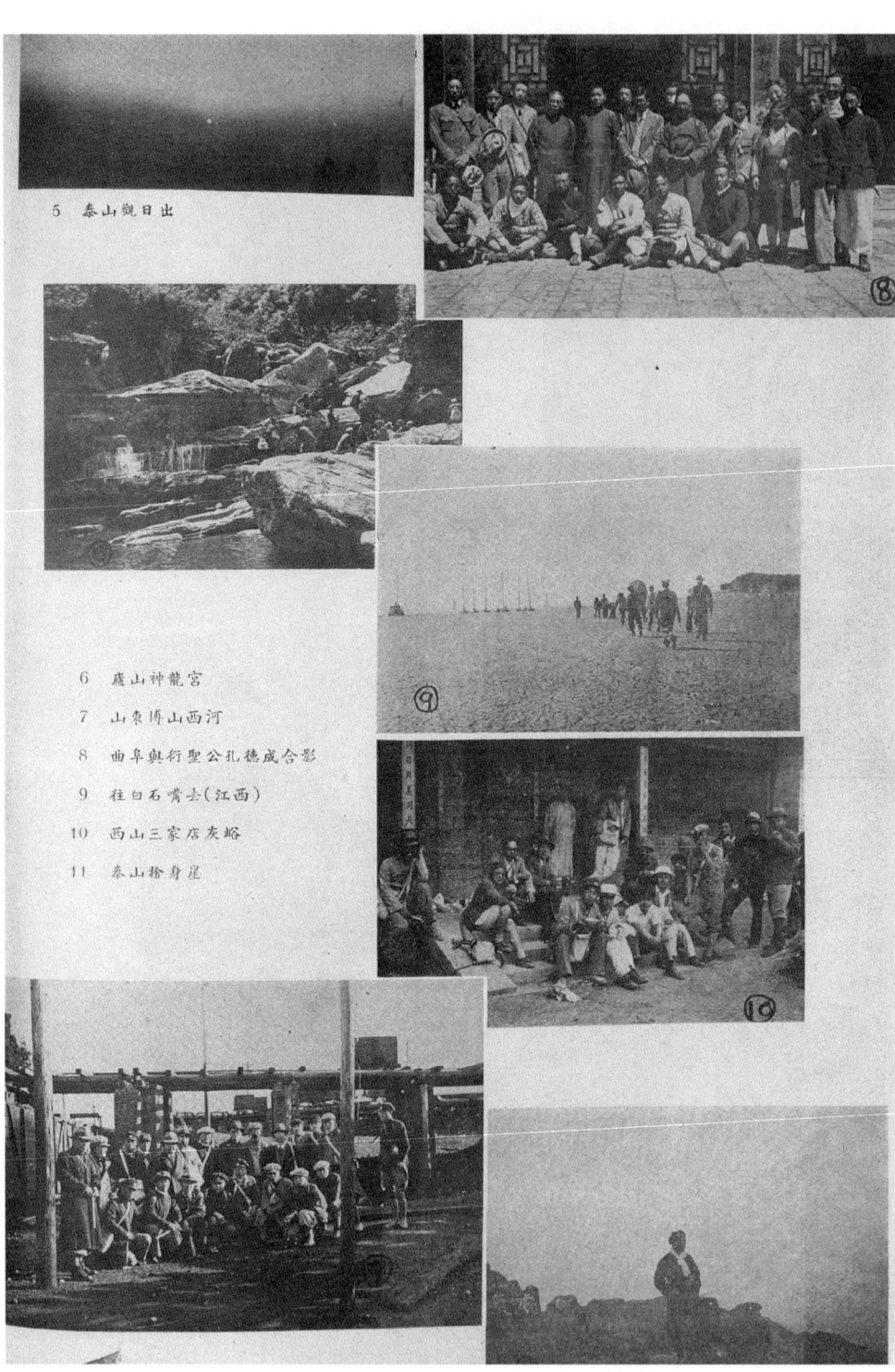

地質旅行

1. 由博山去黑煤田的小火車旁的地質系同學

2. 江蘇句容茅山
3. 宣化下花園之鷄鳴山
4. 廬山黄龍潭黄龍瀑

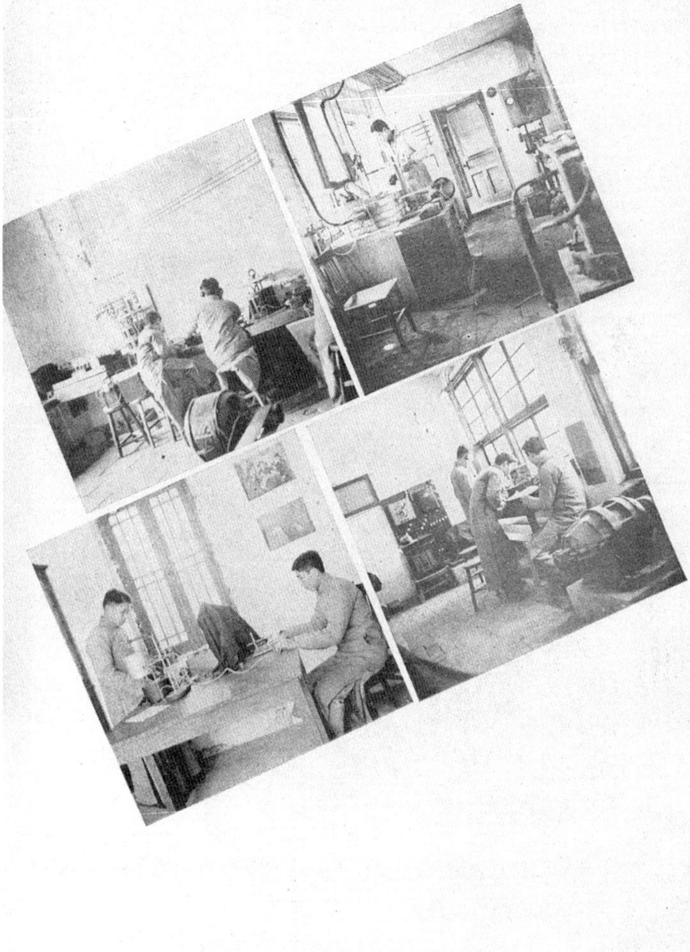

• 理學院實驗室之一部及煤氣廠 •

北平風光

●玉 泉 山●

到青龍橋去

八達嶺

●皇城一角●

●皇城冬雪●

●北海之冬●

●白塔●

●御城河晚景●

•午 門•

●德 勝 門●

正陽門

故宮博物院

教職員錄

教職員錄

教職員錄

職別	姓名	字	年齡	籍貫	住址	電話
校長	蔣夢麟	孟鄰	五一	浙江餘姚	西四前毛家灣五號	西局一八一九
校長辦公室電話東局六七四（校長室）電話東局二七二六（秘書室）						
秘書	鄭天挺	毅生	三八	福建長樂	西四小將坊胡同二十三號	西局二五三六
秘書	章廷謙	矛塵	三五	浙江紹興	乾麵胡同東石槽甲七號	東局一九三三
教務處電話東局一四〇六						
教務長兼註冊組主任	樊際昌	逵羽	三九	浙江杭縣	地安門外帽兒胡同七號	東局二三一六
副主任	薛德成	德成	三三	福建仙遊	地安門內三眼井橫柵欄二號	
體育組電話東局三三二一（甲組）電話東局八四〇（乙組）						
主任	李仲三		三一	河北定縣	花園大院十二號	
副主任	白雄遠	錦韜	四五	河北密雲	府右街妞妞房二號	西局六七二一
會計室電話東局一八一一						
主任	沈肅文	肅文	五六	浙江蕭山	東廠胡同西口外皇城根六十三號	東局一二五九
出版室電話東局三八四三						
代理主任	李續祖	曉宇	四六	河北宛平	景山東街大學夾道十四號	
校醫室電話東局一四〇六						
校醫	鄭河先	河先	四〇	福建閩侯	東城大方家胡同三十號	東局八八八

圖書館電話東局三三二三

館長 蔣夢麟 見前

主任 嚴文郁 紹誠 三三 湖北漢川 北長街興隆胡同一號

理學院電話東局一〇七二

院長 饒毓泰 樹人 江西臨川 後門內三眼井三十二號

數學系電話東局一〇七二

教授兼主任 江澤涵 三五 安徽旌德 景山東大街七號

教授代主任 馮祖荀 漢叔 五七 浙江杭縣 東單新開路二十一號 東局一五一〇

教授 申又棖 幼聲 三五 山西 西斜街六十二號

教授 程毓淮 安徽歙縣 清華同學會 東局三八七八

副教授 趙淞 雨秋 四一 四川閬中 翠花街留題胡同甲六號

講師 趙訪熊 江蘇武進 清華大學古月堂

講師 劉景芳 景芳 河南淇縣 東單三條十五號內紅樓三號 東局二五五〇

物理學系電話東局三五七二

教授兼主任 饒毓泰 見前

教授 朱物華 三六 江蘇江都 北池子沙灘十二號

教授 吳大猷 二九 廣東高要 前門法憲胡同十號

教授 鄭華熾 廣東中山 本校第二院

副教授 龍際雲 搏霄 四四 江西萬載 東西萬曆橋二號

化學系電話東局二二二五

教授兼主任	曾昭掄	叔偉	三七	湖南湘鄉	三眼井橫柵欄二號	東局三〇一二
教授	孫承諤		二五	山東濟寧	外交部街三十八號	
教授	劉雲浦		三一	江蘇泰縣	南河沿歐美同學會	東局一八六四
教授	錢思亮	惠疇	二八	浙江杭縣	橫柵欄四號	
副教授	朱汝華	實君		江蘇太倉	東城錫拉胡同女青年會	

地質學系電話東局二七三七

教授兼主任	謝家榮	季驊	三九	江蘇上海	西城豐盛胡同甲二十二號	西局九六六
教授	王烈	霖之	四八	浙江蕭山	東四箭廠胡同十二號	東局二九五一
教授	李四光	仲揆		湖北		
教授	孫雲鑄	鐵仙	四〇	江蘇高郵	祚園院大五號	東局一三六九
教授	葛利普 A. W. Grabau		六五	美國	西城豆芽菜胡同五號	西局一七六一
教授	譚錫疇	壽田		河北吳橋	西城兵馬司五十八號	
專任講師	何作霖	雨民	三七	河北蠡縣	西城宮門口針線胡同一號	西局一一六〇
講師	楊鍾健	克強	三九	陝西華縣	西城石老娘胡同十五號	

生物學系電話東局二七〇

教授兼主任	張景鉞	峴儕	四一	江蘇武進	東四報房胡同五十七號	東局一〇一六
教授	沈嘉瑞		三三	浙江嘉興	東城史家胡同二十一號	
教授	雍克昌	克昌	三九	四川成都		

名譽教授兼講師	胡先驌	步曾	四三	江西新建	外西華門內四棵槐四號	
講師	崔之蘭		三三	安徽太平	東四報房胡同五十七號	東局一〇一六

文學院 電話東局一五三三

院長	胡　適	適之	四六	安　徽	後門內米糧庫四號	東局二五一一

哲學系 電話東局二九九五

教授兼主任	湯用彤	錫予	四四	湖北黃梅	南池子緞庫前巷六號	
教授	張　頤	眞如	四九	四川敘永		
教授	賀　麟	自昭	三四	四川金堂	後門內二道橋二號	
副教授	鄭　昕	汝珍	三二	安徽廬江	北長街教育會夾道六號	借南局二五九
講師	林志鈞	宰平	五七	福建閩侯	宣外大井胡同五號	南局二〇
講師	周叔迦		三八	安徽至德	和平門內下窪子一號	南局一九四五
講師	容肇祖	元胎	四〇	廣東東莞	景山東大街八號	
講師	熊十力	子眞	五二	湖北黃岡	後門內二道橋二號	
專任講師	繆金源	淵如		江蘇東臺	東單大土地廟三號	
講師	溫壽鏈	公頤		福建龍巖	宣外賈家胡同六十三號	

教育學系 電話東局二九九五

教授兼主任	吳俊升		三六	江蘇如皋	東四報房胡同五十六號	東局三五九八
教授	邱　椿	大年	三九	江西寧都	西城磚塔胡同四十一號	西局一〇二四
教授	陳雪屏	雪屏	三七	江蘇宜興	北池子五十八號	東局一四二七

教授	樊際昌	見前				
教授	潘淵	企華	四四	浙江紹興	地內慈慧殿南月牙胡同十一號	
講師	王西徵	伯諦	三五	遼寧瀋陽	石駙馬大街八十四號	南局一九四五
講師	倪亮	朗若	三五	江蘇江寧	東四報房胡同五十六號	東局三五九八
講師	劉吳卓生		四三	浙江永嘉	燕京大學燕南園五十一號	
講師	嚴文郁	見前				

中國文學系電話東局一五三三

教授兼主任	胡適	見前				
教授	馬裕藻	幼漁	五七	浙江鄞縣	西板橋甲二號	東局一五七一
教授	鄭奠	石君	四二	浙江諸暨	中老胡同二號	
教授	羅庸	膺中	三七	江蘇江都	大學夾道甲十二號	東局一三一九
教授	羅常培	莘田	三八	北平	前圓恩寺三十一號	東局一六三
副教授	鄭天挺	見前				
副教授	魏建功		三五	江蘇如皋	朝陽門內大街八十三號	東局一五三八
名譽教授兼講師	沈兼士	兼士		浙江吳興	沙灘二十九號	東局一八〇
講師	何容	談易	三四	河北深澤	府右街運料門內中國大辭典編纂處	西局一五〇六
講師	李華德 W. Liebenthal			德國柏林	地安門內恭儉胡同五十八號	
講師	余嘉錫	季豫	五三	湖南常德	東高房三號	東局一一八四
講師	孫楷第	子書	三五	河北滄縣	三座門十四號	

講師	唐　蘭	立厂	三七	浙江嘉興	東城外交部街甲二號	
講師	陳　綿	伯早		福建閩侯	西皇城根二十二號	西局一〇〇四
講師	馮文炳	廢名	三六	湖北黃梅	東華門內北河沿甲十號	
講師	顧　隨	羨季	四〇	河北清河	東四四條一號西院	

外國語文學系 電話東局二一九九五

教授兼主任	梁實秋		三五	北平	內務部街二十號	東局二三六四
教授	朱光潛	孟實	四〇	安徽桐城	地內慈慧殿三號	
教授	周作人	啟明	五二	浙江紹興	新街口八道灣十一號	西局二八二六
教授	邵可侶 J. Reclus		四三	法國	後門內小石作七號	東局三三四〇
教授	洪濤生 Vincenz Hundhausen		五七	德國	廣安門外南河泡子二十七號	
教授	徐祖正	耀辰	四一	江蘇崑山	東城祿米倉甲二十六號	東局三八二三
教授	莫泮芹			廣東台山	迺茲府北官場胡同七號	
教授	黃國聰	少楠	四三	廣東中山	迺茲府關東店十五號	東局二五八七
教授	葉公超		三七	廣東番禺	西皇城根前鐵匠營二號	西局一八四三
副教授	應　誼		三九	浙江杭縣	外交部街二十八號	
副教授	潘家洵	介泉	四一	江蘇吳縣	Mr. Pan Chiua-hsun 90, China Institute 91, Gowel st. London, W. C. 1.	
講師	佘坤珊		三一	江蘇上元	東城無量大人胡同三號	借高宅轉 東局四六五二
講師	李華德 W. Liebenthal		五〇	德國柏林	地安門內恭儉胡同五十八號	
講師	吳益泰	仲甌	三六	河北大興	東單二條五號（東門）	

講師	柏烈偉	卿况	五〇	俄國烏克蘭	東單喜雀胡同甲四號	
講師	陳世驤	子龍		河北安次	外交部街十八號	東局一三六八
講師	張縠若	縠若		山東	西單口袋胡同四號	
講師	陳聘之	聘之		河南濟源	騎河樓馬圈胡同二十一號	
講師	傅仲濤		四一	江西南昌	地安門外西煤廠十三號	
講師	楊子餘	子餘	四八	河北武清	前內小四眼井十號	借南局二三
講師	雷夏 E. C. Reicher			德國	海甸成府西街一號廟內	
講師	聞家駟		三二	湖北浠水	騎河樓清華同學會	東局三八七八
講師	劉澤榮	紹周		廣東高要	東城馬家廟甲十二號	東局一七五一
講師	衛德明 Hellmut Wilhelm		三一	德國	遂安伯胡同七號	東局一九四八

史學系電話東局一五五三

教授兼主任	陳受頤	受頤	三七	廣東番禺		
教授代主任	姚從吾	從吾	四三	河南襄城	小石橋甲十六號	東局二三三六
教授	毛準	子水	四三	浙江江山	安內寬街二號	東局三八六九
教授	孟森	心史	七〇	江蘇武進	馬圈胡同三號	
教授	錢穆	賓四		江蘇無錫	東四馬大人胡同甲十二號	
副教授	皮名舉		二九	湖南長沙	清華同學會	東局三八七八
講師	王轎五		三七	河北雄縣	西城前百戶廟八號	
講師	孔繁霱	雲卿		山東滕縣	清華大學新南園二十一號	

講師	李迺祿(原名錫祿) Miss L. Lichnowsky		三〇	德國	東交民巷公使館飯店	南局二八五六
名譽教授兼講師	陳垣	援菴		廣東	米糧庫一號	東局三八六九
講師	馮家昇	伯平	三三	山西孝義	海甸成府蔣家胡同四號	
講師	趙萬里	斐雲	三二	浙江海寧	府右街達子營乙十一號	
講師	劉崇鋐	壽民	三九	福建閩侯	清華大學北院十號	
講師	聶西生	西生	三五	河北大名	宣內未英胡同甲十六號	
講師	羅念生		三一	四川	東城大雅寶胡同五十五號	
講師	顧頡剛		四三	江蘇吳縣	外西華門外北皇城根五號	

法學院電話東局二三二一

院長	周炳琳	枚蓀		浙江黃巖	東城史家胡同五十六號	東局三八

法律學系電話東局二三二一

教授兼主任	戴修瓚	君亮	四八	湖南常德	宣內槐抱椿樹菴四號	西局七三九
教授	李祖蔭	麋壽	四〇	湖南祁陽	西郊成府喜羊胡同十三號	燕京大學分機九十號
教授	陳瑾昆	克生		湖南	東四北汪芝蔴胡同四號	東局三八六〇
教授	董康	授經	七〇	江蘇武進	宣外西磚胡同甲九號	南局五六八號
教授	劉志敭	抱愿	五一	江蘇武進	西城錦什坊街扁担胡同四號	西局二八一六
教授	燕樹棠	召亭	四五	河北定縣	後門內碾兒胡同十八號	東局二八六三
副教授	蔡樞衡	樞衡	三一	江西永修	王府井大街大紗帽胡同倘賢公寓	
講師	于光熙	梅僧	四三	山東蓬萊	東城馬市大街四十號	

講師	石志泉	友儒	五二	湖北孝感	西長安街大柵欄二十七號	西局五五六
講師	李浦	靜波	五二	河北磁縣	後門外東皇城根甲三號	東局四四七七
講師	張守正	莊伯		河北天津	東四馬市大街弓弦胡同十七號	
講師	張叔龍		四三	江蘇東臺	宣內浸水河甲二十四號後門	
講師	陸季蕃			遼寧遼陽	後門內西妞妞房十二號	
講師	陳榮度	大豫		浙江海鹽	宣內西拴馬樁甲十五號	
講師	劉篤	志純		浙江樂清	宣外校場五條三十七號	

政治學系 電話東局三三三二

教授兼主任	張忠紱	子纓	三五	湖北武昌	東城內務部街四十四號	
教授代主任	陶希聖（原名彙曾）		三九	湖北黃岡	西城北溝沿大乘巷一號	西局一九七
副教授	陳受康		三四	廣東番禺	東皁麻線胡同乙三十五號	東局四八一九
副教授	張佛泉		二八	河北	馬大人胡同西口廿七號	東局三五九〇
講師	王化成			江蘇鎮江	清華大學	
講師	沈乃正	仲端		浙江嘉興	清華大學西院四十七號	
講師	張熙若		四七	陝西朝邑	朝陽門大街三百八十號	東局四五六二
講師	陳之邁			廣東番禺	清華大學古月堂九號	

經濟學系 電話東局三三三二

教授兼主任	趙迺摶	廉澄	四〇	浙江杭縣	西四小院胡同一號	西局七九六
教授	周炳琳	見前				

教授　周作仁　濯生　四二　江蘇淮安　大阮府胡同二十一號　借阮宅東局三六一五
教授　秦瓚　縝略　四〇　河南固始　西城闢才胡同二條九號　西局二九九〇
教授　李開明
副教授　卓宜來　宜來　三二　福建閩侯　東四十二條王駙馬胡同四號　東局三三三三
講師　胡謙之　謙之　六六　湖北沔陽　西安門內酒醋局九號　西局二五七七
講師　侯儉北　河北　西郊成府村朗潤園十八號　燕京大學分機一一八號
講師　崔敬伯　河北寧河　府右街中海國立北平研究院西城宗帽四條一號

通習

黨義講師　王宣　德齋　四八　河北薊縣　護國寺西巷十二號

研究院　電話東局一二九九

院長　蔣夢麟　見前
理科研究所主任　饒毓泰　見前
文科研究所主任　胡適　見前
法科研究所主任　周炳琳　見前

名譽教授

理學院化學系　李麟玉　聖章　河北天津　地內東板橋火神廟七號　東局四六七一
理學院地質學系　翁文灝　詠霓　浙江鄞縣　南京珠江路水晶台實業部地質調查所
理學院生物學系　秉志　農山　河南開封　靜生生物調查所
理學院生物學系　胡先驌　步曾　江西新建　外西華門內四根槐四號

文學院哲學系	徐炳昶	旭生	河南唐河	地安門外白米斜街三號	
文學院教育學系	汪敬熙	緝齋	山東濟南	上海中央研究院心理研究所	
文學院教育學系	林可勝		福建	南池子八十八號	東局二七四
文學院中國文學系	沈尹默	尹默	浙江吳興	北池子妞妞房十五號	東局八九五
文學院中國文學系	沈兼士	兼士	浙江吳興	沙灘二十九號	東局三八〇
文學院中國文學系	傅斯年	孟眞	山東聊城	南京國立中央研究院歷史語言研究所	
文學院中國文學系	錢玄同	疑古	浙江吳興	東華門大街孔德學校	東局二四二七
文學院史學系	朱希祖	逷先	浙江海鹽	德內草廠大坑二十一號	
文學院史學系	馬衡	叔平	浙江鄞縣	小雅寶胡同四十八號	東局二七六九
文學院史學系	陳垣	援菴	廣東	米糧庫二號	東局五五三
文學院史學系	綱和泰 Baron A. Von Steel-Holstein		埃細尼亞國	東交民巷奧國使館	
法學院政治學系	陶孟和	孟和	河北天津		

本屆畢業同學錄

本屆畢業同學錄

理學院

數學系

姓名	別號	性別	年歲	籍貫	經過學校	在平通訊處	永久通訊處
王光兆	慶有		二四	江蘇江寧	北平私立輔仁大學附屬中學畢業	本校西齋	北平靈境胡同九號
王培桐	逸堂		二六	山東陽信	山東省立高級中學畢業	同前	陽信西南南王家集
王湘浩			二三	河北安平	國立北洋工學院附屬中學畢業	同前	安平槐林莊
江澤	澤生		二四	河北宛平	北平市立第三中學畢業	同前	北平德內新街口大四條五十五號
朱元暉			二五	山東歷城	山東省立高級中學畢業	同前	濟南按察司街一三一號
谷樹楷	生渠		二五	河南安陽	河南省立開封高級中學畢業	同前	安陽李家坡村轉
沈修身	琢如		二五	河南新鄭	同前	同前	新鄭城東張玉庄
姜世勳			二五	遼寧瀋陽	東北大學預科畢業	同前	瀋陽日本站天聚東轉
封嘉義	子宜		二三	河北定縣	國立北平師範大學附屬中學畢業	同前	定縣市庄鎮
高景善	靜修		三〇	河北趙縣	本校預科升學	同前	趙縣高村
孫維秘	松山		二六	山東城武	山東省立高級中學畢業	同前	城武東門內孫宅

秦 珣	景緯	二八	河南固始	本校預科升學	同前	北平宣外校場三條四十六號
秦文慈	方百	二七	吉林永吉	吉林省立大學肄業二年	同前	北平市交道口東大街二十二號
張德元	惠黎	二八	浙江建德	北平市立第四中學畢業	同前	北平東華門韶九胡同四號
黃同官	慕俠	二二	河南南陽	河南省立開封高級中學畢業	同前	開封中山市場西街四號
曹吉豫	立凡	二五	吉林永吉	國立山東大學肄業一年	同前	
解 華		二三	山西太谷	北平市立第四中學畢業	同前	太原精營中橫街十三號
趙東安	子全	二五	河北豐潤	河北私立潞河中學畢業	同前	北寧路胥各莊郵局轉許各寨
趙樹楷		二六	河北大興	北平市立第一中學畢業	同前	北平後門碾兒胡同二十二號
齊永魁	劭吾	二七	湖北黃陂	上海招商局航務專科學校畢業	同前	漢陽鼓樓巷二十一號
龍季和		二五	廣西賀縣	國立武漢大學肄業二年	同前	廣州豪賢街路五十八號二樓
韓春暴	培森	二六	河北定縣	北平市立師範學校畢業	同前	定縣留早郵局交大興庄村
魏全齡	芝仙	二四	河南安陽	河南省立安陽高級中學畢業	同前	安陽西北鄉仲落村
聶繼昌	卜五	三〇	山東魚台	山東省立第二師範學校畢業	同前	魚台大聶寨

物理學系

王 津	桂蕃	二五	山東文登	北平私立北方中學畢業	本校四齋	文登宋村城東村

牛權瑄	洛宸		二四	河南唐河	河南省立開封高級中學畢業	同前	鄭州裕信里一號
史漢彦			二三	湖北應城	湖北省立第三中學畢業	同前	應城南街史復順大房轉
白書元			二五	陝西榆林	陝北共立職業學校畢業	同前	榆林華新號轉
任景安	培資		二七	河南溫縣	本校預科升學	同前	溫縣南張家羌村
李樹棠	惠南		二八	河北定縣	同前	同前	定縣城西濤里村
李曉惠	作元		二三	吉林五常	北平私立弘達中學畢業	同前	同上
宋錫祺	壽山		二八	山東樂陵	北平私立大同中學畢業	本校西齋	樂陵宋家寨
呂式甫			二五	山東文登	北平私立弘達中學畢業	本校四齋	文登呂家集南旺畛
周倘士	器之		二九	雲南甯洱	本校預科升學	同前	甯洱石膏井
周漢林	溪村		二六	湖南沅江	湖南省立第一中學畢業	同前	沅江下義街海上書局
金先杰			二四	湖南長沙	湖南省立高級工科職業學校畢業	同前	長沙上營盤街四十二號
姜元科			二八	河北冀縣	本校預科升學	本校西齋	冀縣柏芽莊轉大羅村
唐尊準		女	二〇	湖南芷江	國立北平師範大學附屬中學畢業	本校五齋	南京四牌樓縈巷九號
張亮			二五	湖北廣濟	湖北省立高級中學畢業	本校四齋	湖北武穴程祖街祥原號
張森雲			二六	江西星子	江西私立贛省中學畢業	同前	南昌贛省中學

陳恩曓			二三	遼寧撫順	東北大學附屬中學畢業	同前	撫順同順與
黃令通	漢魂		二三	江西廣豐	江西私立贛省中學畢業	同前	廣豐中山街恒豐厚號轉
黃世知			二四	湖南湘潭	湖南省立第一師範學校畢業	同前	湘潭城內柏蔭塘竹山園子七號
曾憲彭	壽新		二九	山東曹縣	本校預科升學	同前	曹縣青堌集曾堯庄
童俊明			二五	察哈爾宣化	同前	同前	宣化相國廟街
楊治洲	夢華		二七	湖南長沙	同前	同前	長沙下東街四號
雷利堅	鋒斂		二七	四川富順	同前	本校西齋	四川自流井謙益當
葛佩琦	泮珩		二七	山東平度	教育部甄別升學試驗及格	同前	平度泠哥莊轉西淖泥溝
趙留仙	凡亭		二五	山東平原	山東省立高級中學畢業	同前	平原南門裏三十二號
熊其仁			二三	貴州貴陽	北平私立匯文中學畢業	本校四齋	貴陽會文路二十七號
劉書田	文軒		二七	山東樂陵	河北省立第十七中學畢業	同前	樂陵城南東大姜家庄
謝明德	自新		二七	河北安次	北平市立師範學校畢業	同前	安次城內義和木廠
韓懿芳	君懋	女	二四	河北河間	北平私立志成中學畢業	本校五齋	北平新建胡同六號

化學系

王鼎梅	雪霏		二三	廣東興寧	江西省立第三中學畢業	本校四齋	興寧坪塘文梓郵翼民學校對門新屋

尹立棨	仁甫		二五	綏遠包頭	北平市立第一中學畢業	同前	包頭東街關帝廟街南二十一號
田傑	維畛		二六	陝西渭南	北平私立弘達中學畢業	同前	渭南南門巷一號
回永和	君平		二七	遼寧臨江	本校預科升學	同前	
戎春芬		女	二三	浙江慈谿	國立北平師範大學附屬中學畢業	本校五齋	北平西長安街三十五號
李錫珍	聘卿		二六	山東廣饒	山東省立高級中學畢業	本校四齋	廣饒西北鄉寨莊
杜恩佑			二三	河北北平	北平私立崇實中學畢業	同前	北平東直門內北館
何兆儀		女	二一	河南岳陽	北平大學女子文理學院高中畢業	本校五齋	岳陽西門內正街三十二號
姚昌學			二六	江蘇東台	江蘇省立揚州中學畢業	本校四齋	東台中巷
姚震江	潤森		二三	江蘇東海	北平私立志成中學畢業	同前	平綏路郭磊莊車站
施在敏			二四	四川成都	北平私立今是中學畢業	同前	成都苦竹林街一四六號轉
徐家瓛	慎之		二五	江蘇嘉定	江蘇省立上海中學畢業	同前	嘉定鐵門塘
孫善掄	公懋		二五	安徽壽縣	安徽省立大學預科畢業	同前	壽縣南鄉堰口集李家鏳
唐紹堯			二四	湖南邵陽	湖南省立高級工科職業學校畢業	本校西齋	邵陽西一堡十九號
秦自新			二三	浙江瑞安	浙江省立第十中學畢業	本校四齋	瑞安江河口堂郵局
張力田			二五	山東德平	東北大學預科畢業	同前	山東商河林濟醫院

陳福旭		二三	江蘇江陰	北平私立匯文中學畢業	同前	北平東四十條二十四號
畢振德		二六	遼寧梨樹	同前	同前	北平後門恭儉胡同六十一號
程克仁		二五	江西德興	江西私立心遠中學畢業	同前	江西婺源城內正街張祥泰號轉
隋永福		二三	山東蓬萊	北平私立弘達中學畢業	本校西齋	大連富久町二〇二番地
楊延烈	聘青	二四	山東壽光	山東省立高級中學畢業	本校四齋	壽光邢姚郵局轉九曲莊
雷天壯		二四	湖南瀏陽	北平私立弘達中學畢業	同前	北平靈境宮石板房十九號
鄒國資	子才	二七	山東淄川	北平私立志成中學畢業	同前	資川城北呂城莊
賈性甫	鑑人	二六	山西右玉	北平私立文治中學畢業	同前	右玉殺虎口
趙殿舉	元凱	二六	察哈爾蔚縣	河北省立第十七中學畢業	同前	蔚縣西合營
蔣峻崙		二三	貴州貴陽	北平私立中國學院附屬中學畢業	本校四齋	貴陽次南門珠市巷十七號
顧德麟	振甫	二三	江西永新	天津私立南開大學肄業一年	同前	開封幾神廟街七號

地質學系

王埏平	肇修	二一	河北宛平	北平私立中國學院附屬中學畢業	本校四齋	北平宣外香爐營頭條二十一號
亓滋田	象生	三一	山東萊蕪	山東省立大學肄業二年	同前	萊蕪城東大官庄
李樹勳	建菴	二六	河北安國	北平市立師範學校畢業	同前	安國中羊村

吳景禎		二二	廣東中山	北平私立大同中學畢業	同前	北平乾面胡同三十號
宋爾純		二三	河北棗強	河北私立南開中學畢業	同前	天津河北電燈房東餘慶里二十一號
呂鑫聲	樂初	二四	陝西長安	同前	同前	西安東關大新巷十五號轉
佟常義		二六	遼寧瀋陽	北平私立東北中學畢業	同前	瀋陽城西南蘇胡堡信義全
岳希新		二七	吉林永吉	吉林省立第一中學畢業	同前	
張有民		二六	貴州平壩	江蘇省立南京中學畢業	同前	平壩郵局轉馬武鄉
郭文魁	光甫	二三	河南安陽	北平市立第二中學畢業	同前	安陽北鄉太平店村
楊日周	賓庠	二六	四川華陽	北平私立文治中學畢業	同前	成都君平街二十號
楊敬之	景儒	二六	河北曲陽	河北省立第六中學畢業	同前	曲陽文德村
靳鳳桐		二六	河北安新	北平市立第四中學畢業	同前	河北高陽萬益永
趙家驤		二三	遼寧瀋陽	東北大學附屬中學畢業	同前	南京交通部趙伯期君轉
葉連俊	梅朋	二五	山東日照	山東省立高級中學畢業	同前	濟南經二路緯七路四十六號
盧衍豪		二四	福建永定	福建省立福州理工中學畢業	同前	廈門坎市
鍾詠漢		二六	廣東新會	北平私立大同中學畢業	同前	新會滘灣路天一藥房

生物學系

李覬高			二三	河北元氏	北平市立第四中學畢業	本校西齋	元氏東張村
陳閱增			二二	河南靈寶	國立北平師範大學附屬中學畢業	本校四齋	靈寶城內

文學院

哲學系

王之楨	春波		二三	河南安陽	北平私立弘達中學畢業	本校四齋	安陽城西大坡村
王恩川	雲鶴		三〇	山東棲霞	本校預科升學	本校西齋	烟台東馬路十五號
陳大覺	劍光	·	二六	湖北崇陽	武昌私立中華大學附屬中學畢業	本校四齋	崇陽西城陳氏宗祠
萬仲寅		女	二七	湖北黃陂	北平大學女子文理學院肄業一年	本校五齋	北平西四宗帽胡同八號曾宅轉
齊艮巖	振功		二三	河北大興	北平私立華北中學畢業	本校四齋	北平太僕寺街七十號

史學系

于泓淇	蔚生		二五	山東莒縣	山東省立第五中學畢業	本校四齋	莒縣城內東街
王敬之			二五	山東青島	山東省立高級中學畢業	同前	青島滄口郵送市立上流小學轉
尹冠華			二五	河北欒城	河北私立育德中學畢業	同前	欒城東客村
任鈜	達生		二九	河南溫縣	河南省立第一師範學校畢業	同前	溫縣南張羌村大街本宅
李乃仁			二一	安徽鳳台	上海私立復旦大學實驗中學畢業	本校西齋	鳳台李梓記

李子信		三一	山東博山	北平私立弘達中學畢業	本校四齋	博山固山鎮
李詠林		二五	河南息縣	河北省立第十七中學畢業	同前	息縣岡李店
李蔭生	任天	二八	陝西華縣	本校預科升學	本校東齋	華縣高塘鎮郵局轉
吳相湘	艮善	二四	湖南常德	湖南私立明德中學畢業	本校西齋	常德東門外百勝巷
吳啓燕		二五	河南固始	北平私立崇實中學畢業	本校四齋	固始南后街
宋久馨	岱梧	二九	河南息縣	河南省立第一師範學校畢業	同前	息縣東街本宅
牟祿庭		二七	山東棲霞	北平私立弘達中學畢業	同前	棲霞蛇窩泊轉前泥都村北樂天堂
周嘉琪		二五	山東益都	濟南私立齊魯大學肄業一年	同前	山東青州東華門街周宅
林占鰲	冠一	三三	山東濱縣	國立青島大學補習班畢業	同前	濱縣城南林家油坊
林韻濤	松聲	二六	河南輝縣	河南省立開封高級中學畢業	同前	輝縣城內南大街本宅
徐世勛	靖方	三七	四川德陽	國立成都高等師範學校畢業	同前	德陽崇果寺水巷子
高福怡		二三	河北固安	河北省立第十七中學畢業	本校東齋	北平後門外方磚廠小廠十七號
孫官瑞	印海	三二	山東萊陽	本校預科升學	本校四齋	萊陽店埠轉西莊頭村
張達	廷極	二六	山西寧武	山西私立雲山中學畢業	同前	山西崞縣德裒與轉
張基瑞	謹嚴	二四	浙江海寧	浙江省立高級中學畢業	同前	浙江龍游狀元里縣前巷一號

傅安華	靖五	二六	河北冀縣	北平市立第四中學畢業	同前	冀縣傅家莊
喬維祺	子壽	二八	河北高邑	本校預科升學	同前	高邑縣南焦村
楊謙伍	亞軍	二六	河北井陘	湖南私立求是中學畢業	同前	井陘橫澗鎮鹽店轉西溝村
趙九成	誠軒	二六	河南林縣	河南省立安陽高級中學畢業	同前	林縣東姚鎮仁術堂轉東溝村
劉煜	熹亭	二六	山西代縣	北平私立大同中學畢業	同前	代縣南區高村二十七號
劉文卓		二五	江蘇豐縣	國立北平師範大學附屬中學畢業	同前	豐縣憑口鎮廣生堂
劉立貞	亞生	二六	河北河間	青島私立志忱中學畢業	本校四齋	河間興村鎮坟台頭村
薄懷奇		二六	山西五台	山西私立進山中學畢業	同前	太原後營坊街北安里一號

中國文學系

王明	則誠	二七	浙江樂清	浙江省立高級中學畢業	本校四齋	樂清鋒鍬華興路五號
方師鐸		二六	江蘇儀徵	北平私立燕京大學肄業一年	同前	北平北新華街十二號
李光璧		二四	河北安國	北平市立第四中學畢業	本校東齋	安國城內西街
李九魁		二七	河北寧晉	河北省立第六中學畢業	本校西齋	寧晉城內豐盛德
李肇坤	育生	二七	察哈爾陽原	本校預科升學	本校四齋	陽原揣骨町堡內
吳伯威	微白	二四	遼寧遼陽	北平私立中國學院肄業一年	同前	北大李葆瑞君轉

吳曉鈴		二四	遼寧綏中	北平私立燕京大學肄業二年	同前	北平宣外校場頭條二十一號
杜高厚	道生	二五	四川樂山	北平私立輔仁大學肄業二年	同前	樂山土橋街杜正順
汪　偉	以恩	二八	江西貴溪	國立中央大學肄業一年	同前	貴溪通奉第
邢海潮	思雯	二二	河北趙縣	河北私立育德中學畢業	同前	趙縣邢村
邸鍾秀	毓靈	二四	山西崞縣	山西私立崞陽中學畢業	同前	崞縣大牛店德衷玉轉大牛堡村
施音氓	無既	二六	湖南瀏陽	湖南省立第一師範學校畢業	同前	瀏陽西鄉鎮頭市福豐號轉
徐世綸	輔民	二八	河北大興	河南中山大學預科畢業	本校西齋	北平後門豆角胡同十二號
郝彬煜	一帆	二九	山西崞縣	本校預科升學	本校四齋	崞縣第二區宏道鎮天巨恆
張文成	周孫	三〇	山東陵縣	北平私立民國學院肄業二年	同前	陵縣城內西街
張書桂		二九	山東昌邑	北平私立文治中學畢業	本校東齋	昌邑西馬埠
溫崇禎	宗祺	二八	山西崞縣	山西私立進山中學畢業	本校四齋	太原新民中正街二十四號
楊佩銘		二四	河北天津	北平私立民國學院附屬中學畢業	同前	天津特二區十字街永興里
葉玉華		二八	江蘇宿遷	江蘇省立揚州中學畢業	本校西齋	宿遷行宮後街十四號
劉晉瑞	玉崙	二四	河北徐水	國立山東大學肄業一年	本校四齋	徐水蘆草灣
盧錫祥	銳夫	二九	山東博興	本校預科升學	同前	博興柳橋郵局轉盧家莊

聶文都	文都	二七	山西崞縣	河北省立第十七中學畢業	同前	山西忻縣奇村大興永轉

外國語文學系

王鑫章		二五	河北徐水	北平市立第四中學畢業	本校四齋	清苑城北楊村
田治經	植萍	三〇	河北新樂	河北省立第八師範學校畢業	同前	平漢路東長壽車站轉木村
朱仲龍		二二	江蘇武進	北平市立第三中學畢業	同前	江蘇江陰西大街文亭橋
朱嘉禾	秀實	二三	遼寧錦縣	北平私立崇實中學畢業	同前	北平地安門外趙府街四十七號
江弘基	洪基	二四	陝西西鄉	北平私立志成中學畢業	同前	西鄉西大街芝蘭芳號轉江吉慶堂
李長山		二九	河北唐縣	本校國文系畢業	同前	唐縣龍塔寺小學轉
李昌衡	榮甲	二五	河南南陽	北平市立第一中學畢業	同前	南陽北門大街十四號
吳嵩生		二四	河北豐潤	同前	同前	北平安内小經廠十五號
吳文熹	向晨	二五	河北清苑	北平私立大同中學畢業	同前	平漢路望都魏家莊轉楊各莊
吳仕醒	士星	二七	湖南安化	國立北平大學藝術學院預科畢業	本校西齋	化安東坪吳家灣
杜運魁		三〇	河北深澤	北平私立匯文中學畢業	同前	北平馬將軍胡同甲十八號
汪鴻文		二六	遼寧瀋陽	遼寧省立第一師範學校畢業	本校四齋	
谷琦	次韓	二六	貴州安順	南京私立鍾南中學畢業	同前	貴陽光懿學校谷素絹君轉

周豐一			二六	浙江紹興	北平私立中法大學附屬中學畢業	同前	北平西城公用庫八道灣十一號
徐百如			二七	浙江新昌	杭州私立之江文理學院肄業一年	同前	浙江嵊縣澄潭轉東旺
馬恩本			二五	河北北平	青島膠濟鐵路中學畢業	同前	青島頤中烟公司賬房王家賓君轉
馬慶約			二七	山東安邱	山東省立高級中學畢業	同前	安邱東關杉樹底
張深	博思		二六	河北良鄉	北平私立滙文中學畢業	同前	良鄉城內飲馬井街六十一號
張雍	和如		二六	河南輝縣	河南省立安陽中學畢業	同前	輝縣東關
張一民	貫吾		二五	山東莒縣	青島市立中學畢業	同前	莒縣南鄉借莊
張毓珣		女	二三	河北豐潤	河北私立南開女子中學畢業	本校五齋	開平馬家溝開灤礦務局
崔天錫	思堂		二九	山東益都	北平私立文治中學畢業	本校四齋	益都城北馬蘭郵局轉
溫光三	廣耀		二七	山東鄄城	同前	同前	鄄城東北十八里徐垓
董文義			二四	河北北平	北平私立志成中學畢業	同前	北平東皇城根達教胡同旁門十一號
楊雨民			二六	熱河赤峯	北平私立文治中學畢業	同前	
楊西崑	宿佛		二八	江蘇奉賢	江蘇省立上海中學畢業	本校四齋	上海閔行南鄔家橋鎮
楊嘉憲	滌蒼		二七	河北通縣	河北私立潞河中學畢業	同前	通縣牛堡屯東永和屯
賈光濤			二六	河北晉縣	本校預科升學	同前	晉縣武邱村

趙守封	首風	二七	山西五台	山西私立進山中學畢業	同前	五台東冶鎮
滿開誠	公達	二五	河北清苑	河北私立育德中學畢業	同前	保定城內南白衣菴三十三號
劉文林	碧之	二四	河南濬縣	河南省立安陽中學畢業	同前	濬縣新鎮
劉之俊		二五	河北清苑	河北省立第十七中學畢業	同前	保定菊胡同二十五號
蔣明德		二六	河北高陽	北平私立志成中學畢業	同前	保定板橋北晉莊村
謝培傑		二四	河北束鹿	河北私立育德中學畢業	同前	束鹿位伯鎮百福村

教育學系

王艮池	清渠	二八	山東鄆城	山東省立高級中學畢業	本校四齋	鄆城西南五十里唐廟莊
王成瑜		二五	湖北武昌	北平私立輔仁大學肄業三年	同前	漢口民生路輯熙里五號
朱清瀾	韞航	二三	山東蓬萊	北平私立弘達中學畢業	同前	烟台八角口天生成轉文老濟
李鳳翔	達飛	二六	吉林伊通	本校預科升學	同前	北平文昌胡同甲二十三號代轉
曹鵬翔	翰飛	三二	吉林永吉	吉林省立大學肄業一年	同前	北平培元女校
葛蕙芳	子和	二五	山東菏澤	山東省立第六中學畢業	同前	菏澤城外西北十八里後葛莊
葉佩華		二五	湖北蒲圻	湖北省立師範學校畢業	同前	蒲圻城內
劉濟勳		二五	河北天津	河北省立第一中學畢業	同前	天津河北金家窰大街海潮寺胡同三號

閻顧行		二六	熱河阜新	遼寧省立第一師範學校畢業	同前	
魏澤馨	砥隅	二三	湖南長沙	私立武昌華中大學肄業一年	同前	長沙寶南街八九號得園魏臬蓬寄廬

法學院

法律學系

王洵禮	子勷	三〇	河北易縣	北平私立朝陽學院畢業	本校四齋	北平太安侯胡同一十四號
汪華	叔棣	二五	江蘇江都	山西私立實業大學肄業二年	同前	江蘇六合王順興祥轉
徐璿本	在珩	二三	湖南長沙	湖南私立明德中學畢業	同前	漢口模範區泰安里十五號
高慶華	紀韜	二五	河北遵化	北平私立滙文中學畢業	同前	唐山北沙流河教會轉
孫高桂	秋舫	二七	山東濟寧	國立北平大學肄業二年	同前	濟寧剪子股街九號
孫國常	仲彝	二四	四川永川	國立四川大學肄業一年	同前	永川城內殷家巷孫家院
楊玉宏		二四	湖南長沙	國立清華大學肄業二年	同前	長沙三王街三十一號久和錢莊

政治學系

王義尊	憶尊 女	二五	河北正定	本校預科升學	後門吉安所甲七號	同上
田廣成	光程	二六	河北灤縣	濟南私立齊魯大學肄業二年	本校四齋	唐山東于家店村
札奇斯芹		二三	蒙古喀喇沁右旗	本旗崇正師範學校畢業	同前	蒙古卓盟喀喇沁右旗公署轉

李彬	方白	二六	江西玉山	江西省立第六中學畢業	同前	玉山城內湖橋頭
周清泉		二五	江蘇江陰	國立浙江大學肄業一年	同前	江陰城內都督坊巷四號
晏奉恩	孝光	二七	湖南新化	湖南私立明德中學畢業	同前	新化城東興賢巷晏文園
程新元	潔民	三〇	安徽休寧	北平私立燕京大學肄業一年	同前	安徽屯溪湖邊
楊振鋁	皓千	二五	河北唐縣	同前	同前	唐縣義利恒
劉鏘		二六	廣東靈山	上海私立持志學院肄業一年	本校西齋	靈山平南墟華泰堂
劉仁德	谷一	二五	湖南衡陽	北平私立朝陽學院肄業二年	本校四齋	衡陽台源寺松林館
蕭敏頌		二三	江西泰和	湖南私立明德中學畢業	同前	漢口天津街聯怡里十九號
譚菁華	鐘凡	二八	湖南耒陽	北平私立朝陽學院肄業一年	同前	耒陽南鄉小水舖轉

經濟學系

王適	鼎銘	二七	湖北漢陽	湖北省立第二中學畢業	本校四齋	漢陽黃陵磯
王正武	克堅	二四	河南鞏縣	河北私立南開中學畢業	同前	北平棗林街十三號
王綸宇		二五	福建閩侯	本校預科升學	同前	北平東斜街甲五十八號
李守權		二五	四川安岳	上海私立大同大學附屬中學畢業	同前	安岳姚市場
林家璉	克明	二七	山東濟寧	本校預科升學	同前	濟寧小校場一號

姚曾廕			二四	江蘇鎮江	河北省立十七中學畢業	同前	北平廠橋後鐵匠營十四號
兪志元			二六	浙江紹興	北平私立滙文中學畢業	同前	北平西交民巷大陸銀行
馬士毅	寅恭		二五	河北靜海	北平私立大同中學畢業	同前	津浦路唐官屯大街馬宅
侯家驥			二五	遼寧瀋陽	東北大學附屬中學畢業	本校東齋	瀋陽大南關西大什字街十四號
郝瑞明	啟東		二二	河北宛平	國立北平師範大學附屬中學畢業	本校四齋	北平西茶食胡同三十六號
張鏡航			二九	山東蓬萊	北平私立輔仁大學肄業一年	同前	大連若狹町九五番地張宅
張鑑墀			二六	廣東新會	湖南私立明德中學畢業	同前	廣東江門北街仁美里
黃啓威	子重		二三	湖南長沙	同前	同前	長沙中東長街六十六號
梅朝珍			二六	廣東台山	北平私立滙文中學畢業	同前	台山端芬墟公信號
雷宏濟	燕白		二一	湖南長沙	湖南私立明德中學畢業	同前	長沙落星田大巷子三號
熊嘏齡		女	二一	安徽潛山	國立北平師範大學附屬中學畢業	本校五齋	青島甘肅路七號
劉松雲	江凌		二八	山東長清	同前	本校四齋	濟南南大槐東樹頭十八號
壇士俊			二七	河北蠡縣	河北私立潞河中學畢業	本校東齋	河北饒陽東張崗轉屈家營
蕭垚松			二九	江西吉安	江西私立心遠中學畢業	本校四齋	南昌毛家園五十九號
謝世清			二六	黑龍江訥河	北平私立大同中學畢業	同前	北平棗林街十三號

在校同學錄

在校同學一覽

數學系三年級　王曾怡　王國璋　王彝祥　王聯芳　王壽仁　王纘昇　朱美琨　李　年　李維錚
　高慶材・馬德田　張耀璿　陳繼光　陸慶樂　郭玉璽　楊興楷　解子魁　葉秉權
　蔡昌齡　劉文田　劉紱堂　蔣觀河　潘炳坤　裴倚行　謝才俊　龐嘉崗

數學系二年級　于家樂　么其琮　伊去病　李珍煥　李茂儒　青義學　胡紹勳　張景軾　陳正華
　陸智常　陸承新　陸燿乾　戚延康　馮泰崑　楊心培　路科名　魏執權　譚文耀
　欒汝書

數學系一年級　王國光　王志敏　李光居　李經熙　吳崇厚　何克淑　宋繼元　姚廷芬　高石麟
　孫永鎮　張鏡乾　曾憲昌　趙　超　劉　端　劉耀宗　霍憲亭　蕭毓寰　謝邦治
　譚以明

物理學系三年級　于克三　王紀元　王喜增　王德禕　朱鳳德　李安仁　李金鳳　李睿章　李德崑
　周永升　段金相　陳祖祥　崔維頡　康清海　曾福如　劉玉柱　劉國香　盧蔚民
　韓興華　蕭漢祥

物理學系二年級　王思枋　王廉墀　左承義　李金鎔　李慶庚　周錫福　邵文維　馬同驤　張萬洪
　張孟春　常師貞　程醒三　楊迺信　賈士吉　蔡秉堃　劉孝伯　劉耀榕　賴家瑋
　閻秉德　魏西和　譚　健

物理學系一年級　王先鎔　周　錚　周興文　周連陞　倘學祖　姚慎微　范迪初　高慶枚　孫先祿
　浦瓊英　張秉鉞　陳虞榕　曹穎深　程寶蕖　鄭　駿　潘健恒　鄧俊昌　續爾謙

化學系三年級 李奉璋 余壽年 牟寶珍 金貴鑄 孫瑞符 黃彭年 劉紹庭 鄭培擇 錢季麟
蘇滋祿

化學系二年級 孔令晟 王正笏 田新山 司徒欽 李用昌 孫福煜 孫家駿 馬耀青 唐纘明
秦爾武 莊學曾 倪中岳 曹子喆 閔徵秀 楊葆棨 靳古銘 劉棨藻 鄭敏修
潘裕然 叢治杭

化學系一年級 王清宣 王祖蔭 白化蛟 申廣霆 明道謙 邢如茂 祝修濟 孫貴恩 孫啟蕃
唐敦慶 夏宗璐 張葆和 張毓華 張錫瑜 張麗錦 陳瑞圖 陳履棻 梁秀臣
麻成璜 連履豐 渠川祜 楊碧蟾 楚瑞延 趙 縣 顏 優

地質學系三年級 王本炎 白家駒 吳磊伯 金 明 馬祖望 黃劭顯 賈志永

地質學系一年級 王耀華 王鴻禎 朱 鈞 朱國平 安長齡 李延奎 吳成高 武 杲 馬德曾
袁寶華 張卓元 梁文郁 梁泰澄 楊博泉 楊登華 楊拯華 賈福海 燕樹檀
錢倚忠 韓仕中 蕭安源 關佐蜀 關士聰

地質學系一年級 王立權 王化誠 王典隆 支鳴岐 李 澍 李毓樟 谷德振 范 琦 南肯堂
徐心源 高之杕 高泰然 張炳熺 陳福嚐 郭宗山 曹國權 康永孚 曾 榮
曾鼎乾 董申保 劉書田 劉元鎮 韓克樹 蘇廷印

生物學系三年級 郝天和 黃愚得

生物學系二年級 王保生 王國屏 朱 基 徐德全 馬毓泉 張廉賢 馮德平 傅世昌 劉運亨
鄒海珊

生物學系一年級 朱宗璟 沈靄如 孫兆年 萬黔麟 權 紳

哲學系三年級　王永寬　石　峻　任繼愈　鮑光祖　韓裕文

哲學系二年級　李善甫　孟廣一　國錫莊　蔣昌聲　藍鐵年

哲學系一年級　王世安　王唯五　吳宜平　吳康本　金錫祚　段成樑　高志霽　唐志玟　容汝焜
張　瑋　楊向森　劉家麐

史學系三年級　王德昭　尹克明　李書緗　李邁先　何鵬毓　余文豪　金寶祥　高亞偉　高桂華
孫與詩　張錫綸　郭殿章　曹盼之　楊志玖　趙春谷　鄭逢源　盧玉泉

史學系二年級　孔憲傑　仇申唐　李　欣　吳承明　宋澤生　何　佶　呂正都　林鈞南　周鼎豐
高永徽　馬士良　耿韻泉　張德光　張育璐　趙　俊　趙宗濂　劉景春　劉祖椿
樊肇芹　諶湘漢

史學系一年級　王玉哲　王宏道　王庭梧　王啓興　王業媛　牛步貴　田廣運　成慶華　李　瑚
李書仁　李婉容　李梓榮　李善繼　金燦然　馬連捷　張國珍　張昭訓　陳　瑩
彭建屏　賀嘉彥　喻存粹　游任逵　楊錫鈞　楊翼驤　賈士偉　劉占文　劉景堯
劉雨華　劉熊祥　劉慶餘　韓家驥　魏奉典

中國文學系三年級　于道源　王　任　田鳳章　李松筠　李葆瑞　李稷年　吳承先　吳祖麟　宋漢濯
何與鈞　紀慶恩　徐松林　馬學良　馬彭驛　張盛祥
董覺民　舒清仁　詹　鉄　趙祥鑄　齊佩瑢　劉禹昌　劉錫銘　裴耀山　謝永仁
韓振庭

中國文學系二年級　于　僅　王　藎　王天佑　王承昫　王佐興　司以忠　李永俊　李湑丙　李寶祚
岑鐵權　周定一　金應元　俞　敏　柳存仁　張天璞　陳士林　陳冠戩　陳三蘇
陰法魯　馮輝珍　傅懋勣　逄欽立　趙毓英　遲習儒　龔書熾

中國文學系 一年級

丁福申 王克勤 王鴻圖 向長清 向遠宜 李增輝 李維綸 何善周 辛介夫
周啟埜 孫昌熙 張克強 張鶴齡 陳 俶 陳登億 陳歷光 陳雲峯 黃德植
常鴻恩 崔承謨 程倚勛 楊仲和 楊紹德 董 堅 董 庶 趙希敏 劉泮溪
劉慧義

外國語文學系 三年級

王 般 王克歲 王金鐘 王濟沅 田子芳 李 津 李俊明 李敬亭 李鯨石
辛毓莊 周素貞 林曾同 林振坤 紀乃超 凌鍾清 張景倉 張肇敏 張澤泰
陳 峰 陳玉璣 曹美英 許宛槃 畢世華 楊謨廷 葉 樫 臧洪寰 劉重德
蕭燕甫 蘇兆蘭

外國語文學系 二年級

王 玢 王成章 王經川 方 敏 仝書淇 任思治 李 劭 李強光 宋毅貞
沈克家 呂 汶 周正儀 周家驂 胡景哲 韋振華 容 琬 陳祖文 陳則鄭
程名超 楊寄平 楊銘昌 劉立志 劉鶴年 盧英時 顏錫嘏 薩福詵

外國語文學系 一年級

王恩治 王德琇 李雲鳳 李羲齡 吳玉亭 沈寶鉌 徐東學 唐偉栻 晏鴻敏
耿秀尊 張汝揚 陳 念 陳式瑜 梁亨甲 許寶玲 崔熙訥 戚國淦 彭 鑑
楊 棻 楊成墻 熊訓義 劉 湜 劉秉三 劉冠重 劉瑞涵 劉廣浩 劉長銳
劉長蘭 劉振鶴 鄧延安 線鶴鳴

教育學系 三年級

王文光 李濱孫 吳 澂 宋爾廉 孟憲德 馬瑜第 秦本立 張 樾 陳傳方
陳化權 梁發葉 趙效清 廖實中 劉秉莊 盧 荻 嚴倚雲 竇同貴

教育學系 二年級

于德祥 于經海 王俊升 王習之 王鴻鈞 李恒耀 周樹人 郅玉汝 孫諦知
陳熙昌 郭 敬 梁夢麟 許德富 常丕烈 楊培根 劉 盈

教育學系　一年級

王念慈　王蕙蘭　尹士偉　田朝漢　左宗栩　甘重斗　朱民六　李其泰　李廷揆
李楚安　谷國瑞　孟慶祿　徐克情　高景成　秦　錞　張幹勝　陳文聯　郭松懋
常振譽　馮新善　賈　鎮　劉　筠　劉德武　錢新哲　蕭厚德　聶錫恩

法律學系　三年級

王俊升　王業和　王迺蔭　周鳳樓　邵欽來　胡繼聯　孫一中　莊景琦　張　泰
張賦青　常玉生　盧玉衡

法律學系　二年級

丁景鴻　伍民瑋　李　憬　吳國蓮　杜羨孔　何顯威　畢裕珍　裴奕衡　閻重華

法律學系　一年級

石筠鴻　李家瓛　吳保九　余子毅　金文荷　胡正諤　馬太和　陳文修　曹樹經
賀祖斌　趙在軺

政治學系　三年級

王靖大　王級丞　王業猷　朱國慶　岳養德　袁萬祚　烏恩巴圖　張起鈞　張翰書
喻　亮　策仲三　楊隆譽　劉　旦　劉景豐　蔣承立　錢金達

政治學系　二年級

后學菼　成肇修　李　濤　邱濟群　孫雲疇　馬熙陽　黃德祿　崔俊齡　馮曾修
程金科　楊炳延　蔡　玟　劉　樊　劉著章　劉春生　羅夢賚

政治學系　一年級

王　治　王法西　王官豹　王麗辰　毛偵筠　田文衡　左　萍　司東來　李艮政
李絨三　周文光　周敬修　胡樹瀋　姜慶宜　徐本致　夏胤中　陳伯容　陳士駿
梁行素　許煥國　楊樹義　鄭雙鸞　蔣　英　潘志皋　錢能興　譚鎮黃　蘇石亮
顧德仁

經濟學系　三年級

力望霖　王德昭　王介瀋　王作霖　王維政　石天麟　左宗白　沈友淦　何兆男
汪孝龍　金　宏　徐明道　索端章　師文志　張雲善　張錦榮　陳化新　陳忠經
傅登廉　楊樹德　謝雲暉

經濟學系二年級

丁克吉 丁世錚 田其稔 田實岱 白展厚 朱桂農 李諶 李崇壁 吳景岩
吳寶仁 宋同福 宋駿聲 何錫麟 汪國華 余道南 辛膺 徐騰蛟 孫秀玟
孫傳文 高公達 馬丹祖 張中立 黃淑生 傅魁艮 楊勁弓 趙夐 趙純仁
趙忠懿 劉斌 劉藝 劉定邦 劉世綸 劉成駿 鍾秉哲 羅長維

經濟學系一年級

王璄 王家鵬 牛其珍 李昭俊 李佩珍 李菊同 李名濤 李恭貽 李錦華
吳顯忠 沈增禔 宋景仁 杜廷瑞 汪世清 余松青 邢堯慶 芮松年 林達用
孟憲功 邱曜 尙自勉 阿斯儒勒圖 姚海庭 侯國瑞 倪學慧 郝品芬 涂貽謀
張輝 張樹生 張明試 張保福 張縉雲 陳策 陳純英 陳錫齡 陳鶴聲
陸鵬年 郭壎 郭樹人 梁維綱 陶珠 章守禹 章振鎔 彭德明 湯德明
楊康 董秉琮 雷志琨 賈肇和 達應徹 鄢詢 趙亞民 趙茂堂 趙一鶴
熊光民 劉家俊 劉鏡涵 鄧力群 蕭錫珍 閻潤芳 蘇學艮 嚴鶚華 顧瑞芳

歷屆畢業同學錄

歷屆畢業同學錄

歷屆畢業同學錄

光緒三十三年畢業學生

優級師範科

廖道傳　王松壽　吳鼎新　孫昌烜　于洪起　蕭承弼　李樹滋　顧宗棻　戴丹誠
關翰昭　李登撰　關慶麟　李榮勳　任　重　吳景濂　封汝謨　劉式訓　鄒應憲
韓述祖　由雲龍　鮑誠毅　李恩藻　胡爕汝　謝煇麒　梁兆璜　程祖彝　潘　敬
貴　沺　段廷珪　杜福壎　王榮官　黃尙毅　張　灝　夏壽同　朱兆莘　吳燮梅
祁　傑　葉開寅　張家駒　姚梓芳　陳伯勷　楊錕鋙　王廷珪　孫鼎烜　曹　冕
王澤闓　胡祥麟　劉盥訓　余敏時　盧崇恩　田士懿　瞿士勳　王道元　向同鋆
倫　明　念梅蔭　丁嘉乃　柯　璜　倫　叙　胡璧城　何焱森　時經訓　姚　雲
高續頤　厲榮光　張達琛　倫　鑑　陳繼鵬　李慶銘　鄒大鏞　賀司慶　張紹言
陳嗣光　黃嵩齡　阮志道　黃甫衣　增　晉　董鳳華　王世鶴　曾戴疇　張熙敬
朱廷佐　段以修　丁作霖　張東烈　廣　源　張伯塤　張鉅源　卓　烊　盧時立
陳　鑅　劉淇霖　周爾璧　孫鴻烜　穆奎齡　松　照　馬象雍　朱廡奎　呂志貞
伍作楫

宣統元年畢業學生

優級師範科

許維翰　海　清　史　鼐　周九齡　唐仰懷　張秀升　田尙志　陳與廉　兪鍾斑
宋鳳純　吳彤錫　吳　沂　王鳳昌　蘇世樟　高培元　劉宗向　石山倜　史樹璋
楊協元　張士麟　裴學曾　張景江　趙晉汾　高元溥　金兆棪　魏紹周　蔡錫保

齊文書 辛際周 吳　簡 李日垓 毛齊煥 沈宗元 王希曾 李九華 符定一
王恩第 劉福祥 桂汝劼 陸海埜 金光斗 蕭秉廉 王多輔 蔣舉清 繆承金
陳興椿 梅鎮涵 祝廷蓁 吳奎璧 維　垿 錢　瑗 程兆元 劉　彬 邢　騏
馬其則 張鑑炯 黃文濬 王念劬 孫　夔 金　聲 楊士京 李連炳 李　棠
譚崇光 方敦素 洪百庚 段吉常 施文垚 章擷華 方元庚 錢雲鵬 王光烈
陳昭卓 方觀洛 曾楚珩 周　清 鄭萬瞻 張　洽 高茂楙 周蔚生 胡光璧
隆　彬 張國琛 段世徵 馬汝邠 何廣榮 周明珂 周錫齡 銑　啟 時經銓
朱岐嶒 邱志岳 錢詩楨 張鴻翼 毛鶩文 陶樂甄 葆　謙 鍾頌艮 馮學壹
李興勇 陸　鎏 文啓纛 王燕晉 鍾　啓 張國棟 丁其彥 吳天澈 孫光宇
易國馨 宗俊琦 周揚峻 柯興耀 王葆初 何師富 張啟聰 徐鍾藩 王之棟
張鼎治 解名發 楊緒昌 湯葆光 郁振域 淵從極 唐春鎏 管望清 鄒學伊
王汝炤 馮啓豫 畢培仁 余欽鑀 郭丹成 常堉蕙 陳錫琨 伍恩棠 何　艮
鄧　宗 張　炯 徐國炯 謝廷旨 孫鼎元 高鼎文 靳瀛旭 李　華 崔學材
夏建寅 李堯勳 劉善寀 李彩章 秦銘光 李文鼎 陳去非 苗永年 楊鳳穆
劉應嵩 成　林 夏緯璟 王道濟 劉瀚文 王徽燦 張鴻楷 鴻　鑫 蕭秉元
定　林 李鳴鐸 俞　燮 吳克昌 譚家臨 譚淩雲 向玉階 桂　芳 黃枝欣
彭觀圭 鄭滋蕃 陳文炳 張樹基 袁世纍 德　斌 張星耀 查振聲 張壬林
倫　緯 劉　勳 德　成 楊湛纍 李鍾英 李應謙 汪步霄 侯寅亮 馬效淵
錫　康 杜師攸 張國威 關徽鈞 姚守文 加克恭 趙徽華 劉傳純 楊昌銘

預備科

周瑞琦　張厚璋　葉浩章　朱崇理　黃必芳
周昌壽　廖福同　王　烈　陳其瑗　屠敏恆　焦發第　葉秉良　陳培源　張　樞
李文驥　區宗洛　胡宗楷　諶祖恩　秦炳漢　陳頌芬　林建倫　盧頌芳　區國著
孫　信　毛恩旭　孫時勳　鄭君醴　陳廷瑩　溫鴻達　顧寶瑛　林斯高　方彥忱
陳季玉　王祖訓　吳友蓬　區宗濂　李經腴　李逢宸　李　協　韓進之　雷　豫
曹數宗　秦汝欽　陳叔玉　伍大光　朱聯沅　秉　志　麥　棠　李景言　梁鴻志
陳爲銚　蔣夢桃　劉鎮中　沈覲冕　陳　器　張宗元　馮寶璀　陳昭令　錢家瀚
梁光照　張其真　關定波　吳肇麟　羅忠懋　蔡　洵　高　程　孫祖昌　周運鈞
趙策安　陳祥翰　崔慶鈞　崇　文　湯龍驤　司徒衍　梁　程　段硯田　李景堃
曹允江　何其樞　林　典　范期顯　徐咸泰　陳兆焜　高晉燁　喻實幹　張鑑哲
顧立仁　莊澤崴　馮有林　謝鏡第　婁　璥　路晉繼　徐惕祥　姚國楨　馮士光
吳詠麟　王　超　王　斌　周　翰　司徒穎　毓　滄　鄭彤雯　彭紹祖　劉國鈞
張積誠　李鈞寰　何璿先　李崇業　鍾啓賢　姚人鑑　李　博　李鍾珩　孫炳元
陳紹虞　劉祖蔭　冼繼樸　黎惠中　胡宗模　陸是元　陳麟書　袁　炯　喻品衡
吳定邦　劉毓瑤　劉星楠　汪　桀　鄔友能　彭繩祖　常國綸　趙乾年　陳電祥
劉　濬　董嘉會

民國元年畢業學生

預科一類

王鳳儀　陸　俊　周維華　張江纍　東士方　潘雲路　安貞祥　徐東藩　郝名儒
孫啓震　孫守謨　李敬思　汪　翔　張寶泰　劉崇涵　錢昌穀　王　綱　萬兆芷

蕭純錫 諶鴻範 馬志淵 楊宗炯 葉 祺 張樹珊 毛雲鵠 洪懷祖 吳鰲樾
李克岐 林以和 陳器範 姚文澤 陳 斌 陳惠康 張鴻恩 吳熙恒 孫炳文
賈在淇 范 鎧 關紹渠 李敬修 任玉麟 陳世俊 廖賡喜 陳宏裕 張廷贊
胡紹寅 張承嘉 張世傑 袁霖慶 王朝琮 李明威 汪國垣 涂 藻 余啓鴻
徐繼陵 張金壽 高天策 項衡方 瞿 常 陸樹棠 陳 鉦 姜漢澄 朱鶴皋
劉靖中 汪啓疆 李世桂 丁鴻賓 黃恩蔡 江鍾麟 吳鍾璧 陳慶祥 姜景暄
高天樞

預科二類 陳 寅 金兆梓 周廷襄 徐國垣 汪國鎮 夏際旦 祝紀藩 葉光第 曹福鈞
朱 型 吳紹藩 胡昌熾 趙元貞 張應鏞 黎鵬翰 許兆駿 陳 斌 葉可樟
馮家樂 王興義 徐學培 關紹棠 葛震卿 瞿祖輝 袁琦慶 趙 璧 鄧鋭鈞
溫論薰 陳 維 沈恩祉 陳伯文 馮振鎣 國 光 魏錫慶 魏國珽 唐景和
何永譽 鮑光照 龐家幹 郭相宸 高錫九 胡之琦 陳葆貞 王景文 陳桂祥
羅 絢 許震寰 蔣式瑢 熊大垣 曾國麟 李 萃 李 藻 林偉樹 張丕型
蕭文祐

民國二年畢業學生

文科史學門 陳漢章 史 鼐 袁其祾 倫 叙 劉鵬書 胡 靖 馮肅恭 鄭恒慶 殷 珍
蔣乃曾 田世謙 郭步瀛 李雲錦 張達琛 高鳳岐 李寶賢 梁鼎元 閻孟麟
閔欽辰 楊桂山 韓路卿 葛會澧 張煥文 齊國樑 李濬瀛 韓友澤 田良顯
萬錫璋 張彭賢

文科文學門　姚梓芳　繆承金　余　謇　韓彝章　劉詠溱　劉傳純　孫百英　章廷華　鄧　翬
劉　哲　鄭燚著　高翀漢　童德禧　劉詹曾　張同書　王　峻　侯治平　林楩楠
孫孝宗　蔡　璐　李嶅舫　王家鶴　周鉅煒　唐宗郭　孫其湛　方敦素　呂　崇
曾載濤　李鍾英　馬楓楨　陳鴻藻　王樹屏　賴　機

文科經學毛詩門　管　鎗　常贊春　譚湊雲　蘇繼武　李毓岱　黃澤義　蒙啟勳　趙贊元　陶士麟
陳作霖　蘇德廣　鄒鎮治　萬青選

文科經學左傳門　張念祖　劉際熙　段　洙　廖喦文　朱奉闡　張叙瀋　馮汝驤　陳鑑周　陳長鏃
麥棠熹　竇維藩　何壽謙　陸大中　王士靄　莊厚澤

文科經學周禮門　黃步瀛　劉復禮　黃式漁　虞兆清　陳　瀛　李桐音　徐道政

理科地質門　裘　傑　鄔友能

法科法律學門　劉鎮中　朱文黻　趙策安　區宗濂　鄭彤雯　沈文傑　何璿先　馮士光　浦　武
章　炯　王　斌　王治燾　婁　墩

法科政治學門　錢天任　張輝曾　謝宗陶　張振海　劉秉鑑　陳恩普　裘毓麟　黃文濬　彭埜鄴
倫哲同　張承樞　王廷勷

商科銀行學門　王　珽　王敬禮　茹養源　吳　簡　沈　明　韓嘉樹　董瑞熙　張景耀　張爲章
武延賢　俞侃如　邢榮華　毛得信　侯兆星　孫培滋　高茂棻　李道同　趙煥章
王錫章　邵錦林　趙榮幹　何佩琛　楊震華　吳彥清　宗俊琦　劉福珩　張鶴鳴
張錦堂　鄭祖康

農科農學門　王之棟　邢　騏　周　清　何師富　白鳳岐　葉浩章　徐瑩石　孫鼎元　赫　巖

陳臨之　朱培桂　張浩之　徐鍾藩　劉樹三　鄒學伊　賈其桓　吳天徹　封汝諤
呂稟璽　倫　鑑　任季芳　李書斌　劉善寀　王振岳　徐國楨　高天溥　陳文炳

農科
農藝化學門

季閎概　史樹璋　許維翰　錢樹霖　盛建勛　王穆如　張厚璋　陸海荃　馮啓豫
宋文耕　黃成章　杜福堃　祝廷棻　崔學材　郝書隆　胡光璧　張　闓

工科土木門

夏昌熾　李文爔　林建倫　方　强　陳頌芬　區國著　吳　鵬　陳長鎡　龔永保
張祥基　顧麒昌　萬承珪　陳季玉　徐仁錦　劉　澐　喻哲文　孟慶福

工科
採礦冶金門

錢家瀚　李伯賢　方彥沈　李楓岑　吳　鑛　盧頌芳　陳叔玉　戴德馨　孫　信
孫　淦　袁承厚　蔣夢桃　梁　程　王鑑清　司徒衍　王　冶　蔣　奎　麥　棠
陳其瑗　向　肅

預　科

程家桐　楊奎明　郭定保　謝如蘭　陳紫星　劉承奎　顧翊辰　鍾家驤　劉承第
甘均道　張幼良　饒文龍　甘　露　劉　碩　程　耿　傅元善　周蔚綬　鄭訓寅
梅光鉞　黃輙青　羅　震　林肇汾　吳斯美　蕭　毅　林肇烈　鄒任方　袁　龢
姜景煦　梁世勛　徐　淵　史美炎　張其棫　宣　杲　龍沐棠　馮瀚澄　周　炎
趙家騊　葛敬中　莫潤薰　呂慶銓　李　端　陳　蓁　王瑞麟　黃有書　李　鉞
容祖誥　潘　鑫　鄒嘉誼　黃有易　王　猷　曹浩然　潘聰元　廖仁閣　彭善倓
游漢光　廖鴻猷　丁緒寶　岳豫先　曾鴻昌　劉嗣勛　李寶琮　李昌久　任家豐
胡燿湘　王瑾光　王永仁　程體乾

民國二年畢業學生

預科一類　楊健齊　吳　琪　解鴻潤　朱韻彬　王　嵩　劉　彬　段大成　崔進升　朱詩正

畢　增　袁祚祥　楊書林　李宏增　姚祖訓　吳炯章　楊士元　賀敉西　秦詠畬
余則惠　任家亨　盧肇炳　顧兆駿　龍沐光　龔　霖　陳凱華　倘其江

預科二類　程式玉　婁定禮　林士模　楊立人　唐鳴臯　孫同人　周　翔　許世璿　孫葆瑋
胡榮銓　江祖蕃　王宗魁　吳爾敏　唐宗寅　黃肇修　沈光瀾　蔡孝肅　夏宗淮
張慶勳　姚祖詵　恩　耳　郝振達　方鎮江　董濟潛　閻應徵　劉錫彤　李步墀
沈壽椿　王利暉　朱宗畬　梁　棟　虞葆初　馮　璞　袁葆吉　董文甲

民國四年畢業學生

預科第二部　王顯謨　沈　沅　張厚載　鄒孝箴　沈兆佳　郭壽彰　龔千文　梁兆琛

民國五年畢業學生

文　科　金毓紱　袁丕鈞　楊晉源　馬獻夫　聶澄澤　劉紹衣　孫初超　趙鶴年　曹　繡
周緯星　王商熊　紀恆源　范春潭　曹育滯　胡培元　徐鏡瀛　閻永輝

理　科　孫國封　丁緒寶　鄭振壎　劉彭翊　陳鳳池　葉　志　商契衡　張澤垚　閻道元
何永譽　李兆灝　陶懷琳　黃德溥　王兆同　朱文稚　季順昌　顧德珍

工　科　趙家騆　衛梓松　顧　鼎　李　鉞　陳淇恩　周大經　楊倬聲　周士毅　廖鴻猷
朱柱勳　程干雲　李學海　齊占一　王瑞麟　劉賓瓚　鍾　英　李熙春　陳樹棠
陳　蓁　王守正　葛敬鈞　莫潤薰　呂慶銓　嚴宏淮　程廷煦　安文瀾　鄭　鈞
龔文凱　沈淵儒　范治淮　陳國士　王家鼐

預科第一部　王　修　江永一　陳　愿　黃　中　牛金粟　吳蔭光　趙世祿　沈紹昌　張在田
傅斯年　譚壽祺　周炳琳　吳　澄　傅天啓　郭金章　徐贊化　張海觀　毛以亨

袁同禮 馬洪煥 黃輝鼎 項鎮藩 史渝美 張慶開 沈稟毅 韓壽晉 劉紹寵
沈德鴻 梁焯章 何佩芬 黃壽鼎 蘇華棟 王毓琦 吳忠元 揭葆貞 金長祉
趙鴻業 劉顯周 李四杰 郭景誼 薛宗周 莊汝霖 陳治策 朱一鶚 李潤身
胡維鵬 徐 倞 李舜欽 張鳳鞏 黃章甫 張葆貞 何德奎 徐延慶 徐恭典
趙蘊琦 王毓桂 馬漢之 保君建 蔣崧蔭 張雲鶴 侯會亭 高鴻南 郭振唐
王新民 張贊勛 王 綸 高恩濤 馮中鉞 張鵬飛 涂 彊 張繼艮 吳 勃
賈德章 陸善焜 張毓侒 樓雲漢 陶應霖 董毓蕙 彭繼威 張書田 胡慶頤
陳桂芬 陳毓秀 曹安艮 賈永鑑 郭文光 陳閎儒 陳祖蔭 邢玉書 譚 巘
張步高 張灃祖

預科第二部

梁敬錞 吳家象 王保光 張國堯 李 冰 靳鍾麟 龔開平 陳寶書 俞九恆
闞家騏 譚聲丙 張澤熙 趙春江 王守則 顧步瀛 劉兆璸 侯 簡 李澄寰
呂佐賢 牟振飛 湯沛清 閻鴻勳 吳景祺 崔錫霖 蕭 衛 齊昌豫 楊鶴瑞
李芳桂 羨書鳳 賈懷珍 茹與永 闞景新 佟潤田 錢煇宸 嚴 爽 張振祚
彭壽人 齊汝璜 劉翼章 廖國器 朱 城 馮諶耀 李寶書 舒壯懷 車指南
程訪源 曹寶善 吳 璐 馮 烺 郭金鼐 李玉珍 陳邦濟 慈德顯 張興華
張爾敬 張光璧 鄭業籌 谷 風 左 仲 楊 鐸 齊汝泉 王正己 龍至公
邵元濟 徐繼勉 劉榮槐 梁國常 藍 芬 尹元勳 胡哲謀 任殿元 高煥慶
高墨林 邵福昌 譚聲傳 陳登淮 黃岫生 袁永熙 邢允範 王志杲 孟慶綸
趙世忠 陳培澤 鄧振先 孟憲章 畢榮光 張霄舫 徐萊瀛 張 傑 李 超

張毓麟 姚琮 龍承熾 蒙徵 王治熙 易梗基 徐棫

民國六年畢業學生

文科

黃建中 陳鍾凡 楊其蘇 李光宇 盧鍇 朱壽椿 魏鑑 姜紹祖 梁國棟
趙曾佑 張祖模 楊宏震 朱詩正 王義梓 龔詠 萬應春 戴嶽 趙崎
李際和 嚴毅 何新甫 趙煒 葉廷元 楊員江 吳書勳 楊葆那 張文澍
陳慶祺 范文瀾 楊偉續 孔傳一 童第德 劉賾 曾緘 齊混元 王士瑨
呂志鏘 袁丕佑 周希賢 張寔 楊楨 羅世澤 屠新林 陳建風 黃悅亨
李子厚 林建勳 方季博 劉琳 鍾駿臣 廖廣英 陳繩威 龍沐光 李澤
陳正德 孫樂民 李筠生 王競優 闞文淵 殷士奎 譚日巽 黃德中 伍恩博

理科

王之楫 鄧廷偉 孫葆璋 許世璿 李續祖 馮家樂 梁棟 汪煥章

法科

梁啟錞 姜景愃 楊肇煩 羅懷 薛汝銑 宣杲 胡寶麟 蕭毅 趙鴻翥
馮瀚澄 許景邠 程榮祥 梁焴 馬宗鄰 陳鵬程 闞廣譽 葉國章 阮志華
戴景槐 謝非 嚴彭齡 朱卓 駱鳴鑾 江鍾麟 周達仁 趙源逢 姜其師
譚澄 許灼芳 趙嘉任 袁祖黃 馮啟韶 陳器蕤 伍宗衍 龍沐棠 王為周
杜靈俊 任玉麐 羅子蘭 林維亞 吳炯昭 楊羣臣 姜景煦 王杰 張幼良
朱寶銘 陳寶騏 章瑗 曹鎣 甘均道 周蔚綬 賈錦 陳官煦 田澤澍
王容川 梁之梅 朱慶常 劉士傑 盛世煜 余國楨 梁元芳 尹克任 陶釁兆
崔允恭 盧起炤 吳景超 吳景堯 馮中鋆 范鍇 蕭秉良 趙之秋 胡富振
朱錫詒 錢應璵 劉光頤 稽儲英 李芳 何文鐸 劉秉麟 安貞祥 邵哲民

朱　方　薛篤烈　林本中　李漁澧　李蔭民　張受均　馬家驥　楊　權　李克歧

工　科

郝名儒　劉慶甚　闞　棠　李本清　富維驥　王競存　蔣震龍　李振寰　王衍慶
趙履祺　孫同人　婁定禮　楊立人　王詩城　程式玉　王寶樞　周　翔　朱宗畲
李榮先　虞葆初　王宗魁　陳　傑　劉錫彤　李步墀　董文甲　張慶勳　沈壽椿
蔡孝肅　高禮筠　林士模　余名鈺　馮家驥　詹邦瞻　周文燮　江祖蕤　程經遠
傅九臯　戴夔生　方鎮江　黃肇修　王　猷　姚祖詰　孫雲濤

預科第一部

楊淦保　徐廷彥　李濟淮　孫建方　袁慧炘　王　楷　朱光沐　譚宗培　陳繩毅
周學祖　周嘉瀛　穆成華　馬德祥　郝　德　張　抗　鄺　馨　孟慶學　張崇壎
婁學熙　何世枚　王守謙　何世楨　陳與滿　方　豪　呂冕南　梁文瀚　穆瑞璋
汪　俊　高廼濟　陸雪塘　袁增緒　陳　毅　陳萬鎧　張鴻儒　劉永潛　吳障東
雷國能　胡家駿　闞賡龍　趙毓英　李振忠　李義忠　楊振武　耿釗彤　孫發萃
閔孫奭　孫振甲　闞　倓　紀鉅紹　陳蘅驥　吳植棪　張濟民　邢桂芬　鄭　璜
朱耀西　楊海清　劉秉憲　張鵬陞　楊濟華　翟俊千　蘇甲榮　龔自知　曹頌彬
徐光廉　劉書鈢　李艮弼　王宸章　夏之時　嚴建章　池澤匯　敖啓凱　賈應璞
何　謙　胡孔安　譚建之　趙保奭　黃　浚　高鳴勸　李建中　龔寶銓　楊志清
姜　達　袁　讓　何錫瑤　韓樹人　佟廣愼　李德臨　喻玉田　胡景豐　于連孝
郝　俊　梁醴泉　鮑　貞　韓樹棟　楊昭恕　陳　杲　張愼鍔　張大華　王恩榮
呂日奎　吳　政　鄧恭海　朱履中

預科第二部

張漢威　施仁培　張爲政　江家政　王起元　游嘉德　黃祖謀　許名杰　張　馨

江成標　彭道仁　王自治　張景春　湯傳圻　楊　梯　俞誠鎬　袁嵩瑞　趙慶麟
張釗和　韓嘉楧　郝祖齡　賈振雄　吳新槎　毛　準　謝璧文　賀聖謨　高恩元
王　鎮　王拓洲　張正塏　于樂瀅　董成襄　胡　定　陳廷紀　吳福和　齊鼎晉
潘　文　齊植棨　劉書芳　許有益　何祖瀛　夏道尉　李長春　李餘慶　董秉銓
陳儒魁　劉昌景　潘元耿　孫雲鑄　李蔭之　齊經堂　孫發瑞　楊錦篆　王若怡
鄭　智　段毓靈　王紹文　董慎方　李澤乾　齊國樑　段維泰　季步鼇　陳泮嶺
左廷序　宋士鏞　戴博隆　彭蔭堂　黎　楠　劉崇謹　曹繩武　易光祜　張守順
紀鉅紋　楊能睿　王鏡清　唐　虞　洪壽彭　陳亮中　段烈文　黃德剛　黎械廷
許寅威　姚士杰　張世俊　李敷文

民國七年畢業學生

文本科中國哲學門　孫本文　馮友蘭　謝基夏　谷源瑞　嵇　明　朱之章　黃文弼　胡鳴盛　于登瀛
李相因　陸　煥　唐　偉　陸達節

文本科中國文學門　劉光震　李錫禔　駱鴻凱　查釗忠　顧　名　胡吉甫　古懋維　錢王倬　李宗裕
陳于茲　周　信　唐　英　許　照　顧德啓　陳建勳　麥朝樞　柯昌泗　孔祥週
曾鴻鑄　曹　侃　傅世銘　麥　秀　姜　奎　趙祖武

文本科英文學門　涂允檀　李　季　丁履觀　袁振英　王警宇　沈　仁　蕭裕生　范　融　段　頤
歐本鵬　沈　義　曾繁昌

文預科　周從政　何思源　孫希渠　余光宗　楊　勛　施學齊　蔣希曾　李　健　劉濟邦

理本科數學門　許光福　高維嶽

理本科
物理學門 唐鴻志 汪爾孝 袁鎮圭
理本科化學門 趙廷炳 汪寶珊 馬頌武 趙仁鑄 賈念曾 周增奎 陳悅槑
理預科 石志仁 姚文林 張廣鴻 馬　灃 王保黃 瞿文琳 朱建中 宋毓璞 蔡鎮瀛
高崇煥 于樹樟 劉增祺 韓厚基 何德芳 高廷桂 王繼曾 張有本 何傳祉
夏安倫 陶述曾 郭紹宗 王文翰 鍾茂均 李鏡濤 李之常 吳家彬 張　鑄
吉永祺 易克嶷 吳勝荆 王秉義 趙炳南 金彰年 熊公哲 施伯侯 汪元超
汪　熼 許樹握 夏　韶 俞物恆 孫煒鄂 張宗鎏 張會若 鄭　廣 吳前模
崔振權 陳學普 俞人珏 楊士俊 徐楷書 許麟紱 吳憲祖 陳育人 梅啓明
林　曉 張繼曾 林榮向 張　鎬 吳中傑 孔憲文 周思忠 邱益祥 蘇昌烈
崔　桐 樊培基 曾昭德 華啓秀 薛鳳棲 關始昌 王廷章 蘇蘊惠 劉志謙
王培椿 胡衛華 胡策鰲 羨樹科 晏才鑛 吳肇基

法本科
法律學門 張泰永 劉　煌 余錫恩 曾劭勳 李之綱 陸　俊 黃　俊 陳宏裕 陳　鋠
張叔希 蕭勵成 陳佩璋 莫培元 解鴻潤 盧宗浮 邢允第 沈祥龍 楊書林
吳兆棟 程家桐 羅慶高 馮廷立 陳雲程 曲培書 關紹渠 許繼康 陳觀永
楊宗烱 陳維崧 李昌久 張席慶 高日采 王顯忠 顧大徵 陳士熊 崔學濟
楊廷椿 任吉儒 金　鍊 吳宗泰 劉志和 陸嗣曾 陸承鈞 董鶴祥 袁襄翰
林　章 張世傑 龔　霖 王銘壽 蕭　惠 王鐸聲 梁冠芳 劉長容 姚廣存
林秉章 胡燿湘 李世桂 祝延齡 孫從元 岳豫先 盧肇炳

法本科
政治學門 劉　麗 廖書倉 劉耀洲 楊健霄 孫維藩 徐文緯

法本科經濟學門

蕭純錦 吳宗燾 陳其鹿 陳燊 葉淵 黃明謨 宋哲 孫熙文 陳善慶
張其煦 楊叙然 傅振烈 王少右 李宏增 王汝昌 陳卓然 吳炯章 李恭用

法預科

王文煌 胡若愚 孫芳 蕭奮成 毛恩頤 陳綿 范恕 馮用之 王士魁
潘麟昌 廣宗潞 何維廉 郝瑞波 劉桂開 劉濬川 楊冠生 區嘉鏞 胡致
陳國棨 胡謙 傅振玉 周長憲 趙慶麟 李超凡 夏安修 于世秀 宋振寰
張書箴 秦光華 孫耀宗 許濩 馮維松 費秉鐸 陶彙曾 盧延甲 魏玉璜
楊懋昌 朱燧 孫嶸峰 賈席珍 韓岡鳴 李錫恩 張旻 康石麟 黃恒浩
王文燦 吳宗屏 徐輔德 王毓英 韋翰荃 郭書捷 陳彰瑛 陳埏昂 劉采文
張長庚 李世坊 任錫祜 楊慶霖 齊鄉 辜孝寬 黎世蘅 齊德安 陸式蘅
范濟臣 孫樹森 趙迺摶 朱雲光 王伯玉 賀保尊 陶肇武 王漸磐 張鴻
潘燿德 鄭志熙 秦裕槃 王政 吳戴威 邱家聰 何兆樟 陳慶椿 陳興霸
廖壽鋆 樊淵溥 鄭全珂 孫書銘 閻溢寰 李銘綱 劉迺潛

工本科土木工學門

顧聖儀 沈寶鎣 晏才英 李仲強 鄧威儀 李大定 童恩炯 高君棟

工本科採礦冶金學門

湯紀漣 譚偉烈 胡榮銓 戴明之 陳維 王汝賢 戴臣水 彭善倓 石殿英

民國八年畢業學生

文本科哲學門

陳嘉藹 歐陽道達 黃環素 梅廷獻 繆天綬 廖迪嘉 楊立誠 吳光第 蕭顯特
狄福鼎 趙晉芬 周烈亞 黃祖憲 趙健 詹慶藩 徐深

文本科國文學門

區文鼎 傅斯年 楊振聲 俞平伯 張煊 王肇祥 王偉漢 許德珩 俞士鎮
孟壽椿 孫延杲 舒光寶 黃祥綏 黃樞鼎 崔龍文 羅常培 胡永聲 楊湜生

樓　巍　伍一比　黎壽昌　馬志恆　羅正溥　董　威　陳寶鍔　常　庸　岳　嶷
劉之墉　李錦疆　吳汝芳

文本科

英文學門

趙承易　潘家洵　張　修　趙儒珍　張廷濟　陳家騶　金家楨　李樹棠

文預科

劉　煥　耿木正　陳登甲　胡錫杰　趙補霖　張瑞圖　馬金濤

理本科數學門

吳維清　王志果　鄧振先

理本科

物理學門

吳家象　張燊雲　尹元勳　劉翼章　藍　芬　車指南　張光璧

理本科化學門

龔開平　李　冰　梁國棠　麻沃畬　邵福長　俞九恆　陳登淮　譚聲傳　張國堯
何　鎔　史淪美　陳兆畦　姚惠璋　查士鑑　吳　鼐　吳景祺　齊昌豫　吳士麟
賈懷珍　張繼齡　吳永固

理預科

劉正經　王世毅　張金品　關承烈　林冠英　張德強　胡德潤　顧翊羣　趙　冠
周以德　苗培成　邵興周　王世庠　陶　勳　鹿家鼎　姚大海　謝家鈞　俞崇厚
劉毓瑄　陳繼宏　崔鶴峰　高尚德　符孔遴　柴競天　闞家棟　李景華　鄒懷葛
潘祖述　唐文悌　李樹城　吳國賢　蔣志澄　劉炳耿　楊守信　卜繼芳　吳宣綱
劉介臣　胡家騊　趙濟乾　高兆麟　任葆恆　趙全功　陳慶椿　余季智　尹序蘭
羅撢磷　曹奇山　趙國賓　劉　同　陳彰琯　史洵美　王禮成　諶級詵　趙簡耀
陳穎春　劉秉中　林繼庸　王宅豐　周寶堃　王化新　張兆豐　王學彬　馬志騊
吳成澤　譚國藻　馬仕芬　吳祖銓　王寶貴　彭芝蕙　郭可詵　王振邦　楊國相
汪善繼　胡肇基　蕭學梅

法本科

法律學門

林　彬　錢政濬　何啓灃　宋啓宏　籍孝箴　孫　尌　李言蹊　陳廣灃　謝　湘

繆德渭 邱昭文 黃殿楨 徐士豪 段班級 歐鍾瑞 陳毓汾 洪聲 何培心
潘振揚 劉冠卿 王文斗 陳鍾英 黃有易 尙其江 郭大鳴 程體乾 徐思達
李建勛

法本科政治學門

張濤 陳達材 夏治範 孫學詹 楊景汶 段大成

法本科經濟學門

孫士愷 孫智輿 周作仁 王顯謨 曾廣懷 杜廷纘 冷廷昌 李壽祺 劉子亞
安奠磐 程德驥 楊育森 余宗達 劉春宮 喻程九 張鳳肅 王桐 池兆佳

法本科商業學門

喻鑑 譚壽祺 王孝通 王修 徐贊化 李光忠 王煥培 徐受深 王毓桂
高恩濤 楊琦 蘇錫昌 陸徵麟 劉紹龍 鄭祖義 何佩芳 杜岑 江永一
王長曜 王希祐 賈士彥 段錫朋 賈德章 胡慶傳 陳齡 周邦新 朱明
劉鍾崑 黃章甫 沈紹昌 時相曾 席德燿 孫克家 莫國士 曾恕 張毓俊
藍廷俊 吳邦彥 李潤身 張翮 褚承業 張法祖 蔣瑩闕 劉啓庠 黃中
張廷衡 張贊勛 牛金粟 胡文豹 李宗駿 張在田 夏宗淮 李鼎銘 龔積慈
吳蔭光 張鳳岐 祝鳳岐 吳觀詼 袁志恆 沈秉銓 張建寅 郭士秀

法預科

向景 胡如仁 袁紹祖 王凌霄 佟寶鈞 陳紀 熙清 章境适 陳中立
陳偉 陳俊卿 郭文景 張祜 陳佶 彭鈞 蔣洞同 郝萬鎰 廖德珍
趙德峻 高照臨 郭樹桂 許時行 黃克綸 歐陽淑 梁廷獻 李良驥 張思銘
趙明高 王開化 梅祖芬 張強 陳顧遠 張春恩 梁煦章 王廷襄 萬壽堃
魏錦標 韓硯田 李沐恩 佟粟田 李芳田 林福山 呂永坤 史明 趙鎮坤
田益祿 韓增輝 陳沙 趙翰春 魏綸 梁輝堂 馮玢 史鑒年 黎國材

馬伯城　潘恩垣　梁民武　石景賢　傅毓庚　章韜貽　李增澤　趙慶凱　馬成功
鈕家洛　孟自成　趙學漢　姜景華　周　鼎　劉振東　許文國　郭錫璋　毛㚖坤
陳時琳　唐鳳岐　王鍾夔　周顯政　吳殿樞　葉林海　榮　珩　汪信臣　張　超
孫明鑑　曾同春　王金鑑　曹宗周　王宗德　林飛熊　蘇　欣　朱忠存　王朝綱

工本科
土木工學門
劉　陟　王葆光　張澤熙　陳曾植　舒壯懷　邢允範　廖國器　曹寶善　鍾　巍
王國英　呂佐賢　馮淇濯　崔錫霖　沈光瀾　趙世忠　閻鴻勳　程訪源　劉兆璜
秦元澄　李芳桂　陳培澤　蒙諮徵　陳君慧　李　超　王廷翰　陳宗堯　何灼樞

工本科
採礦冶金學門
嚴　爽　張振祚　張　鑄　錢輝宸　趙春江　侯　簡　慈德顯　劉榮槐　楊　鐸
陳寶書　李寶書　王守則　牟振飛　湯沛清　李澄寰　朱　城　張　傑　顧步瀛
邵元濟　張興華　熊　浚　龍承熾　羨書鳳　畢榮光　李仲蓍　徐繼勉　王治熙
何　澤　魏福縣　楊鶴瑞

民國九年畢業學生

數學系　施仁培　倪道鴻　靳鍾麟　齊汝璜　毛　準　桂步驪　胡　定　陳　錫　萬允元
郝祖齡

物理學系　江成標　張為政　蘇紹章　龍石強　孟慶綸　王自治　楊錦豪

化學系　呂晃南　游嘉德　李長春　齊國楧　虞宏正　江家正　袁嵩端　劉景昆　金　瀚
齊經堂　嚴學通　齊鼎晉　張釗和　潘元耿　劉書芳　黃祖謀　賈振雄　謝家杞
謝璧文　董慎芳　陳本鐸

地質學系　黃岫生　王紹文　孫雲鑄　王若怡　張鵬舉　錢聲駿　董成襄　曹繩武

哲學系 田培林 譚 淣 陳公博 朱自清 蘇甲榮 吳 康 潘 淑 汪國庠 張恩明
譚鳴謙 顧頡剛 華 超 楊興棟 徐彥之 吳藤昌 金 搏 康白情 許振甲
李蔭峯 張明道 徐元堃 李濟民 龔寶銓 倘 中 朱耀西 區聲白 溫錫銳
王祥輝 李濂鏜 楊昭恕

國文學系 鄭 奠 彭仲鐸 鄧 康 羅 庸 張 煦 羅汝榮 許本裕 王友顥 崔智泉
夏承棟 李錫余 陳伯陬 劉紹欽 楊亮功 龍蓀化 吳 甌 魏應麟 黃 璦
黃炳照 韓樹棟 蕭熏原 許寶駒 任乃訥 陶明濬 詹靜淵 龍沐仁 夏 載
徐世錡 鄭天挺 雲偉章 陳泮藻

英國文學系 楊亦曾 羅家倫 楊文冕 陳光普 陳兆疇 唐嘉源 陳治策 鄭 璜 宗增炬
薛宗周 賴紹周 李景飛 張庭英 劉 匯 王維東 顧實隨 于連孝 蔡習賢

史學系 胡之德 陳 楙 劉 敵 張价庥 李濟淮 姚士鰲 雷遇春 陸鍾恩 丘耀芳
吳希伯 蕭鳴籟 賴心鏡 于濟澤 鄒樹椿 王紹尼 闞達權 葉世艮 夏鏡澄
程煥琮 胡 瓊 吳俊昌 譚植棠 夏鍾秀 周 屏 滕統音 林應運 夏昌治
蕭鳴皋 黃 欣 龐天縯 桂 山 劉翰章 梁顯文 李士賢 陳綜彬 高書升

經濟學系 吳 澄 徐延慶 周炳琳 馬漢之 崔鴻元 金長祉 趙鴻業 徐 倧 李澤彰
張鵬飛 莊汝霖 揭葆貞 王毓琦 沈熏懿 曹安艮 陸善焜 李四杰 胡維鵬
金羅治 陶應霖 楊濟元 林佑昌

政治學系 韓壽晉 馮中鉞 張慶開 曲宗邦 胡慶頤 宋崋修 張雲鵬 張葵山 趙其昌

法律學系 包榮第 雲為霖 曾秉衡 歐陽孟博 闞兆鳳 徐鳳元 林正煒 李舜欽 李敷文

王文典 朱躍東 胡家犖 江學全 塋羣 陳乃憲 莊允升 白銘 袁傳枚
岳蓮峰 魏金銘 馬龍 宗培 賈永鑑 陳中 張廷珍 徐延年 董毓惠
張毓芬 張書田 吳勃 郭景誼 張海觀 黃壽鼎 呂咸 張鳳韋 梁焯章
劉國權 高家炤 朱甯瑞 鄧拜言 劉景任 邢玉書 劉顯周 張傑真

民國十年畢業學生

數學系 夏韶 周培 張廣鴻 吳勝荆 羅柄 張宗鎏 段烈文 黃德剛 鍾茂均
王保黃

物理學系 馬灃 宋毓璞 林曉 盧晏海 吳增濤 于樹樟 張爾敬 黎樾廷 何德芳
何傳祉 高紹珠 胡思源

化學系 吳前模 姚文林 崔振權 邱益祥 汪璣 徐楷書 張玉壂 何錫瑤 于樂灐
關始昌 黎楠 施伯侯 李正翰 鄭廣 陳育人 高紹璧 蔡鎮瀛 金彭年
魯士毅 胡衛華

地質學系 王培椿 王廷章 洪彝彭 王文瀚 張鑄 劉志謙 薛鳳樓 蘇蘊惠

哲學系 葉麐 張嘉祿 李英楨 黃天俊 周從政 胡永浩 吳繼奎

國文學系 黎時造 江恆源 陳祖同 成平 熊公哲 吳鼒 傅冠雄 孫希渠 林雁峰
賈懷林 張煥握 朱毅 孫福源 周崙 王義槃 凌家弼

英文學系 胡哲謀 高廷梓 李光灼 蕭贊 李均邦 袁毓塋 易道尊 蔣希曾 蔡光黃
陳森 余上沅 成詠 李春曙 陳艮猷 沈大璸 朱紀章

法文學系 張其濤 趙祖欣 張達德 陳錦 王士魁 何維廉 張達權 韓葵如 潘麟昌

雷永祐 楊實三 茹和

史學系 王光瑋 施學齊 張希豪 余誠武

法律學系 馬義述 楊淦保 徐毓果 陳毅 李枝森 袁增緒 吳忠元 李逸羣 曹傑
張煊 胡家駿 譚建之 常宗起 吳障東 朱履中 王文琳 趙任 穆瑞璋
崔桂生 何謙 汪張驥 金宸 張蘭曾 劉琳 劉書鉢 李致祥 呂日奎
陳萬鎧 鍾寶圖 周先覺 賈應璞 孔繁梗 郝德 夏之時 佟廣愼 線象甫
王鎬 郝俊 周學祖 鄺馨 成憲孟 韓樹人 張愼鄂 吳政 郭啓泰
翁瑞徵 陳繩毅 孟慶學 商鳴勤 謝紹敏 汪俊 胡彥 張抗 申壽
張承轍 楊定瀛 敖啓凱

政治學系 方豪 王守謙 梁文瀚 李裕基 婁學熙 翟俊千 季鶯洲 徐光廉 黃秉禮
嶸建章 楊振武 鄧恭海 池澤匯 婁光漢 王宸章 劉寶智 李良弼 蔡毓岱
李經畬 梁醴泉

經濟學系 陳與漪 高迺濟 劉文漕 趙保奭 曹頌彬 張彭陞 李德臨 李振忠 李建中
李義忠 胡世琮 孫發萃 陳杲 秦恩壽 袁讓 聯善 張宗悅 喻玉田
紀鉅紹 劉君翼 陳藹驤 胡煥章 張惟杏 張文華

採冶門 張鎬 陳廷紀 張守訓 杜其保 許麟紋 孫毓麒 楊能睿 李之常 吳福和
陳學普 孫煒鄂 崔桐 許寅威 高廷桂

土木門 瞿文琳 韓厚基 段毓靈 夏安倫 孫發緒 許樹屏 俞人珏 陳泮嶺 陶述曾
張有本 劉增祺 王正已 樊培基 湯傳圻 紀鉅紋 孔憲文

民國十一年畢業學生

數學系　武周緒　劉正經　李進賢　王世毅　趙冠　曹奇山　張維敷　郭裕源　梁永泰

物理學系　潘祖述　關承烈　張德强　陳潁春

化學系　林文杰　吳家彬　吳成澤　王禮成　張佩琇　蕭學梅　姚大海　談樹科　李鍾秀
楊國相　吉永祺　張國鑄　趙濂　劉同

地質學系　劉秉中　劉炳耿　王化新　周寶埜　郭可銑　謝家筠　闞家楙　李光賓　閻佩箴
姚丕顯　張兆豐　胡肇基　胡家驄　鹿家鼎　柴競天　熊冲　劉毓瑄　俞崇厚
諶象天

中國文學系　王德林　章維燮　單濂　程龍驤

英國文學系　張毓桂　潘偉烈　胡錫杰

法國文學系　吳益泰

德國文學系　許震寰

哲學系　趙守耿　陳政　章廷謙　耿木正　龐子珍　劉煥　賀維融　姜逵　馬金濤
白映星　郭際枚　羅榮　原培蘭　王叔仁

史學系　許時行　李正奮　郭樹桂　張瑞圖　李春蘭

政治學系　陳國榘　吳載威　徐輔德　石維瓊　費秉鐸　鄭志熙　王伯玉　辜孝寬　任錫祜
勞士英　黃時傑　陳璿憲　陶肇武　范濟臣　馮嗣賢　韋翰荃　李士坊　郭書捷

法律學系　張書箴　朱雲光　周長憲　孫守成　楊慶林　胡致　趙賡麟　何兆樟　朱燧
齊鄉　賈席珍　葉增榮　陶棠曾　陳輿爵　劉采文　楊冠生　廖壽鋆　張贊堯

馮用之 李超凡 楊應吉 李　健 孫　芳 張　鴻 邢桂芬 許　溱 陳慶椿
張祖齡 王傳鼎 馮維崧 張鴻儒 郝瑞波 黃恒浩 楊懋昌 陳憲章 朱光沐
王文燦 張長庚 康宗潞 倪振華 胡　謙 孫書銘 劉廼潛 賀保尊 胡若愚
趙汝康 孫樹森 文學成 齊德安 甄敬儒 王競宜 李　顯 何　博 秦裕棨
李銘綱 傅世銘 王之乾
經濟學系 胡善恆 劉濬川 王漸鑑 趙廼摶 夏道璋 陳彰瑛 張　旻 傅振玉 區嘉鑄
鄒祥禔 王　政 孫耀宗 邱家騶 郭振唐 陳述昂 吳宗屏 盧延甲 李文淮
江增瑞 紀　華 張　韓 潘耀德
土木工學門 唐文悌 曹安禮 張金品 崔鶴峯 張海平 李樹城 王學彬 陳彰琯 陳慶豈
譚國藻 劉介臣 陳繼宏 蘇昌烈 吳祖銓 趙炳南
採鑛冶金學門 吳國賢 王世庠 李慶深 趙國賓 陶　勳 曾欽英 卜繼芳 李芳洲 劉耀翔
趙全功 羅輝璘 邵興周 馬仕芬 吳壽華 茵培成 任葆恒 蔣志澄 趙濟乾
彭芝蕙 周以德 汪善繼 馬志駒 華啟秀 尹序蘭

民國十二年畢業學生

數學系 趙　淞 闕毓詵 饒泰讓 龍成章 楊東昇 龍澍霖 王士倜 張國光 李棲鸞
黃　箴 王達業 劉維漢 謝馥南
物理學系 張佩瑚 龍際雲 聞　詩 李　壎 白子玉 田永謙 蕭濟時 呼顯霆
化學系 呂炳水 韓覺民 彭萬泉 胡顯仁 竇蒙吉 樊振琦 裴元隆 楊步瀛 馬玉銘
葛毓桂 熊　翔 韓光斗 宋世忱 黃懷信 蘇明德 李經道 易敬泉

地質學系　胡殿士　趙亞曾　陳太恆　何　亮　田奇㻪　侯德封　陳兆楹　王恭睦　張席禔
蔡　堡　楊鍾健　陳沛京　吳應福　華贊廷　王春閣　張文成　張延譽　徐鎮冀
佘　瀾　李廣纘　吳方樓　湯炳榮　魏中谷　胡魁弼　鄭　震　韓慶文　閻　楷

中國文學系　楊偉業　戴君仁　王煥猷　劉熹鎔　劉尉曾　閔孫奭　黃　琴　張崇善　李　瀛
黃顯榮　郭堉愷　李宜瀚

英國文學系　熊訓啓　胡光廷　奚　湞　洪維晟　李蘭昌　郭智石　張政一　巫啓瑞　周茂開
徐士毅　張之綱　衛肇源　吳　傑　梁擢奇　馮景星　李　鯤　吳　咸

法國文學系　蔡芳蕭　龐保蔭　徐永源

德國文學系　唐性天　張傳普　薄芝畬　王有德　李慰祖　王維新　王德隆　陳樹棨　呂夢彫
張式夫　沈　熹　光秉鍾　劉　鈞　張續祖

哲學系　黃啓華　李榮第　梁楨材　舒啓元　傅貴雲　王汝璵　田炯錦　丁樹屏　李登瀛
汪　毅　陳正謨　蘇清卓　張鳳閣　魏廷齡　夏承枉　何文灝　張鵬翹　毛升達
洪克任　麥應昌　李清林　李名園　孟廣詒　尹邦翰　楊北有　華以愼　劉大智
王佐才　石　皓　王則禹

史學系　張愛松　郭懷璋　韓樹謨　袁慶清　姚揖讓　汪榮蔭　張國威　陳友揆　張紹詠

政治學系　陳顧遠　鄒德高　李邦典　郭燕治　郭弼藩　熊保豐　梅祖芬　王和暢　董平輿
陶　漢　賈桂林　詹天覺　孫九錄　許文國　鄧鴻業　王鍾夔　姚仰璜　蘇錫齡
張立彬　武建康　申保三　要繼志　陳國棟　魏灼華　倘鴻墀　余文銑　呂永坤
王金鑑　劉培智　劉振漢　榮　珩　趙慶凱　戴　巖　畢星垣　許瑞鋆　陳應寶

張金聲

法律學系

毛皋坤 陳迪光 王凌震 王德本 陳秉翰 傅承濬 王開化 范復誠 李秀秋
蔡景雲 趙翰春 彭 鈞 陳履森 張希濂 龍 文 潘恩垣 徐埜之 周怡然
佟玉墀 汪義崇 李紹康 繆清釗 章 劍 李復昌 周 鼎 向 景 趙栴槑
胡偉然 佟寶鈞 趙 瑜 李樹範 吳嘉猷 常焜彝 徐家鈺 趙毓藻 蕭湛恩
徐其湘 黃雲章 陳 偉 閻佩書 王嘉銘 陳俊卿 姜守權 李德普 孫世昌
王清晨 吳大同 范復光 鄭 智 趙鎮坤 林紹文 李嘉第 吳君俠 陳柏森
許文華 張 顯 邊振聲 王孚鋆 劉熾昌 光秉鏐 葛為棨 馮 炌 郭振唐
李英敏 喬長洋 鍾 瑛 趙德岐 高鳴謙 施鍾祿 熙 清 邢世義 崔學曾
吳 濬 廖肇維 高崇煥 左鳳周 田景振 李增澤 陳慶粹 龐毓申 薛祚鴻
張輔銓 黃克倫 傅世璋 王之棟 洪承德 林福山 閻振傑 趙潤蒲 余在泗
劉德周 王文田 閻在田 馬恆武 車乃光 王式典 汪康民 袁 澤 張葆誠
李君厚 李受恒 馬炳亮 盧祥桂 許 瀚 吳迪昇 蕭奮成 郭文景 于道平
郝萬鎰 王文煌 周寶鈞 趙宗奎 張 祐 吳道晨 李之果 劉樹藩 翁玉麟
范 恕 倪汝發 李鏡濤 李艮驥 任文祥 吉 增 姜景華 袁雲翔 徐秉義
廖德珍 曾靖聖 李樹勛 郭鴻逵 徐希穉 馬應桐

經濟學系

徐兆蓀 沈藻墀 龐蔭璞 顧廷琮 梁民武 陳時琳 張世茂 唐 綬 王宗侯
陳 徹 陳元復 鄒延芳 裴乃徵 閔之寅 陳綬章 韓視田 趙銘西 齊樹芸
張 強 趙學漢 李崙華 萬壽茲 劉紹炎 胡國鼎 許懋椿 魏 綸 陶熙孫

杜邦紀　慕庸　田元魁　顧世雄　彭宗庭　王炳璽　史鏗年　屈慈仁　倪汝明
陳永夔　翟瑞元　劉善授　邢世芳　季徵良　趙鴻勳　石景賢　陳應渠　高占春
張超　劉寶璩　曹宗周　麥華　史明　孫明鑑　趙春霖　陳國禮　王宗德
余宗鈺　吳殿樞

採礦冶金學系　蕭家駉　朱作梅　李中安　李燦三　錢江　吳君懿　張子韶　周鵬璩　江增瑛
姚鴻逵　臧家祐　王秉義　蔡春元　王徽　朱漢章

民國十三年畢業學生

數學系　武崇林　施啓明　茹恩楓　崔頌殷　黃祝三　趙國昌　劉繼燊　繆啟悟　韓萬禧
蘇繼業

物理學系　李銓衡　何錫藩　沈倫　唐永昶　祝慰黎　張仲桂　黃宜家　黃恒珍　馮兆麟
楊兆楨　鄧傳　羅宗煒　藍續業

化學系　尹致中　王鐵柱　石錫璋　牟謨　邸國幹　祁恩洌　李嘉琛　周恕　周洪範
周順山　姚毓鵬　宣國榮　陳煥新　郭繼熙　唐本明　凌厥美　時錫藏　張宗海
張燮友　曹福保　程廷璋　童永慶　楊重熙　葉嶠　葉鳳虎　黎英　趙文壽
趙延麟　鄭澂　劉雲漢　潘龍霖　賴法元　韓克溫　韓珍彝

地質學系　王炳章　王慶昌　王嘉猷　白景澂　李希程　宋錫聲　俞建章　陳廷炘　孫復哲
馬敬夫　袁熙緩　張子明　張永壽　張競擇　盛紹爵　舒文博　趙保大　劉元斗
樂森璕　韓修德

哲學系　方克誠　王文彬　王顯珠　田潤霖　白家瑋　申保華　李溶　李在恂　李在謙

吳泰安　周原純　林振環　金公亮　胡明柏　姚　鋆　姚華蓴　陳雲階　馬振濤
郭向都　袁汝驥　陶玉貴　陸炳經　陸雲龍　張彥升　張硯農　莊倚巖　隋星源
黃　塋　黃繼文　舒楚乾　鄭兼三　劉　奇　劉同鼎　蔣復璁　臧玉淦　盧逮曾
蕭世鄉　蕭逢蔚　羅璈階　羅鎮藩　譚克敏　郝士傑

中國文學系　任　昶　安文溥　李炳玲　李海瀴　李漢聲　郝立權　班興文　張世崇　張其偉
張鴻瑞　許詒端　彭褧圖　楊樹南　劉錫五　瞿玉厚　蕭學濬　聶從鐸

英國文學系　王道全　李方玉　李有度　李書堂　李鍾賢　汪開模　周　晃　陳用才　高鴻翥
馬廣達　張書紳　張慰廷　崔培仁　董德芳　聶思敬　戴有昌

法國文學系　王業釗　王覲光　李漢勳　吳宗周　吳郁文　郝培基　南倚文　陳懷珍　高緒懋
郭慶全　時鴻儒　常　惠　曹天頤　黃德澄　萬紹衣　靳思洵　翟受之　劉季達
劉德澤　潘德霖　衛景周　韓　薰

德國文學系　邢藻棠　商承祖

俄國文學系　任國楨　李芳華　胡　斆

史　學　系　王嘉珍　邢壽彭　安作武　李振鄭　何　尤　李道桓　韋奮鷹　郭　瑾　秦樹棠
張步武　張庚乾　張松濤　馮文啓　楊東澤　趙維楨　劉　濂　劉儒林

法律學系　丁效禹　牛煥辰　王汝毅　王宗曦　王秉陽　王第春　石毓松　朱國屏　邱念祖
李重華　李紹華　李維藩　吳　洵　吳世晋　吳獻琛　何錫珍　周爾愷　金平淼
武靖洲　李忠琢　來煥文　姜紹謨　范炳文　郝立輿　施宜忠　陳必波　陳占甲
陳桓永　陳樹倫　馬龍章　鄧天錫　張文選　張丹珍　張在鏡　張保盈　張振岳

張榮勳　張耀先　康殿藩　梅璧新　麥恭允　魚鳳池　傅廉臣　畢德元　楊文通
賈公任　賈裕堃　葛棣青　趙思讓　趙炳文　趙時雍　趙學淵　鄧國泰　壽振夏
劉光銳　劉東膠　劉郁周　劉榮文　劉榮陞　劉德華　閻寶蓀　蔡石瑜　蔡孝寬
潘昌試　盧金章　盧鴻藻　戴祥驥　顧德涵　顧謹詒　欒維垣　羅守頤　宋　澤

政治學系　王　琛　白濯漢　史記言　何作霖　李椿齡　周雲溪　周義章　林國棠　段　灝
容天量　徐美煌　孫萬釗　張志俊　張法權　張拔超　張熙競　崔學信　傅馥桂
楊蔭潭　趙宗雲　趙冠青　趙蘊琦　鄧維華　鄭鶴年　劉正亨　劉承祚　劉振雄
劉廣鈞　樊希智　潘　桃　潘景周　歐宗祐

經濟學系　王世鍾　王汝楠　王清政　左其龍　李啓源　吳士瑜　何炳序　沈璜齡　周鈞舉
林湘北　金秉鈞　金崇俊　孟　津　姚道洪　禹成美　陳鍾毓　陳麟堂　孫成彥
孫爲震　孫樹棠　郭毓霖　袁鍾琪　夏廷正　凌　普　陸家馴　梁煦章　張振鈞
張學翰　眭　侃　莊頌聲　劉崇年　閻奎麟　鍾廷樞　鍾公弼　馮振亞　顧紹炎
羅象壽　魏鍾璽　郭懷璞　傅如鐵　董鹿年　羅宗孟

民國十四年畢業學生

數學系　萬文生　張桂蕤　范時訓　李光彥　章宗振　張宗和　應餘慶　王蔭槐　李循惠
高佩玉

物理學系　原景德　敖弘德　邢壽椿　許錫清　關崇寅　劉淑泰　楊承燕　溫鳳韶　楊榮久
吳安仁　張大文　齊榮辯　任永珍

化學系　黃叔寅　周泰嶽　李逢時　許熙生　伍傳新　杜運樞　楊守珍　鍾聚耀　郝錫齡

楊　亮　張琮庭　孟廣淇　龔理哲　俞崇智　傅邦俊　王治煒　周維新　唐名棣
江世炘　朱德韜　柳克楦　辛廣淵　李　璜　唐紹宗　周存棨　奏機士　楊　澤

地質學系　陳　旭　王恒升　廖友仁　許　傑　徐光熙　郁士元　方　謙　秦萬瑞　羅繩武
莫亞炎　孫錫琨　王　震　余新都　葉向榮　居耀松　丁　同　蔡化民　貢子炳
葉汝幹　章廣田　張國祥　廖鴻基　林陳麟　許原道　殷振聲　李家瑯　吳耀先
劉鳳岐　王貽琛

哲　學　系　張炳翼　馮炳奎　羅倬漢　楊　廉　楊世清　程　鉉　牟震西　鍾爾強　張永善
吳遵明　謝星朗　焦士亨　王鼎甲　張德耀　李憑鐸　周梅羹　胡秉乾　李德鑑
張世箴　陳寬蔭　宋孔顯　王保合

中國文學系　魏建功　張在寬　劉澤逵　錢肇基　葉　震　鍾喜賡　王榮佳　張元亨　張　毅
戴寶瑞　吳德榮　張塵志　陳志仁　劉塤禎　楊佝禔　張　辛　王寶龢　張　皜
何宗寅　王昭鐸　程　衡　陳宏濟　孫維嶽　陳　捷　李汝蘿　繆廷梁　李　維
朱炳鑑　張守綱　宋祖培　張開第　劉德成　周恒性　任泰池　張兆瑞　馬瑞徵
陳世勳　王東一　劉世昌

英國文學系　許式巳　王培德　唐賢軾　潘敬所　梁鏡堯　畢榮滙　梁冠球　湯珙真　梁輝堂
李貫英　傅榮海　安　超　余　椿　周命新　趙玉崑　劉　綱　張餘汾　文家賢
李會瀛　賈建功　張席祚　黃紹谷　苑金吾　劉愷悌　秦峒士　宋我真　丁重三
田鍾秀　白受采　李毓鎏　黃日葵

法國文學系　章駿錡　王海鏡

德國文學系 周光達 王文俊 童光焌 王治孚 饒鋏鳴 楊豐沛 吳鶴雲 盧政鑑 秦志壬

王祝慶 王師曾 孫惟全 王作賓 許 治 常守信 魏江楓 安世徵 黃金銘

李不讓

法律學系 趙鳳喈 汪紹功 何家麟 黃 亮 李祖勳 陸啟焰 黎翼墀 鄒桂五 朱廣信

馬培陽 許進賢 何郁第 張鳳來 邵文純 伍渠源 張扆民 祝華封 孫景雲

唐萃芳 金 式 鄭 煊 毛紹儒 張天傑 袁剛毅 闞迪忱 余瑞瑜 李錦銘

邱福瑯 菀春生 江輔勸 司生麟 辛崇業 劉 試 蘇天命 馮吉揚 祝存照

王紹虞 郭佐唐 張由繹 李樹燦 張維東 見 琴 楊毅民 申振先 陳紹賡

夏守荃 洪熾昌 孫明禮 蔣守宗 奚紹廣 吳境昭 田鴻賓 潘傳霖 孫文炳

王自隆 張功蓁 張曰輅 傅掄元 章維理 王 騰 邱錦棠 任朝徵 楊汝霖

沈兆銘 劉清晨 洪怡賢 黃應麟 鍾顯椿 鍾 鳴 伍耀徵 馬鳳林 綦幼石

張達昌 蔣奉章 李富春 陶紹先 李 卓 劉重慶 胡寶琮 赫貴恒 朱永利

李卜五 吳景林 吳振鐸 黃 泮 何 嶔 李振中 何紹周 潘麟祥 倪品真

何恩樞

政治學系 樊 弘 羅郭偉 徐燦生 蕭桂淼 馬昌民 梁朝霖 楊展雲 謝祥椿 信 綱

劉國增 蘇蔭棠 劉占元 趙玉法 郤家珏 秦秉剛 戴 郇 賈芾蓀 余 旭

金寶時 延瑞珙 張阜源 李世璋 楊兆甲 陳 長 范用餘 賀 慶 賓鶴翔

田樹勳 楊道基 葛之堃 林振聲 王鳳桐 夏興武 龔至仁 喬國章 袁世斌

車與富 譚樹概 李天惠 戴朝震 韓樹淼 李雲章 于慶均 周傑人 閻書紳

秦位鏞　余明尊　高峯泰　陳恒仁　賀廷珊　王來科　陳勉雲　謝先庚　劉　恒
翟景卓　周國隆　王道彬　伍齊益　徐政勤　鄧和禮　陳贊豪　崔玉成　黃有志
張翼謨　廖廷鍔　侯慕彝　趙元愷　梁炳麟

經濟學系　陳寶麟　聶睦修　王士鐸　胡　澤　邵純熙　于岡桐　黃玉潤　孔慶宗　周　澤
譚聯鏞　馬春猷　安永瑞　張文褀　王鴻鈞　于鴻順　鄧飛黃　沈惟楨　朱務善
趙　烈　蔣元新　李敬儒　成應舉　廖維藩　張泰會　羅從豫　陳文清　張　褆
何增譜　許炳漢　吳毓江　黃文燦　許緒鑑　鮑靜庵　張其昌　王雙鳳　申伯純
楊興漢　鄭　年　蘇取章　徐瑞藩　王聯恒　曹國卿　王　昉　方聲乃　陳啟泰
任渠成　劉冠明　黃慶中　張振聲　郭衍盈　趙文華　謝壽鵬　金國珍　席啟騏
尙撻槐　張寶珂　何仲純　劉憲朋　林海澄　蕭永凱　劉　琨　王開寬　賈祝年
王競寶　王貽荃　周　純　楊方震　張兆甲　吳至恭　朱明艮　沈艮佐　蕭貞昌
李樹霨　黎汝璇　朱樹基　陳友琴　韓　醇　陳汝棠　王永新　王德宣　高賢濂
吳時中　張矩準　吳文津　王培鈞　仝　鐸　張克琨　姚大朋　葉洪熙　徐文鍙
張之森　梁景琪　班繼艮　蘇　芬　周承麟　任叔年　俞汝艮　張國正　李國瑄
李慶成　王　宜　馮永寬　李　泳　徐先登　王　溥　卞廷梟　閻　墉　王世欽
馮其炳　車誠善　王耀宗　李滋大　吳克禮　張偉陵　梁綸才　周敏仲　許　綸
侯鴻業　高樹勳　郭定榮　左祖珂　李常穠

民國十五年畢業學生

數學系　周鳳甸　宋振渠　謝汝鎮　樊盛芹　萬物貞

物理學系　易曾錫　林昭信　杜金銘　周其棠　馮樹勳　婁元亮　紀紹綱　鄭鑫斯　楊汝梅
　　　　　劉聲繹　解九箴

化學系　符學仕　婁恩俊　吳寶鎔　朱適孝　林　昂　李裕光　王裕烻　李　毅　李迪新
　　　　李　淑　楊清桂

地質學系　何作霖　潘丹杰　斯行健　朱鑑堂　李逢源　何成鑾　陳宗圻　伍廷琛　丁道恒
　　　　　李慶源　黃競生　郭嘉惠　虞育芳　粟顯倧　佟玉潤　陳向榮　夏開楨　張咸鎬

哲學系　孫　照　容肇祖　張昌圻　張蔭棠　韓靜遠　包鷺賓　陳　鑄　周　用　劉桂成
　　　　孟廣厚　林樹松　陳居璽　溫祥發　徐瑞祿　王震東　劉懋勳　蘇廷銓　李鳴和
　　　　李維新　黃家聲　李海樓　楊中偉　盧宗蘐　賴振聲　李秀岩　張安禔　徐其明

教育學系　王九思　胡自益

中國文學系　甘大文　游國恩　朱世芳　吳鶴齡　陸侃如　吳德遠　舒耀宗　蕭鎾輝　李開先
　　　　　　陶有柏　宮維翰　狄　俊　蔣致中　劉重修　張春暉　李鼎彝　張　鏞　冉昭衷
　　　　　　王文德　張聯莊　楊文海　張　瑜　林之棠　周憲章　馮士造　王醒舟　許星賁
　　　　　　蕭威凝

英國文學系　夏廷棟　許孝炎　張清華　鮑文蔚　褚保時　韓國泰　羅芳坰　吳斡斌　徐　澤
　　　　　　高佩琅　何聯奎　王振綱　王仲堅　岳凌洲　姚守光　易　貞　盧紹坤　丁家光
　　　　　　王秉珪　鄂　佐　孫永年　車汝達　張錫恩　譚廷英　張樹猷　王嗣順　張文明
　　　　　　孫德中　張羲端

法國文學系　黃福墀　郭春濤　谷源增　鍾生瑞

德國文學系　劉　健
俄國文學系　劉德榮　趙自成　高世華　呂樹霖　張全祿　丁文安　蘇文德　仵瑞典
史　學　系　伍家宥　舒傳軾　靳作梅　王鴻德　吳慶瑄　夏德儀　趙仲濱　李振聲　鄭振夏
聶開維　朱相堯　王之綸　李世傳
法 律 學 系　葛揚焕　吳祥麟　余天民　賈永年　劉裕學　左其鵬　裴錫晉　劉兆麟　程　璜
方善徵　翟宗心　郎得昌　黄寶實　陳宗海　劉天倪　柳壽慈　岳濬川　謝承炯
趙特夫　王炳彦　黨慶華　周起豐　梁寶羅　周可從　田家杰　刁家仁　蕭滌吾
吳廷贊　鄭仁賢　胡　錟　王鍾文　張家鼎　周承恩　楊文林　謝　詩　陰毓珍
韓鳳池　姚肇封　趙守和　陳泰權　馬忠蔚　葛　琨　喻遂生　汪學騹　李葆恩
黄恩輝　傅連珍　董和棠　譚　坤　黄鈞祥　鍾繼璜　梁贊文　周士欽　胡賢瑞
孫淮陽　程啓泰　鍾資富　趙懷昌　鍾之瑛　劉樹杞　尹懷珍
政 治 學 系　張榮福　李昌仁　彭宗海　李富善　何道智　龍文治　吳江鍾　朱予覺　黄爲俊
王本乾　劉掄英　黄利貞　黄　琛　陳兆彬　羅紹徵　曹倘毅　薛保恒　劉廣治
桑義彰　嚴繼畲　殷　鉞　孟慶祚　趙勤畲　邵光銓
經 濟 學 系　曲殿之　王清斌　李壽雍　齊自禮　王克宥　徐運印　陳忠範　宋邦俊　林翰傑
李文駿　吳融春　黄毓芳　粟顯運　李　俊　程元斟　鄧　介　林嘉駿　粟德斌
徐振鏖　方銘竹　崔毓珍　童　璋　周履直　張蘭汀　魏運純　麥　騫　王鴻訓
謝承煊　喻德輝　潘世燊　張佳玖　邱致澤　宋全恭　李如漢　劉文機　姜靖昌
閔文蔚　戴景雲　徐汝南　趙啓焜　李善餘　呂世雍　鄺鴻逵　徐炳勛　左宗彝

王滌文　王　燮　但永治　陶端模　徐敏壽　王盛緒　李超雄　蔡正梗　林道純
張之程　張廷芳　張桐實　葛　琛　林常盛　張振翻　畢尙瑩　張璜孟　曾濟時
毛嘉麟　李兆福　黃泰理　王世榮　陸紹鄘　楊順方　陳寶琨　鄧鈞輔　王瀚番
林飛熊　杜廷纘　李經印　楊修彥　何樹藩　劉禮瓊　金蘊嶠　胡士輿　胡宗治
曹敬義　陸培艮　郎樞尉　胡璜法

民國十六年畢業學生

數學系　唐穎犀　程　綸　黃守中　劉顯熾　王清正　王墨義
物理學系　葉桂華　顏慶倬　張嘉訓　周壽銘
化學系　馮式權　吳憲祖　羅振福　靳士林
地質學系　李殿臣　裴文中　丘　捷　耿廷尉　劉祖彝　李乙星　劉誼壽
哲學系　賴道純　曹　建　梁佩袞　余文偉　趙鴻猷　楊代馥　劉韞山　臧玉海　張伯根
教育學系　張博文　馬　復
中國文學系　王建與　湯濟川　彭大本　張瑞鷥　楊景崑　張泰森　可應聘　張復貴　續玉琥
鄭　續　陳殿章　談其煊
英國文學系　陳煒謨　楊錫茂　王琴懋　楊化坤　孫志好　朱文會　葉孟安　季盛齡　胡作敬
法國文學系　范　任　黃鵬基
德國文學系　馮承植
史學系　凌杏明　羅廷賓　王　煒　王遵義
法律學系　曾如柏　張磐石　裴錫豫　王振鄰　吳德瑩　金鼎新　高陽春　何錫純　王述曾

劉鴻逵 趙清寰 曾國光 闞朴 張守豫 黃守正 李芝香 劉中棠 佟粟田

謝其湘 王祖達 陳謙吉 趙殿鵬

政治學系 盧翊 劉正華 王則鼎 索春霖 康㷆宜 王振武 劉仁鉞 余維一 王名泗

吳誠頤 姚光世 曾集熙 張克昌

經濟學系 沈文 韓國治 張皓明 高學海 喬榮堂 董轍 周達時 潘墨卿 葛之莖
陳濬 徐義衡 徐崇爵 李效揚 黃鐵錚 劉崇正 袁蔭庭 桂心達 謝賡明
翟作堂 萬榮斌 高景彤 張維周 留錫銘 彭百朋 王成三 劉汝昌 張紹琦
王永建 連蔭元 陳天民 舒道明 盧振英 孔令琪

民國十七年畢業學生

數學系 齊植宋 程象濬 馬文元 石永志 杜金銘 金式斌 麥第榮

物理學系 李光濤 王普 岳劼恒 何肇華 郭貽誠 王書莊 郭元義

化學系 汪元起 陳顯銘 李友泰 梁士孌 首聯球 樂琛 劉光祖 曾和龔 王世模
戴錫祉 洪韻

地質學系 黃汲清 朱森 李春昱 楊曾威

哲學系 溫壽鏈 爲以鋒 劉軾 柯樹屏 蘇維霖 吳振球 楊艮 苑雲岫 李守謙
崔國政 蕭汝綸 齊繩周 徐憲邦 劉策安 游祥耀 徐瑞祥

教育學系 黃新運 歐陽圜 婁友椿 程宗頤 胡勸業 張錫辰 陸梅舲 張瑞英 劉曉玉

中國文學系 楊晶華 符邦寧 劉獻功 李永佶 劉錫愈 賀翊新 黃優仕 陳敏 陸宗達
余世沆 葉含章 朱家濟 賀青蓮 張瑜 李梓敬 李鏡涵 高蘭芝

英國文學系 梁遇春 許汝驥 龐善守 吳太仁 石民 張增義 彭續澍 修春泰

法國文學系 陳繼賢

德國文學系 常錫光

史學系 李謙 胡應連 傅世璵 陳元杜

法律學系 王宗旦 程人傑 吳風清 張翼詒 吳寶桂 周琛 秦樹勛 張朝羅 江楚善

崔學閔 傅常瑞 陳煥彩 劉亦瑛 葉滿水

政治學系 曾令行 謝邦鐵 熊貫義 張景春 張環玉 周名瑄 王葳治 王必壽 沈作乾

林炳坤 李世尊

經濟學系 王昌漢 余肇純 門啓昌 張樹齡 黃仲琪 賈志雲 李貞泰 張寰海 申春元

伍堅志 梁廷位 何炎 李英

民國十八年畢業學生

數學系 王丕拯 蔣圭貞 王得蘭 遲浚莛

物理學系 謝起鵬 宋德堅 申祖訓 王洪濤 陳志强 王成椿 張作梅 周喆

化學系 吳祥龍 周長翰 黎書常 崔礪崑 王成柏 婁和亮 徐賢恭

地質學系 司徒得 張子烈 喻得淵 王有中

哲學系 毛坤 劉紹蒼 冀桂馥 張家鼎 劉元璉 晁慶昌 原孝友 郭樹楠

心理學系 魏春芝 馮定境 蕭從方 潘文生

教育學系 石廷瑜 吳汝雷 褚保權 陳世棻 洪標 卜錫珺 黃鏡 謝祚茝 謝卿璽

沈昌威 蕭忠貞 齊泮林 周遊

中國文學系 戴明揚 王振球 龔墨山 吳經章 許文玉 修 垣 李址禮 王文傑 杜則堯 張爲騏 趙瑞生 賀祖鑫 楊從雲 徐闓瑞 胡 致 張崇禮 郭承瑞

英國文學系 葉 維 鍾作猷 曲廣鈞 張宗愷 張明旭 黃秋芳 蔡奇峯 周光普 馮文炳

法國文學系 張德昌 李國魁

史 學 系 錢卓升 傅振倫 曹景烈 武 鎬 翟承烈 阮德鐏 蘇康甲 石恩波 孫芳芩 李崧生 王遴續 陳紹虞

法律學系 郭延齡 吳仁光 陸炳勛 高鳳樓 何恩寬 侯澤麟 丁國瑞

政治學系 朱 僎 陳一雲 羅詩珍 張錫彤 張明時 余維明 余坦先 王以義 巫啓聖 趙子懋 賀楚强 李相顯 吳祥春 王德明 楊登綱 徐公轄 溫恩恭 余 哲 焦嘉朋 楊琳毓 梁 渡 傅啓學 李蔚唐

經濟學系 陸鼎升 馬樹之 熊訓禮 郭耀清 姚永璜 顧曾宏 孫鳴九 王 庚 蔣國炎 王樹聲 郭蔭寰 陳偉棻 黃大庸 李之恩 伍榮遠 江振明 牛佩珊

民國十九年(十八年度)畢業學生

數學系 高揚芝 石法仁 崔銘琪 王秉和 陳積驊 鍾 正 蘇德煌 梅祖蔭 李叔熙 馬立功 傅元乃

物理系 鍾咸標 林樹棠 趙廣增 李炳芳 蔡陸星 周相元

化學系 張道政 張聯聖 楊鳳岐

地質系 計榮森 常慶隆 李 陶

心理系 王德崇

哲學系　張桂芳　韓儒林　王蘭生　楊振福　李薦儂　張常春　蕭而敬　蔣倉意

教育系　詹昭清　李榮蔭　李幸之　程星齡　秦槐士　黃　佛　黃繼植

國文系　白鎮瀛　韓壽萱　王煥斗　敖士英　胡孝顒　劉體仁　傅瞻洛　吳守誠　侯植忠
高　崟　胡榮身　周　復

英文組　張恩裕　袁家驊　顧緩昌　關其侗　燕宗岳　馬永禎　戴敦智　何兆熊　韋昌驄
陳永祥　馮永陞

法文組　鄒文熙　吳家明　鄧　琳

史學系　佘　瑤　陳宗仗　許預甲　王　桂

法律系　王金鑣　蔣觀津　劉　璟　胡廷玉　王耀漳　楊　錯　潘英芳　王寶成　沈國光
周新栅　李毓氏　馬之崑　張可衡　張書翰　傅尚文　梁洪睿　蘭傳珊　袁文蔚

政治系　繆培基　劉玉田　林昌恒　李　英　譚啓愷　徐　靖　陳啟昌　俞雲飛　衛萍叔
馬鴻綱　陳肇文・張開瓊　閻國瑞　苗華雲　孟勳瑞　解聚奎　鄧堯佐
熊傳寶　陳德新　陳如日　季乘時　甯光江　張家範　樸副時　顏景璜　朱啓明
林德懿

經濟系　易鐵尹　沙啓濂　鄭合成　馬寶珍　朱文瑞　雷輯輝　錢家驥　趙文選　黃鏡銘
秦　曙　鄭　侃　陳家芷　張廷選　馮艮輔

哲學系　孟繁偉

政治系　胡進吾

經濟系　陳乃華

民國二十年（十九年度）畢業生

數學系 繆玉源 陳清祿 杜宏遠 李恭任 樊懷義 管竹 唐慶英 吳秀 郭新榮
蘇道榮

物理系 薛兆旺 張崇年 賈國永 張明示 崔璘

化學系 莫運乾 郭東㬊 樊富民 劉紹宗

地質系 高振西 胡伯素 李賢誠 潘鍾祥

生物系 石原皋 郝景盛 張鳳瀛

哲學系 李相殷 余錫嘏 楊慎修 趙家楨 徐伯訏 馮翰 温錫增 劉韶華 薛星奎
朱庭翊 章志杰 許濟航 姜蓉倹 王斌 賀仲蓮

教育系 李鍾灝 鄒湘 高秉然 王懷璟 李樂依 張蘭堂 王履嵘 崔心泰 江銳
高立 孟際豐 王友凡 蒲敏政 王冠英 解温涵 黃德鈞 李完 王如南
張世銓

國文系 趙啓雍 吕仰周 楊儁之 王克仁 劉國平 蔣經邦 王國銓 蕭璋 莊紀澤
劉振岳 王鴻義 馬志龍 許森 張玉佩 楊緒吉 趙春庚 胡樂桂 韓易田
陳其才 周世香 許蕙芬 金福佑 趙景賢 燕壬培 徐培蓮

英文系 張秉禮 高昌運 魏華灼 丁百山 王蔭梓 和春煦 王傳禮 劉麒 馬立勛
李秀桂 徐權 鍾汝中 倪中立 房勱 劉序功 孫永顯 余勳煒 高宗禹
張文通 高鳳朝 李玉嶺 陳和律 甘師禹 余紹彰 劉光堃 吕如玨 孔慶咸
鄭境瑜

德文系 胡庭芳

史學系 勞榦 戴匡平 師茂材 王鑑藻 周光頤 申慶桂 畢紹良 謝與堯 施忠義
方定一 楊守智 趙守勤 劉官諤 文藝陶 楊華雲 呂慶鐸 魯琨

法律系 張矩準 婁德墉 張守正 覃念聰 楊錕 易峻 吳祖剛 翟佩琦 李雲山
孫鳳樓 雷振鎣 劉培我 陳天祿 朱德武 繆精琦 蔡賓王 李光緯 劉琛與
張清澍 秦道堉

政治系 李夏雲 李炯之 彭樹鑫 徐萬軍 紀清滿 吳英荃 徐寶梯 趙隆文 鄧海籌
王洪黎 佘國屏 夏次叔 謝汝昌 戴鴻佐 何鍾靈 王寶華 黃鈞培 周光湯
孫博 朱德明 周佩蘅 張紳 姜信 尹文德 彭勳武 王日新 郭亮才
郭登鼇 魯文 龍雲 李品衣 龔良健 齊爾恂 孫靜淵 羅彬 鞏樹棫
楊安宅

經濟系 何家驥 劉玉田 王立箴 林伯雅 徐才熾 李福雙 梁建章 崔金詔 王德芳
張天民 藍端祿 杜廣洙 尹彤墀 魯昌文 宮天民 王詩敏 蔣良棟 楊庭桂
王肇嘉

民國二十一年(二十年度)畢業生

數學系 孫丕顯 趙子璉 丁壽田 范傳波 劉從謙 羅維翰 趙麟熹 冷蜀德 黨季川
向大公 楊炎和 胡仁魁

物理系 趙隆浩 任自立 鄭維城 賈善珍 劉璋 方克誠 張欽 林拱辰 唐寶圖
武毓環 李伯倫 張徵祥 黃光弼 俞光德 范道鵬 王篤

化學系　富良澐　何德森　蔣日度　徐日昇　李樂元　楊錫印　衛超偉　孫錫洪　馬潤德

地質系　金耀華　趙金科　高　平　熊永先　陳　愷　何　瑭　胡希廉　周　光　吳燕生

生物系　顧光中　蔡　譚　王鳳振

心理系　岳增瑜

哲學系　王維誠　焦步青　蘇叔升　郝瑞桓　郭海清

教育系　葉審之　劉樹楠　王之法　章震南　張玉池　易　楷　程坤一　曾祥寬　朱世蘭
　　　　張普仁　任傳鼎　劉顯焜　孫祺藩　周若度　顏長毓　夏宗錦　陳秉公　全國體

國文系　丁聲樹　楊伯峻　許道滴　劉延濤　陶賢棟　姚新民　梁　崑　張孝仁　魏光榮
　　　　張應麟　周　樞　李崇金　翟永坤　龔祖亮　劉書堂　劉昌模　童經立　湯際亨

英文系　俞　榮　左浴蘭　劉蔚吾　慈連淇　宋仲濂　關　紓　黃季珖　王蚒硯　盧蘊蘭
　　　　崔殿魁　馬觀海　林純如　劉怡曾　蔣　燕　李仁聚　周景襄　周文郁　徐廣德

法文組　張宗孟　張景博

德文組　牛存善

史學系　張漢升　趙君勝　胡先晉　王榮俊　吳玉麟　瞿起模　薛致乾　張基立　李崇德
　　　　高業茂　高維辰　楊　銘　王玉璋　閻煥廷　張效籍

法律系　劉生濬　張開瓊　陳錫朋　趙峻峰　高桂馨　張世麟　劉　霜　李潤瀾　沈成勳
　　　　張潔身　宋鄉魁　王煥斗

政治系　李金愷　何鳳書　萬　異　黃維齊　桑毓英　聶恩坤　許文奇　翟吉喆　朱顯曾
　　　　周嗣孟　李威廉　岳希文　張鴻濟　屈震寰　潘永楨　熊　績　羅世告　繆紹頤

范景和　傅金耀　易光祺　梁　驥　穆文富　柳志清　喬光鑑　吳曼陽

經濟系　李應兆　蒲雅南　楊宜春　艾和薰　滕鴻凱　王衍禮　劉炳信　尹樹藩　賀昌英

郭琳天　高志濤　張百川　譚象乾　李鴻逵　齊國琳　陳　銓　王振綱　吳　珣

郭　琦　趙家驊　李廣綵　千家駒　袁承德　楊爾璜　王國璋　胡勤上　延家駿

錢枚生　蕭芳瑞　龐永福　張　雩　張莫亞　彭　康　黃希濂　王守禮　宗敬珩

張宗羣　張清麗　王正俊　李景源　李宏讓　李季燕　申立超　陳澤恩　宋文魁

蔡琨輝　趙中傑　徐世澄　楊天理　楊文炤　包綋三　朱微白　王俊讓　張東初

劉家銘　劉文衡　趙作霖　呂經緯

民國二十二年(二十一年度)畢業生

數學系　汪全義　孟昭廉　石祚琦　嘉康佐

物理系　江安才　周昌壽　尹以瑩　沈壽春

化學系　胡　美　符綬璽　李芳之　孫典禮

地質系　王　鈺　周宗浚　靳古訓

生物系　熊懋楨　顧東岳

心理系　張香桐

哲學系　熊　偉　鄧　深　牟宗三　錢秉雄　劉向仁　王　浩

教育系　莫國康　滕大春　李玉堂　李鳳岐　余尊三　王培祚　鄧　炤　李文瀾　張書堂

葉　藩　李紹孟　龔瑞霖　段振綱　韓友璋

國文系　魏紹謙　王孔武　李長山　劉芳勳　朱楨華　崔新民　李滋華　呂存心　侯宗晉

華連圃　王燿曾　郭光華　潘先桐　任今才　趙士煒　彭茶棠　朱滋萃　劉廣鈞
金　鵬　王炎生
英文組　卞之琳　張建中　王　翔　古伯年　劉仁榛　于傳曾　馬樹楨　莽俊魁　孔憲書
趙衛邦　黄詺寅　王耕田
法文組　張莫亞　劉崇德
史學系　白維翰　焦蘊楷　劉荃堂　白推彩　章駿儀　張聯元　李樹新
法律系　紀　元　史家祺　王元昌　彭啟周　王秉鈇　陸天民　王三權　林志皋　葛世傑
段道遯　劉紹武　夏竹林　周聚瀛　趙景森　劉鴻業　宋治域
政治系　王龍輿　高祖傳　羅盛堯　任發濤　葉　昂　韓慎樞　張國藩　賈世權　黎保民
陳洪範　吳省勤　饒撝伯　孫寶源　晏鴻雪　吳尚惠　張藝林
經濟系　陳鎮原　由毓森　唐玉成　趙育麟　張硯田　劉炳若　劉清泗　陳其柯　孟尊德
王嘉謨　李嘉典　徐志敬　郝　綸　賈維棨　趙六生　盧承烈　李善豐　閻子桂
劉景翔

民國二十三年(二十二年度)畢業生

數學系　洸儒全　王俊奎　李德英　傅超寰　李　毅　王聯榜　崔垂虹　毛士蓮　梁繼武
吳英東　許瀛甲
物理系　蔣經武　荆奎章　李寶成　李志健　許炳南　毛宗海　閻克明
化學系　王孟鍾　狄　瑋　劉亦璡　祁俊德
地質學系　李士豪　張文佑　張壽常　路兆洽　蔣良俊　白士倜　孫天民

生物系　石振亞

心理系　鄧國才　溫紀鈁　侯恩釗

哲學系　陳召培　王希曾　王碧書　王榮棠　鄒科端

教育系　王國香　劉國芳　國培之　何壽昌　孫長元　金嶺峙　史凱元　楊榮貞　丁錫魁
侚士毅　覃濟玄　潘成義　王先進　王維純　吳建屏　朱銀山　孫鳳鳴　任霈霖

國文系　呂宗賓　袁鍾姒　葉劭泉　傅庚生　曹曾保　王心平　王才偉　顧茂基　張德明
汪紹楹　趙燕孫　楊喜齡　姬應運　韓士傑　杜士林　劉重慶　劉緝熙　鄭文華
鄂裕綿　白　淵　田春霖　池興貴　徐夢蘇　田金生　羅逢讓　續庭模　劉昌星

英文組　宮興讓　李旭威　王象咸　孫德先　張以楨　李化棠　何樹棠　蕭道恕

德文組　崔承訓　張富歲

法文組　王靄芬　韓惠連　周慶陶　王覺民　包乾元

史學系　梁茂修　胡福林　陳東旭　汪濂泉　錢萬選　劉善繼　王存學　劉普義　姚廷芳
陳象莘　陳喜生　劉玉德　曹樹琨　王永安　張壽同　王玉林　王錫祥　蕭家駒
陳　智　黃淑懿　劉　樞　馮家瀋　孫求實　李方晨　陳鴻寰　王振洲　馬寶珠
侯俊德　夏　時

法律系　趙　允　王毅君　陳巽廣　張國楨　蔣恩溯　鞠成寬

政治系　劉思愛　趙沐愷　王秉文　張元美　鄭輔周　秦喜麟　耶依山　亢　仁　范覺民
高倘仁　葉祖灝　劉育五　劉茂恒　任秉鈞　倪繼文

經濟系　邵德厚　賴興治　桑毓森　張志運　趙恩綸　籍孝存　李秀華　劉　鉞　任培元

朱　僑　李孔昭　齊聯科　喬鴻瑞　韓　毅　劉　杲　齊廣華　吳宗永　李登霄
田　濱　邵之榆　馬慶瑞　牛福田　陳　列　畢鴻圖

民國二十四年（廿三年度）畢業生

數學系　于闓彥　向大文　梁春恩　馮連泉　張禾瑞　孫樹本　陸德慧　斯雅珊　楊彤雲
趙叔玉　熊民旦　蘇士德　龔貴驫

物理學系　于寶瑨　王　瑛　王建都　沈琳慶　呂鳳書　李漢光　吳若愚　卓　勵　宋錫祺
胡玉芬　胡健農　徐玉蓮　高佩理　唐家振　馬仕俊　陳樹勳　張紹康　曹學勤
郭永懷　楊維民　趙晉謙　薛琴訪　劉文周　穆庚寅　魏景昌　韓德聚

化學系　王恩澤　朱頌曾　任鴻閣　徐仁美　施慶銖　孫蘭生　程道腴　張震旦　張忍龍
張　桐　崔文治　賈秉德　靳佩瑛　劉　鈞　劉全福　蔣明謙　魏文德　魏維誠

地質學系　王嘉蔭　阮維周　李悅言　崔克信　張紹璞　孫殿卿　劉清香　劉海蓬

生物學系　李中憲　陳華癸

哲學系　王錦第　王　森　杜毓澐　何其芳　周季韜　胡子華　黃廣生　陸隱我　解迺燿
劉　杜　蘇信宸

史學系　王祖澄　王樹民　孔廣昌　孔慶邦　全漢昇　何茲全　佟本仁　李樹桐　李蔭生
李夢華　呂亨義　周　信　周志遠　武鶴飛　施壽慶　高去尋　陳廣模　常自乾
許道齡　姬勸謹　張致恭　張秉禮　孫家驥　孫媛貞　程維新　楊向奎　楊效曾
楊啓哲　齊國樑　欒華甫　葛承緒　趙振江　聶繩武　劉慶榮

中國文學系　丁賢書　王秀桂　安樹德　李少忱　李景白　李廷瑢　李覲高　李耀宗　宋江水

吳執中 侯封祥 胡慎賢 徐 芳 徐錫九 郝彬煜 許文超 許叙典 常乃慰
姬清波 陶維多 郭慶斌 張 瑨 張保聚 孫震奇 趙培五 廖衡勝 劉仲武
劉蔭仁 劉榮熙 蕭賀垣 魏際昌 羅震寰

外國語文學系 王 基 王學曾 左明徹 安愷元 李廣田 李宗軾 李樹桐 姜足新 夏元江
陳世顯 張東曉 廖六如 廖晨樵 蔣炳賢 謝厚民 蘇震樊 魏敷訓 譚澤銑

教育學系 王光漢 王金銘 王春祥 王煥勛 李允棻 李德成 李樹聲 李福瀛 岳永孝
馬汝鄰 胡振繼 徐秉經 常積仁 郭世璋 唐景崧 孫長佑 張孟休 彭慶和
趙炳漢 廖鴻恩 劉 埩 劉文秀 繆振鵬 闕成章

法律學系 任德驥 李士彤 吳宗愷 邱祖桐 馬 璲 梁念曾 郝廷柱 郝樹榮 曹振川
張懷生 蔡懋宜 闕世楨

政治學系 王建邦 王德昌 王盛溥 王志義 田文奎 朱兆蘭 李保謙 沈秉鉞 谷韜璠
宋復熙 林炳康 孟有功 范敬賢 周文林 徐運元 張金綬 張世昌 喬鵬書
孫麟生 曾敦僑 趙在田 趙永銘 劉壯武 韓榮德 顧承鐸

經濟學系 孔慶銘 王世鑑 王殿魁 方濟霖 朱洛祥 匡 球 吳士賢 吳祐齡 李潤生
李芳譜 呂點春 馬識若 范蔭桐 郎戢一 徐鶴齡 陳大誼 陳憲璇 傅慶隆
陶繼侃 常榮德 婁壽昌 溫世勳 郭 垣 張國權 舒萬鍾 褚尊榮 楊 增
葛延敬 趙希哲 趙希賢 趙鑑湖 滕永林 劉宏若 劉雲章 顧麟生

民國二十五年(廿四年度)畢業生

數學系 田長和 李威華 胡彝齡 徐叙瑛 傅紹元 趙文炳 廖健仁 樊 畿 劉開祥

鄭增祥　蕭允明

物理學系　王棟　王瑞秋　王樹楓　古妙　生貝堂　宋儒森　沈廷集　倘崇訓　馬大猷
高著賢　索國棟　張之謙　張毅銓　陳仰韓　黃克純　葉顯相　管恕　蔡陞龢
劉瑞　劉預忠　劉鴻賓　虞福春　顧兆豐　吳柏鴻

化學系　么樹芳　王琳　杜紹甫　周從獅　段錕　施文溶　徐集燊　高爲炎　凌大琦
張順　張麒　張臨池　張志誠　陳初堯　陳茂椿　黃灼人　曹述堯　彭華秀
賈樹槐　趙宗彝　蔡恩璁　黎開源　魏璠　魏天驥　鍾煥邦　關鶴田　龔文昌

地質學系　王作賓　任績　周德忠　何功俊　張紹瑛　劉國昌　瞿世誠　蕭有鈞　韓影山
邊兆祥

生物學系　牛滿江　石文吉　曹毓傑

哲學系　胡金鉞　張天麟　謝昇　韓鏡清　龐景仁

史學系　王造年　王崇武　王樹民　王瑞芝　王毓銓　王毅齋　白寶瑾　向志民　李夢英
李得峯　李惟樂　吳慶辰　吳㵾濱　杜呈祥　范振聲　武鏞　孟廣第　胡毓瑞
張公量　張政烺　張履坤　郭漢三　曹玉芳　常承德　崔得清　溫雁影　傅成鏞
傅樂煥　程百讓　楊鈺　廖世雄　劉金章　劉斗魁　劉紹閔　鄧廣銘　蘇迪

中國文學系　王智清　王志毅　王廷麟　田英魁　石蘊華　申鍇　周祖謨　胡德執　曾謇
楊有奇　羅季光　嚴懋垣

外國語文學系　于寶榘　王一華　王章樹　王錫祿　王毓瑛　田价人　李如桐　李宜燮　李繼昌
吳愷　杜文成　金石　馬善慶　袁英傑　趙守封　趙榮普　潘塏　謝厚民

蘇瑞成

教育學系 丁黻貞 于 卓 牛九霄 李景安 周仲甫 周樹楷 胡祖徵 殷石麟 張占魁
梁國弼 曹延亭 傅永泰 龍程銓 邊振芳 蘇世鐸

法律學系 王紹曾 王恭璁 朱友良 李克昌 吳芳亭 汪 瑄 徐炳璋 耿宗祥 倪克寬
郎志鶴 趙祿祥 劉會文 劉仲瑜 酈護華

政治學系 孔憲潭 江之源 李啓元 沈其道 周乾溁 姜林飛 徐 澤 高占鐸 張慎德
董鴻文 劉東哲 魏十篇 薩師炯

經濟學系 王克生 王統偉 田文彬 甘漢生 吳沛蒼 吳有謙 沈大政 周克誠 孫 躋
高自新 張錫瑞 趙海柱 劉松雲 鄭長民 嚴家理 歐陽卓

一九三七級畢業同學錄籌備委員合影

白書元 李子信 姚昌學 魏澤馨 趙家驤

封嘉義 任鈜 王正武 呂翕聲 劉鏘 劉文林 葉佩華

張力田（未照） 熊其仁（未照） 陳閎增（未照） 李顗高（未照） 齊良驥（未照） 田廣成（未照） 滿開誠（未照）

編輯後言

姚昌學

同學錄延遲到暑假中才出版，同人等甚覺對諸位師長及同學抱歉。

編印同學錄，發動在去秋開學之初，可是正式籌備，却在今春三月的中旬，到籌備會正式成立，已經是三月底了。此後同學繳費照相，以及收集材料，又意外的遷延了兩個多月，以致同學錄未能如期完竣，這一點是要在此地聲明的。

承蔣校長，胡院長，沈兼士先生，周作人先生，白雄遠先生爲同學錄書簽題字，使同學錄增光不少，謹此致謝。

熊聖敬先生，給同學錄作插頁圖案；陳福旭，白書元，熊其仁，周樹人諸同學供給同學錄很多珍貴的照片，統在此謝謝。